KB271126

1920~30년대 근대 일본의 문화사

확장하는 모더니티

저자

요시미 순야吉見俊哉 | 도쿄대학대학원 정보학환情報學環 교수, 학환장

그레고리 M. 플룩펠더 Gregory M. Pflugfelder | 컬럼비아대학교 동아시아 언어와 문화 부교수

키타다 아키히로 北田曉大 | 도쿄대학대학원 정보학환情報學環 부교수

요네야마 리사 米山リサ | 캘리포니아대학교 샌디에고분교 문학부 부교수

테사 모리스-스즈키 Tessa Morris-Suzuki | 오스트레일리아국립대학교 아시아태평양역사학과 일본사 교수

까오유엔 高媛 | 코마자와駒澤대학교 글로벌미디어연구학부 전임강사

이케다 시노부 池田忍 | 치바千葉대학대학원 인문사회과학연구부 부교수

김혜신 | 가쿠슈인學習院대학교 강사, 국제일본문화연구센터 객원부교수

역자

연구공간 수유+너머 '일본 근대와 젠더 세미나팀' | 한국과 일본의 근대 형성기에 관심을 가진 다양한 전공자들이 모여 공부하는 모임. 일본 근대에 관한 연구서들, 특히 젠더의 관점이 두드러진 책들을 선별하여 찬찬히 읽어 왔다. 이를 한국의 근대를 이해하는 발판으로 삼겠다는 웅대한 목표를 가지고 있지만, 실상 지난 3년간 일어와 씨름하는 일로 더 많은 시간을 보냈다. 현재, 일어독해력이 일취월장한 원년의 팀원들과 뛰어난 일본어 실력을 무기로 뒤늦게 합류한 팀원들이 매주 모여 수다를 곁들인 즐거운 세미나를 진행하고 있다. 이 책의 번역에는 강현정(독립영화제작), 김연숙(한국문학), 남효진(일본학), 전미경(가정학), 한윤아(동아시아 영화이론), 허보윤(디자인 문화이론)이 참여했다.

확장하는 모더니티 1920~30년대 근대 일본의 문화사

1판 1쇄 인쇄 2007년 12월 10일
1판 1쇄 발행 2007년 12월 20일

지은이 _ 요시미 순야 외
옮긴이 _ 연구공간 수유+너머 '일본 근대와 젠더 세미나팀'
펴낸이 _ 박성모
펴낸곳 _ 소명출판
출판고문 _ 김호영
등록 _ 제13-522호
주소 _ 137-878 서울시 서초구 서초동 1621-18 (란빌딩 1층)
대표전화 _ (02) 585-7840
팩시밀리 _ (02) 585-7848

somyong@korea.com | www.somyong.co.kr
값 16,000원
ISBN 978-89-5626-287-1 93910

※ 이 책은 2007년도 경기영상위원회 '경기영상창작지원프로그램'의 지원을 받아 출판되었습니다.

1920~30년대
근 대 일 본 의
문 화 사

확장하는

Enlarging Modernity

모더니티

요시미 순야 | 그레고리 M. 플룩펠더 | 기타다 아키히로 | 요네야마 리사 |
테사 모리스-스즈키 | 까오유엔 | 이케다 시노부 | 김혜신 지음
연구공간 수유＋너머 '일본근대와 젠더 세미나팀' 옮김

소명출판

◆ 일러두기

1. 번역을 위한 텍스트는 岩波書店에서 2002년에 발행한 『擴大するモダニティ－1920~30年代 2』 (岩波講座 近代日本の文化史 6)이며, 이 일본 근대의 문화사 시리즈의 편집위원은 小森陽一, 千野香織, 酒井直樹, 成田龍一, 島薗進, 吉見俊哉이다.
2. 저자의 주는 미주로 하고 고딕처리하였으며, 역자의 주는 각주로 표기하였다.
3. 단행본과 잡지·신문은 겹낫표(『 』), 논문은 낫표(「 」), 영화·연극·시·소설·그림·노래 등은 꺾쇠(〈 〉)를 사용하여 표기하였다.
4. 일본어를 한국어로 표기할 때에는 다음과 같은 원칙에 의거한다.
   ① 기본적으로는 문교부(현재 교육인적자원부)의 「외래어 표기법」(문교부 고시 제85-11호, 1986년 1월)을 따른다.
   ② 문교부의 「외래어 표기법」과 다른 부분은 다음과 같다.
      ㉠ 어두의 유성음과 무성음을 구별하여, 유성음은 예삿소리로, 무성음은 거센소리로 적는다.
         예) 土居(ドイ, Doi)－도이, 田中(タナカ, Tanaka)－타나카
      ㉡ 장모음은 표기하지 않는 것을 원칙으로 하지만, ‘이’계 장모음은 표기한다. ‘오’계 장모음과 달리, ‘이’계 장모음은 성절음으로 인식되는 경우가 적지 않기 때문이다.
         예) 安藤(アンドウ, Andoh)－안도, 明治(メイジ, Meiji)－메이지
      ㉢ ‘つ’는 ‘츠’로 표기한다.
   ③ 일본의 인명 및 지명 등의 고유명사는 각 장마다 처음 나오는 경우에 한하여 한글 다음에 한자어나 일본어를 넣어 병기하고 그 다음부터는 한글만을 표기하였다.
5. 글 전체에서 ‘15년전쟁’은 만주사변·중일전쟁·태평양전쟁을 연속선에서 파악하는 관점에서 제시된 명칭이다. 즉 15년전쟁은 1931년 만주사변 발발부터 1945년 태평양전쟁의 종전까지를 의미한다. 또 전전戰前은 1945년의 태평양전쟁 종전을 기준으로 그 앞 시기를 말한다.

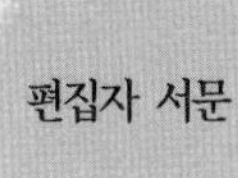

20세기 마지막 사반세기 동안, 근대 역사와 문화를 재검토하는 일이 세계적으로 이루어졌으며, 그에 관한 서사 방식 또한 새롭게 모색되어왔다. 일본에서도 1980년대 이후 그와 같은 과정이 눈부시게 전개되었다.

'역사'의 개념 자체를 다양한 개인과 사회 집단의 역학관계 안에서 구성된 담론으로 새로이 파악하고, '역사'에 관한 지식들이 근대의 권력관계를 둘러 싼 투쟁의 장 속에 배치되어 있음을 깨달았다. 또한 '문화'의 개념도 제각기 처한 역사적·사회적·정치적 맥락 속에서 만들어지며 강요당하고, 강요당하며 만들어지는 투쟁의 장으로 재인식되었고, 실체적인 가치로서가 아니라 오히려 새로운 물음을 던지는 장으로서 재발견되었다. 그런 까닭에 우리가 '역사'와 '문화' 속에서 어떠한 주체로 구성되었는가를 문제 삼지 않을 수 없다.

이러한 비판적 실천은 근대 학문 분야나 지식을 둘러 싼 모든 영역에서 전개되고 있다. 비판적 실천이야말로 근대적으로 제도화된 학문 분야를 근본적으로 비판하면서 자유로운 재편성을 모색하는 일이다.

우리가 지향하는 것은 종래 의미의 '근대사'도 '문화사'도 아니다. 각각의 학문 분야에서 탈영역적인 질문을 던지고, 경계를 초월하여 공유할 수 있는 새로운 서사의 지평을 창출하는 일이다. 이를 위해 우리는 '문화'라는 창을 통하여 근대 일본을 재검토할 것이다. 근대 일본의 문화를, 끝없는 항쟁과 조정調整, 전략과 전술의 충돌과 교차 속에서 경계

가 계속 변화하는 영역, 불안정하고 유동적인 그래서 동적인 매력을 가
진 영역으로 보고자 한다. 근대 일본의 역사는, 과거 사건들의 집적이나
현재의 시점에서 재구성된 서사가 아니다. 그것은 현재를 살아가는 것
과 과거를 재정의하는 것의 사이를 계속 왕복하고 횡단하는 운동이다.
　근대의 학문 분야들이 은폐해온 역사와 문화의 정치성을 밝히기 위
해, 이 책에서는 '일본'의 근대를 문제 삼고 있다. 하지만 여러 나라의
연구자들에게 특별히 집필을 부탁했다. 그들의 글을 통해 세계 여러 지
역에서 진행되고 있는 비판적인 지식의 새로운 흐름을 두루 살필 것이
다. 동시에 이제까지 제각기 속해있던 학문 분야에서 빠져나와, 근대 일
본의 역사와 문화에 관한 지적 담론의 경계를 돌파하고자 한다.

코모리 요이치　小森陽一
사카이 나오키　酒井直樹
시마조 스스무　島薗進
치노 카오리　千野香織
나리타 류이치　成田龍一
요시미 슌야　吉見俊哉

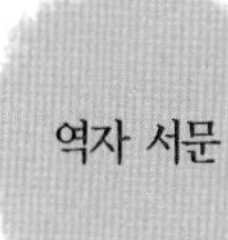

　1990년대 말 유행처럼 불기 시작한 한국 근대에 대한 연구가 진척된 지 10여 년이 되어간다. 한국의 식민지 상황과 식민지 경험에 대한 이해가 진행되면서, 보다 넓고 다층적인 시각으로 한국 근대에 접근해야 한다는 지적이 제기되고 있다. 식민지 조선을 총체적으로 이해하기 위해서는 같은 일본 세력 안에 배치되어 있었던 타이완이나 만주와의 비교적 관점이 필요하며, 식민국과 피식민국 내부에 존재했던 다층적 목소리를 경청해야 한다. 식민국 및 피식민국 관리와 개인들의 다양한 경험과 이견들뿐만 아니라, 이들이 서로 상충하면서 빚어지는 수많은 우연과 역학관계를 드러내는 작업을 통해 한국 근대에 대한 입체적 조망이 가능할 것이다.

　새로운 연구 관점과 방법의 모색에 이 책은 유용한 단서를 제공한다. 이 책은 이와나미岩波 문고가 기획한 '근대 일본의 문화사' 시리즈 중 하나이다. 총 10권으로 구성된 이 시리즈는 19세기부터 1955년 이후까지 시대별로 편성되었는데, 1920~30년대에 해당하는 부분은 『편성되는 내셔널리즘編成されるナショナリズム』과 『확장하는 모더니티擴大するモダニティ』라는 두 권의 책이다. 이 책은 후자를 번역한 것이다. 이 시리즈를 기획한 편집위원들은 근대 일본을 불안정하고 유동적인 영역으로 이해한다. 역사를 동적인 것으로 규정함으로써, 과거와 현재는 직선적이고 고정적인 인과관계에서 벗어나게 된다. 이와 같은 새로운 역사 연구는 기존 연구

가 도외시하고 은폐했던 사실들에 말을 거는 것으로 시작된다. 이 책의 저자들은 구체적으로 1920~30년대에 대한 기존 연구에 함축된 한계를 명확히 하고, 이 한계가 어떤 전제조건에 의해 만들어졌는지를 꼼꼼히 추적하였다. 그럼으로써, 기존의 연구들처럼 모더니즘의 1920년대 파시즘의 1930년대로 시대를 분할하는 관점이 아닌, 동전의 양면처럼 모더니즘과 파시즘이 함께 한 시대로서 1920~30년대를 새롭게 조망하고 있다.

이 책은 크게 총설과 본문으로 구성되어 있다. 먼저 이 시리즈 편집위원의 한 사람인 요시미 순야吉見俊哉가 쓴 총설은 1920~30년대를 바라보는 이 책의 관점을 잘 설명해준다. 본문은 '부인참정권운동', '영화(관)의 소리', '모던만자이'를 중심으로 한 도시성Urbanism을 다룬 부분과, '이민', '관광', '여성표상'을 중심으로 한 콜로니얼리즘Colonialism / 글로벌리즘Globalism을 분석한 부분으로 나뉘어 구성되어 있다.

우선 총설에서는 이 책을 관통하고 있는 모더니티에 대한 시선이 잘 드러난다. 1920년대의 화려한 모던 문화와 1930년대의 파시즘을 명과 암으로 구분하는 것이 아니라, 서로의 그림자가 드리워진 하나의 모더니티로 파악한다. 이는 일본 근대기 모더니즘문화 연구의 대표적인 학자인 미나미 히로시南博의 견해에 반기를 드는 일이기도 하다. 미나미 히로시가 일본 근대문화의 화려함을 발견하고 이를 군국주의와 대비시켰다면, 이 책은 역사의 작동장치들이 흑백의 단순 구조가 아니라, 여러 가지 층위에서 역설적으로 상충하는 구조라는 사실을 보여준다. 총설은 그러한 관점에서 우선 1920~30년대 도쿄의 지정학적 위상을 살피고,

다음으로 모던 문화 속에서 섹슈얼리티가 가진 정치적 내면을 들여다보고, 마지막으로 간토대지진 직후의 조선인 학살사건을 통해 도쿄 제국인들의 식민지인에 대한 시선을 재검토한다.

그레고리 M. 플룩펠더Gregory M. Pflugfelder의 '부인참정권 재고'는 여성참정권 운동을 통해 일본 정치문화의 젠더화 과정을 젠더사의 관점에서 살펴보고 있다. 플룩펠더는 일본에서 여성의 정치참여가 전후에 시작되었다거나, 참정권을 요구한 여성들의 활동을 영웅적인 방식으로 서술하는 등, 부인참정권사를 논한 때 흔히 전제되었던 내용의 의미를 재고한다. 동시에 감추어졌던 역사적 사례를 들춰내면서 이러한 전제들에 대한 이의제기를 시도한다. 구체적으로 아키타현秋田縣에서 전개된 여성참정권의 활동을 검토하면서 다양한 텍스트의 중요성과 특히 기존에 도외시되었던 부인참정권 반대론을 젠더·계급·섹슈얼리티라는 렌즈를 통해 재평가하고 있다.

키타다 아키히로北田曉大의 '유혹하는 소리[聲] / 영화(관)의 유혹'에서는 1945년 종전 이전 일본이 영화를 수용하는 초기 과정에서 '영화와 소리'를 둘러 싼 담론 편성과 영화 수용공간의 변화를 설명하였다. 활변活弁 문화의 핵심인물이었던 천재 변사 토쿠가와 무세이는 메이지시대의 진타-야시적인 것의 맥을 잇는 활변적 〈소리〉를 내부에서 해체하고, 영상과 음성의 의미적 융화를 가능하게 하는 토키적 《소리》를 토키 이전에 실현했다. 이 글은 이러한 토쿠가와 무세이의 신체를 통해, '활변 전성→토키도입→변사의 퇴장'이라는 단선적인 진행 도식으로는 도저히 포착할 수 없는, 전근대적인 〈소리〉의 논리와 근대적인 《소리》의 논리가 교착·상극·갈등하는 1920~30년대 담론 공간의 '뒤틀림'과 '요동'을 보여주고 있다.

요네야마 리사米山リサ의 '오락·유머·근대'는 1920년대 후반 새롭게 등장한 '모던만자이'의 웃음과 폭력의 이중성을 그리고 있다. 새로운 형태의 민중오락으로 등장한 모던만자이는 기존의 사회구조에 대항하는 '약자의 무기로'까지 그 효력을 확장시킬 수 있는 특징을 가지고 있다. 그러나 만자이는 아시아 태평양 전쟁기의 국가 총동원체제 하에서 오히려 국가 정책에 의해 국민오락으로서 장려되었다. 요네야마 리사는 모던만자이의 어떠한 요소가 총동원체제와 민중오락의 친화성을 가능하게 했는지 추적하면서 모더니즘과 파시즘의 연속성이라는 시각으로 1920~30년대 민중오락, 특히 모던만자이를 고찰하고 있다.

테사 모리스-스즈키Tessa Morris-Suzuki의 '식민주의와 이민'은 일본 자손의 낙원지로 제국의 꿈을 실현시키려는 식민도시 토요하라豊原를 그리고 있다. 테사 모리스-스즈키는 1920~30년대 토요하라의 풍경과 '일시적'이고 '비정주적'인 이주민들의 흐름을 세밀하게 포착하면서 기존의 식민지 담론과 이주의 담론을 수정하고자 하였다. 식민지에 새로운 일본을 건설하려는 근대 프로젝트는 종주국의 경멸과 차별로 인해 좌절되고, 드러나지 않았던 식민지인들과 원주민들의 흐름이 포착되면서 단일한 일본 민족의 환상은 깨어진다. 그러나 주류 역사는 모든 '차이'들을 식민지 아이덴티티로 포섭하면서 기술되었고, 카라후토樺太가 러시아로 편입된 현재는 또다시 러시아의 민족 서사로 전환된다. 테사 모리스-스즈키는 이러한 기억과 망각의 역설을 분석하는 과정을 통해 제국의 상호관계와 이주자들의 흐름이 추적하는 것의 의미를 강조하고 있다.

까오 유엔高媛의 '낙토樂土를 달리는 관광버스'는 1930년대 '만주' 도시에서 성행했던 일본어 관광버스를 소재로 한다. 만주라는 '낙토'적 도시 공간이 '보는 / 보여주는 / 보이는 식민지 도시'의 게스트(일본 본토관광객) / 대리호스트(재만 일본인) / 호스트(네이티브) 3자의 시선이 만들어내는 정치적 사회적 헤게모니의 중층적인 관계 속에서, 어떻게 짜여지고 있었는가, 그리고 그곳에서 제국의 판타지가 어떻게 펼쳐졌는가를 살펴보고 있다. '관광 낙토'로서의 만주는 일본 본토관광객이 관객, 재만 일본인이 배우, 네이티브가 무대도구인 거대한 '야외극장'이었으며, 제국의 파견기관이나 여행 알선기관이 그 연출을 담당했다. 까오유엔은 1930년대 만주의 '극장도시'에서 상연된 제국의 드라마투르기를 통해, 제국과 식민지 사이 비대칭적인 권력관계를 배경으로 식민지관광이 가진 모더니티의 폭력성을 파헤치고 문화와 제국주의가 뒤얽혀있음을 보여주고자 하였다.

이케다 시노부池田忍와 김혜신이 공동으로 집필한 '식민지 조선과 제국 일본의 여성표상'은 1920~30년대에 식민지 '조선'과 제국 '일본'에서 나타난 여성 이미지, 특히 미술과 담론에 나타난 여성 신체를 묘사하는 방식에 주목하고 있다. 한국과 일본의 두 학자는 이들 여성 표상은 남성주체의 정체성 구축을 위한 '타자'로 등장했다는 공통점이 있지만, 차이도 분명하다고 말한다. 일본의 모던 걸은 자본주의 제국의 도시 공간에서 중요한 소비자이면서, 신세대 지식인 남성이 종래의 관습이나 규범을 깨트리고 실천하는 전위적인 문화 활동을 드러내는 기호이기도 했다. 그러나 식민지의 신여성에게서는 민족의 힘을 기르기 위함이라는 이유로 전통과 조화되는 토착성이 요구되었고, 이는 제국 남성주체의 욕망에 응하는 것이기도 했다. 식민지 조선과 제국 일본의 역학관계가 여성표상을 통해 가시화되고 있는 것이다.

이 책은 연구공간 〈수유+너머〉의 '일본 근대와 젠더 세미나' 팀원들이 번역한 것이다. 이 세미나는 원래, 식민지 조선과 당시의 여성들을 제대로 이해하기 위해 근대잡지를 함께 읽었던 모母 세미나(근대매체연구팀)에서 분파된 새끼(?) 세미나였다. 한국의 근대를 당시 조선의 언설만으로 분석하는 데에 한계를 느끼고, 좀 더 넓은 물에서 헤엄쳐야 고기를 잡겠다는 생각에 새끼 세미나를 꾸렸던 것이다. 우리는 일본어를 익히는 기초에서부터 시작하였다. 2004년 봄에 시작된 세미나는 그 모임이 거듭되면서, 일본어 원서를 넘기는 속도가 조금씩 빨라졌고 번역의 오류도 잦아들었다(이 자리를 빌려, 더듬거리는 우리를 명쾌하게 이끌어주신 챠원 사부에게 감사함을 전한다). 이 책은 우리 세미나 팀이 만난 세 번째 단행본이었다. 혼자 읽었다면, 혹은 비슷한 전공을 가진 사람들로 구성된 세미나였다면 결코 접하지 못했을 많은 즐거움을 누렸다. 책을 통해, 다양한 전공을 통해, 무엇보다 세미나 친구들의 삶을 통해 자극을 주고받으며, 우리의 삶을 살찌웠다.

　번역이 마무리 될 무렵, 우연히 경기영상위원회가 출판물을 지원한다는 정보를 접했다. 출판에 속도를 가할 수 있는 좋은 기회라는 생각으로, 공모에 응했는데 운 좋게 당선되었다. 심사위원들은 이 책이 영화를 포괄한 비교문화 연구에 유용한 인문서이고, 식민지 모더니티를 이해하기 위한 실용적인 안내서가 될 수 있다는 점에 의의를 두었다는 심사평을 들려주었다. 우리 세미나팀이 '젠더'라는 키워드로 식민지 조선을 보다 심도 깊게 이해하기 위하여 어떤 책을 함께 읽을까를 고민하면서 최종적으로 이 책을 선택한 이유도 바로 그러하였다. 출판지원은 우리에게 당근과 채찍으로 다가왔다. 촘촘한 일정을 소화하느라 힘은 들었지만, 덕분에 책의 출판을 미룰 수 없게 되었다. 향후 꾸준한 연구로, 국내 연구진의 활발한 연구 활동을 지원하겠다는 경기영상위원회의 뜻에 보답하고자 한다. 또 급한 일정에도 불구하고 쾌히 출판을 허락해준 소명출판의 박성모 사장님께도 감사드린다.

　지금 우리는 우리가 새롭게 도전할 또 다른 책과, 그 책을 함께 읽을 친구들과의 만남에 대한 기대로 들떠있다. 연구공간 〈수유+너머〉 입구에 걸린 '서로에게 선물이 되어 주십시오'라는 말처럼 살고 싶다.

2007년 11월 역자들을 대신하여 전미경

—————{ 제2부 **콜로니얼리즘/글로벌리즘** }—————

13

총 설

제국 수도 도쿄와 모더니티의 문화정치

1920~30년대에 대한 시각

요시미 **슌야** 吉見俊哉

1. 다이쇼 문화연구와 모더니티의 문화정치

그동안 일본의 1920~30년대는 정형화된 형태로 표현되었다. 대부분의 연구자들은 1930년대를 파시즘의 시대이자 지식인들이 총동원체제 속으로 빨려 들어간 시대, 혹은 근대 일본의 '실패'나 '어두운 결말'을 집약적으로 보여준 시대로 파악했고, 반면에 1920년대는 도시 소비문화와 미디어의 범람, 새로운 예술적 실천, 모보·모가[1] 등이 '모던'의 표상으로 떠오른 '밝은' 시대라고 이해했다. 그러므로 1920년대에서 1930년대로의 이행은 밝은 '문화'의 시대에서 어두운 '정치'의 시대로, 또는 '도시'의 시대에서 '국가'의 시대로의 '암전暗轉'이라고 흔히 이야기되어

---

* 이 글은 허보윤이 번역하였다.
1) 모던보이modern boy, 모던걸modern girl의 약칭.

왔다. 그리고 그 연장선상에서 1960년대의 저항문화가 자본의 전략에 순화되면서 파벌주의에 휩쓸렸던 1970년대로의 이행, 혹은 버블이 붕괴되고 신내셔널리즘이 등장했던 1990년대의 상황이 종종 1920~30년대의 '암전'에 비유되기도 했다.

그런데 이러한 이항대립의 구도로라도 1920~30년대의 '문화'를 논의하기 시작한 것, 자체가 비교적 최근의 일이다. 1960년대 이전에는 1920~30년대를 둘러싼 논의의 초점이 만주사변에서 태평양전쟁에 이르는 파시즘체제의 정치적 도정에 맞춰져 있었다. 이는 정치사 중심의 역사관이 공고하게 반영된 결과였다. 이전의 일본 근대사 연구는 메이지 유신과 쇼와 파시즘이라는 두 개의 정치적 격동을 정점에 둔 정치사나 경제사 위주였다. 1920~30년대의 사상과 문화도 정치 / 경제사적 파시즘 연구에 종속시켜 논의하는 데에 그쳤다. 그러므로 1920년대를 말할 때는 오로지 파시즘의 전사前史라는 측면에서만, 그리고 1930년대의 경우에는 파시즘체제 내에서의 저항과 전향의 궤적에 관해서만 논의가 집중되는 경향이 있었다.

그러던 중, 1910~20년대에 걸친 '다이쇼 문화'를 파시즘의 전사前史라는 정치사적 맥락에서 벗어나 독자적인 영역으로 처음 등장시킨 것이 바로 1960년대 중반 미나미 히로시南博 일파의 연구였다. 미나미 히로시는 그때까지 '유신'의 메이지와 '전시戰時'의 쇼와 사이에서 오랫동안 등한시되었던 다이쇼 시기가 최근에야 겨우 '재평가'되기 시작한 이유를 분석했다. 우선 그는 자료가 점차 소실되어 가는 상황에서 다이쇼기에 활약했던 사람들이 과거의 사람들이 된 것, 그리고 다이쇼기에 태어난 사람들이 사회의 중심으로 부상한 것을 이유로 들었다. 이에 덧붙여, 사람들이 "급속하게 발전한 민주주의와 고도화된 자본주의가 만든 대중사회, 안보투쟁과 같은 민중운동의 고양에 이어, 좌절과 정체의 시대를 맞이한 오늘날의 정황을 마치 다이쇼기의 고양과 좌절이 반복되는 것처럼 느끼기 시작한" 것을 원인으로 꼽고 있다. 그는 "현재 우리를 둘러싼 여러 가지 현상들은 대부분 다이쇼기에 그 원형을 두고 있다"고 말했다. 또 맑스주의를 비롯한 여러 사상에서부터 사소설私小說[2) 프롤레타리아 예술, 아방가르드, 매스컴의 침투, 생활의 합리화, 풍속에 이르기까지, "영향을 받은 범위에는 차이가 있을지언정 그 유형들은 이미 다이쇼기에 모두 나타났다"고 했다.[1]

이렇게 미나미 히로시 일파가 부각시킨 다이쇼기란, 문명개화에서 출발하여 식산흥업殖産興業·부국강병으로 향했던 '문명'의 시대인 메이지와는 선을 그은, '문화'의 시대로서 다이쇼였다. 러일전쟁에서 '승리'하고 그에 따라 국제적 지위가 확립되자, '메이지 문명의 임무'는 끝이 난다. 다이쇼는 이 '문명'에 대한 '반성'으로서, 메이지와는 다른 근대를 진행시켰다. 메이지가 '생산적 문명'의 시대라면, 다이쇼는 '소비적 문화'의 시대였다. "생활문화의 수용은 문화산업의 발전을 촉진하고, 더욱이 이러한 문화를 수용하는 중간층이 증가하여 사회생활 전반에 새로운 문화의 입김을 불어넣었다." 이는 "합리화된 의식주의 형식을 도입시켰을 뿐만 아니라, 사상과 예술을 교양으로서 습득하게 하고, 취미와 오락을 즐기는 새로운 가정생활을 출현시키고, 나아가 봉건적인 가족의식을 안으로부터 붕괴시켜 한층 더 개인주의적 경향을 농후하게" 만들어 갔다.[2] 이렇게 미나미 히로시 일파는 메이지에서 다이쇼로의 전환이, '문명'에서 '문화'로, 생산에서 소비로, '이에家'[3)에서 가정으로, 국가에서 개인으로 중심이 이동하는 것과 중첩되어 있다고 생각했다. 그래서 그들은 막부 말기 유신기나 쇼와 파시즘기의 분석과는 다른, 다이쇼기에 대한 문화사적 접근을 새로이 시도했던 것이다. 1920년대를 단지 파시즘의 전사前史로서만 이야기하던 시대에 그들의 시도는 분명, 정치사

---

2) 1920년경에 정착된 일본의 소설 형식. 자신의 경험을 허구화하지 않고 심리상태나 일상의 경험을 세밀하게 그대로 써나가는 소설로, 그 원류는 자연주의 및 시라카바白樺派의 문학에 있다.

3) 일본의 전통적인 가족제도. 가업과 가산의 계승을 전제로 하며, 가부장제적 성격이 강하다. '이에家'제도는 천황 중심의 위계질서를 만드는 데도 일조했다.

나 경제사의 차원으로 환원되지 않는 방법으로 1920~30년대를 이해하려고 한 독자적인 문화사적 접근법의 발견이었다.

그러나 오늘날의 시점에서 미나미 히로시 일파의 문화 연구를 다시 읽어보면, 거기에는 몇 가지 간과할 수 없는 한계가 도사리고 있다. 첫째, 그들은 '정치'나 '경제'와 명확하게 구분되는 독립영역으로서 '문화'를 상정했다. 그리고 그러한 '문화'가 중요하게 부상한 시대로서 다이쇼기에 주목했던 것이다. 그 때문에 그들은 당시의 정치경제적인 변동이 '문화'에 어떠한 영향을 미쳤는지에 대해서는 분석했지만, 문화 자체의 내부에서 어떠한 정치가 작동하고 있었는지에 관해서는 생각하지 못했다. 그들은 당시의 문화를 ① 사상예술, ② 대중문화, ③ 생활문화라는 3가지 층위로 구분했다. 츠루미 슌스케鶴見俊輔가 『한계예술론限界藝術論』에서 논한 ① 순수예술, ② 대중예술, ③ 한계예술의 3층 구조가 이 구분의 모델이었을 것이다. 그러나 츠루미 슌스케의 논의는 일상의 몸짓이나 가사 바꿔 부르기, 사소한 행위조차 '예술'로 간주하여 예술이나 사상의 특권적 지위를 상대화한 것이었다. 그에 비해 미나미 히로시의 연구는 지식인의 사상／매스 미디어의 표상／일상의 생활풍속을 각기 수준이 다른 문화로 설정하는 데에 그치고 계층 간의 헤게모니나 갈등, 투쟁에 대해서는 묻지 않았다. 그는 사상예술의 차원에서는 사회주의나 교양주의에 초점을 맞췄고, 대중문화의 차원에서는 매스 미디어의 영향력 확대를 제공자의 측면에서 주로 고찰했으며, 생활문화의 차원에서는 일상 소비문화에 초점을 맞추었다. 그 사이의 상호모순이나 사회적 계층 격차에는 눈을 돌리지 않았기 때문에 결국 다이쇼 문화 전체를 부르주아적인 소비문화로 특징짓는 결과를 낳았다.

또한, 미나미 히로시 일파는 다이쇼 문화의 중요한 요소로서, 새로운 미디어에 의해 확대된 대중문화의 산업화를 지적했다. 다이쇼기를 거치며 신문·출판·영화·음반 등의 미디어는 지식인이나 일부 계급의 기호품이 아닌, 대중의 일상적 소비재로 새롭게 등장했다. 미나미 히로시는 이러한 문화의 산업화를 촉발시킨 조건으로 3가지 요인을 꼽았다. ① 메이지기의 학교교육 보급으로 읽고 쓰는 능력을 갖춘 대중의 확대, ② 제1차 세계대전을 계기로 한 대중 구매력의 확대, ③ 윤전기, 영화, 녹음기술 등 새로운 정보기술의 도입이 그것이다. 이 급속하게 확대된 문화산업이 초래한 것은 수용자 차원에서의 문화적 평등화와 대도시의 문화독점화였다. 즉 한편으로는 다이쇼기의 신문·잡지·서적·영화·음반이 정보를 이전보다 훨씬 싸게 제공했기 때문에 문화소비의 평등화가 촉진되었다. 정치적 평등의 표현인 보통선거(다이쇼 데모크라시)는 문화적 평등의 표현인 문화소비(물건과 정보의 데모크라시)를 수반했던 것이다. 그리고 다른 한편으로는, "도쿄나 쿄토, 오사카, 코베를 중심으로 육성된 문화산업이 대규모화하면서 지방으로까지 진출하여 전국적인 규모로 대중을 포획"해갔다. 결과적으로 신문·잡지·영화·라디오 등의 미디어는 전국을, 도쿄를 정점으로 한 일원적인 커뮤니케이션 채널로 만들었다.[3]

다이쇼기는 대중 차원의 커뮤니케이션이 폭발적으로 팽창한 시대였다. 미나미 히로시 일파는 정보의 폭발적인 증가 과정 속에서 수용자의 교양literacy과 구매력이 평준화되고 미디어의 기술적·산업적 편성이 이를 더욱 촉진했다고 생각했다. 그러나 그들은 '대중'을 하나의 균질한 집단으로 간주하여, 분명 그 내부에서 뻗어나가고 있었을 균열이나 차이, 모순, 항쟁을 간과해버렸다.

이러한 문제점은 미나미 히로시 일파의 연구와 조금 뒤에 나온 마츠오 타카요시松尾尊兌의 연구를 비교해보면 명료하게 드러난다. 마츠오 타카요시는 다이쇼 데모크라시를 "도시뿐 아닌 농촌 그리고 사회 가장 밑바닥에 있는 피차별부락[4]에까지 뿌리를 뻗었던, 결코 인텔리라고 할 수 없는 광범위한 노동 민중의 자각으로 유지된 운동"으로 파악했다.

---

4) 일본의 천민계급. 부락민 출신자들은 결혼·교제·취업 등에서 차별받는 존재였으며, 그러한 차별이 아직도 남아 있어 사회적으로 문제가 되고 있다.

또한 다이쇼 데모크라시의 원류가 헌법 발포 이전의 자유민권운동5)에 있지 않고, 히비야日比谷 방화폭동사건6)과 쌀소동7)을 정점으로 한 풀뿌리 민중봉기와 그것을 배경으로 한 사회주의운동에 있다고 보았다. 당시 사회주의자 일부와 자유주의자 사이에 밀접한 제휴가 성립되었고, 그들은 "산업혁명의 파도에 밀리고 또 러일전쟁을 위한 군비확장에 중압감을 느끼던 도시의 중소상공업자, 지식인, 무산대중의 에너지"를 흡수했다. 마츠오 타카요시에 의하면, 농촌출신의 빈민, 해체과정의 수공업자, 수공업자와 미분화된 채 늘어난 노동자, 인플레이션에 시달리는 샐러리맨, 정부의 보호를 받지 못하던 중소상공업자 등과, 그들이 가진 불만을 대변해주는 대변자로서의 신문, 기성정당으로부터 뛰쳐나온 정치가·기자·변호사·실업가 등이 모두 러일전쟁 강화반대운동 과정에서 강권적인 번벌藩閥 정부의 타도를 접점으로 연합하여 일거에 역사의 주체로서 모습을 드러냈던 것이다.[4]

마츠오 타카요시는 이러한 특권 없는 사람들의 다층적 결합이 1910~20년대에 빈번하게 발생한 파업이나 시위와 같은 다양한 형태의 민중운동과 정치언론의 특징이라고 했다. 히비야 방화폭동사건(1905)에서부터 다이쇼정변(1913)[8]까지의 수년간도 결코 운동의 공백기는 아니었다.

---

5) 1870년대 후반부터 1880년대에 걸쳐, 메이지 정부의 독단적인 개혁에 맞서 민주주의적 개혁을 요구한 국민정치운동.

6) 러일전쟁 강화조약인 포츠머스 조약에 반대하여 일어난 민중폭동. 전쟁 중의 물가 폭등과 무거운 세금 부담에 대한 불만이 폭발하였던 것으로, 조약의 조인날인 1905년 9월 5일에 히비야 공원에서 벌어진 강화반대 국민대회가 격해지면서 민중이 방화와 폭동을 일으킨 사건이다.

7) 쌀값 인상에 대한 항의로 1918년에 벌어진 폭동. 1차 대전으로 크게 경제 성장을 이루었음에도 불구하고, 쌀과 생필품 가격의 폭등으로 대부분의 국민들은 생활고에 시달려야했다. 이 때문에 쌀가게를 습격하는 등의 쌀소동이 벌어졌으며, 전국적 규모의 노동운동과 농민운동으로 확산되었다.

8) 1913~14년 가츠라 내각의 비헌법적인 행동에 항의하기 위해 전국적으로 일어난 민중운동. 헌법을 지키자는 호헌대회를 개최하고 신문사와 파출소를 습격하는 등, 예상을 초월한 민중의 반발로 결국 가츠라 내각은 총사퇴를 했다. 이 시점부터 1925년 5월 남자보통선거법의 실현까지 13년간의 시기를 '다이쇼 데모크라시'라고 부른다.

대역사건9)에 의해서 중앙 언론의 입이 닫혀있었지만, 수면 아래에서는
시대의식에 지각 변동이 일어나고 있었다. 이시카와 타쿠보쿠石川啄木는
당시 '시대폐색閉塞의 현실'을 한탄했는데, 그같이 당시의 상황을 '폐색'
이라고 의식한 것 자체가 현실타파의 첫걸음이었다. 이 시기에 이시카
와 타쿠보쿠, 사이토 모키치齋藤茂吉, 시마자키 토손島崎藤村, 타야마 카타
이田山花袋 그리고 나츠메 소세키夏目漱石 등의 문학이 가장 생산적인 시
대를 맞았고, 츠다 소키치津田左右吉의 고대 사학, 니시다 키타로西田幾多郎
의 철학, 『동양경제신보』의 급진적 자율주의 등, 메이지 국가체제의 틀
을 벗어난 지식의 지평이 새롭게 떠올랐다. 또한 노동자의 파업투쟁도
러일전쟁 후의 공황기에 폭발적으로 증가하였다. 1907년에는 대대적인
쟁의가 60건을 넘었는데, 주로 쿠레吳10)의 해군공창, 도쿄와 오사카의
포병공창, 이시카와지마石川島와 미츠비시나가사키三菱長崎의 조선소, 아
시오足尾나 벳시別子의 구리광산 등과 같은 경제와 군사의 기간부문에서
주로 발생했다.5

마츠오 타카요시는 또한 지방의 청년운동에도 주목하여, 제1차 호헌
護憲운동에서부터 쌀소동 그리고 보통선거운동으로 이어진 사회운동이
무수한 지방의 네트워크를 기반으로 고조되었음을 밝혔다. 그는 이렇게
1910년대 사회운동의 다층성과 지역성을 추적함으로써 "다이쇼 데모크
라시가 도시 소부르주아나 인텔리들만의 잔치라는 일부 사람들의 상
식"을 무너뜨렸다.6 '다이쇼'는 결코 도시의 소비문화나 문화산업의 흥
륭, 중산계급 기반의 데모크라시만으로 채색된 시대가 아니라, 오히려
민중 차원의 격렬한 노동쟁의와 정치투쟁, 풀뿌리 사회운동의 발전과
그 사상적 모색, 다층적 항쟁과 모순의 노출, 다양한 네트워크의 형성
등에 기댄 시대였던 것이다.

---

9) 1910년 천황 암살기도를 계획했다는 죄명으로 일본 정부가 사회주의자와 무정부주
   의자 13명을 사형에 처한 사건.
10) 히로시마현 서남부에 있는 항구도시.

정치운동으로서 다이쇼 데모크라시가 결코 도시 부르주아의 개량주의적인 보통선거운동에 그치지 않는 두터움을 가지고 있다면, 동시대의 문화에 대해서도 의당 그러한 중층적인 파악이 필요하다. 그래서 카노 마사나오鹿野政直는 다이쇼기의 민중운동 속에서 문화 창조의 가능성이 자각적으로 제기되었다고 주장한다. 미나미 히로시 일파도 지적했던 것처럼, 다이쇼기의 특징은 '국가'의 시각에서 '생활'의 시각으로 전환한 것이다. '문화'에 대한 물음은 기본적으로 이러한 맥락에서 부상했다. 특히 쌀소동 이래 "기존의 모든 것을 재검토 대상으로 삼았던 정세" 가운데에서 문화의 개념도 당연히 재심의 대상이었다. "문화에 대한 인식의 전환은 개조를 부르짖던 지식인들이 논단의 주체가 되어, 쌀소동 이전에 싹튼 '생활' 본위의 관점을 더욱 깊게 만드는 방향"으로 진행되었다.[7] 카노 마사나오의 이같은 연구는 다이쇼 후기 '생활'을 축으로 한 문화론이 '민중'의 주체성 문제와 결부되어 있음을 보여준다. 그 경우에 '민중'도 결코 하나로 규정할 수 있는 존재가 아니다. 카노 마사나오는 소학교 교원들의 자유교육운동과 여성해방운동 그리고 노동자문학에 주목했다. 그것은 단순하게 구미의 교육사상이나 페미니즘 혹은 사회주의의 수입이 아니었다. 예를 들어, 자유교육운동의 경우에 지극히 "'흙' 냄새가 강한" 것이었다. 각지의 소학교 교사들은 실천을 통해 "'국가'의 대척점에서 다양한 가치를 부상시켰고, 열린 학문·사상의 모양새를 확립했으며, 소학교 교원과 지역 청년층을 담당 주체로 부각시켰다. 이러한 운동은 상당히 완고한 부분을 가지고 있으면서도, 천황제 국가이념에 맞서거나 적어도 그 이념을 대폭 수정해 보려는 기미"를 보였다.[8]

마츠오 타카요시나 카노 마사나오의 연구를 통해서 1960년대에 시작된 다이쇼기 문화 연구는 같은 무렵의 민중사 연구와 접속할 수 있었다. 이들은 미나미 히로시 일파가 연구 대상으로 삼은 대중적 모더니즘문화를 단순히 도시 중산계급을 기반으로 한 소비적인 대중문화의 확대라고만 할 수 없으며, 그러한 설명으로는 파악할 수 없는 중층성과 굴절이 존재함을 밝혔다. 그러나 미나미 히로시 일파는 1920~30년대의 모더니즘이 잉태하고 있었던 경험의 두터움이나 중층적인 다이나미즘을 포착하지 못했다. '다이쇼'기를 1965년이라는 꽤 이른 시기에 문화를 통해 새롭게 재조명한 연구이자, 정치사나 경제사로는 환원되지 않는 문화사의 중요성을 밝힌 연구임에도 불구하고, 미나미 히로시 일파의 연구는 그 문화의 개념이 평면적이라는 결정적인 한계를 지니고 있었던 것이다.

약 20년 후에 내놓은 '일본 모더니즘'이나 '쇼와 문화'에 대한 연구에서도 그들은 이 한계를 결코 극복하지 못했다. '일본 모더니즘'에 대한 연구 성과를 정리한 것이 『일본 모더니즘 연구』(1982)이고, 이 책은 다이쇼 말기부터 쇼와기에 걸친 모더니즘의 여러 경향을 사상, 문학, 잡지, 패션, 유행가, 라디오방송 등의 측면에서 살펴보고 있다. 미나미 히로시는 이 책에서 일본의 모더니즘을 "최초의 근대화 현상인 문명개화와 종전 후 미군점령기에 나타난 아메리카화라는 두 개의 커다란 근대화 물결 사이에 존재한 또 하나의 근대화 물결"로 자리매김한다. 또한 일본 모더니즘은 다이쇼 문화주의에서 비롯되었고, 그 최전성기는 쇼와 초기였다고 설명했다.[9] 그러나 그러한 모더니즘이 젠더·계급·세대에 따라 각각 어떻게 다른 방식으로 존재했는지, 또는 어떠한 지식과 권력의 배치 속에서 그러한 모더니즘이 가능했는지에 대한 설득력 있는 설명은 없었다.

다른 한편, 『다이쇼 문화』의 속편인 『쇼와 문화』(1987)에서 미나미 히로시 일파는 모더니즘이 다이쇼 문화주의를 계승하여 1930년대 중반까지 계속되었다고 강조한다. 그들이 강조했듯이, 모더니즘은 단순한 풍속현상이 아니라 1920~30년대 문화의 중핵을 이룬 경향성이었다. 뿐만 아니라 모더니즘이 1930년대 전반에 '군국주의'에 눌려버렸다는 것은 결코 사실이 아니다. 모더니즘은 적어도 1930년대 말까지 계속해서 사람들의 일생생활에 강력하게 작용했기 때문이다.

1920년대에 확대되고 1930년대에 최전성기를 맞은 모던 생활의 주체는 "다이쇼기의 중류계급에서 더 폭을 넓힌 도시 중간층"으로, "공장노동자·점원 등의 블루칼라층이나 구舊중간층에 해당하는 상·공 자영업자, 그리고 이 시기에 급증한 직업 여성층"도 포함하고 있었다. 다양한 계층에 의한 모더니즘의 경험은 당연히 다이쇼기 이상으로 복잡해지고 여러 모순을 품게 되었다. 그래서 『쇼와 문화』의 '여성'에 대한 장은 쇼와 전기 사회에서 "선진적 지식 여성만이 아닌 지극히 일반적인 여성의 사회적 지위나 의식이 어떻게 변화해갔는지, 그리고 그러한 변화에 대한 지식인의 인식은 어떠했는지"에 초점을 두고 있다. 또한 '직업여성'이나 '모던걸'에 대해, 미디어가 그녀들을 어떻게 남성적인 시선 아래에 종속시켰는지, 혹은 그 가운데에서 어떠한 언설이 그녀들의 가능성에 주목했는지를 상세하게 설명했다.[10] 이러한 분석은 다이쇼문화 연구보다 확실히 한걸음 앞서 있다. 그럼에도 불구하고, 전체적으로 보면 여전히 한계를 가지고 있다. "다이쇼에서 계승된 문화주의·교양주의·자유주의·모더니즘·에로티시즘의 밝은 면이 파시즘과 맑스주의의 협공을 받아 쇠퇴하면서도, 그 생명력이 완전히 말라버린 것은 아니"라는 주장이 보여주듯이, "밝은" 중산계급형의 소비문화가 "파시즘과 맑스주의의 협공"을 받아 억압되었다는 도식을 벗어나지 못했다.[11] 결국 이 글의 서두에서 언급했던 이항대립의 구도에서 헤어나지 못했던 것이다.

그러나 쇼와기의 모더니즘이 중일전쟁이 본격화된 이후에도 쉽게 사라지지 않고 1930년대 말까지 일상생활에 계속 존재했다면, 한편에 모더니즘을 두고 다른 한편에는 파시즘과 맑시즘을 두는 대치상태였다는 것이 가능했을까? 오히려 맑스주의와 모더니즘은 물론 파시즘까지 포함하는 넓은 의미에서의 '모던한 상황'을 상정하고, 그 안에서 모더니즘의 존재방식과 그 굴절을 파악해야하지 않을까? 그렇다면 다이쇼 문화와 쇼와 모더니즘을 단순하게 메이지 부국강병과 쇼와 파시즘(1935년 이후)의 틈새에 낀 중간시대로 이해해서는 안 된다. 분명 미나미 히로시도, "메이지의 절대주의 체제로부터 부르주아 민주주의 체제로 이행한 일본 근대사가 왜 쇼와 파시즘을 수용했던 것인지에 대한 해답의 열쇠는 당연히 과도기인 다이쇼에 숨어 있다"는 점을 인식하고 있었다. 그러나 동시에 미나미 히로시는 일본 근대화의 역사 가운데 다이쇼나 쇼와의 모더니즘을 정상 상태로 간주하고, 쇼와 파시즘을 그러한 '정상'으로부터 일탈한 시기로 파악하는 오류를 계속 반복했다. 그는 1930년대를 거치며 맑시즘·모더니즘·파시즘·총동원체제를 공통의 지평에서 융합시킨 지식과 권력, 언설과 미디어, 일상의식의 배치가 있었다는 생각을 못했던 것이다. 나는 미나미 히로시 일파의 연구를 충분히 인정하지만, 그러한 다른 가능성을 되짚어볼 필요가 있다고 생각한다.

2. 제국 수도 부흥 속의 모던 도시

앞서 말한 1920~30년대의 문화를 바라보는 관점 전환의 필요성을 가장 명료하게 보여주는 사례가 바로 당시의 도쿄일 것이다. 도쿄, 특히 '간토대지진'을 계기로 '부흥'한 모던 도쿄는 문자 그대로 당시 일본 모더니즘의 최대 상징이었다. 1929년에 간행된 콘 와지로今和次郎의 『신판 대도쿄 안내』라는 책에서 "오늘날의 도쿄"에 대한 서술은 1914년(다이쇼 3년)에 탄생한 도쿄역 앞(마루노우치丸の內)에 대한 묘사로 시작된다. 겨우 15년 전까지만 해도 "미츠비시가하라三菱ヶ原"라고 불리는 "잡초 무성한 들판"에 지나지 않았던 이 일대가 지금은 "신 메트로폴리스로서의 광경"을 자랑하고, "산처럼 우뚝 솟은 사각 건물, 군집한 자동차, 달리는

자동차 그리고 정연한 포장도로가" 방문한 사람의 시선을 압도한다. 새로운 도쿄는 이 도쿄역 부근을 연결고리로 자동차·도로·빌딩·백화점·카페 등이 맞물린 일종의 거대한 기계장치다. 도쿄의 사람들은 "조립된 기계의 톱니바퀴 하나에 해당하는 생활방식을, 감각에 있어서도, 인식에 있어서도" 취해야 했다.[12] 콘 와지로의 고현학考現學은 분명 지진 후의 도쿄를 상세하게 기록하려고 시작된 것이었다. 그는 지진 후의 도쿄를 상공에서 조감하는 방식이 아닌, 길거리에서 사람들의 무의식적인 행동이나 복장 같은 풍속의 단면을 상세하게 관찰하는 방식으로 드러냈다.

물론 도쿄역의 완공(1914)에서부터 콘 와지로의 "신 메트로폴리스의 광경"(1929)에 이르기까지 15년간의 도쿄가 연속적으로 변화한 것은 아니다. 1923년의 대지진이 일련의 변화를 구획하는 단층이 되었고, 모더니즘의 출현은 지진 후 부흥기의 제국 수도 도쿄에서 전면화되었다. 제국 수도의 '부흥'이 대략 모양새를 갖추기 시작하자, 많은 논자들이 동시대를 모던도시에 대한 언설로 특징지었다. 『중앙공론』은 1929년 2월에 「모던 라이프 재음미」를, 『개조』는 같은 해 6월에 「모던 생활의 범람」을 특집으로 꾸몄고, 다음해인 1930년 10월에는 『모던 일본』이라는 잡지까지 창간되어 「외출복의 모던 라이프」, 「칭송해야 할 여러 가지 모던과 배격해야 할 여러 가지 모던」, 「모던 생활과 과학」, 「모던 자동차 풍경」, 「모던 도쿄 신풍경」 등의 기사를 실었다.

영화로 눈을 돌리면, 〈제국 수도 부흥 심포니〉(1929)를 비롯해 〈필름 레뷰revue11) 대도쿄〉(1932) 등 몇 개의 도시영화가, 당시 발터 루트맨Walter Ruttmann의 〈베를린 대도시 교향곡〉(1927)이나 지가 베르토프Dziga Vertov의 걸작 〈카메라를 든 남자〉(1929)의 영향을 받아서, 제국 수도의 표층에 넘치는 모더니즘의 단면을 꼴라쥬했다. 이러한 잡지 기사와 영화가 으레 소

---

11) 노래와 춤을 곁들인 풍자적 볼거리 위주의 흥행극. 19세기 프랑스 파리에서 시작된 것으로, 연말에 일 년 동안 일어난 일들을 풍자적으로 연출한 극에서 유래되었다.

재로 삼은 것들은 도쿄역 앞에서 마루노우치까지의 오피스거리, 왕래가 활발한 길거리와 시가지 전차, 히비야 공원, 백화점이 늘어선 긴자였고, 가끔씩은 우에노 공원이나 스미다가와隅田川 연안이 무대로 등장하기도 했다. 영화라는 미디어의 눈을 통해 도쿄의 새로운 지형도가 그려졌던 것이다.

예전에 쓴 나의 책에서 상세히 논했듯이, 대지진 전후前後에 벌어진 도쿄 문화지형도의 이러한 위상 전환은, 도시공간의 의미론적 중심이 '아사쿠사'에서 '긴자'로 이동한 것에서 상징적으로 드러난다.[13] 당시 아사쿠사에는 에도시대부터 내려온, 절이나 신사神社의 문 앞에서 벌어지는 특유의 혼잡함이 그대로 남아 있었고 예능인藝人, 노점상香具師,[12] 흥행사들과의 끈끈한 관계도 여전히 계속되었다. 게다가 러일전쟁 이후로 활동사진과 오페라의 거리가 되면서 "모든 계급과 인종이 어지럽게 뒤섞인 거대한 흐름(소에다 아젠보添田啞蟬坊)"이 새로이 합류하여 전에 없던 번화함을 누렸다. 그래서 콘다 야스노스케權田保之助는 다이쇼 중엽에 쓴 민중오락론에서 아사쿠사를 다음과 같이 묘사했다. "아사쿠사"는 "나카미세仲見世,[13] 칸노사마觀音樣,[14] 하나야시키花屋敷,[15] 주니카이十二階,[16] 타마노리玉乘り,[17] 활동사진, 야스시바이安芝居,[18] 작은 음식점, 주니카이 밑의 마굴魔窟, 사내들이 한꺼번에 모여 만들어낸 하나의 세계, 일종의 분위기"이고 "이 모든 것들 안에서 '아사쿠사'가 움직이고 '아사쿠사'의 생명이 약동한다"고.[14] 또한 타니자키 준이치로谷崎潤一郎는 아

---

12) 야시やし라고 발음한다. 번화가에 혹은 축제일에 노점을 차려놓고 장사를 하거나, 요술을 보여주고 돈을 받는 소상인을 일컫는다.
13) 신사나 절의 경내에 있는 상점. 특히 아사쿠사 센소지淺草寺 앞의 상점가가 유명하다.
14) 관음을 모시는 아사쿠사에 있는 사찰, 센소지의 별칭.
15) 아사쿠사에 있는 유원지.
16) 아사쿠사 공원에 있던 12층짜리 벽돌 건물. 1890년에 건설되었다. 도쿄의 전망대 역할을 하는 명소였는데 1923년 간토대지진으로 반파되어 철거되었다.
17) 커다란 공 위에 올라서서 발로 공을 굴리는 곡예.
18) 삼류극장 혹은 싸구려 흥행장.

사쿠사의 특징을 "그 그릇이 클 뿐만 아니라 그릇 속에 있는 수십 수백 종의 요소가 끊임없이 활발하게 유동하고 발효하는" 것이라고 했다. 끊임없이 흐른다는 것은 바로 "모조리 속악한 것, 조잡한 것, 저급한 것, 야비한 것들임에도 불구하고 단지 그것들이 눈에 보이지 않는 속도로 왕성하게 변하기 때문에 (…중략…) 불가사의하게도 항상 생생하고 도도히 흐르는 대하大河와 같이 나아가는 것"이라고 했다.[15]

그에 비하면 '긴자'는 비록 메이지기부터 문명개화의 상징으로 알려졌지만, 다이쇼 중기까지는 대중적인 번화가라고 할 수 없었다. 다이쇼 초기의 긴자는 신문사나 박래품점이 몰려있는 하이칼라의 거리일 뿐, 그 번화함은 아사쿠사에 결코 미치지 못했다. 게다가 1914년에 도쿄역이 완성되자 그때까지 종착역이었던 신바시新橋역이 문을 닫게 되고, 신바시역과 연결되어 있던 긴자도 그대로 쇠락해버리지 않을까 하는 우려마저 사고 있었다.[16] 그런데 이러한 상황이 지진 후에 크게 달라진다. "미츠코시三越, 마츠야松屋, 마츠자카야松坂屋 3개의 백화점이 긴자에 지점을 냈다. 『개조』와 『중앙공론』을 비롯한 주요 잡지사들은 죄다 경쟁적으로 긴자에 대한 기사를 게재했다. 신문에도 긴자의 소식이 끊이지 않았다. 교외로 나가면, 제법 새로워 보이는 상점들이 긴자당, 긴자정, 카페긴자와 같은 이름을 달고 있다. 그 외에도 긴자표, 긴자취미, 긴자풍과 같은 말이 교외의 상점에서 즐겨 사용된다"고 『긴자세견銀座細見』(1931)의 저자, 안도 코세이安藤更生는 말했다.[17] 지진 전까지는 도쿄에서 '이식된 서양'으로서 홀로 서 있던 긴자가 오히려 지진 후에는 일거에 도쿄 전역의 문화를 통솔하는 구심점이 되었던 것이다.

이렇게 지진 후 변화한 긴자에서 희화적으로까지 강조되었던 것이 바로 '모던'의 문화였다. 보다 솔직하게 표현하면 1920년대 세계를 석권했던 아메리카니즘이었다. 안도 코세이도 앞의 책 『긴자세견』에서, "오늘날 긴자에 군림한 것은 아메리카니즘이다. 우선 긴자의 페이브먼트를 걷는 남녀를 보자. 그들의 차림새, 그들의 자태, 죄다 아메리카 영화의 모방이다. (…중략…) 오늘날 긴자에서 가장 흔한 음식은 프랑스 요리가 아니라 포도주 대신 물을 마시는 아메리카풍 런치이다. 카페 곳곳에서 울리는 음악은 아메리카 취향의 재즈이다. (…중략…) 긴자에서 프랑스 취미는 이제 과거를 향한 한 조각 추억일 뿐, 머지않아 에도 취미처럼 저회低徊 취미19)가 되어 갈 것이다. 이를 대신하는 것이 바로 대자본과 스피드와 영화의 아메리카니즘이다. 일본인의 대다수는 이제 아메리카를 통해서만 세계를 이해하려한다"고 말했다.18 예를 들어, 쇼와 초기에 크게 유행한 〈당세긴자절当世銀座節〉의 가사, "허리띠 폭의 길을 / 나팔바지에 시커먼 눈썹引眉毛 / 이튼 스타일의 단발Eton crop20) 반갑네"에서도 이러한 긴자의 아메리카니즘이 분명하게 나타난다. 이 노래 가사의 제2절은 할리우드 스타를 모방하고 긴자를 활보하는 여성들을, 제3절은 카페의 풍속을, 제4절은 외제차 엔택시21)의 왕래를 노래하고 있는데, 그 속에는 모두 아메리카 상품문화의 면면이 새겨져 있다.

긴자의 모던 풍속은 많은 평자들에게 비판의 대상이 되었다. 이쿠타 키잔生田葵山은, "모던보이다 모던걸이다 하고 말들 하지만 모두 내용이 없는 모던의 도깨비행렬일 뿐이다. 머리모양도깨비, 백분白粉도깨비, 양복도깨비가 우글우글 걷고 있을 뿐. 구시대에도 신시대에도 존재했던 번역이 아니라, 한심스러운 모방이 산보하고 있다"고 신랄하게 평했다.19 또한 콘다 야스노스케에 의하면, 긴자를 활보하는 모보·모가는 "포장만 번지르르한 모던 생활자, 있는 척 꾸민 모보·모가"에 지나지 않았다.20 그러한 비판에도 불구하고 현실에서는 아메리카니즘이 계속 진행되었다. 니이 이타루新居格가 설명했듯이, 재즈가 일본 젊은 세대의 마음을 사로잡았고, 할리우드 영화의 유입이 점차 늘어났으며, 도시의

---

19) 세속을 떠나 여유 있는 자세로 동양적 자연미에 만족하는 취미.
20) 모던걸 사이에서 유행하던 보이시boyish한 헤어스타일. 원래 영국학교 이튼Eton의 소년들 사이에 유행한 헤어스타일이었다는 데에서 이름이 유래했다.
21) 1엔 균일요금으로 시내의 일정거리를 달리던 택시.

젊은이들은 영화 속 스타의 머리 모양·화장·복장을 모방했다. 아메리카풍 빌딩으로 통근하고, 일요일 낮에는 야구 구경이나 드라이브를 하고 밤에는 댄스홀에서 재즈를 추거나 영화관에 가는 일이 이 시대 도시 생활의 모델이 되었다. 니이 이타루에 의하면, 생활과 풍속에서의 이러한 아메리카니즘은 기묘하게도 사상에서의 러시아니즘과 함께 유행했다. 당시 일본에서는 "러시아풍의 이데올로기를 따르면서 동시에 아메리카풍의 취미를 가진 자들이 적지 않았고, 설령 아메리카풍으로 생활하는 소위 모던보이라 하더라도 사회주의에 결코 무관심하지 않았다."[21]

그런데 이 지점에서 매우 주의해서 살펴보아야 할 것이 있다. 그것은 1920~30년대의 아메리카니즘이 긴자뿐만 아니라 아사쿠사에서도 이미 활발하게 발흥하고 있었다는 사실이다. 오자사 요시오大笹吉雄는 그러한 사례로서 다이쇼 초기 도시 모더니즘의 전형이라 할 수 있는 아사쿠사 오페라에 대해 연구했다. 그는 당시의 아사쿠사에 이미 "뮤지컬을 받아들일 수 있는 바탕"이 형성되어 있었고, 그렇지 않았다면 제국극장에서 먼저 도입하려다 실패한 오페라가 아사쿠사에서는 열광적으로 환영받는 일이 발생할 수 없었을 것이라고 했다. 그는 또한 그러한 바탕을 밝히기 위해 쇼쿄쿠사이 텐이치松旭齋天一·텐카츠 이치좌天勝一座[22]의 버라이어티쇼나 아사쿠사 오페라의 스타였던 타카기 토쿠코高木德子에 주목했다. 텐이치와 텐카츠 일파가 아사쿠사에서 일세를 풍미할 수 있었던 바탕에는 아메리카 순회공연의 경험이 있었다. 그들은 아메리카식 연출을 대담하게 도입했고 템포가 빠른 쇼를 몸에 익혔다. 아사쿠사 오페라도 처음에는 이들의 쇼와 비슷한 버라이어티류의 공연으로 출현했다. 오페라 스타, 타카기 토쿠코도 보드빌vaudeville[23] 전성시대의 미국에서 노

---

22) 메이지 후반부터 쇼와 초기까지 인기를 끈 마술단. 단원이 100명은 넘을 정도로 큰 규모의 마술단이었다. 텐이치는 텐카츠의 스승이자 연인이었다.

23) 노래·춤·촌극 등을 엮은 오락적인 쇼. 16세기 중엽 프랑스에서 발생한 풍자적인 노래에서 유래되었으나, 미국에서는 19세기 말에 크게 유행하면서 대규모로 발전한 형식을 지칭하는 경우가 많다. 영국에서는 버라이어티쇼variety show라고도 부른다.

래와 댄스, 마임 등을 배워 쇼 댄서로서의 소질을 연마한 인물이었다. 이러한 사실을 근거로, 오자사 요시오는 "아사쿠사 오페라도 레뷰식 희극도 모두 도시형의 문화이고, 그 배경에는 '아메리카'가 있다. 적어도 무대 공연에 있어서 일본문화의 아메리카화는 아사쿠사에서 먼저 일어난 것"이라고 주장했다.[22]

그러므로 지진 후 긴자가 중산계급 자제들을 중심으로 한 소비적인 모더니즘의 무대였던 것과는 별개로, 아사쿠사는 지진 훨씬 이전부터 모더니즘과 아메리카니즘의 무대였다고 할 수 있다. 물론 주니카이가 무너지고, 아사쿠사 오페라가 쇠퇴하기 시작하고, 토박이 흥행자본이 붕괴되고, 칸사이 자본인 쇼치쿠松竹[24])가 진출하는 등의 현상에서 보듯, 아사쿠사는 지진 후가 되자 예전의 압도적인 에너지를 상실한다. 아사쿠사는 이제 '번화한' 거리라기보다 '밀회'에 어울리는 '풍류가 있는' 거리로 형용되었고,[23] 신문도 "범죄나 인기의 돌풍은 이제 아사쿠사에서 긴자로" 이동하고 있다고 전했다.[24] 그러나 아사쿠사에서는 지진 이후에도 카지노폴리[25]) 같은, 긴자와는 다른 타입의 모더니즘이 계속 연출되고 있었다.

도쿄는 이렇게 서로 다른 모더니즘이 경쟁하는 형국이었다. 그러나 지진 후 제국 수도 부흥사업이 진행되면서 '긴자'가 일본 도시적 모더니티의 특권적 중심이 되어 다른 여러 모더니티의 영역과 차원을 압도하게 된다. 가와바타 야스나리川端康成는 소설 『아사쿠사쿠레나이단淺草紅團』에서 지진 후 아사쿠사 거리의 굴절을 잘 포착하고 있다. 소설 속의 극장 무대는 줄곧 화려한 '긴자'의 풍속을 노래하고, 그것을 바라보는 객석의 위치에 '아사쿠사'가 놓여 있다. 주인공 중 한 사람의 다음과 같

---

24) 일본의 영화와 연극의 제작·흥행·배급을 하는 회사. 창업은 1895년, 회사설립은 1920년.

25) 1929년 아사쿠사에서 에노모토 켄이치榎本健一 일파가 만든 레뷰 형식의 코미디극단. 파리의 뮤직홀 이름인 Le Casino de Paris와 Folies-Bergere을 합쳐 풍자적으로 지은 이름이 카지노폴리이다.

은 대사에서 그러한 변화가 은밀히 드러난다. "타마키좌玉木座든, 야스기부시安來節26)든, 오하라부시小原節27)든, 만자이万才28)든, 온갖 구경거리 좌석에 게이샤를 불러 신명도 돋구고 추임새도 넣을 생각이었어 (…중략…) 직공과 인부들의 잔치니까. 근데 이게 뭐야? '긴자, 긴자, 그리운 긴자' 하고 재즈 가락이 흘러나오니까 모두 쥐죽은 듯 가라앉아서 영주 앞에 선 걸인같이 얌전해졌잖아. 대관절 긴자가 뭔데? 타마키좌 손님들에게 긴자가 무슨 소용이람? (…중략…) 나는 이유 없이 화가 났다."25

물론 지진 후의 도쿄에서 긴자가 도시문화의 헤게모니를 확립한 것에 대하여 지하철과 도로망의 정비, 교외주택지의 발달, 혹은 시타마치下町 일대에서 야마노테山の手나 교외로의 인구중심 이동과 같은 요인을 들어 기능적으로 설명할 수도 있다. 그러나 그러한 설명은 지진 후의 긴자 모더니즘이 내포하고 있는 문화정치적인 함의를 부분적으로밖에 이야기하지 못한다. 오히려 지진 후 도쿄에서 '긴자'의 헤게모니를 이해하려면, 적어도 다음 두 가지의 변화에 주목해야 한다.

첫째, 1920년대 미디어의 폭발이라고도 할 만한 정보의 빠른 증식과 유통이다. '긴자'로 대표되는 1920년대 이래의 도쿄가 '모던'의 단면적이고 표층적인 이미지로 넘쳐났던 것은 결코 우연이 아니다. 도쿄가 모던도시로 성립된 것은 단순히 이 도시의 여러 장치가 근대화되었기 때문도, 주택지·오피스거리·공장지대가 발전했기 때문도 아니다. 오히려 '도시적인 것(르페브르 Lefébvre)'이 미디어를 통해 여러 겹으로 매개되어, 장소나 시설을 뛰어넘는 정보가 되고, 미디어에 의한 연출 이미지 즉 고정되지 않은 흐름으로서 유통되어 도시의 리얼리티를 만들어 간 것에 기인한다.

---

26) 술자리에서 부르는 신나는 노래류.
27) 여러 지역에서 발달한 일종의 민요.
28) 두 사람이 익살스럽게 주고받는 재담. 보통 漫才라고 쓰나, 만자이가 万歲에 그 기원을 두고 있기 때문에 중간 단계에서 万才로 쓰인 것으로 추측된다.

이는 지진 후 '긴자'의 융성이 잡지 · 레코드 · 라디오 · 영화 등의 미디어로 매개된 최초의 사례였다는 점에서도 쉽게 드러난다. 일례로 유행가의 경우를 살펴보자. 긴자만큼 융성을 누렸던 '아사쿠사'는 유행가로 만들어진 것이 그리 많지 않았다. 그에 비하면 '긴자'는 분명 최초의 고토치송[29]이었고 최대의 '히트상품'이었다. 긴자를 소재로 삼은 대표적 유행가로는, 1928년의 히트작이자 '긴자' 이미지 형성에 크게 공헌한 〈당세긴자절當世銀座節〉(사이조 야소西條八十 작사, 나카야마 신페이中山晋平 작곡)을 비롯해, 같은 해에 오사카의 레코드 회사가 제작한 〈긴자행진곡〉(마사오카 이루루正岡蓉 작사, 시오지리 세이하치塩尻精八 작곡), 그 다음해에 발매되어 25만 장이나 팔린 공전의 대히트작 〈도쿄행진곡〉(사이조 야소 작사, 나카야마 신페이 작곡) 등이 있다. 또한 후타무라 테이이치二村定一나 에노켄이 노래한 〈멋쟁이洒落男〉(사카이 토루坂井透 작사, 프랭크 크루밋Frank Crumit 작곡)나, 긴부라,[30] 마츠야의 탑, 꽃파는 아가씨, 숍걸 등이 노래에 등장하는 〈긴자세레나데〉(사이조 야소 작사, 사사키 코카佐佐木紅華 작곡) 등등, 1930년을 전후로 히트곡이 속출했다. 히트곡의 대부분이 사이조 야소의 작사였다는 점, 또 아사쿠사의 예능인이나 오사카의 레코드회사까지 '긴자'를 노래했다는 점이 특기할 만하다. 사이조 야소 노래의 상업성은 이후에도 〈여급의 노래〉, 〈사랑의 긴자〉, 〈긴자의 버드나무〉, 〈도쿄 온도音頭[31]〉, 〈긴자 온도〉 등을 차례로 히트시켰다. 그 외에도 당시의 '긴자'는 〈긴자 스텝step〉, 〈긴자 보이〉, 〈긴자 배드걸bad girl〉, 〈긴자 4정목四丁目〉, 〈긴자 세뇨리타〉, 〈즐거운 긴자〉, 〈긴자 신조新調〉, 〈긴자는 부른다〉, 〈긴자의 비〉, 〈긴자 멜로디〉, 〈긴자 제비〉, 〈그리운 긴자〉, 〈긴자 사랑의 눈물〉, 〈밤의 긴자〉, 〈긴자의 사랑〉, 〈긴자 소야곡〉, 〈긴자 랑데뷰〉, 〈긴자 사중주〉, 〈긴

35

---

29) ご当地 song. 어떤 하나의 지방을 주제로 한 노래를 말한다.

30) 銀ブラ. 긴자의 거리를 산책하는 일 혹은 산책하는 사람.

31) 온도音頭는 본래 춤에 흥을 돋우는 악곡의 한 형식이었으나, 근대 레코드의 보급과 함께 춤과 분리되어 민요풍의 가요가 되었다. 그중 1932년에 발표된 〈도쿄온도東京音頭〉가 가장 폭넓은 인기를 얻었다.

자비가悲歌〉, 〈긴자애가哀歌〉, 〈긴자 아가씨〉 등등, 넘치고도 남을 만큼 많은 유행가를 낳았다. 바로 이러한 유행가들이 사람들을 '긴자'로 유혹하는 데에 결정적인 역할을 수행했을 것이다.[26]

'아사쿠사'에 비해 '긴자'가 유행가로 훨씬 많이 만들어진 직접적인 원인은 지진 후 긴자가 융성하기 시작한 1920년대 후반이 바야흐로 레코드 산업과 라디오 방송의 발흥기였다는 데에 있다. 새롭게 도입된 수입관세의 장벽을 피하기 위해 빅터Victor · 컬럼비아Columbia · 폴리돌Polydor의 3대 레코드 회사가 각각 일본 자본과 제휴하여 음반의 국내생산을 본격화한 것이 1927~28년이었다. 긴자송의 융성은 이러한 음반의 국내생산 체제와 불가분의 관계였다. 음반의 가격은 쇼와 초기에 영화주제가의 경우 1장에 1엔 50전, 그리고 축음기는 40엔에서 50엔 정도였다. 시영전차 요금이 7전이던 시대였으니 음반과 축음기가 결코 싼 것은 아니었지만, 그렇다고 중산계급이 엄두도 못 낼 정도의 가격은 아니었다. 그리하여 일본 레코드 생산은 1929년에 연간 1천만 장을 넘어서고, 1935년에는 3천만 장에 근접했다.[27] 위의 3대 음반사 이외에도 무수한 소규모 음반 제작회사가 군생했다. 그중에는 오키나와 〈섬노래島唄〉를 탄생시킨 오사카 후쿠하라 초키普久原朝喜의 마루후쿠 레코드(1937년 창업)와 같은 레이블도 있었다.[28] 1930년대 초반이면 웬만한 도시에 한두 개의 레코드점이 있었으니, 쇼와 초기의 음반문화는 급속하고도 광범위하게 확산되었던 것이다. 음반뿐만 아니라 라디오 방송도 1925년에 시작되었다. 이후 1928년 쇼와천황의 '즉위식御大典' 행사에 맞춰서 전국방송망이 완성되었고, 1935년에 이르면 라디오 청취 계약이 240만대에 달했다. '긴자'를 노래한 유행가는 이 무수한 축음기와 라디오 그리고 길거리로 흘러나오는 음악을 통해 수많은 사람들의 귀로 침투했다.

1920년대 이래, '긴자'의 이미지를 증식시킨 촉매로서 급격히 확산된 것은 레코드와 라디오 같은 청각 미디어만이 아니었다. 신문 · 잡지 · 소설 등의 활자미디어도 미디어의 성격 자체가 변했을 정도로 폭발적인 증가를 보였다. 1920년대 말부터 1930년대에 걸쳐 종합잡지에 '긴자'에 대한 각종 기사나 특집이 넘쳐났음을 이미 언급했는데, 그러한 기사에 앞서 잡지라는 매체 자체가 1920년대에 극적으로 확대되었던 것이다. 다이쇼 초기까지 잡지계에서는, 『태양』을 넘어서 종합잡지의 정점에 서 있던 『중앙공론』이 독보적 존재였다. 그러나 1919년에 『개조』가 창간되어 순식간에 중앙공론을 압도하고, 쇼와 초기에 이르면 10만 부를 넘어서는 유력 종합잡지가 된다. 이 밖에도 1923년에 『문예춘추』가 창간되고, 1925년에는 『킹』이 창간되어 순식간에 100만 부를 넘어서는 공전의 히트를 날렸다. 여성잡지의 경우에도 1916년 『부인공론』, 1920년 『부인구락부』, 1922년 『여성』, 1927년 『주부의 벗』이 창간되면서 기본적인 체제를 확립했다. 또한 『주간 아사히』, 『선데이 마이니치』, 『아사히 그래프』 등 신문사 계열 주간지도 1920년대에 연이어 간행되었다.

나가미네 시게토시永嶺重敏는 1920년대 도쿄의 독서지리讀書地理에 관한 연구에서 급속하게 대중화된 활자 미디어가 일상생활에서 어떻게 유통되고 수용되었는가의 문제에 가능한 한 정밀한 접근을 시도했다. 나가미네 시게토시가 주목한 것은 활자 미디어를 구매하고, 빌리고, 관람하는 독서의 구체적인 장=장치였다. 그는 그러한 관점에서 신간 서적을 파는 서점뿐만 아니라 헌책방, 노점, 도서관, 잡지 회독회回讀會 등 여러 장치와 유통기구를 상세하게 검토했다. 그와 같은 연구를 통해 그는 신간을 중심으로 한 야마노테 지역의 중산계급형 독서권과 2차적인 유통경로에 의지한 시타마치 지역의 노동자계급형 독서권이라는 서로 다른 층이 형성되어 있다는 사실을 밝혀냈다. 거꾸로 말하면, 신간의 구매만으로는 파악할 수 없는 독서층이 노점이나 헌책방 등에 기대어 확대되었음을 밝힌 것이다. 지진 후 도쿄에서 이 두터운 독서층은 넘쳐나는 책과 잡지·신문·팜플릿·광고 등 무수한 활자에 노출되어 일상을 보냈다. 그리고 곧이어 중산계급의 독자층에게 기차역 매점과 통근전차라는 새로운 독서장치가 등장하면서 대중적인 독서 스타일이 크게 변해갔다. 이렇듯 지진을 전후로 도쿄에서는 레코드와 마찬가지로 "활자" 역시 이전과 비교할 수 없을 정도의 양과 속도로 "시내·교외의 구석구석까지 광범위하게 유통되고, 학생·신중간층과 같은 지적 엘리트층에서부터 공장 노동자나 도시 하층에 이르기까지" 많은 사람들의 필수품이 되었던 것이다. 당시의 모더니즘 유행도, '긴자'의 인기도, 이러한 미디어 소비의 사회적 확대라는 차원을 제외하고는 생각할 수 없는 것들이었다.[29]

1920년대 후반, 지진 후의 '긴자'가 압도적인 흡입력을 가질 수 있었던 또 하나의 이유는 긴자만큼 미디어의 중층적인 회로 속에서 상품화되고 소비되기에 적절한 장소가 없었다는 것이다. 예전에 다른 원고에서도 언급했듯이, '아사쿠사'는 기본적으로 의미구조가 은유적이고 그 의미작용이 무한한 다양성을 가지고 있었던 반면, '긴자'의 의미구조는 환유적이고 그 모더니티의 함축의미는 한가지로 수렴되었다. 그래서 사이조 야소는 아주 쉽게 이 거리의 정경을 다양한 노래로 변주되는 하나의 유형으로 만들 수 있었던 것이다. 다시 말해, 유통된 이미지의 복합체로서 또는 그러한 이미지를 물질화시킨 공간으로서 지진 후의 '긴자'가 만들어졌던 것이다. 이는 시세이도資生堂나 마츠야가 보여준 이미지 전략과 공간 전략의 관계 속에서 드러나기도 하고, 당시 무수했던 '긴자' 언설과 토박이 주민이나 상점 사람들의 회상 사이에 드러나는 기묘한 격차를 통해서도 증명된다.

그러나 1920년대에 '긴자'와 긴자를 둘러싼 도쿄에서는 이러한 정보화의 역학과는 별개로 또 하나의 역학이 강력하게 작동하고 있었다. 그것은 바로 문화지정학적인 구조였다. 메이지기 말엽까지 '긴자—츠키지築地 / 신바시역—요코하마 / 서양'이었던 주축이 이제는 '긴자—마루노우치 / 도쿄역—궁성宮城 / 제국'으로 바뀌게 된다. 메이지기에 긴자가 가지고 있었던 문명개화의 이미지는, 줄지어 늘어선 벽돌건물들뿐만 아니라, 이 벽돌건물 거리와 접속하고 있던 두 개의 요소, 츠키지의 외국인

거류지와 신바시의 철도역에 의해 지탱되고 있었다. 당시 국제항구 요코하마에 입항한 외국인과 물자는 모두 요코하마―신바시 간의 철도를 통해 신바시역에 도착했고, 그곳에서 긴자의 벽돌건물가를 경유하여 츠키지 외국인거류지의 상점이나 여러 시설로 운반되었다. 거꾸로 긴자의 입장에서 보면, 에도와의 연속성을 아직 단절하지 못한 메이지 도쿄에서, '벽돌건물거리 / 거류지 / 철도역'이라는 3개의 중심점이 '서양 / 근대'를 향한 창이 되어 하이칼라 취향의 사람들을 매혹시켰던 것이다.[30] 메이지 초기의 니시키에錦繪[32)는, 긴자가 철도를 매개로 요코하마에 연결되고 나아가 증기선을 매개로 '서양'과 연결되었던 것이 긴자의 이미지 형성에 근본적인 요소였음을 여실히 보여준다.

그런데 1910~20년대를 거치며 긴자는 도쿄역의 개설, 시구市區개정사업의 진행, 지진에 의한 피해, 제국 수도의 부흥이라는 일련의 사건들 속에 놓이게 된다. 이러한 흐름 속에서 '서양'과의 직접적인 상호작용이 주축이었던 토포그래피topography는 오히려 '긴자―마루노우치 / 도쿄역―궁성 / 제국'이라는, 중심에서 주변을 조망하는 형식의 토포그래피로 전환되었다. 1914년 도쿄역이 완공되자 그때까지 긴자 축의 시작점 역할을 하던 신바시역이 폐쇄되었다. 그에 따라 긴자의 지리적인 중요성도 상실되지 않을까 하는 우려가 생기기도 했다. 메이지 초기에 츠키지에 있었던 기독교계 학교나 외국상사관 등 기관시설의 대다수는 이미 야마노테로 이전한 상태였다. 그러던 중 지진으로 긴자의 벽돌건물들이 붕괴되자 앞서 말한 3개의 중심점은 의미를 잃어버렸다. 그럼에도 불구하고 지진 후의 '긴자'가 이전을 훨씬 능가하는 기세로 발흥했던 것은, 이전의 세 중심점과는 다른 새로운 제국 수도의 역학이 이 거리를 지탱했기 때문이다. 새로운 역학의 특징은, 신설된 도쿄역의 마루노우치 출구(당시에는 야에스八重洲[33) 출구가 없었다)가 천황의 행차 도로를 지나 황궁

---

32) 다색으로 인쇄한 우키요에(浮世繪; 목판풍속화).
33) 도쿄역 동쪽 일대를 가리키는 지명.

에 다다르는 공간 구성, 또는 이 역을 이용하는 모든 승객이 '궁성'을 멀리서 우러러보도록 수로를 배치한 이념적 공간 구성에서 드러난다. 철도는 도쿄역에서 큐슈지방으로 이어지고, 나아가 조선반도·중국대륙까지 시야에 흡수하는 것으로서 상상되었다.

와카바야시 미키오若林幹夫가 지적했듯이, 나츠메 소세키는 일찍이 그의 소설 『산시로三四郎』에서 이러한 지정학적 역학의 변화를 예견했다. 그는 큐슈에서 기차를 타고 도쿄로 향하는 주인공의 시선을 통해 철도 노선의 "주위로 넓어져가는 국토 내부의 여러 지역과 그 지역을 넘어서 머나먼 대륙으로 넓어져가는 확대된 공간"을 떠올렸다.[31] 주인공 산시로의 앞에 앉은 여자와 노인의 대화는 히로시마와 쿠레에서 시작되어 뤼순旅順, 다롄大連에까지 미친다. 여자의 남편은 쿠레에서 오랫동안 해군 기술자로 일하다가 러일전쟁 중에 뤼순으로 건너갔고, 전쟁이 끝나자 다롄으로 돈 벌러 갔다고 한다. 노인은 여자의 말을 처음에는 흘려듣고 있다가, "뤼순 이후 돌연 동감하면서, 그거 정말 안됐다는 말을 꺼낸다. 자신의 아들도 전쟁 중 군대에 끌려갔고 결국 거기에서 죽고 말았다"고 한다. 이 짧은 도입부에서 나츠메 소세키는 제국의 공간을, 내부에 다양한 균열과 차이를 남겨둔 채 "계속해서 확대되어 가는 하나의 거대한 평면"으로 드러냈다. 또한 그 공간의 특권적 중심이었던 도쿄가 기차라는 미디어를 매개로 사람들의 의식을 점차 포획해간 것을 훌륭하게 포착하고 있다. 더욱이 산시로는 여자의 '검은' 피부색을 '큐슈색=지방성'의 상징으로 받아들이고, 분기점인 나고야에서 '지방—제국'의 시선과 '도쿄—서양'의 시선이 뒤얽히게 된다. 나츠메 소세키가 『산시로』를 쓴 것은 1908년, 아직 도쿄역이 완공되기 전이었지만 그는 지진 후 '제국 수도—제국'의 지정학을 예견하여 묘사했던 것이다.

메이지 말기에 나츠메 소세키가 묘사한 제국과 제국 수도의 토포그래피는 1920년대 이래 모더니스트들이 그려낸 모던 도쿄의 표층에 굴절되어 접속한다. 1920~30년대에 생산된 모던 도쿄, 특히 긴자의 풍속을 묘사한 다수의 문학작품과 에세이들 가운데, 모던한 표층이 제국의 공간편성과 불가분의 관계였다는 것을 자각한 작품은 그리 많지 않다. 그렇지만 앞서 언급한 안도 코세이의 『긴자세견』 마지막 부분을 보면, 저자는 "멀리 있으면 그 거리는 엄청나게 화려한 고혹적인 색을 띠고 다가온다"고 말하면서도 "긴자여, 나는 바쁘단다. (…중략…) 나에게는 먼 곳에서 나를 부르는 것이 있다. 그것 가까이로 걸음을 옮기지 않으면 안 된다"고 이어가고 있다. 이 "먼 곳"이란 운노 히로시海野弘가 지적하듯이 '외지'이다. 운노 히로시는 『긴자세견』 이외에도, 군지 지로마사郡司次郎正의 『미스터 니폰日本』(1930)이나 타케다 린타로武田麟太郎의 『긴자 팔정八丁』(1934) 등 긴자를 다룬 1930년대 초반의 대다수 문학작품에서, 주인공은 긴자에 이별을 고하고 결국 외지로 떠난다는 사실에 주목했다.[32] 운노 히로시는 이것을 단계적인 것, 즉 1920년대의 '긴자'에 대한 관심이 1930년대에는 '외지'로 이동해가는 현상으로 이해했다. 그러나 '제국 수도=도쿄'에 대한 관심과 '제국'의 영토에 대한 관심이 상호보완적이었듯이 '긴자'에 대한 관심과 '외지'에 대한 관심에도 상보적인 시선구조가 있지 않았을까?

3. 모던 도시가 바라보는 섹슈얼리티

지금까지 이야기한 것처럼 1920~30년대 일본의 모더니티는 결코 중산계급의 소비문화에 그치지 않고 계급적인 헤게모니나 중층성, 미디어의 권력작용, 제국과의 연관성까지 내포하고 있었다. 그와 같은 모더니티에서 젠더나 에스니시티ethnicity를 둘러싼 차별의 시선은 본질적인 요소였다. 일찍이 미나미 히로시 일파도 다이쇼기에 젠더에 관한 중요한 변화가 생기기 시작한 것을 눈치채고 있었다. 그들은 이 시기에 "적극적인 문화생활로서 가정생활의 합리화가 등장한 것은 가정에서 여성의 역할이 변화한 것을 의미한다"고 했다. 또한 그 무렵에 여성이 "가정 이외의 장소에서 직업생활을 하기 시작하고, 일부의 여성이 학문과 스포츠, 그 외에도 이제까지 남성들만의 장소라고 여겨졌던 곳까지 진출"한 것에 주목했다. 집에서 방물장수가 오는 것을 기다리거나 가까운 소매점에서 물건을 사는 것이 전부였던 여성의 "폐쇄적인 구매 관습"은 타파되었다. 미나미 히로시 일파는 이러한 변화가 전체적으로는 가부장이 통괄하는 남성 중심의 공간이었던 일본의 가정에서 여성들의 문화가 분리되기 시작했음을 의미하고, 부분적으로는 이전의 가부장제로부터 독립된 장소에서 여성의 문화가 성장하기 시작했음을 의미한다고 주장했다.[33]

다이쇼기와 쇼와기에 여차장, 여사무원, 여성 교환수, 여점원 그리고 카페 여급에 이르기까지 대도시에서 여성의 직업이 확대되었고, 거리에는 양장을 입은 여성들이 눈에 띄기 시작했다. 동시에 미디어에는 모던걸에 대한 언설과 이미지가 폭발적으로 증가했고 그것이 도시 풍경의 틀을 만들었다. 그러나 여성 직업의 확대와 모던걸에 대한 언설 사이에는 단순한 인과관계로 환원할 수 없는 복잡한 연관관계가 존재한다. 사실 복잡하다는 것 자체가 1920년대 도시의 젠더 문화정치를 전형적으로 드러낸다. 여성의 직장이 확대된 것은 제1차 대전을 전후로 고도화된 자본주의와 쇼와 초기의 불황 속에서 기업들이 상대적으로 낮은 임금의 여성 노동력에 눈을 돌린 결과였다.

우네노 치즈코上野千鶴子가 강조했듯이, 당시의 노동시장은 '가정에 책임이 없는' 여성에 한하여 개방되었다. 또한 도시 표층에 떠오른 모던걸들의 양태는 '결혼할 때까지 잠시만'이라는 상식의 성립과 표리를 이루었다. 이러한 상식이 지배적인 현실로 계속되는 한, 여성의 '사회진출'은

결코 가부장제 권력을 흔들지 못한다. "여성 노동력이 필요했던 자본제
는 여성의 취업을 '결혼할 때까지만 하는 일'로 여성의 라이프사이클에
배분함으로써 생산영역과 재생산영역의 분리를 보존"했던 것이다.[34] 미
나미 히로시 일파의 판단과는 반대로 여성의 '사회 진출'은 가부장제 권
력과 상보적인 관계를 이루었고, 우리는 그 점에 주목해야 한다.

　조금 더 거슬러 올라가 보면, 도시에서 젊은 미혼 여성들의 존재 양
식은 1900년경부터 크게 변화하기 시작했다. 상층부에서는 1899년 고등
여학교령을 계기로 전국에 공립 고등여학교가 설립되었고, 여학생 인구
가 급증하자 『소녀계』, 『소녀지식화보』, 『소녀세계』, 『소녀의 벗』, 『소
녀』와 같은 소녀잡지들이 창간되었다. 혼다 카즈코本田和子에 의하면, 이
러한 경향은 메이지 중엽까지 번성했던 '소년'문화와 대조를 이루는 것
이었다. 메이지 말기에 여학생은 "팔랑거리는 머리리본과 발아래에 나
부끼는 에비챠바카마海老茶袴[34])로, 혹은 햇빛에 반짝이는 자전거의 은빛
바퀴나 그 경쾌한 벨소리로 근대도시를 대표하는 '기호'"가 되었다.[35]
다른 한편, 야나기타 쿠니오柳田國男는 그가 엮은 『메이지 문화사』 풍속
편에서, 여자예능인女藝人·미용사·산파·가정부·여공과 같은 기존의
여성 직업과는 다른 새로운 여성 직업이 메이지 30년대 이래 확산된 것
에 주목했다.[36] 러일전쟁 후에 관청이나 기업에서 여자를 채용하는 일
이 급속하게 늘어났다. 여성 교환수는 1901년에 남성 교환수제가 폐지
되자 급격히 증가하여 곧 3천 명을 넘어섰다. 일본은행의 여자 직원도
1910년에는 314명에 달했고, 철도청에도 2,440명의 여성이 근무했다. 같
은 해 6월의 『도쿄시론』은 "공장 노동자 이외에 철도청·우체국·은
행·회사·상점 등에서 일하는 여직원의 수는 전국적으로 필시 1만 명
을 넘었을 것"이라고 했다.

　다이쇼 이래 그러한 움직임은 점점 더 확대되어갔다. 예를 들어, 지

34) 에비챠색(암적갈색)의 하카마(키모노 위에 덧입는 하의). 메이지기 여학생의 복장.
　시모다 우타코下田歌子가 화족華族여학교의 제복으로 고안한 것이 그 시초라고 한다.

43

진 후 마루노우치에 있는 빌딩 사무실에서 근무한 상사원 4천5백 명 중 여사무원이 7백 명에 달했고, 주변의 빌딩을 더하면 1천 명을 훨씬 넘는 여성들이 마루노우치 일대에서 일했다. 여성들이 소학교 교사나 사무원, 전화 교환수 등은 물론, 차장·점원·타이피스트·미용사·아나운서·모델·보험판매원 등의 직업에 종사하는 것은 도시에서 지극히 일상적인 풍경의 일부가 되었다.

그러나 이러한 새로운 도시형 '직업여성'을 둘러싸고 모종의 성=섹슈얼리티 문화정치학이 광범위하게 작동하고 있었다. 그 점이 두드러지게 나타난 사례로 버스 차장의 등장을 들 수 있다. 일본에서 처음으로 여차장을 채용한 회사는 1919년부터 도쿄 시내에서 버스를 운행한 도쿄시가자동차회사였다. '청버스青バス'라 불리던 이 회사의 버스는 원래 운전사가 차장을 겸하고 있었는데, 1920년부터 여차장을 채용해서 크게 화제가 되었다. 지진 후 시가 전차의 차량이 부족해지자 도쿄시는 시영 버스의 운행을 시작했고, 마찬가지로 여차장을 채용했다. 1924년 시영 버스 차장 입사전형에 합격한 신참내기는 177명이었고 그중에 109명이 18~19세의 젊은 여성이었다. 도쿄시는 미츠코시 의장부意匠部에 의뢰하여 진홍 깃이 달린 감청색 서지serge35)원피스를 여차장 제복으로 제작하였다. 이는 흰 깃이 달린 검은 원피스 제복의 청버스 여차장에 대항하기 위한 것이었다. 무라카미 노부히코村上信彦는 『다이쇼기의 직업여성』에서 여차장의 채용이 단순히 운전수의 보조역이 필요하다거나 그들이 저임금의 노동력이기 때문만은 아니라고 지적했다. 경영자들의 전략적 측면에서 보면 오히려 여차장들이 제공하는 다른 어떤 종류의 서비스가 더 중요한 것이었다.

메이지기 이래 서서히 발달한 여성의 직업에 대해서 세간은 오랫동안 불신과 반감을 품어왔다. 여성이 집 밖에서 일하는 것은 곧 타락이라는 생각과 결

---

35) 능직으로 짠 모직물.

부되어, 직업을 갖는 것이 여성스럽지도 정숙하지도 않은 행위로 비춰졌기 때문이다. 다이쇼기에 이르러 그러한 경향이 점차 달라져 (…중략…) 직업여성을 보는 눈에 변화가 생겼다. 그러한 변화는 첫째, 일하는 여성이 지닌 생동감 넘치는 새로운 매력의 발견이다. 집 밖에서 일하는 것을 '여성스럽지 않다'고 여기는 생각이 180도 달라져, 직업여성의 매력은 집안에서 칩거해온 종래의 고풍스런 여성들의 태도와는 완전히 다른 청신淸新한 자극이 되었다. 요컨대 그것이 새로운 시대의 '여성스러움'이자 '성적 매력'이었다. (…중략…) 이같이 다이쇼기의 직업여성은 새로운 매력을 가졌다고 평가받았지만, 자립한 한 인간으로서 인정받기보다 단지 여자로서 포착되었을 뿐이다. 남성들은 그러한 여성이 자신들의 손에 닿기 쉬운 범위에서 신시대에 걸맞는 서비스를 제공하기를 요구했던 것이다.[37]

버스 차장 이외에 여타 새롭게 등장한 여성 직업들도 마찬가지였다. 예를 들어 영화관에서는 매표원 외에 어두운 극장 안에서 관객을 좌석으로 안내하는 인내양이 등장했는데, 그녀들은 반드시 손님의 손을 잡고 안내해야 했다. "영화관 주인은 이러한 종류의 서비스, 즉 젊은 아가씨에게 손을 잡히는 쉬이 얻기 어려운 감촉의 경험이 얼마나 손님을 기쁘게 하는지 잘 알고 있었다." 또는 자동차의 보급과 함께 길모퉁이에 주유소가 등장했을 때, 여성 판매원이 화제가 된 것도 이와 유사한 이유에서였다. 마찬가지로 버스 여차장도 "좁은 차내에서 끊임없이 남성 승객과 가까이 접촉하고, 표를 끊고, 말을 주고받았다." 무라카미 노부히코는 "지금의 눈으로 보면 문젯거리도 되지 않는, 이러한 시각·청각·촉각의 즐거움이 당시에는 분명 승객의 마음을 만족시켰다"고 했다.

지진 후 긴자를 비롯한 도쿄 번화가에 늘어선 백화점에서 고객들의 시선을 모은 여점원들에게도 이러한 성의 문화정치학이 깊이 작용했다. 메이지 후기부터 여성 직업으로 자리잡은 교환수나 사무원에 비하면, 백화점은 여성 직장으로서 비교적 더디게 확대되었다. 1895년에 출판된 니시다 타케토시西田長壽의 『여성과 직업』에서 여성의 일로 소개된 것은 재봉·편물·양잠·미술·조화造花·간병·산파·문학·교육·사무 등으로 상점 판매원은 아직 등장하지 않았다.[38] 그중 농가의 부업이나 여공 등 전통적인 유형을 별개로 치면, 간호사와 여교사가 당시 도시의 전형적인 새로운 여성 직업이었다. 또한 1913년에 『부인의 벗』이 여성의 직업을 정리해서 소개했을 때에도, 여성의 직업으로 꼽았던 것은 타이피스트·속기사·치과의사·약제사·사무원·경리·전화교환수·전신계電信系·교사 등으로 백화점 점원은 아직 등장하지 않았다.[39]

그러나 미츠코시는 남들보다 앞서 여점원을 채용하였고, 유명한 데파트먼트 선언[36])이 있었던 1904년에는 이미 여점원의 수가 30명에 달했다. 1915년에 출판된 마츠자키 텐민松崎天民의 『도쿄의 여성』에는 미츠코시의 "모든 업무처리가 하이칼라"이고, 여점원도 이미 56명에 달한다고 쓰여 있다.[40] 그러나 그녀들의 업무 장소는 지갑·가방·악세서리류·장식용 깃·면제품·소품류 등과 같은 주변적인 상품의 매장이나 휴게실에 한정되어 있었다. 미츠코시 이외의 백화점에서는 여점원의 업무가 더욱 한정적이었다. 시로키야白木屋는 그 무렵 여점원이 "37명이었는데, 내부감독 1명, 경리 16명, 접대계 4명, 판매 쪽에 16명"으로, 여점원을 판매담당으로 활용하는데 중점을 두지 않았다. 다이마루大丸는 여점원이 "겨우 6명으로 전화계나 사무원으로 쓰고 있을 뿐, 판매 쪽에 여점원을 두면 그녀가 오히려 여성 고객의 머리 모양이나 옷차림을 자꾸만 쳐다봐서 손님의 감정을 상하게 하는 실례가 있다"고 하며 판매장에는 여성을 한 명도 배치하지 않았다.

이러한 상황이 크게 변화한 것은 지진 후, 특히 쇼와기에 들어서면서부터였다. 1930년 4월 18일의 『도쿄니치니치신문』은 불황기 백화점이 경비를 절약하려고 "남성 점원의 반값으로 고용이 가능한 여점원을 늘

---

36) 1904년 12월에 행한 서구의 근대적인 백화점사업 형태를 도입하겠다는 선언. 이전의 미츠코시 오복점은 전통적인 상거래 방식을 취하고 있었으나, 미국과 영국의 백화점을 모델로 한 경영방식을 도입하여 근대적인 사업체로 거듭나겠다는 선언이었다.

리고 남성 점원을 줄이는” 방침을 정해 남녀 비율이 단숨에 6대 4에서 4대 6으로 반전되었음을 전했다. 또 “긴자 미츠코시가 개점하면서 약 5백 명의 여점원을 채용했고 또 마츠자카야가 8백 명의 여성 점원을 모집하려고 하니 때마침 요즘과 같은 취직난에 여성들에게는 생각지도 못했던 대복음”이라고 했다. 쇼와 초기의 불황 속에서 생존이 걸린 백화점들은 값싼 노동력이라는 사실 때문에 점원의 여성화를 급속하게 진행했던 것이다. 그래서 1930년대에는 대부분의 백화점에서 여점원이 아주 흔해졌다. 1931년 3월에 도쿄시 통계과가 행한 직업여성조사에 의하면, 도쿄 시내의 자본금 50만 엔 이상의 은행·회사 또는 공장에 근무하는 여성 종사자 1만 6,131명 중에 백화점 점원은 2,402명이었다. 이는 여공 5,366명과 사무원 3,769명 다음으로 많은 수로, 예를 들어 전화교환수 834명을 크게 상회하고 있다.[41] 마츠다 신조松田愼三에 의하면 쇼와 초기에 배화점업계에서 점원의 여성화가 급속하게 진행되어, 1935년에는 종업원 수가 정확하게 판명되는 55개 점포에서 여점원이 50%를 넘었다고 한다.[42]

쇼와 초기 급격하게 증가한 백화점의 여점원에 대한 언설은 이미 지진 직후부터 많은 미디어들 속에 나타났다. 당시의 미디어가 그녀들을 표상하는 방식을 전형적으로 보여주는 사례가 바로 키타자와 히데카즈北澤秀一의 ‘숍걸shop girl’론이다. 그는 가정에서 사회로 나와 일하고 있는 젊은 여성 중, 근래 가장 사람들의 눈을 끄는 것은 백화점을 비롯한 큰 상점에서 일하는 숍걸이라고 했다. 미츠코시나 시라키야는 예전부터 젊은 아가씨를 점원으로 채용하고 있었지만, “도쿄에서는 재작년 대지진을 계기로 밖에 나와 일하는 여성이 현저하게 증가했고 숍걸의 수도 갑자기 늘어났다.” 큰 점포에서 일하는 여성들을 그저 ‘여점원’이나 ‘판매원’이라고 부르는 것은 적절하지 않다. 10년 전이라면 그녀들이 그저 진기하기만 했을 것이다. 그러나 “오늘날의 그들은 그 무렵의 여점원이 아니다.” 그녀들은 독특한 근대성을 폭넓게 나타내기 시작했다.

따라서 키타자와 히데카즈가 굳이 그녀들을 '숍걸'이라 부른 것도, "여점원이나 판매원이라는 평범한 이름으로 부르기보다 외국어로 하이칼라하게 부르는 것이 그들이 가지고 있는 근대적인 기운을 한층 더 확실히 드러내기 때문"이었다. "하여간 숍걸은 일본에서 대단히 새로운 출현물이고 특색있는 계급이다. 그들이 하고 있는 일 그 자체가 꼭 새로운 것은 아니다. 그렇지만 최근 그 수가 증가하면서 차츰 그들의 용태가 아름다워지고 전신에 숍걸 특유의 자세까지 지니게 되었다"고 한다.[43]

키타자와 히데카즈는 이러한 숍걸의 존재가 오늘날 "문명국에서 대도시의 조건"이 되었다고 논했다. 도시에서 그녀들의 집단은 "그 수에 있어서, 그 청신함에 있어서, 게다가 어느 상점에 가더라도 볼 수 있다는 점에서, 수가 적은 여배우나 코러스걸[37]을 확실히 압도한다." 또한 동시대의 카페 여급과 비교해 보아도 그녀들의 근대성은 두드러진다. 키타자와 히데카즈는 "숍걸은 밤이 되면 모두 거리로 나와 돈을 번다"는 소문에 흔들리거나 혹은 소문이 근거가 없는 편견임을 확인하면서, 숍걸이 이제는 카페 여급 이상으로 대도시 청년들의 욕망의 대상이 되었다고 했다. 여급이 서비스 자체를 파는 것에 비해, 숍걸은 그녀들의 여성성을 상품 판매에 결부시키고 있다. 숍걸의 에로티시즘은 백화점의 쇼윈도를 장식하는 눈부시게 화려한 상품의 모더니티와 미묘한 연합관계에 있었고, 그것이 그녀들을 부각시켜 '모던'한 존재로 보이게 했다.

잘 알려져 있다시피, 지진 후 도쿄에서 모더니티의 상품성과 모던걸 이미지의 결합을 가장 대중적으로 형상화한 것이 타니자키 준이치로의 소설 『치인痴人의 사랑』이다. 주인공 죠지讓治George와 "메리 픽퍼드Mary Pickford[38]를 닮은" 나오미는 그들의 새 보금자리로 오모리大森의 양옥을

---

37) 레뷰와 같은 쇼에서 주인공의 보조역으로 노래하고 춤추는 여성들.
38) 미국의 영화배우(1893~1979). 청순미로 미국의 연인이라 불렸던 1920년대 전후 무성영화시대 최고의 인기스타였다.

빌려 벽에 아메리카 여배우의 사진을 걸었다. 그리고 이 '환상의 집'을 무대로 헐리우드 영화의 여러 장면을 흉내냈다. 나오미는 곧 그러한 환상을 현실로 이행시키고 자신을 보다 철저하게 상품화시킴으로써, 죠지의 흐지부지한 서양 지향에 우월한 입장을 획득한다. 이 소설은 서양을 향한 옥시덴탈리즘과 그것의 현대적 전개인 아메리카니즘에 매개된, 나오미의 창부 이미지 속에 표상된 모던걸의 상품성(소비의 대상으로서의 여성)이 일본 남성성에 우월한 입장을 획득한 것임을 예리하게 파악하고 있다.

그렇지만 나오미는 경제적으로 죠지에게 의존했고 도시의 남자들에게는 성적 욕망의 대상일 뿐이었다. 모던한 상품으로서의 나오미가 죠지의 욕망을 지배하는 것 같지만, 실상 이들의 관계는 글로벌한 제국주의 체제 속에서 1920년대의 도쿄에 살던 사람들이 어느 정도까지 자본의 작용을 내면화했는지를 보여줄 뿐이다. 모던걸이 자신의 성을 상품화시킴으로써 기존의 남성들보다 더 우월해졌다는 관점은 바로 당시 자본의 논리와 결합했던 가부장적인 권력의 시선, 그리고 제국 수도 도쿄의 시선이 만들어낸 결과물이었던 것이다.

키타자와 히데카즈의 평론이나 타니자키 준이치로의 소설과 유사한 관점에서 지진 후의 도쿄를 무대로 모던걸을 논한 언설은 무수히 많았다. '모던걸'만큼 이 시대의 미디어가 하나같이 관심을 쏟은 표상은 드물었고, 그러한 관심 자체가 당시 지배적이었던 시선의 구조를 잘 보여준다. 모던걸에 대한 언설의 기본구도는 두 가지였다. 모던걸을 퇴폐한 자본주의가 낳은 허상일 뿐이라고 부정하거나, 아니면 모던걸의 분명함과 합리적인 행동양식, 해방된 성을 긍정하는 두 진영의 대립이었다. 그러나 문제는 후자의 긍정론도 앞서 말한 '모던'의 상품성과 성의 정치학의 관계에 대하여 묻지 않았다는 점에 있다. 당시의 모던걸 언설 중에서 모던걸을 바라보는 시선의 콜로니얼한 측면을 자각적으로 인식한 경우는 드물었다. 그 결과 모던걸 긍정론은 모던걸을 일부 지적이고 급진적인 여성들로 한정하여 이상화하는 방향이나, 혹은 보다 대중적인 차원에서 도시의 공공영역에 새롭게 등장한 여성들의 섹슈얼리티에 대한 흥미 위주의 방향으로 시선이 기묘하게 분열되어 있었다.

예를 들어 니이 이타루는 모던걸의 특징으로 자유로운 점, 매사 분명하게 말이나 행동을 표현하는 점, 허무적인 사상과 찰나적인 행동에 치우친 점, 세 가지를 들었다. 또한 그는 모던걸을 "낡은 시대가 새로운 시대로 창조적 진화를 이루어가는 무의식적 선구자"로 평가했다. 그런데 그와 동시에 그는 "모던걸이라면 무지해서는 안 된다. 총명해야 하고, 작은 것도 놓치지 않는 예민한 감수성을 갖춰야 모던걸의 자격이 있다"고 말한다. 그래서 그는 카페 여급이나 여배우, 외양만이 모던한 여성들을 모던걸의 범주에서 제외시켜 버렸던 것이다.[44] 바바라 해밀 Barbara Hamill이 지적하듯이 그들의 논의는 그들 자신이 날조한 '모던'의 기준에서 벗어난 많은 '말초적' 모던걸들, 즉 모더니티의 모순을 일상적 신체에 담고 있던 무수한 여성들의 경험을 조금도 포착할 수 없었던 것이다.[45]

이러한 문제가 모던걸에 대한 노골적인 비판은 물론이고 일견 그녀들을 긍정하는 듯한 언설에까지 작용하고 있었다. 이는 '모던걸'에 대한 사회적 지향을 실제로 저변에서 지탱했던 광범위한 직종의 '직업여성'들의 생활 상태를 살펴보면 한층 더 분명해진다. 도쿄시 사회국은 1924년 직업여성에 관한 조사에서 의사·교원·타이피스트·사무원·간호부·교환수·점원·여급·하녀·여공 등 다양한 직업여성의 생활 상태를 조사했다. 조사에 따르면 평균 수입이 가장 높은 경우는 여의사로 약 300엔, 중등 교원은 약 100엔, 그리고 약 70엔을 받았던 여급과 버스 차장이 그 뒤를 이었다. 간호사나 타이피스트 등의 전문직은 50엔 정도였고, 그 다음으로 사무원·교환수·점원이 약 35엔을 받았다. 약 26엔을 받은 여공과 15엔 정도를 받았던 하녀가 가장 수입이 적은 부류였는데, 수적으로는 이들 직종이 말할 것도 없이 압도적이었다. 그러나 대도

시에서 모던걸 이미지를 지탱하고 있었던 것은 사무원이나 점원, 교환
수 등이었을 것이다. 마츠다 신조는 1931년에 이루어진 도쿄시 통계과
의 조사에 기초하여, 백화점 여점원의 학력을 분석했다. 그에 따르면 고
등소학교 졸업이 45%로 가장 많았고 고등여학교 졸업 혹은 전험[39]합격
자도 26%나 되었다. 또한 같은 해 도쿄부 직업소개소를 통해서 아사쿠
사 마츠야, 미마츠美松, 시로키야에 취직한 여성들의 집안은, 공무자유
업[40]관계가 가장 많은 29%였고, 다음으로 상업관계가 28%였다. 그러므
로 쇼와 초기에 사무원·백화점 점원·교환수 등이 되었던 여성들은
최저층의 농촌 출신이라기보다 하급 공무원이나 소상인과 같은 도시
중산계급의 하층 가정 출신자들이었을 것이다.

그들은 결혼하기 전까지의 짧은 직장 생활을 신부수업이라고 여겼다.
앞서의 도쿄시 사회국 조사에서 여성 점원의 92%가 미혼이었다. 취업
기간도 매우 짧아서 1년 미만으로 근무하는 경우가 26.8%, 1년 이상 2
년 미만 16.1%, 2년 이상 3년 미만 25.6%로, 3년 미만을 모두 합치면 약
70%를 점했다. 사무원이나 교환수의 경우에는 점원보다 다소 연령층이
높고 교육기간도 길었지만, 기본적인 경향은 마찬가지였다.[46] 그들은 의
사나 교원 혹은 여공과 달리, 대부분 하층 중산계급 출신의 아가씨들이
었고 신부수업 차 취직하여 집에서 통근했다. 이것이 그녀들의 모던걸
로서의 가능성이자 한계였다. 백화점의 경우, 쇼와기에 이르면 여점원
이 수적으로 남성 점원을 능가하나 담당 매장은 편중되어 있었다. 마츠
다 신조에 의하면, 1936년의 미츠코시에서조차 여점원이 "구매부에서
일하는 경우는 거의 없고, 판매부라도 상품지식이 많이 필요한 가구, 귀
금속, 미술품 매장에는 드물었다. 그녀들은 단순 노동만으로도 충분히
판매가 가능한 매장에 주로" 배치되었다. 이러한 경향은 오복吳服[41] 매

---

39) 전문학교 입학자격 검정시험.
40) 교육·언론·예술·종교·의료업 등을 통칭하여 일컫는 말.
41) 일본 옷의 옷감으로 쓰이는 직물의 총칭.

장의 남녀 비율에서 명료하게 드러난다. 미츠코시의 경우, 오복 중에서도 주변적이고 값싼 품목이 많은 재고품 할인매장은 점원의 약 90%, 한에리半衿42)와 같은 소품 매장은 약 80%가 여성이었던 반면, 오메시御召43) 매장의 여성점원 비율은 약 20%, 메이센銘仙44)이나 유젠友禪45) 매장은 약 30%, 오비지帶地46) 매장도 약 30%에 지나지 않았다.47

1920~30년대에 백화점 여점원이 "수가 적은 여배우나 코러스걸을 완전히 압도"했다면, 백화점 여점원을 압도한 것은 여급이었다. 그녀들은 도시의 모더니티와 섹슈얼리티의 모순적 결합을 집약적으로 체현했다. 백화점 여점원의 경우에 하층 중산계급 출신이 많았던 반면, 여급은 노동자계급 출신이 많았고 게다가 지방 출신의 비율이 매우 높았다. 그러므로 여급이 표상한 모던 에로티시즘은 백화점 여점원 이상으로 심한 모순과 괴리를 내포하고 있었다. 미리엄 실버버그Miriam Silverberg는 이들 여급에 주목하여, 그들이 '에로틱'해져간 과정을 "노동자계급 여성의 노동환경 사회사"로 분석할 필요가 있다고 주장한다. 여급의 성적 신체는 단순히 파시즘기의 국가에 대한 "퇴폐적이고 부도덕한 도전"이나 일탈이 아니다. 여급은 그녀들을 포획하고 있는 성적-경제적인 지배관계 속에서 "블루스를 노래"했다. 그것은 지배적 관계를 조금 지연시키거나 약간 반전시키는 정도였다. 쇼와 초기에 카페에서 "남성 손님은 자신들을 유혹하도록 배치되어 있는 여성들을 다시 유혹하고, 남성도 여성도 결과적으로는 에로틱 그 자체를 의식"했다. 카페와 같은 도시공간은, 그와 분리된 가정의 영역과 대비를 이루며 자본주의화한 성적 관계를 재생산하는 장치로 기능했다. 그러나 한편으로, 이러한 "에로틱한 여성노

---

42) 여성의 옷 위에 대는 장식용 깃.
43) 고급 옷이나 고급 옷감.
44) 촘촘하게 짠 평직의 견직물, 명주.
45) 유젠조메友禪染의 준말, 비단 등에 화려한 색으로 인물·꽃·새·산수 따위 무늬를 선명하게 염색하는 일 혹은 그렇게 염색한 옷감.
46) 일본 옷의 허리띠를 만드는 천.

동자와 그 손님 사이의 '공모'는 여급의 주체성과 자립의 표현"이기도
했다.[48]

　버스 차장과 여성 교환수에서 숍걸, 여급, 새로운 소비 스타일을 연출
했던 모던걸까지, 1920년대의 모던 도시에서 가정영역으로부터 흘러나
와 공공영역에 등장했던 여성의 신체는 저임금노동이라는 경제적 지배
관계와 뒤얽히면서 새로운 도시의 성적 시선 아래에 놓인다. 다양한 '걸'
들은 기꺼이 그러한 시선을 받아들여 자신의 역할을 연출하면서 이 상업
적이고도 에로틱한 드라마의 일부가 되었다. 거기에는 제니퍼 로버트슨
Jennifer Robertson이 타카라지엔느[47)]의 양면적 신체를 논할 때 이용한 콜로니
얼 신체기술技術론이 잘 들어맞는다. 로버트슨이 타카라즈카寶塚[48)] 연구
에서 주목한 것은 "온나가타女形[49)]가 여자로, 오토코야쿠男役[50)]가 남자로
변신하는 과정과 식민지 주민이 일본인으로 '동화되는' 과정이 유사하다
는 점"이었다.[49] 1920년대의 도시가 만든 이종혼교異種混交적인 성의 드라
마는 이제 도시에서 뻗어나가 제국이 만들기 시작한 이종혼교성과 호응
했다. 바꿔 말하면, 식민지 주민에 대한 제국의 지배의 시선이 성적인 차
원을 내포한 것과 마찬가지로, 모던 도시에 산만하게 뒤섞인 성적인 시
선은 콜로니얼한 관계를 내포한 것이다. 이러한 에로틱=콜로니얼한 시
선은 결코 일방적인 것이 아닌 상호작용적인 것이었다. 1920년대 도시에
서 여성들은 단순히 '모더니즘의 타자'가 아니었다. 그녀들이 보여준 것
은 "'모더니즘의 타자'인 자신의 거울 이미지였다. 즉 대상과 거울 이미
지의 관계에 놓인 어느 한쪽 편이었다는 사실"이다. 물론 이 관계는 결코
대칭적이지 않았고 항상 강력한 힘의 불균형 속에 놓여 있었다. 그러나
분명한 것은 무수한 성적 관계가 불균형하면서도 상호작용적으로 연출

53

---

47) 타카라즈카寶塚 가극단의 여성단원.
48) 타카라즈카 시에 본거지를 둔 여성들만으로 구성된 가극단.
49) 여자역을 하는 남자배우, 女方라고도 쓴다.
50) 남자역을 하는 여배우.

된 장이 바로 1920년대의 제국 수도 도쿄였다는 사실이다.

4. 제국을 두려워하는 제국 수도

그렇다면 제국의 식민지 주민에 대한 콜로니얼한 시선은 1920년대의 도쿄에서 어떠한 미디어·제도·장의 역학과 결부되어 작동했던 것일까? 이러한 맥락에서 지진 후 제국 수도를 화려하게 채색했던 '모던걸'에 대한 시선과 표리를 이루는 것이 바로 지진 직후에 끔찍한 형태로 분출된 '조선인'에 대한 시선이다. 앞서 이야기한 바와 같이 간토대지진으로 에도나 메이지 때부터 이어져 온 도쿄의 여러 낡은 장치들이 완전히 파괴되었고 대신 새로운 장치들이 건설되었다. 예를 들어, '벽돌거리'의 긴자에서 '백화점'의 긴자로의 전환이 그러하다. 즉 지진은 새로운 사회공간을 일거에 창출하게 만든 전제조건이 되었던 것이다. 그러나 그와 동시에 지진은 제국 수도로서 도쿄가 깊이 껴안고 있었던 집단의식이 여기저기에서 분출하고 또 은폐되는 과정이기도 했다. 지진 직후에 일어난 조선인 대량학살사건은 제국의 무의식적 차별성과 억압성이 증폭되어 드러난 것이라고 할 수 있다.

잘 알려져 있듯이, 이 사건에 대한 연구가 획기적 진전을 이룬 것은 사건 후 40년이 지난 1963년 전후에 발표된 마츠오 타카요시와 강덕상姜德相의 노작勞作 덕분이었다. 마츠오 타카요시는 사법성이나 내무성 경호국의 자료를 참조하여 "난징南京대학살51)을 비롯한 다른 잔학사건들

---

51) 1937년 12월에서 1938년 1월 사이에 벌어진, 당시 중국의 수도 난징과 그 주변에서
일본군 사령관 마츠이 이와네松井石根 휘하의 일본군이 자행한 중국인 포로 및 일반

과 마찬가지로 일본 제국주의의 본질을 적나라하게 보여준" 조선인 학살사건의 전모와 그 중대성을 분명하게 밝혔다. 반면 강덕상은 이 사건에 관한 경찰·군·정부기관의 문서·증언·기사·반향 등을 모아 학살의 실태에 대해 상세하게 검증했다. 이들의 연구 이후에도 학살에 관한 많은 연구가 이루어졌고, 몇 가지 새로운 사실도 밝혀졌다. 그럼에도 불구하고 오늘날에 이르기까지 두 사람의 연구는 여전히 조선인 학살사건을 둘러싼 논의의 기반이 되고 있다. 그러므로 우선 두 사람이 제기한 주요 논점들을 살펴본 다음, 이후의 연구를 통해 밝혀진 사실들을 확인하고자 한다.

첫째, '조선인 봉기'라는 유언비어의 발생에 관해 마츠오 타카요시는 지진 발생 직후인 1923년 9월 1일 저녁 무렵, 요코하마 및 도쿄의 각지에서 산발적으로 그리고 자연발생적으로 유언비어가 등장했다고 보았다. 1일 오후 3시경부터 7시경까지 카와사키川崎, 요코하마, 오지王子 등의 경찰서 관내에서 '조선인 습격'이라는 유언비어가 동시에 기록되어 있으므로, 처음부터 그 지역들 사이에 상호관계가 있었다고 생각하기 어렵다는 것이다. '조선인 봉기'라는 유언비어는, 적어도 발생의 단계에서만큼은, '사회주의자의 봉기', '대본교52) 신자의 폭동', '감옥 죄수의 탈주', '정부요인의 암살', '후지산 분화', '도쿄만 연안의 쓰나미' 등과 마찬가지로 불안에 떨고 있던 이재민들로부터 자연스레 발생한 것이라는 주장이다.50 이 점에 대해서 강덕상은 오히려 유언비어 발생 초기단계에서부터 경찰이나 국가가 관여되어 있었고 그 배후에는 계엄령의 시행을 서둘러야 했던 일본 정부의 의도가 있었다고 주장한다.51 그 이후의 연구들은 기본적으로 마츠오 타카요시와 비슷한 관점에서 유언비어

시민 대학살 사건. 일본군은 난징으로 진격 중에 약 30만 명을 살해하였고, 난징 점령 뒤에 약 4만 2,000명을 살해했다고 한다.
52) 오모토쿄大本教. 메이지 말기에 등장한 이단적 성격의 신흥 종교. 데쿠치 나오出口ナオ를 교조로 하여 데쿠치 오니사부로出口王仁三郎가 조직한 종교로 신의 나라가 도래함을 역설하였다. 다이쇼 10년(1921)과 쇼와 10년(1935)에 두 차례 크게 탄압을 받았다.

발생의 역사적, 지역적 문맥을 검증했다. 그중 대부분의 견해가 인정하고 있는 사실은 각처에서 산발적으로 발생한 '조선인 봉기'에 관한 유언비어들 가운데에서 일시에 도쿄 전역으로 퍼져 맹위를 떨친 것이 바로 우익단체 야마구치 마사노리 동지회山口正憲一味가 저지른 약탈 행위를 조선인의 범행으로 오인하여 발생한 유언비어라는 점이다. 그리고 이 유언비어가 요코하마에서 카와사키, 도쿄 서남부로 확산되었던 것이다.

둘째, 이 유언비어가 도쿄 전역, 나아가 일본 전국으로 확산된 것은 결코 소문의 자연스러운 전파로만 이루어진 것이 아니었다. 마츠오 타카요시와 강덕상, 두 사람 다 유언비어의 확대 과정에서 관헌이 결정적인 역할을 수행했음을 밝히고 있다. 도쿄와 요코하마의 전신전화 시설은 지진으로 인해 엄청난 피해를 입어 대부분 두절 상태였다. 또한, 영자英字신문을 포함하여 20개가 넘는 일간지가 지진 이전의 도쿄에 융성하고 있었지만 지진 때 대부분이 불탔고 겨우 살아남은 것은 『호치報知신문』, 『도쿄니치니치신문』, 『미야코都신문』 3사뿐이었다. 그러나 이들 신문사에서도 지진 직후에는 신문발행이 불가능했다. 뿐만 아니라 얼마 동안은 교통도 두절되었기 때문에 유언비어가 널리 퍼진 9월 2, 3일경에 도쿄의 보도기관들은 대부분 기능 정지 상태였다. 그러한 상황에서 유언비어가 피난민의 이동 속도보다 빠르게 확산되었던 것은 다름 아닌 "관헌이 유언비어를 사실인 것처럼 하여 간토 일대는 물론이고 전국의 지방 관청에 연락망을 통해 전달한" 바로 그 때문이었다. 2일 오후에 계엄령이 시행되자 계엄사령관은 관하 경찰서에 "조선인 중 불순한 행위 혹은 방화나 기타 광폭한 행동에 나서는 자가 있어서 요도미바시澱橋, 오츠카大塚 등에서 즉시 검거 (…중략…)"라는 고시를 전달하여 떠도는 유언비어를 재차 삼차 강조했던 것이다.[52] 각지의 경찰은 '조선인 습격'을 알리는 전단을 뿌리거나 붙였고, 또 자전거를 타고 다니며 조심하라고 당부했다. 그럼으로써 유언비어에 국가의 신용 보증을 부여하였다. 3일 아침에는 후나바시船橋 해군성 무선 송신소에서 내무성 경호국장의 이름으로 "도쿄 부근의 지진을 틈타 조선인이 각지에서 방화를 저지르거나 불순한 행위를 하고, 실제로 도쿄 시내에 폭탄을 소지하거나 석유를 뿌려 방화하는 자가 있다"는 전보가 전국의 지방관에게 보내졌다.

이렇게 관헌의 보증을 받은 유언비어는 신문에 의해 억제되기는커녕, 전국적으로 확대·보강되었다. 오하타 히로시大畑裕嗣와 미카미 슌지三上俊治가 상세히 분석했듯이, 경찰이 유언비어를 단속하기 시작한 이후에도 꽤 오랫동안 도쿄와 지방의 신문들은 '조선인의 폭행'을 계속해서 보도했다. 오하타와 미카미의『카호쿠신포河北新報』연구에 의하면, 특히 지진에 직접적인 피해를 입은 지방지들은 도쿄에서 전해진 소문을 누차 '사실'로서 대대적으로 보도하여 도쿄의 '조선인 대폭동' 이미지를 퍼뜨렸다.[53]

셋째, 조선인을 학살한 행위 자체에 관한 것으로, 자경단自警團이 경찰의 제지를 무시하고 폭주暴走했던 것이 아니라 경찰이나 군과 같은 국가장치가 학살에 직접 관여했다는 것이다. 이 점에 대한 마츠오 타카요시와 강덕상의 견해는 거의 일치한다. 마츠오 타카요시에 따르면, 관헌은 다음과 같은 이유에서 조선인 박해의 실제 가해자였다. 우선 그들은 "자경단을 조직하도록 적극적으로 유도했고 일부의 경우에는 무기를 제공하기도 했다." 뿐만 아니라 관헌은 스스로 "솔선하여 조선인을 박해함으로써 자경단에 모범을 보였다." 또한 그들은 조선인을 발견하면 "보호=체포"했을 뿐만 아니라 때로는 스스로 "흉수凶手"를 휘두르고, "보호"하던 조선인을 "놀이삼아 죽였다." "계엄령이 떨어진 이상, '적'이 존재했다. 그 적을 가차없이 해치워버려야 한다는 전시 분위기가 군대 내부에 충만했으므로 이러한 살해사건이 일어나는 것은 지극히 당연했다"고 마츠오 타카요시는 지적한다.[54] 유언비어를 '사실'로 간주하고 미디어를 통해서 가능한 한 이를 '사실'이라고 확신시킴으로써 군과 경찰은 '지진 지역'을 '전쟁터'라고 진심으로 믿기에 이른다. 즉 식민지배를 관철하기 위하여 저항운동과 교전하고 있는 전쟁터라고 믿었던 것이다. 대지진이 초래한 제국 수도 파괴에 대한 반응으로서 제국의 중심과 전선前線이 폭력적으로 중첩되었다고 할 수 있다.

위와 같은 논점들이 유언비어의 발생과 확산 그리고 학살에 이르는 과정을 이해하는 바탕을 이룬다. 이에 덧붙여 좀 더 주목해 보아야 할 사실은 자경단의 조직화나 학살이 지진의 피해가 가장 심했던 도심부보다도 오히려 피해가 상대적으로 적었던 근교에서 더 많이 발생했다는 점, 그리고 소문의 발생원으로 추측되는 지역뿐만 아니라 소문의 전파과정상 '듣는 쪽'에 해당하는 지역까지 극히 광범위한 지역에서 학살이 발생했다는 점이다. 학살 직후인 9월 16일 조사에 의하면, 자경단의 수가 도쿄시에서 가장 많았던 곳은 110개의 우시고메牛込구, 109개의 시바芝구 등이었고, 니혼바시日本橋나 후카가와深川 등 큰 피해를 입은 도심부에서는 오히려 자경단이 만들어지지도 않았다. 도쿄시 전체에 자경단의 수가 562개였으나, 시를 제외한 도쿄부에는 시보다 많은 583개, 그리고 카나가와神奈川현 603개, 사이타마埼玉현 300개, 치바千葉현 366개, 이바라키茨城현 336개, 군마群馬현 469개로 자경단조직들이 광범위하게 산재해 있었다.[55] 요컨대 지진으로 괴멸 상태가 된 도쿄 도심을 에워싼 도넛 모양으로, 동시다발적으로 자경단이 조직되었던 것이다. 경시청 내부 문서에 쓰여 있는 것처럼, 그들 자경단은 "불순한 자를 격멸하자는 표어 아래, 조선인을 맹렬히 박해했고, 분위기가 격해진 곳에서는 끝내 동포까지 살상"했다.[56]

간토대지진이라는 미증유의 재해를 매개로 발생한 무시무시한 유언비어와 폭력은 제국 수도 도쿄가 통상 의식 아래로 눌러 놓았던 집단적 무의식의 지리학을 우연히 드러낸 것이었다. 도시 근교에서 유언비어가 학살로 진행된 과정에는 3가지 유형의 사회공간이 관여하고 있다. 첫째로 유언비어가 사실이라고 즉각 확신하여 '조선인 습격'의 공포에 전율한 근교주민들의 일상의식의 공간이다.

예를 들어 타마가와多摩川 근처 전원지대에 저택을 가지고 있던 나카네 사카에中根栄는 그의 체험기에, "어제 지진이 있자마자 나는 폭민暴民이 일어날까봐 두려웠다. 특히 ○○○53)의 습격이 내가 가장 두려웠던 것"이라고 썼다. 왜냐하면 "오모리大森에서 니시츠루미西鶴見, 카와사키에서 카나가와神奈川에 걸쳐 아주 많은 ○○○ 노동자가 들어와 토목공사 일을 하고 있었다. 그들은 새벽 5시부터 저녁 어두워질 때까지 혹사당하고, 아무런 위로도 받지 못하여 마음이 거칠어질" 뿐이라고 평소에 생각했기 때문이다. 나카네 사카에의 집 근처도 그때까지 시민 유락지였던 절의 주변을 택지로 개발하기위해 매립하고 있었는데, 그 일을 하던 사람들이 조선인 노동자였다. 절에 놀러오는 사람들 입장에서 보면, 공사장의 조선인 인부들은 교외의 평화로운 분위기를 파괴하는 이물질이었다. 유언비어가 퍼지자 언덕바지에 있던 나카네 사카에의 저택지에 근처 주민들이 도망쳐 들어왔는데, 그중에는 대형 선박의 선장이나 상급 관료, 여교원, 대학을 나온 젊은 부부 등 비교적 유복한 중산계급의 사람들이 포함되어 있었다.57

쿠라다 햐쿠조倉田百三도 그의 지진 체험기에, 유언비어가 어떻게 근교 주민들에게 사실로 받아들여졌는지에 대한 시사적인 기술을 남기고 있다. 지진 다음날, 그의 가까운 이웃들 중 대다수의 집이 무너졌으나 "잇달아 도쿄의 공포스러운 상황을 듣고 나서 우리는 그나마 다행"이라고 생각했다. 그때, 자주 드나들던 목수가 "'오늘밤 무렵 쓰나미가 덮쳐온다니 피난가자'고 하며, 순사가 이 사실을 새파랗게 겁먹은 얼굴로 알리고" 다닌다고 전했다. 잠시 후, 목수가 안색이 바뀌어 또다시 뛰어들어와서 "○○○○ ○○○○"라고 알렸다. "그 목수의 말투로는 당장에 이곳까지 들이닥칠 것만 같았다. 급하게 경종이 울렸고 밖은 소란스러웠다. 우리는 그의 말이 거짓말이라고 생각지 않았다. 있을법한 일이라고 생각했기 때문에 몹시 당황했다. 즉시 어머니를 쇼세이54)에게 업

---

53) 복자伏字. 인쇄물에서 내용을 밝히지 않으려고 일부러 비운 자리에 찍은 ○, × 표.
54) 書生. 남의 집의 가사를 도와주고 기식寄食하면서 공부하는 사람.

혀서 밖으로 도망 나왔다. 많은 사람들이 우왕좌왕하며 소란스럽게 조선인을 욕하고 있었다. 그래서 더욱 더 진짜라고 생각할 수밖에 없었다”고 한다.[58] 쿠라다 햐쿠조가 살고 있던 곳은 도쿄에서 “20리나 떨어진” 지역이었지만, 불바다가 된 도쿄가 보였고 바람에 실려 검은 그을음 찌꺼기까지 날아왔다. 그의 체험기는, 도심에서 거리가 이 정도 떨어진 지역에 ‘쓰나미’나 ‘조선인’과 같은 ‘지진에 따른 2차적인 공포’에 대한 정보를 순사가 가져왔다는 점, 마을의 목수 같은 사람들이 가정에까지 정보를 전하는 매개 역할을 했다는 점, 지역 사람들이 연쇄적으로 전달된 정보에 휩싸여 그것을 믿었다는 점을 보여준다.

이러한 체험기들은 도쿄 근교의 택지화가 진행되고 있던 대부분 지역에서 자전거를 탄 경찰이 ‘조선인 습격’의 정보를 나르고, 공포에 사로잡힌 주민들이 집단으로 몸을 숨겼다는 사실을 알려준다. 그러나 공포 때문에 숲에 몸을 숨긴 사람들이 있었던 반면, 불안의 원인으로 지목된 ‘조선인’을 색출하고 학살하려한 사람들도 있었다. 자경단에 스스로 참가하고 학살에 직접 가담했던 사람들과 유언비어에 겁먹고 근방의 언덕이나 숲으로 피난을 간 사람들이 계층적으로 일치했던 것은 아니다. 나리타 류이치成田龍一가 지적했듯이, 학살자들은 오히려 “인력거꾼·직공·일용직·소상인·농부·목수 등으로 생활은 중 이하”(『도쿄니치니치신문』)인 사람들, 즉 “날품팔이를 하고 나가야[55]에 살면서 어떠한 보장도 없이 오로지 자신의 몸뚱이에 의지하여 빈궁한 생활을 하는 도시의 잡부층”이었다. 그들은 러일전쟁 후 히비야방화폭동사건의 주인공이나 다이쇼 중엽 쌀소동의 주역과 같은 계층의 사람들이었다. 1910년대까지는 반정부적 폭동의 형태로 생활고의 불만을 폭발시켰던 그들이 1920년대 간토대지진 때에는 식민지 사람들을 폭행하는 제국의 하수인이 되어 나타났다. 나리타 류이치는 이 ‘반전’의 이유 가운데 하나

---

55) 칸을 막아 여러 가구가 살 수 있도록 만든 공동임대주택.

로 인부들의 십장, 고용주, 지주, 유력상인, 관리직 사람들 같은 '권력층'과 잡부층의 종속적인 관계를 지적했다.[59]

도시 잡부층이 학살의 주범이라면, 앞서 언급한 도시 중산계급을 위해 택지화된 공간과는 다른 또 하나의 공간에 주목할 필요가 있다. 학살이 특히 심했던 곳은 도쿄시의 무코지마向島, 가메이도龜戶, 오시마大島, 아라카와荒川 부근, 사이타마현의 쿠마가이熊谷, 혼조本庄, 치바현의 후나바시, 그리고 카나가와현의 츠루미鶴見와 카와사키 쪽이었다. 그중에서도 신코야스新子安에서 150명, 카나가와 철교에서는 500명이 넘는 많은 사람들이 학살되었다고 한다. 전체적으로 보면, 도심보다 주변부에서 특히 스미다隅田, 아라카와 방면과 카와사키, 츠루미 방면에서 대규모의 학살이 있었던 것이다. 이는 급속하게 확대된 또 하나의 공간인 케이힌京浜공업지대[56]와 학살 사이에 연관이 있음을 짐작케 한다. 유언비어의 발생과 전파 그리고 학살의 또 다른 배경으로 당시 혼조후카가와本所深川에서부터 케이힌에 이르는 일대가 공장지대로 발전하여 도시 근교에 조선인 공장 노동자의 수가 증가한 점을 살펴보아야 한다.

일찍이 마츠무라 타카오松村高夫는 일본의 식민지 지배와 '본토' 노동시장에서 조선인과 중국인의 증가를 분석한 바 있다. 그는 제1차 세계대전을 계기로 일본이 급속한 경제발전을 이루자 1910년대부터 조선반도에서 노동력을 알선하던 일본인들 사이에 노동자 획득 경쟁이 치열해지기 시작했음을 밝혔다. 또한 조선인 노동자를 주로 노동력이 부족한 도쿄나 오사카의 공업지대 혹은 큐슈나 홋카이도의 탄광으로 보냈다는 사실도 밝혀냈다. 이렇게 조선에서 일본으로 '이동'한 노동력은 1917년에 약 1만 4천 명, 1918년에 약 1만 8천 명 그리고 1919년에는 2만 명을 넘어섰다. 게다가 1922년 조선총독부가 조선인의 일본 도항渡航을 제한하던 총감부령을 폐지하고 '자유도항제'를 도입하자, 조선인 노

---

56) 도쿄·카와사키·요코하마를 중심으로 간토지방 남부에 펼쳐진 공업지대. 일본 4대 공업지대 중 하나로 금속·기계·화학 공업의 중심지이다.

동자의 도항이 급증하였고 본토 체류자도 연간 2~3만 명씩 늘어났다. 1925년경 '본토'에 거주하는 조선인 인구는 남성 11만 명, 여성 2만 명을 넘어 전체 14만 명 가까이까지 불어났다. 그런데 1920년대 중반이 되자 "제1차 대전 후의 전반적인 불황으로 인하여, '이동'한 수많은 조선인들이 만성적인 대량실업의 압력을 일본인보다 한층 더 강하게 받았다." 이를 계기로 '조선인 문제'가 등장하게 된다. 요컨대 조선인 노동자는 1920년대 이래 "애초부터 상대적 과잉 노동력으로 일본 노동시장에 유입됐고 취업구조의 밑바닥에 편입되었으며 (…중략…) 이미 형성된 일본의 저임금 구조를 유지·강화하기 위한 무게추 역할을 수행했던" 것이다.[60]

더욱이 조선인 노동자들은 후쿠오카나 홋카이도 등의 탄광에서 오사카·도쿄·나고야와 같은 공업지대를 포함한 대도시로 그 중심을 옮기고 있었다. 니시나리타 유타카西成田豊는 마츠무라 타카오의 작업을 최근의 세계도시론에 입각해 발전시켰다. 그의 재일조선인 취업 구조에 관한 연구는 학살사건을 겪은 1920년대에도 재일조선인 인구가 매년 2~5만 명씩 빠른 속도로 계속 증가한 것, 오사카·도쿄·아이치愛知 3대 대도시권에 점점 더 재일조선인 인구가 집중된 것, 동시에 조선인노동자의 정주화 경향이 뚜렷해진 것을 보여주었다. '본토'의 여러 도시 가운데 '재일조선인' 인구가 줄곧 가장 많았던 도시는 오사카였다. 1910년대에 상위권이었던 후쿠오카나 홋카이도는 1920년대 이후 계속 후퇴했고, 오히려 도쿄가 1917년 6위에서 1925년에는 3위로, 1930년에는 2위로 올라섰다. 재일조선인 전체 인구 중에서 오사카, 도쿄, 아이치, 효고兵庫, 쿄토, 후쿠오카의 6부현府縣이 점하는 비율이 1935년에는 70%에 달했으니, 산요山陽선 부근 대도시와 그 주변의 공업지대가 식민지에서 유입된 노동자들의 주요한 수용지가 되었던 것을 알 수 있다.[61]

여기서 중요한 사실은 조선인 노동자가 일본 경제의 모든 밑바닥영역에 균등하게 투여된 것이 아니었다는 점이다. 지진 직후, 1925년에 내무성 경호국이 실시한 「재류在留 조선인의 상황」 조사는 "재류 조선인의 약 75%는 노동자이고 그 대부분이 광부, 토공土工, 인부, 기타 자유노동자로 공장 노동자의 경우는 비교적 그 수가 적다"고 지적했다.[62] 그 전년도에 중앙직업소개사무국이 실시한 「도쿄부 재류 조선인 노동자에 관한 조사」에서도 도쿄에 있는 조선인노동자의 직종 가운데 압도적으로 많은 것이 토목건축업이었고 그 뒤를 요업·운수업·물품판매업 등이 따랐다. 특히 토목업의 경우, 조선인은 "타마가와 연안의 교쿠난玉南철도 공사장이나 모래 채취장 등에서 근력을 요하는 운반이나 수레 밀기, 그 외 지극히 단순한 노동에 종사하거나, 혹은 시바우라芝浦 방면, 스미다가와 연안 등에서 매립공사 인부로 또는 짐꾼으로 일"했다.[63] 마츠무라 타카오도 1930년의 인구조사를 참고로 각각의 직종에 조선인 노동자의 비율을 조사했는데, 방적공이나 기계방직공은 1%도 안 되는 데 비해, 채탄부採炭夫는 11.5%, 유리성형공과 가공공은 13.0%, 토사채취공은 31.9%, 토공은 35.1%에 달한다고 지적함으로써 조선인 노동자가 특정 직종과 깊이 결부되어 있었음을 보여주었다.[64] 이렇듯 1920~30년대에 실로 많은 수의 조선인 노동자가 항만이나 시가市街의 외연에서 철도공사나 매립, 모래채취에 종사했다. 그들은 대부분이 조선인만으로 구성된 집단이었고, 한 구역마다 합숙소장 또는 노무자 우두머리 밑에서 일했으며 일본인 노동자와 섞여 일하는 경우는 드물었다.

이러한 조선인 노동자의 취업실태는, 그들에 대한 유언비어가 일본인 주민들의 공포와 접속하는 이데올로기적인 효과를 내포하고 있다. 앞서 중앙직업소개사무국의 조사에도, "도쿄부 토요타마군豊多摩郡 유이촌由井村 교쿠난 철도공사 및 타마가와 연안의 모래채취공사, 도로공사 등에 종사하는 조선인 노동자가 약 5백 명을 넘는다"고 하며, "그들은 현장에서 강건한 체력으로 서두르지 않고 느릿느릿 중량물 운반, 흙파기, 수레밀기, 콘크리트 작업에 종사"하고 있다고 쓰여 있다.[65] "강건한 체력"이라는 기술에는 분명히 어떤 종류의 '인종적 편견'이 들어 있다.

1925년에는 도쿄지방직업소개사무국이 정리한 「토공・방적공・광부로서의 조선인 노동자」에는 "지금 내지로 건너온 조선인 노동자의 대부분은 근력이 뛰어나다는 점, 기계 작업에 부적절하다는 점, 집단 노무를 좋아한다는 점 등에서 토목공사에 가장" 적합하며, "종일 근력을 써도 거의 지치지 않고" 성격은 "비교적 온순"하다는 기술이 있는데, 이는 더욱 노골적으로 '인종적 편견'을 표명한 것이었다.[66] 한편으로는 조선인 노동자들의 "피곤함을 모르는 강건한 근력"과 "온순함"을 강조하면서, 다른 한편으로 산업화의 소산인 기계적인 노동에는 자질이 없다고 했다. 이는 '문명'의 보유자인 제국이 아직 '야만'에 머문 식민지를 보는 시선, 즉 콜로니얼한 시선의 표출임이 분명하다. 지진 직후, '조선인 습격'이라는 유언비어에 겁먹은 주민들의 집단의식 근저에는 이러한 콜로니얼한 시선이 있었고 또한 그 시선의 대상이었던 조선인 노동자의 모습이 있었다. 그것은 건설 중이던 철도・교량・도로의 주변에 모여 살면서 토목 작업에 묵묵히 종사하던 모습이었을 것이다.

이러한 관점은 조선인 학살을 둘러싸고 작동하던 또 하나의 사회공간 논리에 연결되어 있다. 첫 번째가 점차 형성되어가던 '교외'의 공간이고, 두 번째가 건설 중이던 '산업'의 공간이라면, 세 번째는 바로 '제국'의 공간이다. 잘 알려져 있다시피, 지진 후 조선인 박해가 그렇게까지 대규모로 벌어진 요인 가운데 하나는 스스로 계엄령 상황을 연출하고 강권을 발동했던 내무대신 미즈노 렌타로水野錬太郎와 경시총감 아카이케 아츠시赤池濃가 바로 직전에 조선총독부의 정무총감과 경무국장이었던 인물들이라는 점이다. 두 사람은 조선 독립운동을 탄압했으며, 반대로 폭탄의 습격을 받기도 했다. 총독부시대의 트라우마가 지진이라는 돌발적인 질서 붕괴에 직면하자 바로 되살아났을 것이라는 점은 이미 알려진 사실이다. 그렇지만 그것을 미즈노 렌타로와 아카이케 아츠시의 개인적 사정으로만 이해해서는 안 된다. 지진 직전까지 도쿄 시장으로서 그리고 제국 수도 부흥사업의 중심 인물로서 도쿄의 조타수 역할을 한 고토 신페이_{後藤新平}가 초기 대만 통치나 만주철도 등, 일본의 식민지 경영에 깊이 관여한 인물이었다는 사실이 보여주듯이, 1920년대와 1930년대에 걸쳐 제국 수도의 공간과 제국=식민지의 공간은 다양한 차원에서 연결되어 있었다. 그렇기 때문에, 1919년 3·1독립운동을 정점으로 한 저항의 격화로 드러난 조선 통치의 실패라는 트라우마는 조선총독부의 관리뿐만 아니라 바다 건너 제국 수도의 하급관리에 이르기까지 폭넓게 관리층의 통치감각이나 위기의식에 깊이 각인되었던 것이다. 지진이 일어났을 때 미즈노 렌타로나 아카이케 아츠시를 습격한 공포는 단순한 개인적 망상이 아니라, "식민지를 압제해야만 하는 제국주의자의 불안한 내심이 응집되어 드러난" 것이었다.[67]

그런데 니시나리타 유타카에 의하면, 조선인 노동자 중에 토목공사 인부의 비율이 특히 더 높았던 배경에는, 1920년대에 도로·교량의 건설을 중심으로 한 공공토목사업, 전력시설, 철도 건설 등 토목공사가 대폭 늘어나서 인부에 대한 수요가 계속 증가했다는 사실이 있다. 조선인 인부는 크게 나눠, 도시의 상하수도공사, 도로공사, 시영 전기공사 등에 종사하는 도시거주형 인부와, 벽지의 철도 건설, 댐공사, 국도 건설 등에 종사하는 비도시거주형 인부, 두 가지 유형이 있었는데, 말할 것도 없이 도쿄의 조선인 노동자는 대부분이 전자였다. 예를 들어, "1920년대 일본의 대표적인 건축공사였던 마루노우치 지역의 빌딩 건설과 국회의사당 건설 등에 다수의 조선인 인부가 사용되었고, 또 하네다 비행장의 건설, 국철 야마노테선, 중앙선, 소부_{總武}선 그리고 도쿄급행_{東急}, 세이부_{西武}, 토부_{東武}, 케이오_{京王}, 케이세이_{京成}, 케이힌_{京濱}급행 등의 사철_{私鐵} 철도확장공사 등에도 많은 조선인 인부가 사용"되었다.[68] 그러므로 지진으로 파괴된 후, '제국 수도'의 부흥은 바로 조선반도 등 식민지에서 온 노동력으로 건설되었던 것이다. 앞서 언급했듯이, 지진 후 도쿄를 채색한 모던한 도시 경관은 조선인 노동자의 건설 노동과 표리를 이루며 확대되었다. 다시 말하면, '제국 수도' 건설에 종사했던 조선인 인부들은 지진의 혼란 가운데 바로 자신들이 건설한 '제국 수도'의 확장된 욕망과 불안 속에서 압살되었던 것이다.

5. 세계적 동시성과 초극 / 충돌하는 모더니티

제국 수도 도쿄를 둘러싼 이상의 논의에서 알 수 있듯이, 1970년대 중반 이래 1920~30년대의 문화에 대한 논의는 미나미 히로시의 모던 문화론과는 다른 방향에서 모색되었다. 이러한 전환을 촉발한 것은 바이마르 시기의 독일을 비롯한 1920년대의 사상과 문화를 다시 읽는 세계적인 움직임이었다. 예를 들어 『사상』 1976년 6월호는 '1930년대의 일본' 특집판이었는데, 그 책머리에 아라카와 이쿠오荒川幾男는 연구자들이 1930년대에 새로이 관심을 두게 된 배경에 1960년대의 커다란 사상사적 전환이 존재한다고 지적했다. 그 전환이란 한마디로 말하면 "19세기적 서구 '근대'와의 결별에 대한 자각"이었다. 아라카와 이쿠오는 그 글에서 ①맑스주의의 다양화와 그 사고의 기반을 다시 묻기(포스트 맑스주의에 대한 모색), ②근대 서구의 지식체계에 대한 근본적인 반성(포스트 모더니즘의 모색)이라는 두 가지의 주요한 경향을 지적했다. 실상 이러한 모색은 이미 1920~30년대에 시작된 것이다. 그러나 제2차 세계대전 중의 총동원체제와 반파시즘투쟁 그리고 전후 냉전이 '정통' 맑스주의를 한층 경직시켰고 '근대'적 가치들을 재구축하여, 그러한 모색은 일시적으로 동결되었다. 1960년대에 들어서야 겨우 다양한 대항문화운동들 속에서 새롭게 맑스주의와 근대주의 양쪽을 근저에서부터 다시 묻게 되었다. 1960년대의 '근대'에 대한 재심의는 그 시작 지점인 1920~30년대

를 새롭게 조명해야 한다고 촉구했던 것이다.[69]

아라카와 이쿠오가 1976년에 간파했던 1920~30년대에 대한 새로운 접근은, 같은 잡지의 1981년 10월과 11월 특집호에서 잡지 전체를 일관하는 시점으로 확대되었다. 이 특집호의 기조를 담당했던 사람들이 이키마츠 케이조生松敬三, 아라카와 이쿠오, 우에야마 야스토시上山安敏, 미시마 켄이치三島憲一, 시미즈 타키치清水多吉, 이케다 히로시池田浩士 등으로 독일 현대사상 전공자들이었다. 5년 전의 1930년대 특집과 마찬가지로 새롭게 1920년대 특집을 만들어야만 했던 이유를 이키마츠 케이조는 다음과 같이 요약했다.

> 소위 '황금의 20년대'에 대한 막연한 향수에서 비롯된 바이마르문화 부흥의 시작을 주도한 것은 영화 매니아와 경음악 애호가들이었다. 그로 인하여 독일의 모더니즘 예술, 특히 표현주의에 대한 관심이 높아졌고, 더욱이 1960년대 후반 신좌익운동의 등장으로 관심이 더욱 높아졌다. 당시 학생운동의 교조로 추대되었던 마르쿠제Herbert Marcuse를 비롯한 프랑크푸르트학파를 재발견함으로써, 1920년대의 루카치Lukács György, 코르쉬Karl Korsch와 같은 소위 서구 맑스주의의 원류를 이루는 사람들의 저작을 다시 읽고, 정신분석과 맑스주의에 관한 초기의 논쟁, 브레히트Bertolt Brecht, 벤야민Walter Benjamin의 맑스주의 미학을 둘러싼 이론들을 새롭게 재검토했다. (…중략…) 한편에서는 표현주의 유행이 계속되어, 바우하우스[57)]의 재평가, 당대의 영화, 연극, 유행의 리바이벌이 다양하고 활발하게 이루어졌다. 신화화의 위험이 있음에도 불구하고, 1960년대 이래 이러한 '바이마르 예찬은 도쿄·파리·런던·뉴욕과 같은 먼 지역으로까지 확대되었다.'[70]

1970년대 이래 1920~30년대에 대한 관심이 촉발된 것은 파시즘의 색다른 점 때문이 아니라 그 시대와 지금 우리가 사는 시대가 '비슷하다'는 느낌 때문이었다. 1960년대 후반의 학생운동이 제기했던 "'근대문명'

---

57) Bauhaus. 20세기 초 독일의 조형학교. 기능미를 중시하는 모던 디자인의 시발점 중 하나로 일컬어진다.

그 자체에 대한 원리적 비판, 즉 근대적 합리주의와 과학주의에 대한 비판과 극복이라는 모티브는 제1차 세계대전 후의 유럽, 특히 패전국 독일에서 매우 선명한 모습으로 나타났다”는 문제의식이 1920~30년대에 대한 새로운 관심을 불러일으켰던 것이다.[71] 1920~30년대에서 1960~70년대까지의 연속성이 오랫동안 드러나지 않았던 까닭은 전시의 총동원체제와 전후의 냉전구조 때문이었다. 제2차 세계대전이 시작되자 “전쟁의 대의명분을 이데올로기적으로 명확히 하기 위하여 사상은 고전적인 자유주의/민주주의 대 파시즘이라는 단순한 대립구도로 수렴되었다. 그 때문에 1920년대에 싹튼 19세기 말 이래의 여러 가지 문제의식이 일시 정지”되었다.[72] 그러한 상태는 냉전체제로 인하여 전후에도 계속 되었다.

그러나 19세기적 근대에 대한 근본적인 비판의 개시라는 측면에만 1920~30년대의 현대성이 놓여있는 것은 아니다. 그러한 움직임과 함께 사상·문화·의식의 세계적 동시성이 1920년대에 성립된다. 이케다 히로시의 말을 빌리면 “맑스가 확인한 자본주의의 세계성이 현실생활에서 완성”된 것이 바로 이 시기였다. 이 시기에 “인류사상 처음으로 세계적 보편성이 일상에서 체험되기 시작했다. 러시아혁명과 ‘제3세계’가 제1·2세계 속으로 빨려들어가고, 근대 과학기술의 첨단성과 미개의 토착성이 ‘문화’ 속으로 수렴되었다. 방대한 식민지가 여전히 존재하고 사회주의는 불과 지구의 1/6 넓이밖에 차지하지 못했지만, 그러한 현실을 품은 세계가 처음으로 일상생활의 보편적인 의식이 되어 일상생활을 규정하기 시작했다.”[73] 이케다 히로시에 따르면 이 세계적 동시성은 결코 글로벌한 동질화를 초래한 것이 아니다. 그는 오히려 문화와 정치, 글로벌한 지식과 지역적 문맥, 기술적 첨단성과 토착적 민중문화와 같은 단순한 이항 대립구도로는 도저히 파악할 수 없는 분열과 굴절·항쟁이 격렬하게 발생한 것에 주목했다. “전체성의 와해와 분단이 혁명의 이미지와 불가분의 관계였던 때가 다름 아닌 1920년대”였으니, 그야말로 "분절과 와해가 현실의 모든 곳에 퍼지고 나서야 비로소 가능한 하나의 종합"으로서의 세계적 동시성에 주목한 것이었다.

그런데 1981년 『사상』 특집호의 좌담회에서 와키 케이헤이脇圭平가 지적한 바와 같이, 1920년대의 현대성을 이야기하는 데에는 어떤 인식상의 위험이 따른다. 와키 케이헤이는 바이마르시기 독일의 문화에서 현대성이 재발견되고 그에 대한 관심이 확대되어 가는 과정에서 '정치'의 시점이 배경화 된 것을 비판했다.[74] 그 이전에는 항상 정치를 우위에 두는 시점으로만 바라보았기 때문에, 1920년대를 "극복되어야만 하는 과거"로서 나치즘을 낳은 전사前史로만 이야기했다. 그러나 1970년대에 이르러, 1920년대가 문화·사상·예술적 실천에서 근대의 극복을 추구했던 다산의 시대였음을 발견한 것이었다. 이것은 분명 정치사를 중심에 두고 나치즘이라는 결말로부터 원인을 소급하는 기존의 결정론을 상대화하는 효과를 발휘하였다. 그러나 그러한 1920년대의 재발견이 오직 문화적 특이성만을 강조하면서 1960년대가 1920년대에 그대로 겹쳐지자, 이번에는 정치가 뚜렷하게 전면화된 1930년대와의 연결고리를 잃어버리고 만다. 그러므로 이케다 히로시가 강조했듯이, 1920년대를 재차 1930년대와 중첩시켜볼 필요가 새롭게 생겨난 것이다.[75] 그렇게 하지 않으면, 1920년대론은 단순히 '거기에 이미 "지금"이 있었다'고 하는 식의 매우 경박한 만족감에 빠져버리게 된다.

그렇다면 1920년대에서 1930년대로의 연접連接은 어떻게 파악할 수 있을까? 말할 것도 없이 1920년대는 '문화'의 시대이고 1930년대는 '정치'의 시대라는 단순한 분할로는 파악할 수 없다. 1920년대도 1930년대도 모두 같은 정도에서 문화의 시대이자 정치의 시대였다. 애당초 '문화'를 '정치'의 외부에, '정치'를 '문화'의 외부에 두고 이야기하는 것 자체가 방법론적 오류이다. 이처럼 단순한 논의는 아니라 하더라도, 밝은 1920년대에서 점점 어두워지는 1930년대라고 파악하는 미나미 히로시 일파의 시점은 이미 널리 침투되어 있다. 미야우치 코宮內康조차 1970

년대에 1930년대론이 무성해진 것은 사람들이 "저 '황금의 20년대'를 떠올리게 한 60년대에 이어, 70년대에서 '위기의 30년대'의 양상을 간파했기 때문"이라고 했다. 1968년 5월혁명이나 학원분쟁에서부터 팝아트나 언더그라운드 연극에까지 문화의 혁명적인 움직임이 소용돌이쳤던 1960년대를 "분명한 '1920년대'의 부활"이라고 인지했고, 1970년대는 1930년대와 마찬가지로 혁명운동의 압살, 대중 조작, 횡단성의 상실과 같은 부정적인 이미지로 인식했던 것이다. 미야우치 코에 의하면, 1930년대는 "정치가 문화를 거둬들여 육체화한" 시대였다.[76]

'1920년대적인 것'에서 '1930년대적인 것'으로의 전환에 대한 미야우치 코의 지적은 명쾌하다. 그러나 너무 지나치게 명쾌하다는 인상을 남긴다. 그는 1920년대와 1930년대를 '거둬들임', '회수', '상실'과 같은 용어로 특징지어 구분하거나 대조하고 있다. 하지만 1930년대를 1920년대의 실패로 보지 않고 성취로 보는 관점도 필요하지 않을까? 성취로 본다해도 그것은 1920년대를 파시즘의 전사前史로 보는 과거의 시점으로 퇴보하는 것이 결코 아니다. 1920년대는 어떤 문화지정학적인 개연성 속에서 1930년대를 잉태한 것이다. 또한 1930년대도 결코 파시즘과 억압으로 일관된 부정적인 시대였던 것만은 아니다. 그러므로 1970년대의 시점 전환이 내포한 위험을 깨닫고, 1930년대를 다시 읽는 것에 관심을 기울여야 한다.

이제 1980년대 말 이후에 등장한, 예전과는 다른 방식의 1930년대론들을 개략적으로 살펴보자. 새로운 접근법의 필두에는 야마노우치 야스시山之內靖 일파의 총력전체제론이 있다. 야마노우치 야스시 일파는, 뉴딜과 파시즘이 대립한다고 흔히들 이야기하지만 실상은 그렇지 않았다고 주장했다. 양차 세계대전을 거치는 글로벌한 사회 변동 가운데에서 뉴딜과 파시즘은 19세기적 계급사회로부터 인적 / 경제적 자원을 보다 효율적으로 동원하는 시스템사회로의 전환을 이룬 병행적인 움직임이었다. 1930년대에 사회주의 · 파시즘 · 뉴딜의 3가지 진영에 공통적으로 뚜렷하게 드러난 사회구조 변화의 특징은 모든 사회 구성원의 '강제적 균질화'였다. '우리'와 '그들'을 일원화시키고, 경우에 따라서는 '그들'을 근절하면서 '우리' 내부의 동질화를 강력히 추진했다. 이 과정을 통해 사회의 모든 성원을 전쟁 수행에 필요한 기능적 담당자로서 다시 호명했다. 뿐만 아니라 "제2차 세계대전 후에도 여러 국민사회가 총력전체제의 산물인 기능주의적 재편성이라는 궤도를 계속 유지하면서, 이 궤도 위에서 생활세계를 복원했다."[77]

이렇게 1920~30년대에서부터 전후까지의 연속성을 강조하는 접근법은 1980년대 후반 이래 세계 각지에서 동시다발적으로 등장했다. 그 배경에는 "전시체제를 기초로 한 사회구조와 정치구조가 정점에 달한, 즉 '수명'이 한계에 다다른" 시대 상황이 있었다. 신자유주의의 대두는 총력전체제를 기반으로 한 시스템 변경이 직접적으로 표현된 사례이다.[78] 이리한 가운데 세계 각지에서 1920~30년대에 등장한 총력전―복지국가체제에 대하여 본격적인 해석 작업을 시작했다. 우선, 산업시스템·경제정책·사회정책 등 국가나 사회 시스템에 관한 측면에서 1920년대에서 1970년대까지의 연속성을 구체적으로 논증하는 것이 가능했다. 또한 지식의 체제라는 차원에서는, 1920~30년대에 정치경제적으로 총력전체제를 준비하는 데에 적합한 지식이 대두했다. 19세기적 근대 지식과는 다른 사회정책적이고 사회공학적이라고도 할 수 있는 지식이 경제학·정치학·사회학·교육학·인류학·신문학 등 다양한 영역에서 동시에 나타났던 것이다. 이들 지식은 이전의 고색창연한 제국대학 아카데미즘 체제에서는 주변적인 지위에 머물렀지만, 당시의 국가적 체제에서는 매우 유용한 것으로서 요구되었다.

그렇다면 이런 아카데믹한 지식의 차원을 넘어 사람들의 일상적 문화실천의 차원에서 1920~30년대에서부터 전후로 이어지는 연속적인 흐름을 파악한다면, 이것은 어떠한 인식의 지평을 여는 것일까? 야마노우치 야스시 일파와는 다른 관점에서, 아카자와 시로赤澤史朗와 키타가와 켄조北河賢三는 1930년대가 단순히 1920년대에서 후퇴한 '어두운 골짜기'가 아니라 각지에서 다양한 지식과 문화가 꿈틀거린 시대였음을 밝혔다. 1930년대 "도시 대중문화와 그 주류인 모더니즘 문화의 발전은, 1980년대에 들어와 영화·음악·사진·스포츠·건축·광고·미술·문학 분야의 연구로써 밝혀"졌다. 또한 1930년대는 1920년대의 문화활동을 지방에서 더욱 광범위한 계층에 침투시킨 시대였다. 이러한 궤적을 밟아 아카자와 시로 등은 1930년대 말, '국책협력'이라는 명분을 거역하기 어려운 상황 아래에서도, 그러한 명분을 역으로 이용할 수 있었던 시기와 그것조차도 아예 불가능하게 된 시기가 있었다고 지적한다.[79]

이러한 분석들 중 특히 흥미로운 사례는 당시의 투어리즘tourism을 검증한 타카오카 히로유키高岡裕之의 논의이다. 그는 대중 모더니즘의 전형으로 간주되는 관광의 유행이 오히려 전시하에 확대되었다고 한다. 1930년대 후반, 국립공원법 등 관광사업의 국책화를 배경으로 관광업자들의 전국적 조직화가 진행되고, 신민요나 코우타小唄,[58] 관광 영화, 라디오의 향토 프로그램, 홍보 이벤트로서의 박람회 등이 관광유행과 결부되어 성행한 것이 구체적인 사례들이다. 1920년대에 시작된 대중 관광은 1930년대 후반에 확대일로를 걸었던 것이다. 타카오카 히로유키는 이러한 움직임 가운데 군사 항구의 '관광지'화, 건국신화나 난코楠公[59] 붐을 이용한 관광지 프로모션 등 내셔널리즘과 투어리즘이 하나로 통합되어 발생한 측면에 주목했다.[80] 관광에 관한 이러한 논의는 까오 유엔高媛이 이 책에 쓴 만주 관광에 대한 고찰에서 계속된다.

다른 한편으로, 이미 언급한 아라카와 이쿠오나 이키마츠 케이조의 시점의 연장선상에서, 코기시 아키라小岸昭, 이케다 히로시, 우카이 사토

---

58) 메이지 말기부터 쇼와기까지 주로 음반취입용으로 불린 유행가의 일종. 원래는 에도시대에 유행한 가요를 지칭하는 말이었다.

59) 쿠스노키 마사시게楠木正成의 경칭. 1294~1336년, 일본 가마쿠라鎌倉시대 말기의 무장武將. 고다이고 천황을 도와 가마쿠라막부를 멸망시키는 데 공을 세운 인물로, 천황에 대한 충성심의 상징적 존재이다.

시鵜飼哲 등은 파시즘의 상상력 혹은 파시즘의 기억에 관한 비교문화론적 연구를 진행하였다.[81] 이들은 파시즘이라는 20세기적 상황이 프랑스나 미국에서도 경험되었다는 점, 또 전후에 파시즘의 기억이 어떻게 은폐, 변형되었는가 하는 점을 밝혔다. 아메리칸 파시즘에 대한 미야케 아키요시三宅昭良의 논의나, 비시Vichy정권기의 프랑스를 둘러싼 기억의 정치학에 초점을 맞춰 파시즘이 나라의 밖에서보다도 내부에서 발생했음을 밝힌 우카이 사토시의 논의는 이전의 연구 지평과 분명하게 다른 지점에서 파시즘에 대한 질문을 던지고 있다.

이러한 가운데 토미야마 이치로富山一郎는 남태평양 제도에서의 '제국의 시선'을 논하며 "'대동아공영권'에 다다른 제국의 역사를 '파시즘'과 식민지 지배라는 국가의 내부와 외부를 구분하는 용어로 기술하는 것은, 국가가 아닌 제국 가운데에서 역사를 바라보는 시점을 제거하여 역사를 비가시화한다"고 비판했다. '파시즘'이란 일국 내부의 정치형태를 표상하는 말로, 1930년대를 이 용어로 표현하는 것은 "바로 직전까지 자기 영토라고 주장해온 장소와 거기에 포함된 사람들"을 전후戰後의 시선에 의지해 '밖'으로 배제하는 것이 아닐까?[82] 반면 이토 키미오伊藤公雄는 1930년대 파시즘에 의해 '여성스러움 / 남성스러움'의 분할선이 결정적으로 의미를 가지게 된 것을 최근의 젠더 연구에 의거하여 보여준다.[83] 그는 '파시즘'과 '식민지'라는 '전후'의 시점에서 분할선을 끌어내는 것이 아니라, 오히려 그러한 분할선의 가능성 그 자체를 문제시하였다.

이러한 몇 가지 사례는 오늘날 1920~30년대 모더니티 연구에 새로운 지평이 열렸음을 시사한다. 우선, 1920년대는 1960년대와의 표면적 유사성 때문이 아니라 '근대'가 가장 첨예하게 질문된 시대로서, 그리고 19세기 후반 이래 진행되어온 국민국가 체제가 완성과 동시에 근저에서부터 흔들리기 시작한 시대로서 주목해야 한다. 둘째, 모던한 상황은 이미 언급한 세계적 동시성으로서 경험되었다. 일본이 구미를 '뒤쫓고 있었던' 것이 아니다. 글로벌한 자본, 이미지, 지식, 테크놀로지의 지형

(아파두라이Arjun Appadurai), 제국내 사람들의 이동 등, 다양한 변화를 오늘날의 글로벌화에 앞서 보여주었다. 그로 인해 사회적 현실을 생산하는 언설, 미디어, 상상력 차원에서의 세계적 동시성도 1920년대에 성립되었다. 그리고 우리는 1920년대를 1930년대와의 단절이 아닌, 오히려 1930년대로의 연속성으로 파악해야 한다. 그러기 위해서는 이미 논한 바와 같이 '1920년대=모더니즘' 대 '1930년대=파시즘'이라는 이항 대립의 구도에서 벗어나야 한다. '1920년대적인 것'이 좌절해서 '1930년대적인 것'이 탄생한 것이 아니다. 총력전체제를 포함해서 전시에서부터 전후에 이르기까지의 연속적 체제가 1920년대에 발달하기 시작했던 것이다. 그렇기 때문에 1930년대 후반이 되어서도 전형적인 '모던'의 형상을 파시즘 체제 바로 그 안에서도 발견할 수 있는 것이다.

그러므로 우리는 1920~30년대의 모더니티를 중산계급의 들뜬 소비문화로 수렴시키지 않고, 오히려 계급적으로 복잡한 굴절을 띤 젠더나 에스니시티의 차별·욕망·공포를 여러 겹으로 내포한 다이나믹한 과정으로 이해할 필요가 있다. 해리 하르투니언Harry Harootunian은, 1920~30년대 일본 모더니티의 세계적 동시성과 양의성을 사상사적 관점에서 분석한 그의 저작에서, 모더니티를 실체적인 것이라기보다 당시 사람들이 이야기하고, 행동하고, 경험한 담론 구성물로서 이해해야 한다고 주장했다. 무수하게 이야기된 모더니티의 이미지·표상·언설을 '현실'을 반영하는 것이라기보다 그것들 자체가 임무를 수행하듯 '현실'을 생산하는 실천으로서 해석해야 한다는 것이다.[84]

이렇게 모더니티를 이해한다면, 그것이 결코 동시대의 가부장적 권력이나 제국주의의 실천, 파시즘이나 총력전체제와 따로 떨어진 공간에서 전개된 것이 아님을 알 수 있다. 이들은 분명 같은 공간에서, 다른 방법으로 절합節合되었던 것이다. '모던걸'이 동시대의 남성 주체를 유혹하고 욕망의 새로운 배치를 가능하게 한 판타지였던 것과 마찬가지로, '조선인'도 제국 수도의 신민을 공포로 몰아넣고 동시에 신민의 우월한 아이덴티티를 가능하게 한 이데올로기적 구성물이었다. 이는 당시의 모더니티 그 자체에도, 또 그것과 결부된 다수의 사회적 신체의 실천에도 잘 들어맞는다.

데이비드 하비David Harvey나 프레데릭 제임슨Frederic Jameson을 거론할 것도 없이, 자본주의는 끊임없이 계속 확장하여, 결코 정상定常상태에 이르지 못하는 시스템으로, 끝이 없는 불안정성과 허무함을 내부에 잉태하고 있다. 하르투니언이 강조했듯이, 1920~30년대의 사람들은 그러한 모더니티를 극복하려고 했지만, 끝까지 넘어설 수 없었다. 1920년대의 모더니티는 헤게모니를 쥐고 고정적인 권위에 뿌리내리는 문화였던 것이 아니라, 계속 변화하는 판타지나 스펙타클로 재편해가는 경험이었다. 그 끊이지 않는 변화 속에서 모더니티는 젠더·에스니시티·계급을 둘러싼 새로운 차별을 산출했던 것이다.

이 글은 1920 30년대의 모더니티가 내포하고 있는 차이·모순·항쟁을 제국 수도 도쿄를 무대로 고찰한 것이다. 그 가운데 당시 '모던걸'에 대한 시선의 정치학과, 지진 때에 '조선인 학살'로 드러난 공포의 정치학에 초점을 맞추었다. 이러한 고찰은 활동사진관과 관객, 라디오와 청중, 다양한 봉축奉祝 이벤트 등을 소재로 삼아도 충분히 가능할 것이다. 혹은 스기하라 토루杉原達가 오사카에 대해 논했듯이, 제주도나 오키나와에서 이동해간 노동자 커뮤니티에 초점을 맞추거나, 로버트슨처럼 타카라즈카에서부터 요시모토吉本흥업으로 대표되는 '만자이漫才'에 이르기까지 예능계에 주목할 수도 있을 것이다. 나아가 지방의 여러 도시나 경성·타이페이·상하이 등의 식민지와 아시아 도시들의 모더니티에 대해 고찰하는 것도 매우 중요한 과제이다. 이 책에서 이후의 글들이 그러한 과제 중 몇 가지를 다루고 있다. 1920~30년대의 모더니티에 대한 일련의 연구를 통해 오늘날의 우리는 예전의 미나미 히로시 일파가 '다이쇼 문화'에 문화사적으로 접근했던 것과는 전혀 다른 지평에서 새로운 문화사적 접근을 시도하고 있는 것이다.

제1부 도시성

'부인참정권' 재고

전전戰前 일본 정치문화의 젠더화

그레고리 M. 플룩펠더 Gregory M. Pflugfelder

1. 들어가면서

이 글의 목적은 전전戰前[1] 일본의 젠더와 정치문화의 역사를 기술하는 것이다. 구체적으로 말하면, '부인참정권婦選'[2]의 의의를 '여성사'가 아닌 '젠더사'의 관점에서 재평가하고자 한다. 20세기 초 일본 정치문화

---

* 이 글은 키모토 타케시樹本健가 일역한 것을 근간으로, 원문을 참조하여 전미경이 번역하였다. 원제는 *The Gendering of Political Culture in Prewar Japan : A Reconsideration of 'Women's Suffrage'*, 2002.

1) 이 글에서 전전戰前은 1945년의 태평양전쟁 종전을 기준으로 한 그 앞 시기를 의미한다.

2) 이 글에서 '부인婦人'은 흔히 통용되는 '결혼한 여성'이 아니라 일반적인 '여성'을 의미한다. 그러나 일본에서 여성참정권 운동이 활발하게 펼쳐지던 시기에는 '부인참정권', '부선'이란 언표가 고유명사처럼 사용되었으므로, 그 의미를 살리고자 여성으로 바꿔 번역하지 않았다.

의 변화에 대한, 특히 여성의 정치 참여 확대에 대한 기존의 전형적인 설명은 성별에 따른 동일한 이해집단으로 이미지화된 '여성들'이 종래의 남성에 의한 정치권력 독점에 대항하여 영웅적으로 투쟁했다는 것이다. 이러한 관점에 따르면 이 이야기는 태평양전쟁 종결 무렵의 선거법 개정으로 끝나야 한다. 왜냐하면 이때부터 일본 여성은 남자와 함께 국가 지도자를 선출하기 위해 투표소로 향했기 때문이다. 영웅적 이야기heroic narrative 형식인 이러한 서술 스타일이 여성사 기술의 관례적 양식이었다.

그러나 젠더사는 여성사와 달리 특정 집단의 경험이나 투쟁에만 초점을 두지 않는다. 대신 모든 역사적 행위자가 젠더라는 사회관계와 관련되었음을 분명히 한다. 이는 모든 사람이 계급과 관련되어 있다고 하는 것과 마찬가지이다. 여성사 연구자들이 자신의 전형적인 사명이라 여기는 것은, 자신들과 다른 집단(남성)의 지배 아래에서 살아가는 집단(여성)의 역사적 경험을 회복하고, 여러 시대에 걸쳐서 그러한 지배에 도전해온 여성들이 있었다는 사실, 그리고 이것이 어떠한 도전이었는가를 밝히는 것이다. 이에 비해 젠더사는, 인간의 신체, 정체성, 욕망, 그리고 실천이 '남성' 혹은 '여성'에게 있는 것이 무엇을 의미하는가에 대한 사회적 정의定義를 구축하고, 이렇게 구축된 다양한 방법을 여성사보다 폭넓게 이해하고자 한다. 젠더사는 사회적 변화를 초래하는 도구로써, 여성사만큼 유효하다. 젠더라는 사회적 관습이 모든 인간 존재를 역사적으로 우발적인 취약한 구조와 결부시킨다는 인식 그 자체가 변화에 대한 욕망을 낳고 용기를 불러일으킨다.

그렇다면, 부인참정권과 전전戰前 일본의 정치문화에 대한 우리들의 이해에 '젠더'는 어떤 새로운 관점을 가져올 것인가.[1] 이 글에서 몇 가지의 해답을 제시해 보고자 한다. 우선 '부인참정권women's suffrage' 개념에 관한 기본적인 전제를 살펴보고, 그것이 정치문화의 젠더화에 어떤 시기적 특수성을 구성하였는가를 밝히고자 한다. 다음으로 부인참정권운동에 대한 관례적 설명이 배제시켜온 것들에 대해 살펴볼 것이다. 마지막으로 부인참정권 활동의 특정한 역사적 사례, 요컨대 1920년대부터 1940년대를 걸쳐서 아키타현秋田縣에서 전개된 활동을 재검토하고, 그것을 젠더·계급·섹슈얼리티라는 렌즈를 통해 재평가하고자 한다.

2. '부인참정권'이 의미하는 것

부인참정권 역사에 대한 기본적인 가정들 중 일부는 엄밀한 의미에서 부정확하다 예를 들면, 1946년에 실시된 최초의 총선거 이전에는, 일반적으로 일본 여성이 투표한 적이 없다고 알려져 있지만 이는 사실이 아니다. 소토자키 미츠히로外崎光廣가 밝혔듯이, 1880년대에 적어도 코치현高知縣내 두 곳의 정촌町村3)에서 여성 호주에게 정촌회町村會의원 선출을 위한 투표권을 인정한 적이 있다. 1885년 이후에도 비슷한 사례가 지금의 센다이시仙台市에 해당하는 지역에서 있었다.[2] 이것은 1888년의 시제市制·정촌제町村制, 1890년의 군제郡制·부현제部縣制, 1901년의 홋카이도회법北海道會法 그리고 1943년의 도쿄부제東京部制 등의 법률에 의해 전국적으로 규격화된 지방자치의 법제가 공식적으로 여성을 '공민'의 정의에서 배제하기 이전의 일이었다.[3] 일반적으로 잘 알려지지 않은 사실은 1890년대 이후에도 소수이지만 여성이 합법적인 시정촌회市町村會 선거에 참가한 적이 있다는 것이다. 1921년까지 시제市制와 정촌제町村制 양

---

3) 일본의 행정구역은 광역자치단체인 도都—도道—부府—현縣과 기초단체인 시市—정町—촌村으로 구성되어 있다. 시정촌市町村은 지방자치제도의 기초자치단체인 시·정·촌을 묶어 이르는 말이다.

법은 직접 지방세 납부액이 공민 남성의 상위 3인보다 더 많다면 여성이라도 시정촌 선거에서 투표할 수 있다고 규정하였다.[4] 그렇지만 부유한 여성이라고 해도 성별 제한 때문에 '공민'의 지위나 공직에 입후보할 자격은 없었다. 계급에 따른 예외는 군郡·현縣·쿠니國[4)]의 차원에서는 존재하지 않았다. 제국의회의 투표 규칙을 살펴보면, 1890년의 중의원 선거인 자격은 '일본 신민으로, 만 25세 이상의 남자'이면서 일정 이상의 재산을 가진 경우에만 무조건적으로 부여되었다.

　전전戰前 일본에서 선거를 실시한 공공단체는 제국의회와 시정촌·군·도토부현都道府縣 의회만이 아니었다.[5] 예컨대 상공성商工省에 규제된 상공회의소 투표 규정은 1927년에 개정되었는데, 이 법은 여성사업가에게 입후보권까지는 아니지만 선거의 투표권을 인정하였다. 1929년에는 도쿄상공회의소 대표를 뽑는 선거인 중 거의 7%가 여성이었으며, 그 대부분은 요리업, 대합실·카페·여인숙의 경영자였다.[6] 이 무렵부터 여성의 '공민권'은 주류정치가들의 광범위한 지지를 받기 시작했다. 시정촌 단위에서 여성에게 공민 지위를 인정한 정부안은 1930년과 1931년에 각각 중의원을 통과하였으나, 귀족원에서 부결되는 바람에 결국 보류되었다.[7] 1931년에 시작된 '15년전쟁'[5)] 동안 부인참정권법안은 제국의회 양원兩院[6)]의 어느 쪽에서도 다시 상정되지 않았다. 그러나 전쟁 종결 1개월이 지났을 무렵, 일본 열도의 일부에서는 여성이 이미 투표를 하고 있었다. 1945년 6월 미국 관리 하에 들어간 오키나와沖繩에서 미군은 일본 여성들이 9월 20일 시의원 선거에 참가하는 것을 승인하였다.[8] 여성에게 국정에 대한 참정권을 승인한 1945년 10월의 내각결정이 맥아더 원수가 통솔하는 연합국 군최고사령관 본부로부터 나온 것인지,

---

4) 쿠니國는 일본의 나라시대부터 메이지시대 초기까지 사용되었던 행정구역 단위이다.
5) 1931년 만주사변 발발부터 1945년 태평양전쟁의 종전까지를 말한다.
6) 제국의회는 1889년에 발포한 대일본제국 헌법에 따라 설치한 일본의 국회로, 1890년 11월에 첫 국회가 열린 후 1947년 3월까지 지속하였다. 의회는 중의원과 귀족원(황족·귀족 등)의 양원제로 구성되었다.

아니면 남성인 내각의 장관들이 독립적으로 주장한 것인지에 대해서는 논쟁의 여지가 있다.[9] 그러나 이미 관계자 대부분에게 오키나와(류큐)[7]의 선거에서 여성이 투표했다는 사실만으로 참정권 문제에 대한 점령군의 정책이 어떤 것인가는 명백하게 전달되었다.

이 모든 사례는 일본 여성이 투표하는 광경이 1946년 어느 날 갑자기 나타난 것이 아님을 말해 준다. 이미 수십 년 동안 여성들은 다양하면서도 변하기 쉬운 일본 정치문화 속에 한 자리를 점하고 있었다. 더군다나 이 사례들에서 알 수 있듯이, 제국 일본에서 정치 참여 가능성은 젠더의 측면만이 아니라, 재산과 경제적 지위, 가구내 지위, 연령, 국적, 지리적 위치 등에 따라 제한되었다. 예를 들면 1925년에 통과한 이른바 '보통' 선거법(보통선거라 해도 이 법은 여전히 중의원 선거에서 여성, 미성년 남성, 식민지 주민을 배제하였다)의 투표권 부여에 재산조건을 폐지하였고, 이 때의 '보통'이란 말은 계급의 정치적 중요성이 축소되었다는 의미이다. 성별에 따라 정치 참여를 제한하는 원칙은 그 후에도 20년간 지속되었는데, 당시에 모든 일본 남성이 투표권을 부여 받을 수 있었던 것은 바로 젠더 덕분이었다. 이 사실은 성별에 따른 투표권 제한이라는 원칙을 보다 분명하게 드러내고 있다. 이런 의미에서 보면, 1925년의 법률은, 일본 성인여성에게 동일한 특권을 인정한 전후戰後의 개혁(여전히 국민이 아닌 자와 미성년자는 인정하지 않는)에 뒤지지 않을 만큼 젠더화에 있어 획기적인 것이었다. 그러므로 남자만의 '보선普選'이 실현된 이 시기를 전후로 하여, 부인참정권 운동가는 운동의 목표를 '부선婦選'이라는 동음의 신조어[8]로 부르게 되었다. 즉 "부선婦選 없이 참된 보선普選 없다"라고 선언하였던 것이다.

부인참정권의 본질이 젠더화의 문제라는 것이 분명하다면, '참정권' 그 자체의 의미는 어떠한가? '참정권'이란 말은 어떤 타입의 정치문화

---

7) 琉球. 오키나와의 옛 이름.
8) 보선普選과 부선婦選은 '후센'으로 발음되는 동음이의어이다.

를 전하는가? '권리'라는 관념이 함축된 이 말은 메이지 초기의 정치적 언설 속에서 출현하였으며, 우에키 에모리植木枝盛[9] 같은 민권운동가의 저작이나, 존 스튜어트 밀John Stuart Mill이나 하버트 스펜서Herbert Spencer 등 유럽 사상가들의 번역서에서 인용되었다.[10] 그러나 2천 년 전 고대 로마에서 시작된 '참정권suffrage'의 어원과 마찬가지로, 참정(參政; 문자 그대로 설명하면 '政(제사)에 참배한다'라는 말은 政事(제사)에 몸을 낮추어 참배한다는 뜻이다)이라는 사상은 긴 역사적 배경을 지니고 있으며, 글자에서도 어렴풋하게 그 흔적을 읽을 수 있다. 과거의 일본 통치형태는 합의적 성격이 강했으며, 특권적 정치행위자(대륙의 정치사상의 언어로는 '신臣')가 최고 차원에서 의사결정에 영향력을 행사하는데, 선거라는 틀 안에서 이루어진 것은 아니었다. 에도시대 지방에서는 여성 가장이 마을 회합에서 투표를 하는 경우도 있었다. 그러나 그것을 '정사政事 참여' 행위로 간주할 수 없으며, '권리'라고 하기는 더욱 어렵다.[11] '투표권'의 물신화物神化는 19세기 후반에 일어난 현상이다. 이는 국가운영에 대한 참여를 확대해간 시민／주체층에게 열린 것으로, 국민이라는 새로운 정치적 사상체의 요소이자 유력한 상징이었다. '참정권'이란 말은 확대된 국가 통치형태에 대하여 개인이 '권리'를 소유하고 있으며, 동시에 '참배한다'라는 겸양어가 나타내듯이 보다 큰 정치적 존재의 하위에 위치하면서, 그에 대해 충성심을 가지도록 만드는 독특한 합성어다.[12] 그런데 전전戰前 일본의 경우, 머리 격에 해당하는 이 정치적 존재가 국민국가와 천황제, 둘이라는 사실을 염두에 둘 필요가 있다.[13] 투표의 물신화는 젠더화된 개인과 이 두 정치적 존재와의 관계를 둘러싼 상반된 주장이 체현된 것이다.

1889년 황실전범典範은 왕위계승권을 남자로 한정하였다. 이 원칙이 성문화되기 전, 이전과 같이 여자도 왕위에 앉을 자격을 가질 수 있는

---

9) 1852~1892. 메이지시대 자유민권운동의 이론적 지도자. 정치가.

가에 대해 상당한 논란이 있었다.[14] 그러나 중요한 사실은 이 문제가 '참정권'의 측면에서 논의되지 않았다는 점이다. 주권자는 '정사에 몸을 낮춰 참배'하는 존재가 아니라 국가를 인격으로 체현하는 존재라고 널리 간주되었기 때문이다. 그러나 '자유민권'운동기 이래 정치 참여의 확대나 제한을 말하는 지배적인 용어는 대표제代表制인 입법부에 초점을 두었다. '정사 참여'는 무엇보다도 우선 이 제도에 의거한 선거 과정과 등치되었고, 투표 행위는 다양한 정치적 욕망을 상징하는 것이 되었다. 왜냐하면 대표제 통치제도에서 투표 행위는 많은 것을 가능하게 해 준다고 생각했기 때문이다. 참정권활동가인 이치카와 후사에市川房枝[10]의 말을 빌리면 '부선婦選이 열쇠'였다. 그러나 이것이 어떤 열쇠이던 간에 전전戰前 일본 내 모두가 한 목소리로 원했던 것은 아니다.

열쇠라는 메타포가 시사적인 이유는, 공간이 열렸다는 것, 즉 여성들이 배제되었던 정치적 공간에 입장入場하게 되었음을 물리적·비유적으로 함의하기 때문이다. 부인참정권사는 정치공간을 재젠더화regendering하는 것으로 바꿔 말할 수 있다. 1890년 제국의회가 개설되었을 때 의석은 남성이 독점적으로 차지하였고, 여기서 행해진 최초의 논의 중 하나는 여성에게 의회 방청만이라도 승인해야 하는 것이 아닌가라는 것이었다. 입법자는, 방청석에는 남녀가 함께 있는 것이 적절하다고 결정했지만, 이것이 제국 일본의 다른 많은 정치공간에 그대로 적용되는 것은 아니었다. 비록 방청석이 전후에 이르기까지 남자석과 여자석으로 분리되어 있었다고 하더라도. 1890년의 '집회 및 정사법集會及政社法'[11]은 그 후신

---

10) 1893~1981. 일본 여성운동가. 정치가. 1919년 히라츠카 라이초平塚らいてう와 함께 일본 최초의 부인단체인 '신부인협회'를 설립하였다. 1921년 도미, 1924년 귀국 후 부인참정권획득기성동맹회를 결성하여 부선활동에 매진하였다. 전쟁 중 국민정신총동원위원회 간사가 되어 여성의 전쟁 협력을 유도하였고, 이 일로 1947년 공직에서 추방된다. 1953년부터 참의원에 당선되어 활동하였다.
11) 1890년은 제1차 중의원선거(총선거)가 실시되어 제1차 제국의회가 열린 해로, 이때 '집회 및 정사법'이 공포되었다. 이 법은 정치집회 회동이나 정치결사의 가입을 금하면서 여성의 정치적 권리를 박탈하였다.

인 1900년의 치안경찰법과 함께 정치 공간의 젠더화에 강력한 무기가 되었다. 양 법률은 모두 여성(과 미성년 남자)의 정치조직 참여를 금하였고, 이에 더하여 정치집회 참여를 성인남자로 제한하는 조항을 담고 있었다. 평민사(1903~07)[12]의 동료였던 사회주의 여성들이나 신부인협회新婦人協會 (1919~22) 회원들 같은 여성 활동가는 이 규정의 철폐를 초기 목표로 삼았다. 이 목표는 1922년 치안경찰법의 부분적 개정으로 달성되었지만, 여성의 정당 가입은 여전히 불가능하였다. 전체적으로 정치영역 대부분은 남성적으로 젠더화되었다. 정치공간을 재젠더화하는 것은 인습에 젖은 남성의 정치세계를 여성화하는 것만이 아니라 동시에 젠더화된 여성 영역을 정치화하는 것도 의미한다. 또한 '정치'의 정의도 여러 가지로 변하기 쉬운 다양한 뜻을 포함하고 있다. 사회주의 여성과 자유주의 여성은, 의회활동이 다른 활동에 비해 상대적으로 중요하다는 의견에 항상 일치한 것은 아니었다. 마지막으로 정치공간은 젠더 이외의 다른 기준에 의해서도 구성되고, 구분되었다는 점을 고려해야 한다. 치안경찰법에 의한 법률은 공식적으로 미성년자·학생·교원·성직자·경찰관·군인의 정치활동 금지를 선언한 것이었다. 역으로 감옥 등의 물리적 공간은 판결에 의해 '공권公權'이 박탈되었다는 점에서 법적으로 정의된 정치영역과 시민사회의 외부에 위치하였다.

'부선'이라는 말이 특정한 역사적 문맥 속에 있다 할지라도, 그 의미는 한 가지로 고정될 수 없다. 우리가 보통 떠올리는 부선의 핵심에는 미묘하면서도 결정적인 역설이 있다. 정확히 말하면, 부선이란 여성의 투표와 그 밖의 정치적 권리의 소유와 행사를 가리킨다. 그렇지만 통상의 용법에서 이 말은 선동과 논쟁이 있었던 특정 시기를 나타내며, 한편으로 여전히 획득되지 않은 이 권리는 젠더적으로 광범위한 비대칭성을 상징하는 수사이다. 또한 그 실현을 찬성 혹은 반대했던 여성들과

---

12) 1903년 설립. 러일전쟁을 개진하려는 사회분위기를 바꾸고자 한 신문사로, 주로 사회주의 사상의 선전과 보급을 실행했다.

남성들 모두에게 있어 강력한 슬로건이 되었다.[15] 이러한 참정권의 역사는, 종래의 설명에 따르면 엄밀한 의미에서 참정권이 시작되자마자 끝나버린다. 1946년까지, 어떤 사람이 부인참정권의 지지자 혹은 반대자라고 주장하는 것은 사회 속에서 강한 이미지를 환기시켰다. 그것은 사람에 따라 완전히 다른 의미를 가졌기 때문이다. 한편으로 부선은 사회정의나 국민구제의 열쇠로 간주되었고, 다른 한편으로는 경보를 울리는 판도라 상자를 여는 위협이었다. 아이러니하게도 1946년 이래 권리를 부여받은 여성들의 실제 투표권 행사는 부인참정권을 주장하거나 혹은 반대했던 대부분의 사람들이 상상했던 것처럼 젠더와 사회 규범의 변혁으로 이어지지 않았다. 상자 속 도깨비는 다른 멋진 전망과 마찬가지로 정치적 상상력의 덧없는 환영에 불과했다. 역사가로서 우리들은 부인참정권이 명백한 의미를 가졌다고 가정할 수 없으며, 무엇보다 전전戰前 일본인이 자기 자신의 영위를 왜 여기에 결부시켰는가를 이해해야 한다. 그렇게 한다면 틀림없이 보다 폭넓은 정치문화사가 만들어질 것이다.

3. 부인참정권 연구의 새로운 방향을 지향하며

일본의 부인참정권에 대한 지금까지의 연구는 상상력이 크게 결여되어 있다. 그렇다고 해서 그동안의 연구가 쓸데없다는 것은 아니다. 참정권에 대한 연구의 상상력 부족은, 투표권 획득에만 주목하여 연구의 초점을 전전戰前 여성조직의 활동사로 국한했기 때문이다. '여성해방'운동의 연구에서 특히 메이지 유신 이후는 여성사 연구의 주요한 관심사였다. 사회적·정치적 운동은 국민국가 역사의 중요한 부분이었고, 실제로 '운동'이란 관념은 본질적으로 근대적인 것이다. 그러나 연구초점을 오로지 조직적 활동에만 두었기 때문에 운동이 작동하는 사회문화적 맥락을 포착하는데 크게 실패하고 말았다. 부인참정권 역사에서 생각해 볼 수 있는 여러 가지 많은 가능성들은 조직적 활동 수준에서 드러나지 않는다. 사회문화적 맥락이야말로 사람들의 행동을 동기화하고 구조화하는 의미와 이상을 만들어 낸다. 연구자들이 부인참정권 문제에 주목한 지점이 조직적 활동에 있었다고 해도, 좁은 의미의 정치사와 운동사뿐만 아니라 문화사와 사상사의 측면도 살펴볼 만한 충분한 의의가 있다. 다른 국가와 마찬가지로 일본의 부인참정권을 둘러싼 사상은 활동만이 아니라 문화적 표상 같은 넓은 범위에 걸쳐 표현되었다.

정치문화의 젠더화에 관한 구미의 연구에서, 근년 들어 가장 흥미로운 점은 대리代理=표상과 이미지의 문제를 언급하고 있다는 사실이다. 부인참정권을 검토한 연구자는, 의회 사료와 조직상의 기록만이 아니라 다음과 같은 자료도 분석했다. 즉 음악을 비롯하여 소설이나 시, 연극 등의 문학 텍스트, 그리고 회화, 조각, 포스터, 퍼레이드 깃발, 축제 행렬, 만화, 그림엽서, 뉴스사진 등의 도상과 스펙터클, 또 소비문화에 이르기까지, 자료는 매우 광범위하다.[16] 이러한 새로운 형태의 문화적·시각적 자료는 종래의 사료로는 알 수 없는 것들을 우리에게 가르쳐 준다. 예를 들면, 소설은 다른 어떤 서술 장르보다도 더 복잡하고 다양한 관념을 현실에 구속되지 않고 풀어나가는 이점이 있다. 이미 1887년 스기야마 토지로杉山藤次郎는 정치소설 『여권미담女權美談 문명의 꽃』에서, 일본이 다른 나라보다 앞서 여성에게 투표권을 인정하는 허구의 세계를 그렸다. 이 소설에서 부인참정권은 일반적 '문명'의 상징, 다시 말해 국민국가에서 성장한 제국주의 열강 내부의 문화적 특권의 상징이었다. 스기야마 토지로의 젠더 메타포를 빌려 말하자면, 부인참정권을 조기에 실현하는 것은 "아름다운 꽃"이었다. 이는 일본 남성이 자신의 나라가 구미 제국

보다 오히려 더 문명화되었음을 서양남자들에게 보여주는 방법으로 제시되었다. 1887년에는 투표권/피선거권을 요구하는 운동이나, 이미 이 권리를 가진 여성을 긍정적으로 또는 부정적으로 묘사한 세 편의 소설이 출판되었다.[17] 히로츠 류로廣津柳浪는 첫 작품인 『여자참정 신기루』를 출판하고 바로 유명해졌다. 이 소설들은 여성이 정치공간의 주인이 된다면 사람(남자)들이 무엇을 기대하고 상상하게 될지, 또 그 결과로 무슨 일이 일어날지를 일반적인 사료보다 훨씬 더 생생하게 보여주고 있다. 갑자기 출현한 이 소설들은 아이러니하게도 일본 여성이 정치영역에서 법적으로 점점 더 배제되는 와중에 등장했다. 그럼에도 불구하고 이러한 텍스트와 이미지의 출판과 유통이, 법제화 못지않게 근대 사회 정치행위의 한계를 개척하는 잠재력이라는 점을 인정해야 한다.

대중문화에 있어서 이런 사실은 더욱 그러하다. 만화는 19세기 이래 정치비판과 프로파간다의 매우 중요한 도구였다. 만화는 정치저으로 강력한 장르이다. 왜냐하면 메시지를 시각과 언어 양 측면으로 전달할 수 있고, 유머나 풍자라는 수단을 이용하고, 신문이나 저널리즘과 같은 또 다른 형태의 매체를 통해 메시지를 독자에게 널리 전달할 수 있기 때문이다. 장기간 존속한 부인참정권운동조직인 부선획득동맹(부인참정권획득 기성동맹회婦人參政權獲得期成同盟會의 후신, 1924~40)의 신문 스크랩북은 이같은 기사로 가득 차 있었다. 미술사가인 와카쿠와 미도리若桑みどり는 이러한 기사들이 15년전쟁 동안 여성성의 시각적 표상의 중요성을 보여주는 동시에 부분적으로 부인참정권 문제가 젠더화된 이미지전쟁이었다는 점을 밝혔다.[18] 부인참정권론자 스스로 문화적 생산물과 매스미디어의 힘, 즉 리사 티크너Lisa Tickner가 '이미지에 의한 선동'이라 부른 것을 자각하여 전략적으로 이용하였던 것이다.[19]

상징적 행동은 도상적 이미지뿐만 아니라 공공장소에서 펼쳐진 퍼포먼스를 통해서도 달성되었다. 연극은 젠더의 관점을 전하는데 대단히 효과적인 도구였다. 예를 들면, 1911년 도쿄에서 상연된 입센의 〈인형의 집)은 '신여성' 이미지에 커다란 영향을 미쳤다. '퍼포먼스'는 무대로 한정되지 않았다. 공공영역에서 펼쳐진 정치 행위도 다른 어떤 사회행동보다 여성들을 자각하도록 만드는 퍼포먼스였기 때문에 연구자가 '정치적 행위자(actor=배우)'에 대해 말하는 것은 결코 우연이 아니다. 20세기 초, 여성이 기존의 정치공간에 들어가는 것, 혹은 새로운 정치공간을 창출하는 것이 바로 정치문화를 재젠더화하는 행위이자 부인참정권운동의 목표였다. 가두에서 선전문을 건네며 청원서명을 받는 것, 정치집회에서 연설하거나 참가하는 것, 정치가나 정부 관리에게 요구하는 것, 모의선거나 모의의회를 개최하는 것 등 이런 행위들은, 부인참정권자가 여성인 자신의 신체를 이용해 남의 눈을 이끌어내는 수단으로써, 통상 남성적으로 젠더화된 공공 공간과 정치문화를 여성화하려는 퍼포먼스였다.

부인참정권 지지자는 정치문화를 변화시키려 했지만, 바로 그 정치문화가 그것의 유효한 범위를 결정하였다. 20세기 전환기, 영국 부인참정권 활동가의 이미지를 전세계적으로 유명하게 혹은 악명 높게 만든 유리창 깨기, 방화, 그림과 기념비 파손과 같은 전투적 활동은, 일본에서는 엄격히 제한되었다.[20] 여성이 물리적 폭력을 휘두르는 것은 기존의 이상적 여성상에 도전하는 것이었다. 뿐만 아니라 전전戰前 일본에서 자본과 천황제라는 아이콘을 침해하는 정치 행동은 퍼포먼스의 관객인 대다수 사람들이 매우 혐오하는 것이었고, 또 정부의 가혹한 탄압을 받았다. 1927년 10월의 어느 아침, 미야자키시宮崎市 인쇄업자의 처인 토야마 에츠(外山えつ, 41세)는 황거皇居에 들어가려는 쇼와 천황의 행렬에 다가갔다. '직소直訴!, 직소!'라고 외치면서, 그녀는 황위에 취임한지 1년이 채 안된 젊은 천황 앞으로 나아갔다. 그러나 그녀는 경찰의 제지로 히로히토裕仁 천황에게 두 장의 호소문을 전하고자 한 목적을 달성할 수 없었다. 호소문에는 "황공하지만, 폐하께서 이 나라의 고뇌하는 애국부인을 위해 제발 남자와 같은 권리를 사사해 주시길 간절히 바라옵나이다"라고 쓰여 있었다.

심상치 않은 토야마 에츠의 행동은 그녀가 그 전 달의 현의회 선거에서 남편의 대리로 투표하려 했으나 투표소에서 쫓겨났기 때문에 일어났다. 현지 관리는 여성이 대리로, 더군다나 자기 자신을 위해 투표하는 권리를 법률에서는 인정하지 않는다고 하였다. 직소라는 방법은 일본 정치문화에서 긴 역사를 가지고 있지만, 정통적인 방법은 아니다. 즉 공식적으로 올바른 예의가 아니며, 주권자인 천황에 대한 모욕이었다. 전전戰前 일본에서 통상적으로 신민은 여성도 남성도 천황에게 경의를 품어야 하기에, 가까이 다가가서는 안 되었다. 경찰의警察醫는 토야마 에츠를 대충 진찰한 후 유전적인 조발성 치매(노망)로 결론 내렸다. 경찰은 천황에게 이 소동을 '사죄'하고자 궁내청宮內廳을 방문하였다. 토야마 에츠는 '광녀狂女'이자 '범죄인'으로 보도되었다.[21] 부선획득동맹 스크랩북에 이 사건에 대한 신문기사가 있는 것을 보면, 부인참정권운동 지도자들이 비록 이 일에 관여는 하지 않았다 할지라도, 자세히 알고 있었음을 알 수 있다. 그러나 흥미로운 점은 참정권운동의 공식 활동에 대한 역사서에 이 사건이 거의 혹은 전혀 언급되지 않았다는 사실이다. 부인참정권 활동가들은 이 사건이 정치적으로 이단이며 게다가 정신병으로까지 의심되었기에, 참정권운동의 이미지를 손상시킨다고 여겨 널리 알려지는 것을 원치 않았던 것이다.[22]

토야마 에츠가 부인참정권 역사에서 배제된 것은, 참정권운동 지도자와 역사가가 자신들의 정사正史와 계보를 만들 수 있는 힘을 가졌음을 분명히 보여준다. 부인참정권에 대한 역사적 기술은, 성인전聖人傳까지는 아니더라도 도쿄를 중심으로 한 조직과 활동가의 관점 및 출판물에 지나치게 의지하였다. 특히 부선획득동맹婦選獲得同盟(이하 획득동맹)과 거기에서 가장 큰 영향력을 가진 지도자 이치카와 후사에市川房枝(그녀는 전후에도 대단히 인기 있는 정치가였다)는 역사학에 오랫동안 영향을 미쳤다.[23] 부인참정권 드라마의 주된 이야기는 이치카와 후사에와 그녀의 지지자들이 중심인물이었다. 말하자면, 참정권은 그녀 혹은 그녀들이 1920년대 이래 계속 진행해온 운동을 정점으로 하고, 그 덕분에 전후에 이르러서야 비로소 획득되었다는 것이다. 부인참정권운동에 대한 설명은, 대개 도쿄 중심의 획득동맹의 전망을 재현하는 방식으로 전전戰前 여성운동의 지형도를 그렸다. 예를 들면, 획득동맹중앙 치토부는 획득동맹을 포함해 이치카와 후사에가 '자주적' 여성단체로 부른 것과, '관제官製' 단체 즉 남성이 관리하는 관청의 후원 단체를 엄격히 구분하였다. 1930년대 이치카와 후사에와 도쿄의 활동가들은 애국부인회(1901~42)나 대일본연합부인회(1930~42), 대일본국방부인회(1932~42) 등 정부지원을 받는 조직을 회의와 경멸의 눈으로 보았다. 이 조직들은 회원 수를 늘려 많은 여성들을 공적 공간으로 끌어냈지만, 이치카와 일파는 이러한 '관제' 단체를 진정한 여성운동 단체로 간주하지 않았으며, 이들의 목표를 자신들의 목표와 대립적인 것으로 보았다.

이치카와 후사에와 그 지지자들은 '자주적' 여성운동의 내부에서조차 분명한 구분을 지었다. 사회주의 단체나 정치운동에 대해 반드시 적대적인 것은 아니었다 해도, 그것과는 구별되는 정체성을 만들어갔다. 당시 주류였던 부선운동가와 마찬가지로 사회주의자 여성들은 여성의 정치적 역할의 확대를 주장했음에도 불구하고 그러하였다. 사회주의자와 부선활동가는 다양한 측면에서 협력했지만, 주류파 부선활동가들은 이들 사회주의자 여성이 프롤레타리아에 대한 충성심 때문에 부인참정권의 이념을 충분히 수용하지 못한다고 생각했다. 그리하여 여성으로서의 젠더 아이덴티티 역시 그 영향 아래 놓일 위험이 있다고 여겼다. 당시 정치문화의 내부에서 반자본주의 정치운동과 밀접하게 제휴하는 것은 인재의 영입이나 홍보, 국가 당국과의 관계에서 위험한 측면이 있었다. 전전戰前 사회주의 평론가들은 이후의 마르크스주의 역사가들처럼, 부인참정권운동은 너무나 쉽게 보수정치나 기성정당과 제휴한 '부르주아적' 혹은 '쁘티부르주아적'인 것이었다고 비난하였다.

부인참정권운동의 종래 이야기나 그 안에 내재된 분류와 배제가 처음부터 지금과 같은 정통적 지위를 누려온 것은 아니다. 사실, 투표권을 요구하는 전전戰前 여성운동을 앞으로 내세우면서, 내가 기존의 참정권사를 '영웅 이야기'라 부르는 것은 이전의 해석에 대한 도전을 시작하는 것이다. 특히 참정권이 일본인 여성 자신들에 의해 '쟁취'된 것이 아니라, 오히려 남성에 의해 '인정'된 것('맥아더의 선물'이든, 전후 최초 내각의 자발적 개혁의 의사 표시든)이라는 이미 널리 알려진 생각에 이의 제기하는 것이다.[24] '영속적인 정통은 없다'는 사실을 상기할 필요가 있다. 최근 평화주의 비평가이자 실천가인 우에노 치즈코上野千鶴子처럼, 참정권의 영웅 이야기를 '반성적反省的 여성사'의 관점에서 연구하는 연구자가 많아져서 '영웅적 이야기' 식의 기술이 갖는 문제점이 점점 더 드러나고 있다.[25] 스즈키 유코鈴木裕子와 같은 연구자는 전시에 여성운동 지도자들이 당국에 협력한 것을 영웅적이라 하기 어렵다고 하였다.[26] 부인참정권과 전쟁과의 관계를 둘러싼 논쟁은 조금도 새로운 것이 아니다. 아이러니 하게도 여성이 처음 국회위원으로 선출되도록 한 점령군은 이치카와 후사에를 전시戰時의 정부협력자라는 이유로 1947년부터 1950년까지 공직에서 추방하였다.[27] 전후에 부선활동가와 지지자들은 전쟁 당시 여성의 정치활동에서 선택의 여지가 매우 제한되었음을 강조하면서, 15년전쟁을 시련의 시기 혹은 운동의 동면기로 묘사하였다. '반성적' 역사가들은 이러한 해석을 단지 은폐를 위한 핑계로 보고, 모든 형태의 전쟁협력을 여성의 이해에 대립하는 것이라고 비판하였다.[28]

이치카와 후사에와 획득동맹중앙지토부의 관점이 중요하다 할지라도, 그것은 부인참정권과 전전戰前 일본 정치의 젠더화라는 보다 큰 이야기의 일부분에 지나지 않는다. 전체적인 윤곽을 이해하기 위해서는 조직적 여성운동 안팎의 다른 활동가의 견해를 검토할 필요가 있다. 중요한 것은 정치영역에서 여성의 활동을 전쟁수행의 가담 여부만으로 평가해서는 곤란하다는 점이다. 전전戰前 파시즘과 군국주의에 대한 고

발은 오랫동안 전후 일본 역사학의 강박관념이었다. 그 강박관념은 전쟁수행에 관여한 것을 다른 측면에서 볼 수 있는 가능성을 훼손시킨다. 부선운동의 목적이 여성을 국체國體의 보다 완전한 성원으로 만드는 것이었는데, 공교롭게도 바로 이때, 정부가 군사적 분쟁에 관련된 것이었다. 이런 상황에서 부선운동가의 전쟁 가담 활동을 부선운동사에서 배제하는 것은 매우 중요한 의미를 잃어버리는 결과를 초래한다. 제1차 세계대전이 영국과 미국의 여성을 정치화시켜 참정권 획득을 앞당기는 효과를 낳았다는 것은 일찍부터 알려진 사실이다. 이같은 의의는 그 전쟁이 역사적으로 보아 '좋은' 전쟁인가 '나쁜' 전쟁인가에 따라 달라진다. 부인참정권 역사의 서술은, 부선운동이 여성의 영웅적 승리라고 하거나, 부선운동가는 악한 군국주의의 심부름꾼이나 꼭두각시라고 하는 식의 강력한 도덕적 언표를 사용해서는 안 된다. 오히려 전전戰前 일본의 부인참정권을 젠더의 다양한 이데올로기와 실천이 응집된 문제로 접근해야 한다. 이에 관한 앞으로의 연구를 위해 몇 가지 제언을 하고자 한다.

우선 부인참정권 그 자체의 젠더화를 재고하는 것이 생산적이다. 부인참정권은 여성사의 한 부분일 뿐만 아니라, 남성사의 그리고 보다 포괄적으로 젠더 관계사의 일부분이기도 하다. 전전기간 동안 많은 남성들이 부인참정권에 반대했는데, 그것은 여성의 정치 참여가 집안에서 젠더화된 자신의 특권을 위협하는 것으로 보았기 때문이었다. 이러한 사고방식은 다음의 사례에 잘 반영되어 있다. 1931년 민정당 내각은 제국의회가 상정한 시정촌공민권법안市町村公民權法案에 기혼여성이 명예직으로 취임하기 위해서는 남편의 동의가 있어야 한다는 규정을 포함시켰다. 이처럼 부인참정권은 여러 가지 점에서 여성성의 관념과 마찬가지로 남성성의 관념과도 관련되어 있다. 더욱이 남자는 여성의 법적 지위 변화를 위해 통과해야만 하는 정치적 프로세스의 중심에 있었기 때문에 부인참정권 이념의 지지자로서 꼭 필요한 존재였다. 남자들이 부인참정권을 찬성한 이유는 제각기 달랐다. 일종의 정의감을 비롯하여, 정치적 이익을 위한 전략이나, 정치에 여성적 요소를 도입함으로써 정치라는 남성적 영역에 자극을 더하고자 하는 욕망까지 매우 다양한 이유가 있었다. 연구자들은 이와 같은 다양한 이유가 함의하는 남성의 숨은 의도를 구별해내야 한다. 예를 들면 마츠모토 군페이松本君平와 같은 인물을 둘러싼 젠더 구성을 어떻게 이해할 것인가. 혁신적 정치가인 그는 1920년대 의회에서 부인참정권을 공개적으로 강력히 주장한 사람들 중 하나였다. 멋쟁이인 마츠모토 군페이는 당시 '하이칼라 3인'의 한 사람으로 널리 알려져 있지만, 한편으로 '키미하라라아손君平朝臣'13)이라는 왕조식 작명으로 야유받기도 하였다. 1925년 마츠모토 군페이가 부인참정권건의안을 하원에서 설명하였을 때, 동료 의원은 그를 '돈쥬앙(바람둥이)'이라고 조롱했다. 이것은 '여성'을 내세우는 이유가 호색적인 동기 때문이라는 것을 암암리에 비난하는 것이다.[29] 일본에서는 예전부터 그리고 지금까지도 페미니스트라는 말은 여성의 권리를 주장하는 여성을 지칭할 뿐만 아니라, 여성에 대해 매우 친절하고 동정적인 남성을 가리키는 말로도 사용된다.

모든 부인참정권 지지자가 여성이 아니었듯이, 모든 여성이 참정권 지지자였던 것도 아니다. 데니스 라일리Denis Riley와 같은 연구자들이 말했듯이, 사회문화적 존재 혹은 집합적인 역사적 행위자로서의 '여성'이라는 근대적 관념은 궁극적으로는 특정 집단, 즉 남성 그리고/혹은 여성이 특수한 이데올로기적 과제를 추적하기 위해 사용하는 수사적 전략이다.[30] 일본 부인참정권운동의 특징 중 하나는, 활동가는 통상 자신들의 이념을 '여성'의 요구로서 제시했으나, 실상 전전戰前 대다수의 여성들은 투표권 획득에 그다지 관심이 없었다는 점이다. 근본적으로 바람직하지 않다는 이유에서든, 시기상조라는 이유에서든, 많은 여성들은

---

13) 아손朝臣. 텐무천황天武天皇시대(7세기)에 제정된 8계급의 성姓 가운데 제2위. 뒤에 사람의 성 또는 이름에 붙여 쓰는 경칭이 됨.

부인참정권에 반대하였다. 메이지 초기부터 종전에 이르기까지 참정권 반대론은 참정권론 못지않게 매우 흥미롭고도 복잡한 긴 역사를 가지고 젠더 이데올로기를 드러냈다. 수잔 E. 마샬 Susan E. Marshall이 지적한 것처럼, 참정권반대론은 남성성과 여성성에 대한 절대적 진리가 있는 것처럼 말하지만, 실제로는 정치나 젠더에 대한 관점과 마찬가지로 끊임없이 변화하는 사고방식의 결과이다.[31] 참정권 반대론자는 참정권론자의 영웅적 이야기에 보통 희화화된 캐리커처로 등장했다. 그러나 이제는 참정권 반대론을 진지한 연구대상으로 삼아야 할 때이다.

부인참정권의 여러 조직과 멤버들 사이에서도, 젠더의 구성, 정치적 동기, 그리고 활동 스타일이 매우 다양했다. 이러한 다양성은 이치카와 후사에(코이케 카즈코小池和子는 그녀를 "부인참정권운동의 인격적 대명사"라고 하였다)와 획득동맹이라는 중심 서클에만 초점을 둔 연구들에 의해 단조로워졌다.[32] 그러나 획득동맹에 비해 역사서술에 적게 등장한다 할지라도 부인참정권운동에 헌신하고 지지한 여성단체들이 분명 존재했다. 부인참정권 주장에 전념한 최초의 조직은 일본부인참정권협회(1921~43?)였다. 이 단체는 폐창운동廢娼運動에서 주도적 역할을 했던 일본기독교부인교풍회日本基督教婦人矯風會와 제휴하여 '기독교적인 입장'에서 목표를 추구하였다.[33] 마찬가지로 부인참정동맹(1923~40) 역시 장기간 지속된 조직으로, 투표권 획득 이외에 민법·형법의 개정과 여성변호사제도의 제정(1936년 실현)에 힘썼다. 그 외에 의사 요시오카 야요이吉岡弥生[14]가 이끄는 부인동지회(1930~41)도 있었는데, 이 단체는 여성의 품행 문제로 이치카와 후사에나 획득동맹과 다소 적대적 관계에 있었다. 부인동지회는 제일 '온건'하고 '여성스러운' 부선조직이라고 자부하였다.

이와 같은 주류단체와 대조적으로, 사회주의 여성단체들은 고다마 가쓰코兒玉騰子의 『부인참정권운동소사』(1981)의 계보에 등장조차 하지 못했

---

14) 1871~1959. 의사. 동경여의학교(현재 동경여자의과대학) 창립자.

다.[34] 이 책은 이치카와 후사에의 감수로 편찬된 여성참정권사에 대한 표준적인 기술로 알려져 있다. 프롤레타리아 여성 연맹들도 처음부터 '철저보선徹底普選'을 포함해서, 여성의 '정치적 해방'을 단체의 목표로 삼았으나, 참정권 역사에 포함되지 못했다. 이러한 사회주의 단체로는 관동부인동맹(1927~28), 전국부인동맹(1927~29), 사회부인동맹(1927~32. 후에 사회민주부인동맹으로 개칭), 노동부인연맹(1927~31), 무산부인연맹(1928~29), 무산부인동맹(1929~32), 사회대중부인동맹(1932~40) 그리고 일본국가사회부인동맹(1932~33. 후에 일본부인동맹으로 개칭) 등이 있다.[35] 이들 단체는 투표권 외에도 여성의 배심원(피)선거권과 문관임용권을 보장하는 법률 개혁을 지지하였다.[36] 마찬가지로 도쿄 이외의 지역단체들도 부인참정권의 표준적 역사서에는 너무나 간단히 정리되어 있다. 공식적으로 부인참정권운동을 후원한 단체들 중에 수적으로 최대였던 여성조직은 오사카에 본부를 둔 전관서부인연합회全關西婦人聯合會(전신은 부인회관서연합회. 1919~41)였다. 지역단체의 한 사례로 아키타현의 부인참정권 활동에 대하여 다음 장에서 자세히 논의할 것이다.

전전기戰前期 젠더와 정치를 둘러싼 언설, 실천 그리고 표상의 연구에 덧붙여, 부인참정권의 개념사를 다른 젠더화된 영역의 역사와 짜맞추어 보는 것도 필요하다. 그중에서도 중요한 연구방향으로서 주목할 만한 것은, 여성의 정치활동영역과 섹슈얼리티라는 영역의 상호 관계이다. 수잔 K. 켄트Susan K. Kent가 말했듯이, 부인참정권을 '단순하게' 정치운동으로 범주화하는 것은 오해를 초래할 수 있다. 그녀는 부인참정권운동가들이 자신의 세력을 하나로 통일시키고 잠재적 대립을 중화함으로써 이같이 단순한 인식을 스스로 촉발시켰다고 주장한다. 켄트는 몇 가지 결정적인 점에서 영국 여성의 정치활동이 섹슈얼리티, 주로 남성 섹슈얼리티나 그것의 개혁 사상과 결부되었음을 지적하였다. 당시의 많은 논자들은 자신이 '섹스전쟁'의 한가운데에 있다고 생각하였다.[37] 그와 매우 유사한 측면들이 일본의 부인참정권운동사에서도 발견된다. 신부인협회의 정치과제는 주로 치안경찰법을 개정하자는 것이었지만, 그에 못지않게 중요한 우선 사항을 성병에 걸린 남자(여자와도 관련되지만, 여자는 포함하지 않았다)의 결혼에 법적 제한을 부과하자는 의회 청원에 두었다. 일본부인참정권협회 여성들은 부인참정권을 공창제 폐지를 달성하기 위한 디딤돌로 보았다. 부인참정동맹이나 온건한 부인동지회조차 요구한 이 법적 개혁에는 남편의 간통죄를 처의 경우 못지않게 엄히 처벌할 것, 남편이 자신의 비적자非嫡子인지를 희망한 경우 처의 승인이 있을 것, 후계자와 재산상속에서 적자嫡子인 딸을 비적자인 아들보다 우선할 것 등의 조치가 포함되었다. 순수한 '정치적' 조직이라 자부한 획득동맹도, 경우에 따라서는 성산업 관계자, 첩을 둔 자, 혹은 '인격자'가 아닌 '파렴치한 자들'이 의회로 선출되는 것을 막는 운동을 펼쳤다.

섹슈얼리티 사상은, 한편으로 부인참정권 반대자가 사용한 유용한 무기이기도 했다. 부인참정권 지지파들은 남성의 성문화가 도덕적 결함이 있기 때문에 개혁할 필요가 있다고 보았다. 마찬가지 이유를 들어 참정권 반대론자들은 여성의 전통적 젠더 역할 거부를 난교나 성적 일탈로 간주하였다. 1925년에 마츠모토 군페이가 부인참정권 동의안을 하원에 제출한 후, 오이타현大分縣의 동료의원인 키라 모토오吉良元夫가 질의응답을 하는 가운데에서 다음의 이야기가 나왔다. 키라 모토오는 여성의 첫 번째 의무는 '정조를 지키는 것'인데, 대부분의 여성운동 지도자(그 대규모 대표단이 방청석에 앉아 있었다)는 '행실이 부정'하며, '품행이 난잡'하다고 비난하였다.[38] 매체에 실린 여성의 정치활동과 여성 활동가에 대한 언설에도 성적 풍자나 스캔들이 따라다녔다. 세이토사青鞜社(1911~16)나 '신여성'의 시대부터, 섹스를 둘러싼 선정성은 여성운동을 계속해서 괴롭혔다. 1920~30년대의 부인참정권의 중추적 활동가는 선정성이 일으키는 전략적 불리함을 잘 인식하고 있었다. 그래서 참정권론자의 '이미지에 의한 선동'에는, 사람들이 쉽게 받아들일 수 있도록 적절히 젠더화된, 즉 여성적이고 가정적인 '정치적 여성'의 이미지를 창

출하여 퍼뜨리는 것이 포함되었다. 그들이 이미지에 얼마나 신경을 썼는가는 다음과 같은 섬세한 행위로도 나타났다. 1930년 제1회 전일본부선대회가 열린 홀의 모든 창은 꽃으로 장식되었다. 주최자의 한사람인 야마타카(카네코) 시게리山高(金子)しげり[15]에 의하면, "이런 운동을 하는 여성들이 거칠다고 생각하지 않도록 하기 위해서"였다.[39]

모순적이지만, 부인참정권 활동가가 성적으로 '품행 난잡'하다는 공공연한 인식은, 정치적으로 활동적인 여성은 중성 혹은 남성화되었다는 탈에로스화한(그것은 적어도 푸코적 의미의 탈성화desexualize는 아니다) 이미지와 병존하였다. 정치적인 것과 남성적인 것이 결부되었기 때문에, 여성의 정치화는 탈여성화 혹은 남성화와 쉽게 등치될 수 있었다. 로라 베링 Laura L. Behling은 20세기 초 미국의 문학과 대중잡지에 여성 정치활동가를 그린 '남성스러운 여성'의 캐리커처가 많이 등장했음을 지적하였다.[40] 이 같은 남성스러운 여성의 전형은 성과학제도와 언설이 부상하면서 경계심을 일으켰다. 성과학은 여성의 조직적 정치활동과 같은 시기에 출현했다. 일본에서도 '여성다움'과 '남자다움'의 규범과 그 규범에 대한 거부를 생리적·의학적 용어로 설명하는 과정은 쉽게 볼 수 있다. 히로츠 류로의 『여자참정 신기루』 같은 메이지 중기 정치소설에 등장하는 교정 가능한 '말괄량이'는, 20세기 초두로 들어서면 '변태성욕'이나 '동성애'와 같은 의학적 레테르를 붙인 채 논의되어야 했다.[41]

이런 식으로 의학화한 수사의 예는 매우 많다. 이미 1912년 의사 사이토 마사이치齊藤政一와 신학박사 무라타 텐라이村田天籟는 그들의 공저 『성욕과 인생』에서, 서양 여자들의 '동성애욕'을 '여성해방운동'의 '부산물'로 보았고, 여성해방운동 때문에 동성애가 증가하였다고 진단하였다.[42] 1931년 의사 타나카 코가이田中香涯는 조금 더 구체적으로 다음과

---

15) 1899~1977. 야마타카 시게리山高しげり에서 카네코 시게리金子しげり로 개명했다. 부인운동가, 정치가. 『국민신문』과 『주부지우』의 기자였으며, 1925년경 이후부터 부인참정권, 부인정치교육운동을 하였다.

같이 주장하였다. "세상에 여걸, 여장부로 칭해지고, 남자처럼 정치적 · 사회적 방면에서 활약하며, 그 모습과 태도, 행동거지에 있어서도 우아함이 부족한 여성 가운데는 난소에 약간의 고환조직이 섞여 있는 변태 여성이 제법 많"다고 하였다.[43]

또한 대중잡지도 성과학의 주장을 앵무새처럼 그대로 흉내냈다. 1928년 한 저널리스트는 이치카와 후사에를 "7할이 남성이고 3할이 여성인 변태 여성"이라고 하였다.[44] 동시대의 일본인보다도 미국 활동가와 더 비슷했던 이치카와 후사에는 결혼을 하지 않아서 유난히 불리한 입장이었지만, 그렇지 않은 다른 부인참정권운동가들도 마찬가지의 조롱을 받았다. 더욱이 이치카와 후사에는 획득동맹의 동료 간부인, 야마타카 시게리와 잠시 함께 산 적이 있었다. 이를 두고 동료들뿐만 아니라 신문에서도, 야마타카 시게리를 이치카와의 '아내'라고 했다.[45] 그녀들의 '동거 생활'이 실은 '동성애 관계'일지도 모른다는 호기심을 불러일으켰던 것이다. 그러나 '동성애'라는 비난이 여성활동가들에게만 향했던 것은 아니다. 1932년 한 잡지에서, 종교학자 이후쿠베 타카테루伊福部降輝는 "오늘날 부선을 마음으로부터 요구하는 사람들은 여자든 남자든 모두 동성애적 경향을 가졌다"고 서술하였다.[46] 1925년, 마츠모토 군페이가 부인참정권에 대한 의회연설을 한 다음 날, 머리에 리본을 달고 자랑스러워하는 그의 모습을 그린 만화가 도쿄의 신문에 실렸다.[47] 이 문맥에서 '색남色男(돈쥬앙)'은 '남색男色(남자 동성애)'으로 바뀐다. 이 같은 성적 조롱을 받은 것은 비판대상의 남자가 남성연대에서 멀어져 여성성의 세계와 지나치게 가까워졌기 때문이다. 이러한 성적 의미가 부여된 모든 레토릭이 자기모순과 다양성 속에서 드러내는 문제는 말 그대로 '성의 정치Sexual Politics'이다. 이는 부인참정권 문제에 관련된 모든 입장의 사람들이 이미 잘 알고 있었던 사실이다.

4. 정치와 침실-아키타현秋田縣 부인참정권 운동의 재고

이전에 내가 쓴 책에서 논하였듯이, 기존의 부인참정권사는 도쿄 이외의 지역적 조건과 활동을 무시하였다.[48] 그러나 실은 전전戰前 일본의 참정권운동은 참정권반대운동과 마찬가지로 여러 곳에서 전개되었다. 예를 들면, 1930년대 초 토호쿠東北의 농업지역인 아키타현은 "전국 최고의 부선현婦選縣"으로 평가 받았다. 획득동맹의 두 지부 중 하나는 아키타현의 아키타시(1930년 창립)에, 또 하나는 니가타현新潟縣의 요코테橫手(1931년 창립)에 있었다. 획득동맹의 회원 수는 수도를 제외하면 아키타현이 가장 많았는데, 최소 161명에 달했다. 나아가 도쿄와 나란히 부선대회를 주최한 지방은 두 군데밖에 없었는데, 그 하나가 아키타시로 1932년에 성대하게 치러졌다. 아키타현은 1920년대부터 1940년대에 걸쳐 여성 정치활동의 연속적인, 그러나 끊임없이 변화하는 성격을 검토하기에 적절한 장소이다. 전전과 전후의 연속성은, 전전의 획득동맹 아키타지부 대표였던 와자키 하루和崎ハル가 1946년 전후 최초의 선거에서 여성 유권자들의 지지로 압도적인 우세 속에 국회의원으로 선출되었다는 사실에서도 잘 드러난다.

부인참정권사에서 아키타현의 의의를 조직 활동의 '성공'이라는 측면에서만 보아서는 곤란하다. 또 활동가로 시작해 국회의원이 된 와자키 하루를 단순히 지방판 이치카와 후사에로 생각해서도 안 된다. 획득동맹 중앙 지토부는 아키타현을 자신들의 지방정책을 잘 수행한 모범 사례로만 보았으나, 아키타의 정치문화를 재잰더화한 이 활동은 부인참정권논쟁에 대한 여러 단체의 정치적 비전을 뛰어넘는 것이었고, 게다가 많은 점에서 획득동맹의 정책과는 모순되는 것이었다. 아키타현에서 일어난 사건은, 셸던 가론Sheldon Garon이 "여성의 정치적 통합"이라 부르고, 우네노 치즈코가 "여성의 국민화"라고 부른, 보다 큰 과정의 예증이었다.[49] 나는 이 과정을 단순하게 '정치화'로 부르려 하지만, 그것은 전국적인 규모이면서도, 지역적 조건에 따라 다양한 장소에서 전개되었다. 이 장에서는 아키타현의 부인참정권을 둘러싼 언설과 이미지, 실천을 '성의 정치', 젠더의 상징적 의미, 지역사회의 성립과정, 그리고 보다 큰 정치적 성격 변화 등의 관계로 설명하고자 한다.

정치개혁과 성개혁의 상호관계는 아키타시 초기 부인참정권활동의 주요한 맥락이었다. 이러한 관계를 살펴보기 위해서 직접적으로는 일본 기독교부인교풍회 아키타지부(1922년 창립)의 성관행 개혁운동에서부터, 아키타부인연맹의 성립(1929~34), 1930년의 획득동맹 아키타지부의 창립에 이르는 계통을 추적할 수 있다. 이렇게 성과 정치가 뒤얽힌 와중에 중요한 촉매가 되었던 것은, 1928년 현 전체의 유곽 폐지를 요구하는 건의안을 현의회에서 통과시킨 운동이었다. 그러나 이 건의안이 통과되었다 하더라도 정부에 의한 매매춘 규제는 남성주의적인 성문화와 남성중심적 국가의 상호의존관계를 뚜렷하게 보여주고 있다. 기독교도나 다른 사회개혁파가 목표로 한 것은 이 양자를 '정화淨化'하고, 궁극적으로는 보다 여성화하는 혹은 다른 남성성을 지향하는 방향으로 재젠더화하는 것이었다. 기독교교풍회 활동가, 특히 와자키 하루는 현의 관리를 포함한 개혁파 남자와 연대하여 이 법안의 지지를 위해 활동하였고, 그 결과 법안은 한 표 차로 의회를 통과하였다. 이 조치는 1933년에 실시되었고, 아키타는 전국에서 유곽을 폐지한 세 번째 현이 되었다. 요컨대, 실제로는 성산업이 존재했다 할지라도 공적 정통성을 상실하게 된 것이다. 여성생활과 공공문화의 젠더화에 영향을 미치는 개혁의 실현에 입법적 절차가 매우 유효하다는 사실은, 현지 활동가에게 잊을 수 없는 교훈을 주었다.

폐창건의안이 통과한지 수개월이 지나, 와자키 하루 등 아키타시 여성들은 아키타부인연맹이라는 새로운 조직을 설립하였다. 이 연맹은 주

로 기독교도가 아닌 여성들로 이루어졌지만, 그럼에도 불구하고 기독교
부인교풍회의 영향으로 여성의 '순결'이라는 이데올로기와 레토릭을 계
승하였다. 연맹은 남자의 성 관행을 개혁하고, 소위 황폐한 현실로부터
여성을 보호하는 것을 하나의 과제로 삼았다. 강령 안에는 '정조 보호'
나 '사회의 순결화' 등의 목표가 포함되었다. '정조 보호'를 위한 실천
방안으로, 공창제 폐지의 지원뿐만 아니라, 사적영역에서 남성의 성적
방종을 응징하고 일부일처제를 추진하는 계몽운동으로 이어졌다. 그 구
체적인 표적은 암암리에 행해지던 축첩 관행이었다. 같은 시기에 현의
관리는 공중 '교화' 추진운동에 여성들이 참여할 것을 호소하였다. '교
화'란 결국 관청의 정책 목표에 대한 의식을 고양하고, 그것을 보다 효
과적으로 실시하는 것이었다. 이처럼 권력을 쥔 남성이 여성을 향해 호
소하는 것에 대하여 와자키 하루는 다음과 같이 대응하였다. "정치의 정
화 없이 참된 교화가 있을 수 없는 것처럼, 일부일처주의 정조도 없는,
진정으로 교화되지 못한 남녀에게 어떤 교화가 실현 될 수 있겠는가."
　　그러나 연맹의 폐첩운동은 폐창운동처럼 큰 성과를 거두지 못했다.
사적영역에 초점을 두었기에 때문에 정치적 효과를 얻을 수 없었던 것
이다. 그럼에도 불구하고, 와자키 하루와 연맹 회원들은 '사회 정화'를
위하여 공공생활, 특히 정치세계에 여성참여가 확대되어야 한다고 생각
했다. 1929년 3월 시의원회 선거를 즈음하여, 연맹의 첫 집회가 열렸다.
이 집회에서 여성들은 연사로 강단에 서고, 백장미 마크를 달고 가두에
서 선전문을 배부하였다. 그것은 선거관습을, 나아가 정치세계를 개혁
하고 '정화'하기 위함이었다. 이와 같은 정치활동의 근저에서 작동하는
젠더 이데올로기는 여성다움을 '순결'과 '정의'에, 남자다움을 '부정'과
'부패'로 결부시켰다(이것은 적대적으로 서로 싸우는 현재의 당파정치에 체현되
어 있다). 많은 남자에게 이제 막 '보선普選'이 실시되었기에 더욱 더 남성
적으로 젠더화된 선거제도에 여성적 요소를 도입함으로써 정치문화의
정화를 꾀하였던 것이다. 연맹의 '성의 정치'를 배경으로, 부인참정권

〈그림 1〉 『도쿄니치니치신문』 아키타판에서

문제는 아키타시의 정치개혁파 남녀 모두에게 새로운 의미를 가지게 되었다. 1930년 4월, 와자키 하루는 도쿄의 제1회 전국부인대회에 참가하였고, 같은 해 12월에는 새롭게 탄생한 획득동맹 아키타지부의 지도자가 되었다.

여성다움과 '순결'의 상징적 결부는, 1930년대의 획득동맹 아키타지부 활동의 반복적인 모티브였다. 이것은 부인참정권을 위한 직접행동이든, 참정권을 획득한 남성들의 정치적·도덕적 부정을 감시하는 것이든, 선거개혁을 위하여 공공의 장에서 행해진 스펙터클한 여성 활동까지 그 연장선상에 있었다. 사람들은 현지 부인참정권 활동가가 '순결'의 레토릭을 환기한 것에 호응했는데, 그 이유는 당시 널리 퍼져있던 청결함과, 가정의 예의법도를 수호하는 여성의 이미지와 공명했기 때문이다. 1932년 2월 15일 아키타현내 한 신문에 게재된 만화에는, 선거를 맞아 와자키 하루가 먼지떨이를 지휘봉처럼 흔들면서, 앞치마를 입고 비질과 걸레질을 하는 부선당 멤버를 지도하는 모습이 묘사되었다(그림 1). 이 이미지는 이틀 전의 '부선 데이'를 조롱하는 것이었다. 부선 데이는 제18회 총선거 실시 1주일 전에 행해졌다. 이날, 아키타시 및 오마가리 大曲와 요코테橫手의 획득동맹 회원들은 가두로 나와 선전문을 배포하였다. 선전문에는 "부선으로 막힌 정계를 타개하고 선거의 혁정革正도 성취합시다"라고 쓰여 있었다. 이 만화는 전통적으로 가정적이고 여성적인 활동을 전통적으로 남성적인 정치영역에 이식하려는 동맹의 전략을 상징적으로 비판하고 풍자하였던 것이다. 또 이러한 가정상은 여성의 정치활동과 가정생활을 양립하는 것이 불가능하다는 남녀 모두의 인식을 불식시키기 위한 수단이었다. 전전戰前 일본의 아키타나 다른 지역의 부선운동 대변자들은 지속적으로 미국의 부선활동가들이 '공민적 가정 civic housekeeping'이라 부른 수사를 차용하였다. 사적영역과 공적영역의 상호 관계를 강조함으로써, 여성의 가정적 역할을 가정이라는 좁은 범위 밖으로 확대시킬 뿐 아니라 동시에 남성적인 정치를 가정적인 것으로 변화시키고자 하였다. 공민적 관심과 가정적 관심의 긴밀한 관계는 이치카와 후사에가 1931년 아키타현에서 행한 강연 제목 "정치와 부엌"에 잘 표현되어 있다. 또한 공적인 측면에 적합한 이미지는 아닐지라도, '정치'와 '침실' 역시 친밀한 관계를 맺고 있었다.

부인참정권 이데올로기와 이미지가 강조한 '가정부인'(지금의 '전업주부')상에는 많은 배제와 모순이 함축되어 있다. 당시 '가정부인'이 이상적 여성상이었다고 해도, 그것이 여성의 유일한 길은 아니었으며, 또 모든 여성이 이 모델에 적합 하다고 여긴 것도 아니었다. 가정부인의 상징적 대립항 중 하나는, 당시 사회개혁파가 '추업부醜業婦'라 부른 첩이나 창부 등의 '화류계' 여성들이었다. 그녀들은 일부일처제라는 혼인구조 외부에서 살아가는 여성들이었다. '성의 정치'는 아키타부인연맹의 '정조 보호' 활동처럼 '가정부인'이 '타락한' 자매들과 직접 접촉하도록 했다. 그럼에도 불구하고 두 여성 집단의 관계는 모순적이었으며 때때로 긴장감을 초래하였다. 와자키 하루는 1924년에 게이샤 교육과 '갱생'을 위해 아키타시에 '소망회'라는 학교를 설립하면서, 일찍이 그러한 긴장을 경험하였다. 그녀의 이러한 교육 활동은 현지 유력자인 현지사縣知事의 부인을 포함한 '가정부인'에게서도, 아베 이소오安部磯雄와 같은 도쿄 사회개혁자에게서도 비난을 받았다. 양쪽 모두는, 와자키 하루의 교육 활동은 '추업' 종사자에게 부당한 도움을 주는 것이라고 항의하였다. 한편, 획득동맹의 아키타지부 두 곳이 설립된 이후, 게이샤 한 두 명과 요정의 여주인도 중앙조직이 발행한 기관지의 새로운 독자가 되었다. 또한 그녀들은 주변적 입장에서 지부활동에 관계했을 가능성도 있다. 그러나 한 가지 분명한 사실은 그녀들의 직업적 성격 때문에 결코 정식으로 획득동맹에 가입할 수 없었다는 점이다.

와자키 하루 자신은 가정이 요구하는 이상적 여성상과 거리가 멀었다는 사실을 기억해 둘 필요가 있다. 그녀가 정치활동을 시작할 무렵, 그녀는 이미 다섯 명의 자식을 둔 '미망인'이었다. 그녀는 미용사가 되어 자신과 가족을 부양하였다. 와자키 하루는 아키타현 최초로 서양식 미용실을 시작한 사람이기도 했다. 당시 사회에서 '미망인'은 규범적인 가족생활과 다르게 살아간다는 이유로 성적 도덕성을 의심받았다. 이는 와자키 하루가 직업상 매일 만났던 게이샤를 바라보는 시선과도 다를 바 없었다. 와자키 하루의 부인참정권 수사는 '가정성'을 여성의 이상으로 내세웠지만, 한편으로 당시 여성들이 경제적 안정과 사회적 보호를 가족에게만 의지할 수 없다는 상황도 인정하였다. 와자키 하루의 개인적인 경험은 가난한 '미망인'의 모성 복지에 특별한 관심을 두도록 만들었다. 요컨대, 이들은 그녀와 마찬가지로 생활환경 때문에 이상적 가정을 만들기 어려운 여성들이었다. 1936년 모자보호법이 제국의회를 통과한 것이 확실하다는 통지를 받았을 때, 와자키는 부선운동의 '반은 성공했다'고 단언하였다. 전전戰前 다수의 참정권논자와 마찬가지로 와자키 하루에게 있어 여성이 국가에 보다 완전하게 참여해야 한다는 욕망은, 국가가 보다 완전하게 여성의 생활에 관여해야 한다는 욕망과 결부되어 있었다. 다시 말해 사회가 모성으로서 여성의 권리를 보호해야만 한다는 '모성주의적 페미니즘'은 여성을 '사회의 어머니'로 양성하는 레토릭의 거울 속에 투영되었다. '사회의 어머니'란 이데올로기는 여성을 사적영역에서 공적영역으로 확대시켰지만, '공민적 가정'이라는 젠더화된 개념과 마찬가지로 여성다움에 대한 전통적인 사상과 이미지에 의지하고 있었다.

계급 문제 역시 아키타부선운동이 형성됨과 동시에 발생하였다. 정치적으로 열성적이었던 아키타부인연맹이나 획득동맹 아키타·요코테지부의 회원은 대부분 중심가에 거주하고, 남편이 있는 '가정부인'이었다. 그녀들의 남편은 의사, 회사 임원, 은행원, 변호사, 정치가, 공무원, 교사, 성직자, 상인, 그 밖의 현지의 전형적인 엘리트들이었다. 중상류라는 계급적 배경은 이미 1929년 아키타부인연맹운동부터 두드러졌다. 아키타부인연맹은 바로 중상류계급 남자들 사이에서 일반적이었던 축첩 관행을 중지시키는 운동을 펼쳤다. 조직적인 부인참정권 운동에서 하층계급 여성이나 일을 가진 여성은 정치교육의 대상이나 설득의 도구로 등장하였을 뿐, 그 외의 경우는 극히 드물었다. 뿐만 아니라 획득동맹 아키타·요코테지부 회원 중 채 1할이 안 되는 여성들은 고등교육을 받은 '직업부인'이었지 학대받는 노동자들이 아니었다. 그녀들은 조산부나 미용사, 혹은 부인란을 담당하는 신문기자 등이었고, 이들은 게이샤나 공장 노동자와는 달리 부선동맹 지방회원의 대다수인 '가정부인'과 쉽게 사귈 수 있었다. 아키타현의 조직적 부선운동은 직업 엘리트라는 계급적 기반을 가졌기 때문에 같은 시기에 현내 깊숙이 파고들었던 프롤레타리아운동이나 농민운동에 거의 영향을 받지 않았다. 프롤레타리아와 어느 정도의 거리를 유지할 수 있었던 것은 부선활동가 측의 심사숙고한 선택이기도 했다. 그녀들은 개인의 계급적 연대가 젠더보다 우위에 있어야 한다는 사회주의자의 주장을 의식적으로 거부하였다. 와자키 하루는 1929년 프롤레타리아운동의 현지 활동가인 이마노 켄조今野賢三와 공개적으로 편지를 주고받았다. 그때 그녀는 '무산부인의 모성보호'에 헌신해야 한다는 이마노 켄조의 제안을 정중히 거절하였다. 와자키 하루 자신이 일하는 여성이었고, 따라서 자신의 정체성을 '프롤레타리아'로 규정하였음에도 불구하고, 그녀는 '어머니'나 '미망인'과 같이 젠더화된 지위에 수반되는 차별은, 사회경제적 지위를 초월하고 계급 구분을 넘어선, 여성의 협력을 통해서만 극복될 수 있다고 주장하였다.

농업경제구조를 가진 아키타현에서 계급 차이는 문화적 격차와 복합적인 관계를 갖는다. 도쿄의 부선동맹 지도자는 '지방의 부인'들을 균질화시켜 말하는 경향이 있지만, 전전戰前 아키타현의 도농간 격차는 수도와 지방중심부의 차이만큼이나 커다란 것이었다. 획득동맹 정책에서 지방지부의 주된 역할은 여성 대중에 대한 정치교육의 확대에 있었고, 농업현인 아키타의 경우, 이 과제는 도시의 메시지를 농촌의 지지자에게 전하는 것을 의미하였다. 이런 종류의 정치적 퍼포먼스가 성과를 내기 위해서는 섬세한 형태의 문화적 번역이 요구되었다. 와자키 하루의 '아바・아네'(어머니・언니를 의미하는 아키타의 사투리)와 같은 말투에서 알 수 있듯이, 그녀는 농촌 여성에게 강연할 때 현지 사투리를 사용하여 참가자에게 친근감을 주는 커다란 효과를 노렸다. 역으로, 1930년대에 개최된 제7회 전일본부선대회의 주최자는 와자키 하루와 아키타의 단체들에게 기꺼이 발언 기회를 주었다. 왜냐하면 도쿄라는 대도시의 문화적 맥락에서 그녀들의 이색적인 토호쿠 사투리는, 부선운동이 이 열도 전체에서 전개되고 있다는, 정치적으로 매우 유용한 메시지를 전달할 수 있었기 때문이다. 대부분이 도시에 거주하는 획득동맹 아키타・요코테 지부의 회원은 현군부縣郡部에서 활동할 때조차 농가 여성들보다 현지 엘리트층을 향해 호소하였다. 시골의 마을이나 촌락에서 이미 현지 여성조직의 지도자인, 비교적 부유하고 교육 받은 여성들이 가장 적극적으로 반응하였다.

그러므로 어떤 의미에서 부선운동은, 우선 도쿄의 지도자가 모자람이 없는 지위를 가진 현중앙의 여성들에게 손을 뻗치고, 그 다음 단계로 그녀들이 다시 주변 지역의 '중류층 여성'에게 손을 내미는 일종의 식민지화colonization 과정이었다. 획득동맹의 '정치교육'은 본질적으로 '선각 부인'이 뒤쳐진 자매의 계몽을 돕는 상의하달의 과정이었다. 부선활동이 단순한 사적 이해 이상의 것에 기초하였다고 해도, 그 특징적인 이중구조 요컨대 한 쪽의 여성 지도자와 다른 쪽의 지도를 받는 여성 대중이라는 구조는 부인참정권 이후의 정치에서도 지속되었고, 현지에서 여성 지도자의 영향력을 높이는 효과를 낳았다. 1931년의 정부안은 시정촌회 선거에서 여성의 제한적 투표권을 인정하였는데, 도쿄획득동맹 지토부에 비하여 아키타부선활동가 개인들은 이에 대한 저항감이 비교적 적었다. 도쿄의 지토부는 이 불완전한 법제화에 '절대 반대'를 선언하면서 보다 포괄적인 시책을 끝까지 요구하였고, 그 법안의 폐기를 목표로 삼기도 하였다. 그러나 지방에서 정치 활동을 하는 여성은 이 법안에 가장 직접적인 혜택을 받는 여성들이었고, 어쩌면 정무政務를 담당했을 지도 모른다. 만약 이 시책이 통과되었다면, 20만 명이 넘는 아키타의 여성이 1933년 시정촌회 선거에서 투표할 수 있는 자격을 가지게 되었을지도 모른다.

　부인참정권의 영웅적 이야기는 참정권 제안자가 직면한 장애와 편견을 강조함으로써 이 운동을 번번이 급진적인 것으로 만들었다. 참정권 반대론자들은 참정권론자들과 마찬가지로 전전戰前 아키타현에서 다양한 형태로 활발하게 활동하였다. 와자키 하루는, 획득동맹 아키타지부가 1930년에 창립되었을 때, 이 단체가 '위험사상'을 지지한다는 소문이 상류계급의 '유한부인들' 사이에 널리 퍼져 있다고 보고했다. 아키타에서 참정권반대론에 대한 남성들의 감정 표출은 거리낌이 없었다. 1932년초에 요코테의 변호사 아들이자 초국가주의사상의 지지자가 시내에 전단지를 붙이는 사건이 발생하였다. 이 전단문에는 현지 신문 기자인 카나자와 토쿠코金澤德子가 수개월 전에 창립한 획득동맹요코테지부의

〈그림 2〉 획득동맹 아키타지부 개회식의 기념사진

한 회원을 중상 모략하는 내용이었다. 이 악의적 사건을 정당하다고 주장하는 배경에는 '부선 데이' 때 지부회원의 가두 진출처럼 공공의 장에서 권리를 요구하는 여성들의 행동이 '망국의 근본'이라는 인식이 자리 잡고 있었다. 그러한 어려움이 있었다 하더라도 오늘날의 역사가들이 부선운동의 급진적 성격을 지나치게 강조하는 것은 다소 빈축을 사고 있다. 지금의 관점에서 적극적으로 평가한다 해도, 이들 역사가와, 이 운동에 편견을 가졌던 전전戰前 비판자들은 이 부인참정권을 급진적 사상이나 국가에 대한 근본적 도전이라고 간주한다는 점에서 기묘하게 닮았기 때문이다. 그리고 보다 중요한 점은 부인참정권 활동가가 자신들의 상을 그렇게 규정하지 않았다는 것이다. 이런 이미지야말로 그녀들이 철저히 피하려고 했던 것이었다. 획득동맹 아키타지부 개회식의 기념사진만 보더라도 회원들이 투영하려고 한 것은 분명 비급진적인 자기표상이었다(그림 2). 당시 이 사진을 본 사람이라면 누구나 알 수 있듯이 그녀들은 위험하고 선동적인 요물이 아니라, 차분하고 조화로우며

‘여성적’ 분위기와 자세를 가지고, ‘행실이 부정’한 것과는 거리가 먼 단정한 복장을 하고, 또 사회적 체면을 매우 중시하였다는 점을 알 수 있다.

부선운동의 급진적 성격만을 강조하는 것은 히로시마의 경우도 마찬가지이다. 부선운동에 대한 도쿄 중심의 표준적 설명은 이 운동의 급진적 성격을 강조하기 위하여 1920년대와 1930년대 초의 부선활동가와 사회주의자 사이의 관계에 초점을 맞추고 있다.[50] 그러나 이 시기 아키타현의 부선조직은 이치카와 후사에가 ‘관제’ 단체라고 경멸한 단체와 긴밀한 관계를 맺고 있었다. 사실 이 관계는 공식적 제휴라기보다는 회원의 중복으로 말미암은 것이었다. 와자키 하루는 획득동맹에 가입하기 훨씬 전부터 내무성이 후원하는 대일본애국부인회의 회원이었고, 1931년부터는 문부성이 후원하는 연합부인회 이사로 활동하였다. 와자키 하루가 이후 ‘관제’ 단체와 뚜렷한 구분이 필요하다고 여긴 것은, 이데올로기적인 이유가 아니었다. 1935년 이후 군이 지원하는 대일본국방부인회의 세력이 현 내에서 급속히 팽창하면서 기존의 여러 단체의 활동과 중복된다고 느꼈기 때문이다. 획득동맹지부의 일반회원들 사이에서, 회원들이 여러 여성조직에 소속된 경우는 일반적이었으며, 공적 장에서 활동하는 중상류계급의 여성들 사이에서는 더욱 더 그러했다. 획득동맹 현지 회원은 오늘 지부 집회에 출석하고, 다음 날 애국부인회 회합에 참가한다 해도 어떤 모순도 느끼지 않았다. 어느 쪽이든 이 활동들은 그녀들을 집 밖의 공적 공간으로 이끌어내어, 공민으로서의 사회적 의식을 나타내는 기회를 부여해 주었다.

이런 의미에서 보면, 획득동맹이 여성의 정치적 권리를 강조하고 ‘관제’ 조직이 그것에 대응하는 의무를 강조하였지만, 양쪽 모두 여성의 정치화라는 형태를 띠고 있었음을 알 수 있다. 여기서 1936년 도쿄 경찰 당국이 오쿠무라 이오코奥村五百子에게 연극 상연 중지를 명한 사건을 주목해 보자. 그녀는 역사적으로 악명 높은 애국부인회 창립자였다. 당국에 따르면, 오쿠무라 이오코는 남편과 자식을 내버려둔 채 공적 활동을 했기 때문에, 가정적 여성이라는 당대의 이상적 여성상에 적합하지 않았다.[51] 이치카와 후사에의 경우도, 1937년에 비로소 '관제'조직에 참가하는 것도 긍정적일 수 있다는 인식을 하기 시작했다. 이렇게 생각할 수 있었던 것은 고향 아이치현愛知縣의 농촌 방문 체험 때문이었는데, 거기에서 그녀는 현지 국방부인회의 회합에 참석하였다. 와자키 하루나 아키타의 다른 부선활동가들이 평했던 것처럼, 그녀 역시 다음과 같이 말했다. "…… 일찍이 자신의 시간이라는 것을 가져 본 적이 없는 농촌 부인이 반나절 집에서 해방되어 강연을 듣는 것만으로도, 이것은 여성 해방이다."[52]

아키타현에서 부선활동가는 현지 당국과 밀접한 관계를 맺고 있었다. 이러한 지역적 상황은, 부선활동이 전전戰前 국가에 대해 급진적 도전을 시도했다는 기존의 인식에 반하는 대표적인 사례이다. 오히려 그것은 부선활동가가 국가에 보다 완벽하게 참여하려는 노력이었다. 지역 수준에서 국가는 무엇보다도 시정촌이나 현의 관리, 혹은 정치가의 존재로 체현되었다. 현지의 남성 유력가 중에는, 부인참정권에 반대하며, 자신의 권위를 이용해 강당과 같은 공공건물의 사용을 금하거나, 경찰에게 활동가를 심문하도록 시키는 등 부선운동을 방해하는 사람도 있었다. 그러나 아키타 내의 많은 관리와 정치가들은 여성이 점점 더 공공의 일에 참여하는 것을 인정하였으며, 부선운동을 구체적으로 지원하였다. 이러한 협조 관계를 이해하기 위하여 먼저 계급이라는 요소를 고려할 필요가 있다. 국가에 반대하는 여성의 활동만을 강조하는 역사 기술로는 이런 측면이 간과될 수밖에 없다. 정치적으로 활동적인 여성과 남성 대부분은 비교적 부유하고 교육을 받은, 즉 사회경제적으로 동일한 계층 출신이었다. 지역 획득동맹의 회원 중에는 남편이 정치가인 경우도 있었다. 여성의 '공민권'이 눈앞에 다가왔다고 여겨졌던 1930년대 초, 기존 정치세력은 장래의 유권자 특히 지방여성조직에서 지도적 역할을 한 여성들의 지지를 전략적으로 유용한 것으로 간주했다. 시정촌이나 현 당국과 밀접한 관계를 구축하는 것은, 획득동맹이 지역전략으로서 1920년대 후반부터 강조해온 '정치교육'에 매우 긴요했다.

부선활동가가 '정치교육'을 하면서 현지 관리에게 도움을 요청하는 것은, 정부당국 측에서도 '교화'나 다른 공민정책의 실행을 위한 여성의 협력, 특히 여성 지도자의 협력이 필요하였다는 점과 서로 맞아 떨어졌다. 지역의 입장에서 볼 때 국가 기관들이 항상 보수주의의 아성인 것만은 아니다. 예를 들면, 아키타현청 사회과가 1928년 폐창운동을 크게 지원한 것처럼, 정부기관이 사회개혁을 적극적으로 촉진한 경우도 있었다. 당연히 지역사회에서 관리의 지지는 정치문화의 재젠더화를 정통화하는 강력한 무기가 되었다. 정부당국은 여성의 새로운 공적역할을 공인한 것만이 아니라, 남자다움에 대한 관점이나 정치적 관점을 재구축하도록 남성을 장려하는 일도 하였다. 1935년에 일이닌 사건은 이를 잘 보여준다. 퇴직교사로 획득동맹 아키타지부의 회원이었던 도가시 쓰루富樫ツル는 자신의 고향 신궁사神宮寺에 설립된 선거숙정동맹회選擧肅正同盟會의 회의에 참석하였다. 그는 현지의 여러 남성조직대표와 달리 여성조직대표는 임원회에 참석할 수 없다는 사실에 항의하였다. 남성참가자 몇 사람은 즉각 "여자따위는 필요 없잖아"라는 식으로 반응하였다. 그러자 현청 감시관 및 현지 경찰서장이 공식정책을 설명하면서, 형식적으로나마 여성대표의 참여를 지지하는 발언을 하였고, 이를 계기로 남성들은 마지못해 도가시 쓰루의 요구에 동의하였다. 이와 같이 여성 공민권에 대한 정부 승인이 먼 미래로 연기된 바로 그때, 현지 관리들은 여성의 공공생활에 대한 참여를 촉진하고 있었던 것이다.

1930~40년대 초기에 여성과 마찬가지로 정치공간에 진출한 또 하나의 부류는 군부軍部였다. 둘 다 공적 권리는 없었지만 이 시기의 정치문화에서 두드러진 역할을 수행하였다. 당시 가장 우선시 되었던 '총력전'의 본성과 그에 대한 동원을 고려한다면, 정치의 젠더화를 정치체제의

113

군사화에서 분리시키는 것은 불가능하다. 제국의 육·해군은 전전기戰前期 남성의 젠더 역할 구성에 중요한 제도적 장소였다. 그렇지만 전전에 군부도, 남자다움도 확고한 존재는 아니었으며, 부인참정권 혹은 여성의 정치화를 확대하는 과정과 반드시 대립되었다고도 할 수 없다. 통상적으로 군부는 1931년 '만주사변' 이후 정치에 대한 영향력이 증대하면서, 의회에서의 부인참정권 운명에 치명적인 타격을 주었다고 알려져 있다. 그러나 잘 알려지지는 않았지만, 군 내부에서도 여성의 정치적 역할의 확대에 호의적인 군인이 있었다. 1936년에는 군부가 여성에게 참정권을 부여하는 독자적 제안을 준비한다는 소문이 보도되기도 했다. 계획이 구체화되지는 못했지만, 이 사건은 한 쪽에는 여성의 정치 참여를 통해 정치세계의 정화淨化를 약속하는 부선활동가가, 다른 한쪽에는 부패한 정당정치에 오염되지 않은 순수한 군인이라는 남자다움의 관점에서 '의회쇄신'을 요구하는 육군과 해군이 있었다. 확실히 이 양자 사이에는 공통된 수사와 동일한 이해가 잠재하고 있었던 것이다. 그렇다 하더라도 모든 군인이 부인참정권을 가진 여성이 평화적인 정치목표를 추구한다거나 보수적 정치세력과는 전혀 다를 것이라고 생각하지는 않았다.

아키타현의 부선활동가들은 '만주사변'이 발생하기 이전부터 관리와 마찬가지로 현지 군인과도 신뢰 관계를 가지고 있었다. 와자키 하루의 죽은 남편이 육군이었기 때문에 그녀는 군부 장교들과 친밀한 관계를 맺고 있었다. 1930년의 획득동맹 아키타지부 창립 때, 육군현사령부 대장은 와자키 하루에게 '격려사'를 전했다고 한다. 개회식에 헌병이 참석한 것을 불길하다고 해석할 수도 있지만. 군인들 사이에서 와자키 하루의 인기는 15년전쟁이 진행되면서 떨어지기는커녕 오히려 높아졌다. 1937년부터 1944년 사이 군인들이 현을 비웠을 때에도, 와자키 하루는 참전 중이거나 전사한 군인 가족들을 정신적·물질적으로 지원하는 '총후' 활동을 펼쳤고, 이는 널리 알려졌다. 1937년 일본과 중국의 전면전

이 발발한 직후, 아키
타의 한 부대는, 와자
키 하루가 자신들의
아내에게 '훌륭히 빈
집을 지키는 현부인'
이 되라고 말해준 것
에 대해 그녀에게 깊
은 감사의 뜻을 표하
였다. 그 감사란 '황

〈그림 3〉 「부선」에서

군만세'라는 혈서가 쓰인 욱일승천기旭日昇天旗를 선사한 것이다. 이 사
건은 양육활동을 공적영역으로까지 확대한 애국적 모성이 남자다움의
호전적인 방식과 양립할 수 있다는 것을 보여준다.

부선운동이 표준적인 고찰에 의히면, 이키티현의 부선운동은 군국주
의보다도 평화주의와 동일시되었다. 그러한 이미지는 타바타 소메田畑梁
덕분이었다. 획득동맹 아키타지부의 간사였던 그녀는 1933년과 1934년
전일본부선대회에 참가했다.[53] 타바타 소메는 공식 집회에서 국가예산
이야기를 꺼내며, 조심스럽게 모성적 입장에서 전쟁을 비판하였고, 그
것이 큰 갈채를 받았다. "군사비 때문에 세금 징수는 어쩔 수 없더라도,
목숨을 건 소중한 우리 아들이 '혹시라도……' 하는 생각에 도무지 가
만히 있을 수가 없습니다." 요시타 유吉田優는 획득동맹 기관지 『부선婦
選』에 타바타 소메가 전년 대회에서 발언했던 것과 비슷한 내용의 만화
를 그려 불후의 명작을 남겼다. 이 만화는 타바타 소메의 거리낌 없는
토호쿠 사투리를 조롱하면서도, 상당한 페이소스를 이끌어내고 있다(그
림 3). 그러나 획득동맹의 선전 담당자도, 또 이후의 역사가들도 언급하
지 않았던 놀라운 사실이 그녀의 개인적 이력에 숨어 있다. 바로 타바
타 소메에게는 자식이 없었다는 사실이다. 이 사실이 타바타 소메의 호
소를 무력화시킬만한 것이 아니라 하더라도, 모성이라는 상징이 생물학

적 특수성을 초월하고 있었다는 사실을 분명하게 보여준다. 생물학적으로 연상되는 '사회의 어머니'라는 이데올로기는 커다란 효과를 불러일으킬 수 있다. 타바타 소메가 호소한 반전감정과 같이, 모성상은 또 다른 맥락에서 전장에 나간 국가의 아들을 지지하는 여성들의 '총후' 활동을 인정하였다. 카노 마사나오鹿野政直가 "어머니의 성화聖化"라고까지 부른 분위기에서 알 수 있듯이, 1934년 획득동맹과 그 밖의 조직이 요구한 '모성보호' 운동이 비교적 단기간에 법제화된 것은 결코 놀랄만한 일이 아니다.[54]

1930년대 아키타와 같은 농업 현에서는 국가 '비상시'라는 의미가 단순히 대륙의 군사작전이 확대되었다는 정도에 그치지 않는다. 그것은 현지의 흉작, 농산물 가격 하락, 그 밖의 경제적 곤경을 의미한다. 농업 부분의 위기를 극복하고자 하는 운동은 종종 '자력갱생'이라 불렸고, 1920년대 이래 다른 많은 관제 캠페인과 마찬가지로, 여성들의 공민으로서의 자각과 공적 활동의 확대를 국가적인 이익으로 간주하였다. 1932년 가을, 아키타현 당국은 '자력갱생운동'에 대한 여성참여를 촉구하고자 '제1회 전현부인대회'를 소집하였다. 눈에 띄는 집회 참가자는 와자키 하루와 현지 부선활동가들이었다. '자력갱생'이라는 커다란 정치목표 아래, 와자키 하루와 동료들이 '비상시'이기 때문에 가장 중요시했던 것은 바로 궁핍한 경제적 상황의 한복판에 서 있는 농촌여성이 자신의 젠더 역할을 잘 수행할 수 있도록 공적 지원을 하는 것이었다. 부선활동가가 시정촌 및 현지 여성조직에게 농번기 탁아소 설치를 요구한 사실에서도 알 수 있듯이, 두드러진 테마는 '모성'이었다. 농민들은 가난 때문에 딸들을 성노동 여성으로 팔아야 했다. 이것은 농업지역인 토호쿠 지방의 또 하나의 걱정거리였으며, 모성보호의 관점에서 와자키 일파가 자주 논한 문제였다. 마침내 모성보호법이 1937년에 제국의회를 통과하였을 때, 획득동맹 아키타지부는 현당국에게 이 법률의 조치를 실시하는 방면위원方面委員(현재의 민생위원과 같은 역할) 중 여성 인원의 증원을 진정하였다. 와자키 하루는 그 이유로 "여자의 세계는 여자가 아니고는 판단할 수 없는 것이 많다"는 것을 들었다. 1941년까지 아키타현의 방면위원의 1할 가까이가 여성이었고, 이것은 전국에서 네 번째로 높은 비율이었다.

1931년 '만주사변' 이후 아키타현 여성과 여성조직에 의한 공적활동의 증가는 적어도 얼마동안은 한층 더 활발해진 부선활동과 공존하였다. 획득동맹 아키타지부 회원 수는 '비상시'가 시작되고 나서 1932년 3월부터 1933년 3월까지 25%나 증가했다. 현의 남쪽 혼쇼정本荘町에서는 획득동맹의 독립지부 설립을 위한 운동까지 진행되었는데, 이는 남편과 함께 현지신문을 발행하고 있었던 토요시마 키요에豊島淸江가 지도한 것이었다.[55] 그럼에도 불구하고 부인참정권 문제에 대한 의회의 관심은 약화되었다. 1933년 이후 애국부인회를 포함한 여러 여성조직들이 '자력갱생' 등의 공민활동을 통해 두드러진 역할을 수행했음에도 불구하고, 거꾸로 획득동맹 아키타지부의 회원 수는 하락하기 시작하였다. (중추적 역할을 했던 현지 지지자들은 전국조직이 최종적으로 해산된 1940년까지 계속 머물러 있었다고 하더라도) 그러나 참정권운동의 뚜렷한 쇠퇴는 여성 정치화의 종언이나 여성의 부엌 회귀를 의미하는 것만은 아니다. 반대로 총력전 체제로 들어감에 따라, 공공 공간에서 활동하면서 자신의 공민적 의무를 다하는 여성의 모습은 점점 더 흔한 일이 되었다. 획득동맹 도쿄 지토부가 '전술전환'이라 부른, 즉 1930년대 초의 참정권을 위한 직접행동으로부터 1930년대 중반 여성의 공민의식을 증명하는 것으로 전환한 방침은 지역 활동 수준에서는 어떠한 변화도 초래하지 못했다. 왜냐하면 현지 당국이나 다른 여성단체와 협조한 정치교육이 계속해서 운동의 중심이었기 때문이다. 전쟁 상황이 치열해지면서 부선운동 지도자뿐만 아니라 공적 단체의 남녀 모두가 여성들에게 집 밖의 보다 큰 공민적 책임을 요구하고 있었다.

1930년대 중반까지 정부 관리들 사이에서 여성이 공민 생활은 물론

117

이고 나아가 선거진행 과정에서도 좀 더 적극적인 역할을 수행해야 한
다는 사고방식이 확대되었다. 이러한 인식은 투표권의 형태가 아니라
1935년에 발족된 정부주도의 '선거숙정選擧肅正'운동에 여성의 참여를
유도하는 형태로 전개되었다. '선거숙정운동'이 입헌정부를 강화하는
시도인가, 그렇지 않으면 기성 정당을 무너뜨리려는 은밀한 파시스트들
의 노력인가는 또 다른 문제이다. 어느 쪽이든 정치문화와 정치공간을
재젠더화하는 효과를 낳았다는 것은 의심의 여지가 없다. 1935년부터
1937년 사이 획득동맹(획득동맹도쿄지부 지도자인 이치카와 후사에는 선거숙정
중앙연맹의 평의원을 맡고 있었다)뿐 아니라 정부후원의 애국부인회와 대일
본연합부인회도 지방선거나 국정선거 무렵이면 관청의 허가 아래 가두
로 나와, 남성시민에게 깨끗하고 공정한 투표를 호소했다. 1929년 이래
수회에 걸쳐 '선거정화'운동을 전개한 아키타부인연맹의 전회장 도자키
겐戸崎けん은 1935년의 여성 정치활동에 대해, 사람들은 "7~8년 전처럼
바보같이 굴지 않았다"고 하였다. 정치문화가 젠더화되어 달라졌다는
사실을 이것만큼 직접적으로 증언하는 것도 없을 것이다. 가두 활동 외
에도 앞서 말한 도가시 쓰루를 포함하여 13인의 여성이 시정촌의 '선거
숙정' 위원회 위원으로 활동하였다. 현내 최대 신문인『아키타사키가케
신보秋田魁新報』는 '부선숙정운동'에서의 여성 역할을 "부인참정권에 대
한 반가운 발족"이라고 하였다.

　정부주도의 '선거숙정운동'은 정치 공간의 여성화만을 촉진한 것이
아니다. 그것은 또 선거에 관련된 일을 집 안으로 끌어들임으로써 정치
문화를 가정적인 것으로 만들었다. 정치문화가 가정으로 연장된 것은
공적영역과 사적영역을 연결하는 새로운 수단이었다. 이미 야마타카 시
게리는 1934년 아키타현을 방문했을 무렵, 막 생기기 시작한 라디오라
는 미디어(아키타방송국은 1932년에 개국)를 이용하여 확대되고 한층 더 친
밀해진 대중을 향해 '모성보호운동'을 촉진하는 메시지를 전하였다(와자
키 하루는 1936년 2월 26일에 도쿄에서 발발한 쿠데타 시도에 대해서도 논평하였다.

"라디오가 그때만큼 감사했던 적은 없었다"고). 가장 어린 가족 구성원조차 가정의 정치화를 위한 역할이 있었다. 1935년의 지방선거와 1936년의 국정 선거 때, 아키타시 가두에서는 "여성이 뽑고 싶은 국회의원"과 같은 제목의 선전문이 여성에게 배포되었고, 소학생의 손을 통해 가정에까지 전달되었다. 의미심장하게도, 정치적으로 양심적일 것이라는 가정의 이미지는 직접투표권이라는 재산에 근거한 것이 아니었다. 1935년에 와자키 하루는 선거숙정운동에 대한 여성참여와 개별 가구의 역할을 비교하면서 다음과 같이 말한다. "주부의 의견을 무시하면 가정은 파쇼적 색채가 농후하게 되어 원만한 합의제가 불가능합니다." 혼쇼정 획득동맹회원인 나이토 아야코內藤陵子도 참정권이 있든지 없든지 간에, 공공정책에 주부의 관점이 반영되어야 한다고 주장했다. 나이토 아야코는 1942년이 되어서도(종전 직후에도), 대다수 여성에게 투표권이라는 재산을 행사할 수 있는 비판저 능력이 없다고 생각하였다. 그녀는 타협안으로 "가정부인이 바른 생각을 하고, 그것을 남편에게 말하여, 남편이 가족을 대표하여 투표 할" 것을 주창했다. 물론 나이토 아야코는 여성에게 정치공간을 열어 준 선구자이긴 하지만, 그녀 같은 여성은 '참정권론'이 무엇인지 '참정권반대론'이 무엇인지, 우리들의 이해를 복잡하게 만드는 일면이 있다.

전쟁 상황이 심각해지면서 정치조직의 젠더화된 모습은 계속 변했다. 그것은 참정권이 확대되었기 때문이 아니다. 선거에 의한 것은 아니지만, 공적 단체의 일원이 된 여성이 소수라 할지라도 점차 증가하였기 때문이다. 스즈키 유코는 전시기戰時期 '부인국책위원'에 대해 다음과 같이 설명한다. 국가나 국가에 준하는 단체가 설립되면서 여러 지위에 임명된 공인으로서의 여성이 있었고, 그중의 어떤 이는 부선운동가 출신이었다고.[56] 스즈키 유코의 목적은 이들 여성의 전쟁협력을 비난하는 것이지만, 다른 측면에서 보면 이런 현상은 1940년대 초까지는 일본 정치문화가 남성의 독점상태에서 어느 정도 벗어났다는 것을 보여준다.

부선운동의 젠더화된 많은 전제들이, 전시기 '국책위원'의 임명으로 표현되었다. 여성의 정치 참여는 여성이 가장 우선시해야 할 가정적 역할과 모순되기 보다는 오히려 그것의 확대라는 주장이나, 여성 지도자가 여성 전체의 이해를 가장 잘 표현한다는 식의 전제이다. 대정익찬회大政翼贊會16)의 경우 1940년대 초 정기적으로 개최된 '중앙협력회의'에 여성 참가자가 소수 있었다는 사실은, 사람들이 이 심의회를 '국민가족회의'로 인식했다는 사실을 뒷받침해 준다. 여기에는 여성이 수행해야 하는 고유의 역할이 있었기 때문이다. 대정익찬회는 전국적 규모로만이 아니라 다양한 지역수준에서도 행해졌고, 약간 명의 여성대표도 출석하였다. 아키타현의 경우, 대정익찬회가 1940년 11월에 창립되었을 때, 현지부에 임명된 23인의 참여자 중 2명이 여자였는데, 이들은 모두 이미 해산한 획득동맹 아키타지부의 구회원이었다. 바로 혼쇼정의 나이토 료코와 현 북부의 사와구치澤口村(현재의 타카노수초鷹栖町)의 나카지마 테루코中島照子였다. 나카지마 테루코는 1941년 현 협력회의에 참석하고, 농촌부인의 교육기회를 높이기 위해 라디오 방송의 개선을 지지하였다. 또 나이토 아야코는 위원 임기 동안, 군용목적으로 가정의 냄비와 솥을 강제적으로 공출하는 것에 반대하였다. 주목할 것은, 두 명 모두 자신들의 '정치적 퍼포먼스'의 기반을 '농촌 여성'이나 '주부' 같은 보다 큰 사회층에 두었다. 그들은 다른 방법으로 젠더화된 이 두 사회층의 주된 요구가 가정에 근거한다는 것을 전제로 행동했다.

전시기戰時期 여성의 대중동원과 정치화는 대일본부인회의 경우도 마찬가지였다. 1942년에 대일본부인회는 이전의 관제단체를 통합하였다. 1940년대 초 대부분의 일본여성은, 대일본부인회의 지방지부인 정내회町內會나 부락회地部會, 상회常會 같은 인조조직隣組組織17) 등, 어떠한 종류

---

16) 1940년 고노 내각에서 신체제 운동을 추진하기 위해 결성한 국민통제조직. 총재를 수상이 겸하고 지부장은 도도부현道都府縣의 지사가 겸하였다. 하부조직으로 모든 일본인을 10호戶를 한 단위로 하는 인조隣組로 조직했다.

든 간에 조직적 공민활동에 공식적으로 참여하였다. 아키타현의 경우, 참정권운동의 기반이 되었던 중상층 여성이 대일본부인회 지도력의 원천이었다. 적어도 획득동맹 구회원 다섯 명이 대일본부인회 현지부의 이사 혹은 간사를 역임하였다. 그러므로 지금의 역사가는 '전쟁협력'의 문제에 초점을 두기보다 오히려 이런 형태의 여성의 공민적 참여가 결코 부선운동의 '배신'이 아니며, 사실은 여성을 보다 완전한 일본국가의 일원으로 만들고자 하는 목적이 내재되었음을 인정해야 한다.

나아가 여성의 정치활동은 정치 체제를 재잰더화하였으며, 그것은 15년전쟁기간 뿐만 아니라, 전후에도 지속적으로 확대되었다. 전전戰前 아키타현에서 부선운동의 조직에 들어가 대일본부인회 등과 같은 전시조직에서 지도적 역할을 했던 많은 여성들은, 전후에도 계속해서 신일본부인동맹(1945년 창립, 1950년에 일본부인유권자동맹으로 개칭)과 같은 젠더에 기초한 정치조직에서 활약하였다. 1944년 와자키 하루가 고향인 아키타현으로 돌아왔을 때, 그녀가 아키타현을 떠난 1937년에 비해 현지 사회는 공공 공간에서의 여성 활동의 모습에 훨씬 익숙해져 있었다. 1946년 와자키 하루가 전국의 여자후보 38명과 나란히 국회의원으로 선출된 것은, 일본 정치문화의 재잰더화 과정이라는 보다 큰 배경에서 이해해야 한다. 그것은 전전과 전후의 연속적 과정이다. 와자키 하루의 당선이, 그녀에게 '정치적 여성'이란 새로운 정통성을 부여했다고 하지만, 이것은 이미 그녀를 포함한 여러 여성들이 수십 년 전에 창조하기 시작한 것이었다.

'정치적 여성'은 오늘날에도 계속 등장한다. 현재의 일본 정치문화의 젠더화는 좋은 것이든, 나쁜 것이든 '부인참정권기'부터 계승된 것이다. 전쟁이 끝나고 평등한 참정권이 확립되었지만, 아직도 많은 사람들은 여전히 정치에서 남자와 여자의 역할은 본래 다른 것이라고 생각한다.

---

17) 제2차 대전 당시 국민을 통제하기 위하여 만든 최말단 지역조직.

여성 입후보자는 여성 유권자 대표로서만 출마하는 경우가 많으며, 정치가는 주로 주부나 어머니라는 가정적 역할을 가진 여성 유권자에게 호소하고 있다. 또한 여성 유권자도 정치가도 '깨끗한 선거'와 평화주의 이념을 동일시하는 경향이 있다. 그리고 심의회에서 내각에 이르기까지, 남자가 압도적으로 많은 공공단체에 형식적으로 여성을 임명하는 것도 아직까지 흔한 관례이다. 선거법에서 성별을 기준으로 한 자격이 사라진지 오래되었지만, 여전히 일본의 정치문화는 과도하게 젠더화된 영역으로 남아 있다.

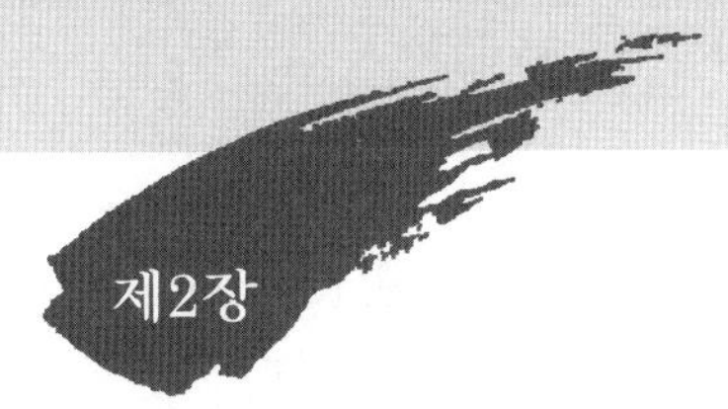

유혹하는 소리[聲]/영화(관)의 유혹

전전기[戰前期] 일본 영화에서 소리의 편성

키타다 아키히로 北田曉大

1. 〈소리〉와《소리》사이[1]

일본의 초기 영화사에서 1930년대 초까지 독보적인 위치에 있었던 영화설명가 토쿠가와 무세이[德川夢聲]. 그는 변사[弁士][2]의 '퇴장'을 결정지은 토키쟁의가 있기 몇 년 전인 다이쇼 15년(1926)의 시점에서 '진타'[3]의

---

* 이 글은 남효진·강현정이 번역하였다.

1) 이 글에서는 전기의 전근대적인 소리와 토쿠가와 무세이 이후의 근대적인 소리를 구분했다. 원문에서 필자는 전근대적인 소리를 〈소리〉로, 근대적인 소리는《소리》로 표기하였다.

2) 일본어로 벤시. 변사는 일본, 한국 및 일부 아시아지역에서 무성영화 시절 영화 상영시 영화를 해설하였으며, 서구의 영화 문화를 아시아 지역으로 '번역'하는 문화 번역자의 역할을 했다.

3) 광고 취주 악대. 특히 영화나 서커스의 호객을 위한 악대로, 쿵작쿵작(진타진타)하는 소리에서 그 이름이 유래했다. 이 글에서 토쿠가와 무세이가 말하는 진타는 5인 정도 규모의 악대다. 진타 연주자가 친동야로 유입된 시기와 진타라는 말이 널리 퍼진 시기

유혹하는 소리聲=음音이 불러일으키는 에로티시즘의 황홀한 기억을 다음과 같이 말하고 있다.

오케스트라 같은 하이칼라적인 것이 아직 출현하기 전, 모든 상설관에서 연주되었던 음악은 전부 이런 진타였다. / 그 무렵 관객들은 진타를 들으며 황홀해 했으며, 최소한 불만스러워 하지는 않았다. 그런데 근래에는 "아무래도 저 바이올린은 가끔씩 음을 놓치는 것 같아 안 되겠어"라든가 "이탈리아 이야기에 차이코프스키 음악을 갖다 붙이다니 정말 수준 이하야"라며 얼굴을 찌푸리는 관객이 많아져 놀랍다. …… 어찌됐든 진타의 오묘함은 될대로 되라는 식의, 피로에 지친, 허무하고 퇴폐적인 연주방식에 있다. 진타에는 진타의 악사들을 전부 불효막심한 놈, 전과자, 무뢰한, 난봉꾼, 매독쟁이처럼 느껴지게 하는 리듬이 있어야 한다.[1]

진타는 메이지 말기에 최고 전성기를 누렸던 악대樂隊 광고업자로, 규모가 큰 친동야4)라 할 수 있다. 메이지 30년대(1897~1906)에 이들은 '민중오락의 왕'인 활동사진으로까지 그 장을 넓혀갔다. 진타는 에도시대 번화가의 와자지껄함을 그대로 근대의 도시 공간으로 유입시킨 매개체였다. 토쿠가와 무세이가 일부러 쓴 거친 폭언으로부터, 1920년대 시공간에서 사라져가는 저속하고도 요염한 진타에 대한 그의 상념을 느낄 수 있다. 진정성과는 거리가 먼 "될 대로 되라는 식의, 피로에 지친, 허무하고 퇴폐적인" 삼류 악사들, 독특한 저속함과 성적인 매력으로 듣는 사람의 신체를 전율시키는 '전과자', '난봉꾼', '매독쟁이' ……. '그로테스크'하기까지 한 진타의 고유한 신체성은 꿈의 소리로 소리라는 꿈을 욕망하는 이 세상의 수컷들을 매료시킨다. 토쿠가와 무세이는 이렇게 읊었다. "진타의 멜로디에 맞춰 노래한다 / 오오 세상은 꿈이런가 / 덧없

가 겹쳐서 양자를 동일시하기도 한다.
4) 사람들의 눈길을 끄는 모습을 하고 번화한 거리를 샤미센·큰북·징 등을 울리며 돌아다니면서 선전을 하는 광고 청부업자. 친동야라는 말은 '친' 하는 징소리와 '동' 하는 북소리에서 유래되었다는 설이 있다.

는 것이런가."[2]

　이런 토쿠가와 무세이의 상념을 "소리를 생업으로 하는 사람이 느끼는 사라져가는 소리의 문화에 대한 노스탤지어"라는 식으로 가볍게 이해해서는 안 된다. 토쿠가와 무세이는 세계사적 관점에서도 독특한 전개를 보인 일본 활변(活弁)문화[5])의 핵심 인물로, 누구보다도 소리의 생업에 깊이 관여했던 사람이다. 쇼와 7년(1932)에 전면화 된 토키쟁의, 즉 토키의 정착으로 영화관에서 퇴장당하게 된 변사, 영사기사, 악사들의 노동쟁의가 일어났을 때도 토쿠가와 무세이는 해고 당사자로서의 심정을 토로했다.[3] 그러나 바로 이 토쿠가와 무세이가 종래의 진타적인 〈소리〉의 세계, 즉 구경꾼을 불러 모으는 이야기꾼의 세계와는 다른 새로운 소리의 가능성을 개척한 선구자로 주목받은 인물이었던 것을 잊어서는 안 된다. 앞서 말한 토쿠가와 무세이의 진타론이 게재된 신주쿠 무사시노칸(武藏野館)의 홍보지인 『무사시노_MUSASHINO_』에는 다음과 같은 글이 실려 있다.

> 　신주쿠 무사시노칸을 예찬할 때, 설명가가 뛰어난 것 또한 빼놓을 수 없다. …… 현재 시내 상설관 중 이만큼 설명가의 덕을 보는 데도 없다. 문예영화, 심리묘사영화 등에 대한 토쿠가와 무세이의 설명은 가히 일품이다. 나니와부시[6])를 하듯이 기성(奇聲)을 내면서 관중의 탄성을 자아내는 많은 대가들 가운데, 우리 무세이군은 영화의 분위기와 리듬을 완벽히 파악하여 자유자재로 죽이고 살리며 감상기분을 고조시키는 데 있어서나, 반주 음악에 대한 이해에 있어서 당대의 제1인자이다.[4]

변사 토쿠가와 무세이는 즉흥적으로 관객을 유혹하는 야시[7])의 '단순

125

---

5) 활동사진변사(活弁)를 중심으로 형성된 영화 문화.
6) 浪花節. 샤미센의 반주로 곡조를 붙여서 부르는 일본 고유의 창. 메이지시대 초기에 시작되었으며, 주로 군담(軍談)이나 설화를 이야기했다. 의리와 애정을 주제로 한 통속적인 내용이 많다.
7) 香具師. 한국에서 '약장수'라고 했을 때 떠오르는 이미지와 비슷한 길거리 흥행사.

한' 후계자가 아니다. 그는 영화의 플롯이나 무드, 악사가 연주하는 음악에도 '적절한' 이해가 있어서, 진타나 평범한 말재주꾼들과는 달리 '품격 있는' 영화 수용공간을 빚어냈다. 토쿠가와 무세이에 대한 이런 식의 평가는 결코 적지 않다. 마루야마 마사오丸山眞男[8]도 하니야 유타카埴谷雄高와의 대담에서, "무성영화가 가장 발달했을 때, 단순히 일본 실정에 맞춰 설명만 한 게 아니라 요즘의 더빙처럼 함으로써, 영화를 거의 예술의 경지까지 끌어올린 변사가 그야말로 우연히 때를 맞춰 출현한 겁니다. 대단한 일이에요"[5]라며 무세이를 매개로 한 영화체험을 회고하고 있다. 당시 관객의 영화체험은 변사에 따라 즉흥적으로 바뀌었는데, 바로 토쿠가와 무세이라는 존재는 관객에게 "영화가 가진 분위기나 리듬"을 충분히 음미하게 함으로써 '즉흥적'이지 않은 수용을 가능하게 해준 매개자였다. 또한 그는 나니와부시적인 것, 혹은 '야시적인 것'으로부터 영화라는 미디어를 해방시켜 자율성을 갖도록 한 매개자이기도 했다. 그런 의미에서 무세이는 서양 영화를 애호하는 동시대 '첨단인'들의 주목을 받았다.

이러한 토쿠가와 무세이를 둘러싼 담론의 구도에서 보면, 앞서 말한 무세이의 진타 예찬론은 좀 이상하게 들린다. 무세이는 영화에서 '야시적인 측면'을 없앤 개척자, 혹은 진타―나니와부시적인 〈소리〉의 문화를 내부로부터 해체한 변혁자로서 당시 사람들의 칭송을 한 몸에 받은 인물이었다. 그런 그가 〈소리〉를 향한 자신의 동경과, 〈소리〉의 에로티시즘에 '얼굴을 찌푸리는 관객'에 대한 위화감을 토로한 것이다. 또 무세이의 이 고백이 당시 '최첨단' 영화의 전당이자 영화를 좋아하는 학생이나 지식인들의 선망의 대상이었던 신주쿠 무사시노칸(뒤에 상세하게 서술)의 홍보지 『무사시노』에 실렸다는 사실도 간과해서는 안 된다. 〈소

불교 축일에 거리에서 물건을 팔며 흥행하던 사람이다. 한자음 그대로 '코구시'라고 하면 향 도구를 만들거나 파는 사람을 뜻한다.
8) 1914~1996. 종전 후 일본 사상사학계의 '천황'으로 칭송받는 정치학자이며 사상사가.

리)의 배제를 꾀하는 무사시노칸의 선전 매체에서, 저속한 〈소리〉로부터 영화를 해방시켜야 할 《소리》의 천재가 사라져가는 〈소리〉에 대한 애석함을 솔직하게 말한 것이다. 《소리》는 영상을 방해하지 않고 그것에 녹아드는 소리다. 얼핏 역설적으로 보이는 이 이야기야말로 천재 변사 토쿠가와 무세이가 살았던 1920~30년대 담론 공간의 뒤틀림을 대리 표상하는 것은 아닐까.

토쿠가와 무세이는 "우리 일은 사회적으로도 예술적으로도 훌륭한 존재 가치를 가지고 있다"[6]고 자부했다. 그러나 한편으론 "어쩐지 이 일은 속임수인 것만 같다. 속임수로 돈을 버는 것이라면 도저히 견딜 수 없는 일이 아닌가!"[7]라고 자문하며, 술로 도피한 무세이의 양가감정. 이렇게 무세이는 '야시적인 〈소리〉'와 영상에 맞춰 이야기(내러티브)를 풀어가는 토키적인 《소리》 사이의 좁은 틈새를 배회했다. 이 글에서는 이런 무세이적 신체의 당혹스러움을, "영화와 소리"를 둘러싼 보다 광범위한 담론 편성과 영화 수용공간의 위치 변화의 결과로 파악하고자 한다. 이 글의 목적은 "활변(《소리》)전성 → 토키(《소리》) 도입 → 변사의 퇴장"이라는 단선적인 진행 도식으로는 도저히 포착할 수 없는 〈소리〉와 《소리》 사이의 상극과 갈등을 그려내고, 전전기戰前期 일본에서 영화를 수용하는 과정에서 신체가 갖는 의미를 밝히는 것이다.

2. 〈소리〉의 드라마투르기

토쿠가와 무세이는 '광고악대, 즉 진타'의 에로티시즘을 거론했는데, 일본 영화문화의 생성은 분명 진타로 대표되는 "상인적 웅변술"[8]을 빼고는 말할 수 없다. 이 절에서는 우선 일본의 초기 영화가 〈소리〉=‘야시적인 것’의 맥을 이어받으면서 성립하여, 이윽고 무세이가 활약하는 장이 되는 활변문화를 만들어내기까지의 간단한 역사, 그리고 〈소리〉가 존재했던 당시 수용공간의 모습을 개관하고자 한다.

1891년에 에디슨은 19세기를 장식한 시각장치 중 하나인 키네토스코프Kinetoscope를 내놓았고, 이어 1895년에 뤼미에르 형제는 스크린에 투사하는 방식인 시네마토그라프Cinematograph를 선보였다. 얼마 되지 않아 일본에서도 신기한 구경거리인 ‘움직이는 환등’에 대한 관심이 높아져, 메이지 29년(1896)에는 코베 신코神港클럽에서 키네토스코프가 공개되었다. 같은 해, 프랑스에서 뤼미에르상회의 기술자를 데리고 귀국한 이나바타케 가츠타로稻畑勝太郎는 오사카 난치연무장南地演舞場에서 시네마토그라프를 “야간 2회 흥행”9했다. 또 다음해인 메이지 30년(1897)에는 도쿄 칸다神田의 킨키칸錦輝館에서 바이타스코프Vitascope9)로 보이는 것이 공개되었다. 이때 보여준 영화는 〈나이아가라 폭포〉, 〈잔다르크의 화형〉, 〈뉴욕의 대기선大汽船〉 등으로 단편적인 활동사진을 나열했을 뿐인 유치한 것이었으나, “연일 대만원의 호황”으로 “장장 18일간”10 계속되었다. “관객에게 한 편을 3, 4회씩 되돌려서 연거푸 보여”주었는데, “그래도 관객들은 대만족했고 박수갈채가 끊이지 않았다”11고 한다.

이런 일본 영화의 성립을 음으로 양으로 뒷받침한 것은 구경꾼들을 끌어 모으는 ‘상인적 웅변술’로 메이지기 도시에 유혹하는 〈소리〉를 스며들게 한 입심 좋은 선전꾼들이었다.

칸다 킨키칸에서 바이타스코프를 공개하기 전에 카부키좌에서 먼저 시사회를 열자고 아라이 사부로新居三郎에게 제안하고, 킨키칸 흥행 선전을 맡았다는 아키타 류키치秋田柳吉. 그는 후에 아라이 사부로의 바이타스코프를 양도받아 일본 최초의 순회 영화단을 조직한다. 그 자신의

---

9) 키네토스코프의 개량형으로 스크린 투사가 가능하다. 1896년 아라키 와이치가 이 기계를 수입하면서 ‘활동사진’이라는 이름을 붙였다고 한다.

본업은 히로메야[10]라 불리는 길거리 광고업이었다. 일본 최초의 스타 변사라고 할 수 있는 코마다 코요駒田好洋도 아키타 순회단의 '코조이이[11]심부름'을 하면서 변사로서의 경력을 시작했다. 그는 '스코부루 히죠[12]'를 연발하는 말투로 인기를 끌었는데, 메이지 30년대(1897~1906) 중반 이후에는 "변사 2명, 기술자 1명, 악대 4~5명"[12] 정도의 순회 영화단을 인솔해서 전국을 돌았다. 코베 신코클럽에서 시네마토그라프를 상연했을 때 설명가 역할을 맡았던 우에다 코지로上田恒次郞[13]도 "오사카 신마치유곽新町廓에서 가끔씩 상점 선전도 맡아 하던 방물 행상꾼으로, 해학 넘치는 말재주로 유명한"[13] 인물이었다고 한다. 영화의 바이타스코프와 시네마토그라프라는 두 가지 탄생 형태가 모두 말재주를 밑천으로 하는 '야시'들의 손에 의해 메이지 일본에 이입된 역사를 우선 짚고 넘어간다.

에도 후기에 토자이아束西屋라는 말로 떠드는 길거리 선전업이 발달했었다. 히로메야는 메이지 중기 무렵 이 토자이야의 업무를 조직화하고 규모를 확대한 것이다. 좁은 의미로는 아키타 류키치가 개발한 악대를 이용한 광고를 가리키기도 한다. 메이지 21년(1888) 히로메야를 개업한 아키타 류키치는 군악대에서 수십 명의 악사를 빼내어 "회사, 공장 등의 개업식을 비롯하여 야유회, 초청회 같은 성대한 향연" 등 다양한 장소를 무대로 활약하면서, '야시'적인 소리와 음의 향연을 도시공간에 퍼뜨렸다. 『도쿄풍속지』도 "기이한 복장을 한 사람들이 깃발을 세우고 북을 치며 시가지를 돌아다니면서 세간의 이목을 끈다"[14]고 그 모습을

---

10) 廣目屋. 오사카 토자이야 출신인 아키타 류키치는 도쿄에서 히로메야를 개업하고, 광고대리점, 선전업 외에도 신문발행, 활동사진 등 흥행업 전반에 손을 뻗쳤다. 그 일환으로 선전을 위한 악대를 최초로 조직하였다. 일반적으로 악대를 이용한 노상 광고도 히로메야라고 부른다.

11) 코조이이口上言い는 코조야口上屋라고도 하는데, 카부키 같은 흥행장에서 관객에 대해 인사말하던 사람을 말한다.

12) 대단히 좋다는 뜻으로, 코마다 코요의 말투와 함께 당시 크게 유행하였다.

13) 일본 변사의 원조인 우에다 호테이켄上田布袋軒을 말한다.

묘사하고 있다. 히로메야는 코조이이가 하던 코단[14]투 화술과, 당시 아사쿠사공원에서 신사나 절의 축일 흥행에 이용되던 군악軍樂을 결합한 것이다. 히로메야는 "청일전쟁이 일어날 무렵엔 출정! 승리!를 외치다가, 갑자기 …… 경기"[15]가 고양되면서, 메이지 30년대에서 40년대 초반에 걸쳐 최고의 전성기를 맞이한다.

그러나 러일전쟁 후 진타(악대)의 인원수와 차량수를 제한하는 조례로 인해 공공 장소와 노상에서 하는 광고 활동의 규제가 강화됨에 따라, 히로메야와 토자이야는 점차 쇠퇴했다. 어떤 사람은 친동야 같은 소규모 길거리 광고업으로, 또 어떤 사람은 아사쿠사공원의 미세모노고야[15)로 흘러들어갔다. '야시'에게 필수적인 재주인 선견지명을 가졌던 아키타 류키치는 마치 히로메야와 토자이야의 쇠락을 예견이라도 했던 양 일찌감치 기지를 발휘했다. 메이지 30년(1897) 히로메야의 전성기 시절에 벌써 근대 일본 최대의 유흥 미디어인 활동사진으로 손을 뻗친 것이다. "메이지 32년(1899) 6월 20일부터 카부키좌에서 일본 최초의 '일본 영화로만 이루어진 흥행'인 〈일본솔선활동대사진日本率先活動大寫眞〉"[16]을 상연한 것도 바로 아키타 류키치였다고 한다.

이렇게 〈소리〉를 생업으로 한 '야시'들은 '새로운 볼거리'인 활동사진의 영역을 개척했다. 메이지 36년(1903) 요시자와상회吉澤商會가 모든 구경거리의 집결지인 아사쿠사에서 그때까지 주로 미세모노고야로 이용되던 덴키칸電氣館을 최초의 상설 영화관으로 바꾸면서, 활동사진의 입지가 강화되었다. 하지만 민중들에게 활동사진이 널리 퍼진 것은 러일전쟁이 일어나 전쟁뉴스 영상이 관심을 끌면서 영화 흥행이 본격적인 궤도에 오른 이후다. 메이지 40년대(1907~11)에는 도쿄를 중심으로 대도

---

14) 講談. 부채로 박자를 맞춰가면서 군담이나 야담을 관객들에게 들려주는 요세 연예 중 하나.

15) 진기한 물건, 동물, 곡예 같은 구경거리를 보여주는 흥행장으로, 지금의 서커스·미술관·동물원의 요소를 포함하고 있다. 에도시대에는 기형아나 성행위도 구멍으로 구경시키는 등 말 그대로 무엇이든 구경거리가 되었다.

시에 상설관이 차례차례 개설되었다. 중소도시에서도 앞서 말한 '스코부루 히죠 대박사大博士' 코마다 코요의 일본솔선활동사진회 같은 순회 영화단이 아이들의 인기를 끌어 모았다. 한편에서는 요시자와상회吉澤商會가 도쿄 메구로교닌자카目黑行人坂에, 요코다상회橫田商會가 쿄토 치온인도리智恩院通에 촬영소를 건설하는 등 일본영화 제작을 위한 사전 준비도 진척되었다. 시네마토그라프나 키네토스코프 도입기에 활약했던 이나바타케 카츠타로, 아라키 와이치荒木和一, 아라이 사부로 같은 서양문화에 정통한 엘리트 실업가들이 영화계에서 모습을 감춘 것도 바로 이 무렵이었다. 그 대신 배급사나 순회 영화단, 변사들, 즉 영화를 생업으로 하는 사람들이 영화 흥행의 주역이 되었다. 다이쇼 10년(1921) 콘다 야스노스케權田保之助가 말했듯이, "활동사진이라는 이름의 풍운아"17는 메이지 40년대 이후 요세16)나 시바이17)같은 종래의 오락산업을 제치고, "민중에게 가장 적절한 새로운 오락"18으로 자리를 잡았다

이렇게 해서 저속한 음악을 길 위에 울려 퍼지게 하던 진타와, 요염한 변설로 사람들을 유혹하던 이야기꾼들은 메이지 말기 활동사진관이라는 '도시의 이공간異空間'으로 활동 무대를 옮겨간다. 메이지가 종언을 고하고 난 직후인 다이쇼 2년(1913)에 후쿠하라 토시오福原駿雄는 일고18) 입학시험에 두 번째 실패하고 사쿠라다혼고초櫻田本鄕町 제2후쿠호칸福宝館의 주임 변사인 시미즈 료젠淸水靈山의 제자로 들어간다. 당시 19살이었던 이 소년이 훗날 토쿠가와 무세이다.

그렇다면 메이지 말·다이쇼기에 '야시적인 것'의 맥을 잇는 변사나 악사들이 〈소리〉와 '음'의 경연을 벌였던, 활동사진을 상연하고 수용한 공간은 도대체 어떤 곳이었을까? 이에 대해서는 이미 사회사적 연구들이 많이 나와 있고, 나 자신도 논한 적이 있으므로,19 여기서는 간단히

---

16) 奇席. 일본의 전통적인 대중 연예장.
17) 芝居. 카부키 같은 일본 고전극을 흥행하는 극장.
18) 一高. 지금의 도쿄대학 교양학부.

그 특징만 개관하고자 한다.

활동사진의 '주역'인 변사라는 존재는 영화가 수입된 메이지의 시공간에 '영화설명가'로 갑자기 나타난 것은 아니다. 변사는 「지금-여기」에 있는 관객과 '장단'을 맞추어야 하는 미세모노의 세계와 일종의 연속성을 유지하면서 생성된 '야시'의 정통 적자였다. 메이지 32년(1899)경까지는 '활동 변사', '영화설명가'가 아니라 '코조이이' '코조야' 등으로 불렸다는 사실로부터 '야시적인 것'과 변사의 연속성을 짐작할 수 있다. 그 당시 변사에게는 영사 기자재나 스크린에 비치는 텍스트에 대한 깊은 조예보다는 오히려 관객을 고양시키는 묘약인 〈소리〉와 신체를 자유자재로 이용하는 능력이 요구되었다. "(변사가) 쓸데없이 장황하게 말을 늘어놓는 건 예사고, 때로는 비속하고 음란한 말도 서슴치 않는다. 또 관객들의 비위를 맞추려는 태도도 보인다. 그리하여 아이들은 마치 좋아하는 배우에게 하듯이 그들에게 열광적으로 박수를 친다든지 그들의 예명을 소리쳐 부른다."[20] 근대로 회귀한 '야시'인 변사는 관객과 상황에 즉흥적으로 호응하면서[21] 영화 수용의 쾌락을 스크린 바깥으로 끌어내 퍼뜨렸다. 이렇게 변사가 관객과 호응하며 만들어낸, 현전하는 유동遊動공간이 바로 영화가 아닌 활동사진의 상연공간이었다.

활변문화는 '그때 그때' 장단에 맞추어 상연하는 방식이다. 이런 독특한 표출·수용의 양태는 개별 상연에 앞서는 텍스트(스크린에 투사된 이야기)의 존재를 조금씩 무화無化시킨다. 그 한 예로 반군주적인 내용 때문에 경시청에서 상연금지 명령을 내렸던 〈루이16세의 말로末路·프랑스대혁명〉을 들 수 있다. 이 영화는 칸다의 킨키칸에서 공연되던 당시, "변사의 설명 하나에 루이16세와 마리 앙투와네트는 미국인 산적 부부가 되고, 혁명에 봉기한 민중은 비상시 이 산적 부부를 퇴치하기 위해 우르르 몰려든 시민들"[22]로, 필름은 그대로 인 채 설정과 내용이 완전히 바뀌어 버렸다. 인기 변사였던 츠치야 쇼토土屋松濤는 "영화 내용이 어떻든 모조리 자기 식으로 설명했다. 또 장면 전환이 빠른 것을 싫어하고,

한 장면에서 성대 모사로 늘어지게 떠드는 것을 좋아했다." 또 그는 "경우에 따라서는 영사기 회전 속도를 늦추어 한바탕 사설을 늘어놓기"[23]도 했다고 한다. 관객은 영화를 "보다=이해하다see"라기보다 오히려 스크린의 영상을 매개로 변사의 〈소리〉를 '향유'하였다. 이런 관객의 태도가 현실적으로 정립된 수용공간 안에서 영사 이전에 작가와 촬영자가 창작한 텍스트는 거의 의미가 없었다. 그러므로 1911년 이후 활동사진의 통제에 본격적으로 나선 위정자들이 영상의 의미론적인 내용보다는 변사의 언동방식에 더 큰 관심을 기울인 것은 당연하다. "설명가는 흥행을 위해 관객의 구미에 맞춰 쓸데없이 흥미 본위의 저급한 언사를 늘어놓거나, 자신의 창작욕을 만족시키기 위해 설명 대본의 내용을 바꾸거나, 그 한계를 넘어 창의적으로 덧붙이기까지 했다. 이에 따라 '필름'의 내용이 뒤바뀌면서 관람자에게 이상한 영향을 끼치는 결과를 낳고, 마침내 검열제도의 취지까지도 파괴할"[24]수 있기 때문이었다.[25]

물론 변사와 관객만 이런 활변문화의 현전성現前性·퍼포먼스성을 뒷받침한 것은 아니다. 활동사진관이라는 도시의 이질적 공간을 구성하는 또 다른 구성원인 영사기사, 진타 악사, 여급들 역시 "라이브 퍼포먼스"[26]의 연출에서 빠질 수 없는 존재들이었다. 한때 영사기사였던 오모리 마사루大森勝의 다음과 같은 증언은 앞서 언급한 츠치야 쇼토의 즉흥 행위가 결코 특이한 것이 아니었음을 보여준다. 또한 필름이라는 시각 장치를 취급하는 영사기사도 그런 즉흥적인 〈소리〉의 연출에 참가하는 주체였다는 사실을 알려준다.

그때 영사기는 모터가 아니었어, 손으로 돌렸으니까. 그래서 변사와 영사기사는 자주 부딪쳤지. 너무 빠르다든지 너무 느리다든지. 변사에 맞추어서 영사기의 속도를 결정하는 시대였거든. 영사기사는 변사가 말하는 걸 열심히 들으면서 거기에 맞춰 돌려야 했지.[27]

물론 이것은 영사기사의 입장에서 한 말이고, 변사 입장에서는 영사기사의 '기분'에 따라 "빨라졌다 느려졌다 하는 속도를 관객들이 눈치채지 못하도록 변사들이 재주껏 속이지"[28] 않으면 안 되었다고 말한다. 결국 영사기사라는 존재 또한 필름이라는 텍스트의 단순한 재현자가 아니라, 변사나 악사들과 함께 즉흥적인 협동을 통해 눈앞의 유동遊動공간을 형성하는 중요한 행위자였던 것이다. 즉 '그때 그때 상황'에 따라 차례로 구축되는 '이야기'를 뽑아내는 〈소리〉의 이야기꾼 중 한 사람이었다는 것을 확인할 수 있다. "될 대로 되라는 식의, 피로에 지친, 허무하고 퇴폐적인 연주방식"으로 관객을 매료시키는 악사에 대해서도 마찬가지 이야기를 할 수 있을 것이다. 당시는 주말이나 정월 같은 대목에는 상영 횟수를 늘리기 위해, 한 회당 상연 시간을 보통 때의 절반에서 3분의 2 가까이까지 줄이기도 하던 시대였다. 그런 시대에 변사·영사기사·악사들은 스크린에 비치는 영상을 매개로 각자의 퍼포먼스를 서로서로 관찰하고 맞추면서 연기자와 관객의 〈소리〉가 퍼지는 수용공간을 만들어낸 것이다.(강조는 필자)

3. 두 개의 '문명화(Civilization)'

활변문화가 성황을 구가하던 다이쇼 6년(1917) 3월 26일, 당시 아오이 칸葵館의 인기 변사로 이름을 날리던 토쿠가와 무세이와 후지나미 나이오藤波無鳴의 해설로 미국영화 〈시빌라이제이션Civilization〉[19])이 일본에서 개

---

19) 1916년 토마스 H. 인스 감독이 만든 무성영화로, 제작비 200만 엔, 촬영기간 1년여, 동원인원 1만 명의 대형 전쟁영화.

봉되었다. 제1차 세계대전 중 유럽의 전화(戰禍)를 다룬 이 영화는 200만 엔이라는 거액을 투자해서 모두 10편으로 만들어졌다. 이 대작의 개봉은 그 내용 여부를 떠나 우리의 논의 안에서 두 가지 중요한 의미를 갖는다.

우선 첫 번째는 '야시적인 것'의 후계자인 변사의 대표적 존재라고 할 만한 토쿠가와 무세이가 활변문화 안에서 육성되었던 '전설(前說)'을 생략한다는 무리한 선택을 한 것이다. '전설'은 영사가 시작되기 전에 4~5분 정도 극장을 찾아준 것에 대한 감사와 변사의 본인 소개, 상영될 영화의 간단한 설명 등을 하는 것으로, '이 전설을 얼마나 잘하느냐에 따라 설명가의 지위가 결정되었다'[29]고 할 만큼 전설은 활동사진의 수용공간에서 중요한 요소였다. 활변문화에서 주요한 지위를 부여받았던 이 전설을 변사 스스로 폐지한다는 것, 즉 토쿠가와 무세이는 자기 부정적으로도 보일 수 있는 행동을 감행했던 것이다.

두 번째는 〈시빌라이제이션〉이 '관극장치(觀劇裝置)'라는 근대적 역할을 담당한 제국극장에서 상영되었다는 것이다. 주지하다시피 제국극장은, 당시 움트고 있던 연극 개량론과 서구화를 선호하는 정재계 사람들의 욕망이 혼재하는 형태로 메이지 44년(1911)에 개관 했다. 제국극장은 에도시대부터 존재해온 시바이차야(芝居茶室)[20)제도를 폐지하고 '데카타(出方)'[21)를 축출하여 입장권제도를 도입하고, 극장 내에서의 흡연이나 음식물 섭취를 금하는 등 '새로운 관극방법'[30]을 확립하려는 방향성을 명확히 드러냈다. 다시 말해 제국극장은 곧바로 '무대의 사건 전개에 집중하는' 근대적 관객이 탄생할 수 있도록 구축되어진 장치였던 것이다.[31] 이 근대의 욕망과 충동을 절합(節合)한 장치 안에서 영화라는 볼거

---

20) 극장에 딸려 영업을 하던 찻집으로, 차를 제공할 뿐만 아니라 관객을 위해 좌석 예매를 하는 등의 사전 준비를 했다. 당일에는 좌석까지 안내를 해주고, 막간에는 도시락이나 간식을 제공하였다. 에도시대에는 시바이차야를 거치지 않으면 예약을 할 수 없었으므로 시바이차야를 통해 관람을 한다는 것은 최상급에 속하는 것이었다.
21) 극장이나 스모 경기장의 안내인이나 잡역부.

리가 공간을 부여받았다. 입장료는 최고 10엔에서 최저 2엔이라는, 당시로서는 파격적인 금액이었음에도 불구하고 제국극장은 연일 만원이었다고 한다.[32]

〈시빌라이제이션〉의 상연 방식은 1920년대 이후에 일본영화가 경험하게 될 '구조전환'의 징후를 예견한 것이었다. 요컨대 ① 즉흥적인 유동공간을 만들어 내는 존재로서의 〈소리〉를 부정하고, 영화체험을 시각적인 것으로 특화하려는 담론들이 생겨났다. ② 앞 절에서 서술했던 수용방식을 거부하고, 중상류계층의 규범의식에 적합한 '근대적인 관극법'을 질서 지워가는 방식의 장을 구축하겠다는 지향이 엿보였다. 이중적 의미의 근대화, 이렇게 보면 〈시빌라이제이션〉이라는 영화의 제목은 너무도 아이러니하게 들린다. 지금부터 앞 절에서 논했던 민중 수준에서의 영화공간과는 의미 위상을 달리하면서, 1930년대 이후 민중의 토키 수용을 용이하게 만든 담론과 장치로서의 '문명화'과정을 추적해보고자 한다.

'전설前說' 없이 곧바로 영사를 시작하는 상연 방식은 제국극장에서 '엄청난 호평'을 받는다. 그래서 토쿠가와 무세이는 제국극장에서 〈시빌라이제이션〉을 공연한 다음 주에 자신이 주임 변사를 맡고 있던 아오이칸에서도 그것을 시도하는데, 그 결과도 역시 대호평이었다. "3주간 상연된 영화가 전설 없이도 만족스런 결과를 얻자, 이후 상연하는 영화도 그런 방식이 되어 갔다"[33]고 그는 회고한다. 이후 아오이칸은 전설이 없는 상연을 일반화시켰다. 이렇게 보면 단순히 호평·불평에 좌우되는 상연 방식이 유행하면서 전설을 몰아냈다고 생각할 수도 있겠지만, 그것은 그렇게 단순한 것이 아니었다. '전설 폐지'는 사소한 상연방식의 변화가 아니라 바로 활변문화의 자기부정이라는 매체사적 사건이었다. 쇼와 8년(1933)에 쓰여진 『일본영화계사물기원』[22)의 다음과 같은 기술은

---

22) 吉山旭光, 『日本映畵界事物起源』, シネマ演芸社, 1933.

그 사건이 '사건'일 수밖에 없는 이유를 보여주고 있다.

> 복장은 프록코트나 연미복, 하오리하카마[23) 같은 엄숙한 것으로 차려입고 …… 시모가와라 킨페이下河原金平는 프록코트의 옷깃에 후쿠다카라도[24)의 상징인 무스비카시와[25)를 금실로 수놓은 제복을 입기도 했다. …… 간토대지진 전부터 전설前說이 점차 사라지자 설명가는 복장을 갖추고 무대에 나타날 필요도 없이 흐릿한 빛 속에서 영사 중에만 설명하게 되었다. 볼거리와 설명가를 동시에 대면할 기회가 없어지면서 관객이 왁자지껄하게 떠드는 일도 없어졌다. 대신 관객은 배우의 연기에 집중하게 되었고, 배우 대접을 받던 변사의 인기는 일소되었다.[34

애당초 전설前說은 단순히 '본 프로그램 전에 하는 무대설명' 정도의 것이 아니었다. 자신의 이름을 내걸고 관객을 끌어 모았던 변사들이 능수능란한 언변을 구사하여, 영상을 매개로 관객의 신체를 이공간異空間으로 유혹하는 수행적인 의례였던 것이다. 때문에 변사들은 스타 배우처럼 '외관'에 과잉적인 열의를 쏟았고, 관객들의 시선은 스크린에 영사되는 영상과 동일할 정도로, 때로는 그보다 더 열광적으로 전설前說을 구사하는 영화설명가에게 향했다.

이런 것을 고려할 때 전설이라는 의례의 폐지는 변사와 스크린의 관계뿐 아니라 관객과 변사의 신체적 공명관계도 변화시킬 만큼 영화수용사상 획기적인epoch making 사건이었다. 관객과 변사와의 현전적現前的 교류(볼거리와 설명가를 동시에 대면할 기회)가 사라짐에 따라, 변사에게는 관객을 매혹하는 재능talent보다 영상을 유려하고 만족스럽게 설명하는 기량skill이 더 요구되었다. 또 관객이 욕망하는 대상은 '지금-여기'에 공교롭게 존재하는 스크린 외부의 변사에서, 스크린 속의 배우 혹은 이야기로 이행해갔다. 변사의 익

---

23) 羽織袴. 일본의 전통적인 남성 정장.
24) 福宝堂. M 파테상회. 요코다横田상회, 요시자와吉澤상회와 함께 닛카쓰日活 영화촬영소의 전신이 된 영화촬영소
25) ⚛(무스비카시와結び柏).

명화와 스크린 속 사건의 전경화前景化, 그리고 전설의 폐지라는 사건은 〈소리〉의 공간으로서의 활동사진관을, 스크린 '저 편'에 존재하는 이야기세계를 재현하기 전의 표상을 담당하는 영화관으로 변위變位시켰다. 그리고 이는 관객성spectatorship을 포함한 '구조 전환'을 표징하고 있는 것에 다름 아니다.

이렇게 활변문화의 근간을 흔든 전설 폐지를, 토쿠가와 무세이라는 〈소리〉의 천재가 최초로 감행했다는 점에서 어떤 종류의 역사적 필연성을 발견할 수 있지 않을까. 요컨대 무세이는 단지 '외부'에서 영상을 보충하는 〈소리〉가 아닌, 활동사진이라는 표현매체와 하나가 된 〈소리〉의 방법론을 진지하게 모색했던 것이다. 그러나 역설적이게도 거기에 골몰하면서 〈소리〉가 영상 공간(스크린 속 사건) 속으로 흡수되어버리는 《소리》—영상과의 의미적 조화의 논리를 바탕으로 제어되는 소리—로 귀착되어 버린 것이다. 무세이는 말한다. "영화를 스스로 장전하는 것은 가능하다. 그러면 그것을 어떻게 발사할 것인가. 직접 관객을 겨냥해서는 안 된다. 반드시 스크린에 투사하여 겨냥해야 한다"[35]고. 여기서 자기 소리의 수신자를 관객이 아니라 스크린이라는 비공간적 대상으로 정하여, 영화를 현전하는 유동공간의 구성계기로서가 아니라 '스크린 속 사건'을 재현하는 표상장치로 파악하려 한 무세이의 의지를 읽어낼 수 있다.[36]

토쿠가와 무세이의 활변공간에서는 관객을 유혹하는 구경거리로서의 〈소리〉의 에로티시즘은 부인되고, 스크린에서 전개되는 사건의 흐름을 보완하는 익명의 《소리》 미학이 추구된다. 글머리에서도 예로 들었던 무세이 예찬론은 그것을 증명한다. 요컨대 "우리 무세이군은 영화의 분위기와 리듬을 완벽히 파악하여 자유자재로 죽이고 살리며 감상기분을 고조시키고, 반주 음악에 대한 이해에 있어서도 따라올 자가 없다"고 무세이의 소리와 영상과의 조화를 칭송했다. 또 마루야마 마사오는 "무세이가 처음으로 동시녹음이라고 할까, 실제로 화면과 일치하는 리얼한 대사로 말하기 시작했다", "음악으로 치면 무세이의 소리는 피아니시모다. '들릴 듯 말 듯'한 소리로 막힘없이 이야기했다"[37]고 회상한다. 영상과 음성과의 의미적 융화를 가능하게 한 《소리》, 다시 말해 토키적 음성의 이상형이라고도 말할 수 있는 《소리》를 활변적 〈소리〉의 총아였던 무세이가 이미 토키 이전에 실현시켰던 것이다. 토키가 본격화되기 12년 전 —그해는 바로 카에리야마 노리마사歸山教正의 『활동사진극의 창작과 촬영법』[26]이 간행된 해였다! — 바로 그 무세이가 전설 폐지라고 하는, 활변문화의 자살행위를 스스로 완수했다는 것은 기묘하지도 대단치도 않은, 극히 자명한 '역사의 섭리'였다.

　물론 무세이 혼자 영화를 현전적인 활변 공간에서 '해방'시키고, '스크린 속 사건'을 표상하는 장치로 새롭게 파악하려는 지향을 가졌던 것은 아니다. 다른 곳에서도 서술했지만[38] 제국극장에서 〈시빌라이제이션〉이 상연되었던 1910년대 말부터 1920년대에 걸쳐 카에리야마 노리마사 등의 지식인층을 중심으로 순영화극운동純映畵劇運動이 전개되었다. 순영화극운동은 즉흥적인 변사의 말에 좌우되지 않고 '스크린 속 사건'의 표상을 가능하게 하는 '영상 문법'의 확립을 지향했다. 이런 흐름 속에서, 영상예술인 영화의 고유성을 손상시키는 원흉으로서 변사의 〈소리〉는 비난의 대상이 되었다. 후에 '영상 문법'을 구사한 실험적 작품인 〈아마추어 구락부〉[27]를 제작한 타니자키 준이치로谷崎潤一郎는 다음과 같이 말했는데, 이는 당시 '첨단적' 지식인의 표준적인 견해였다.

　　현재의 영화는 모두 변사에 의해 조작되는 것으로, 활동사진 그 자체의 본질이 완전하게 표현되지 못하고 있다. 이것은 영화의 뿌리가 되는 각본과 장면scene이 채택되는 방식이 불완전하기 때문인데, 이는 세계 어디에서도 찾아볼 수 없는 변사라는 존재에 의해 영화가 상영되기 때문이다.[39]

---

26) 『活動寫眞劇の創作と撮影法』, 正光社, 1917.
27) 〈アマチュア俱樂部〉, 谷崎潤一郎 원작·각색, 栗原トーマス 감독, 1920.

1910년대 말부터 고조되었던 변사 폐지론의 담론 공간에서는, 영상문화로서의 자율성을 획득한 구미영화와 '전근대'적 변사에 의존하는 일본의 후진성을 대조하면서, "변사의 음색이나 악기의 음향"을 무시한 각본·작품 제작을 지향했다. 토쿠가와 무세이는 카에리야마 노리마사의 이론과 무관하게 전근대적인 〈소리〉에 철저하게 집중함으로써 오히려 〈소리〉의 배제 즉 문명화를 선구적으로 실현했다. "제작자도, 감독도, 배우도, 카메라맨 어느 한 사람도 일본의 설명가인 우리를 염두에 두지 않는다. …… 그런데도 설명가 대부분은 마치 영화가 자신들을 위해 제작되는 것처럼 의기양양한 태도로 말을 끌어다 붙이면서, 걸작이 갈채를 받으면 자기 자신이 갈채를 받는 양 착각한다. 나 자신도 항상 그런 착각에 취해 있었다."[40] 이런 착각을 착각이라고 깨닫지 못하고 〈소리〉에 만족하는 변사들이나, 쉽게 〈소리〉를 전면 부정해버리는 순영화극운동의 이론가들과는 달리 〈소리〉의 세계 내부에 있으면서 한편으론 〈소리〉를 내파內破한 무세이의 존재적 불안은 너무나도 깊었다.

제2의 '문명화civilization'가 진행된 방식에 대해 살펴보자.

"에도시대부터 일반적으로 행해졌던 관극형식, 그 자체를 변화시켰다"[41]고 하는 제국극장에서 '야시'의 적자인 활동사진이 상영된 지 3년 후, 무사시노칸武藏野館이 문을 연다. 무사시노칸은 "타의 모범이 될 만한 영화관을 건립한다"[42]는 조건 하에 감독관청으로부터 허가를 받았으며, 설계는 건축가 카토 미아키加藤秋가 했다. 다이쇼 14년(1925)에 토쿠가와 무세이를 영입한 무사시노칸이야말로 '문명화'라는 사건이 시사하는 두 번째 의미, 즉 영화에서 볼거리로서의 존재 가치를 박탈하려는 역학을 내포한 관극장치의 생성을 계승·부연해간 선도자라고 할 수 있다.

두 말할 나위 없이 러일전쟁부터 1910년대에 걸쳐 도쿄에서 영화라는 볼거리산업의 중심지는, 신바시 근처에 있었던 서양 영화관인 타메이케 아오이칸溜池葵館을 제외하면, 덴키칸·후지칸富士舘이라는 대규모 일류관이 자리하고 있던 아사쿠사였다. 소설 『보쿠토키탄濹東綺譚』의 주인공이 "활동사진의 간판을 한 번에 가장 많이 볼 수 있는 곳은 아사쿠사 공원인데 …… 그곳에 가면 모든 종류의 영화를 한 눈에 훑어보고 자연히 그 우위를 비교할 수 있지"[43]라고 하는 대사에서도 알 수 있듯이, 아사쿠사는 옛날 영화부터 최신 개봉작에 이르기까지 다종다양한 활동사진을 상영하여 소위 '활동사진광'들의 관심을 한 몸에 받았다. 이런 활동사진도시活寫都市 아사쿠사의 독주 아래 무사시노칸이 신주쿠에 개설되었다. 신주쿠는 '대지진으로 인해 주택지가 바뀜에 따라' '도시의 기능 일부를 분담하게 된 부도심'[44]으로, 무사시노칸은 후에 '도쿄 제1의 영화의 전당'[45]이라고 불리게 된다. 신주쿠의 무사시노칸은 '야시적인 것'이 행해지는 볼거리 도시 아사쿠사의 활동사진관들이나, '야시적인' 저속함을 제거하고 '모던성'을 내세운 긴자의 제국극장과도 달랐다. '도쿄의 중심을 이동시켜 도시 외곽을 풍요롭게 한 보물창고인[46] 신주쿠'에 '새로운 관극 형식'을 초래할 무사시노칸이 건설된 것 — 그것은 우연이라고 말하기에는 너무나도 분명한 문화지정학적 사건이었다.

　"활동사진이 수입된 이래 모든 면에서의 발달과 향상이 최근 12년만큼, 이렇게 지대하고 급격한 적은 없었다. 상설관의 모든 부수적인 설비는 소위 시대에 뒤떨어진 것이면서도 우리가 쉽게 수용할 수 있는 것이어서, 종종 보수는 해야 했지만 그다지 낡은 느낌은 나지 않았다. 그런데 돌연 자본금 11만 엔을 갖춘 주식회사인 상설관 '무사시노칸'이 시내 종착역인 신주쿠에 당당하게 3층 건물을 세우고 완전한 설비를 갖추어 모습을 드러냈다. 이는 우리의 갈증을 일거에 해소해주었다"[47]고 『활동구락부』 주필이었던 카야노 쿄시片野曉詩는 말하고 있다. 그의 말처럼 무사시노칸은 160평 부지에 목골철망木骨鐵網 콘크리트로 된 3층 구조의 웅장한 건물이었고, 수용 가능한 인원 역시 당시로서는 꽤 많은 숫자인 782명이나 되었다. 인기 변사를 갖추고 철저하게 '모던'한 분위기를 연출했던 무사시노칸은 당시 사람들의 눈에는 좋든 싫든 간에 매력적인 것이었다. 지진 후 개축 때에는 부지를 확대 이전하였는데, 아카시 노부

미치明石信道의 설계를 바탕으로 관객 정원 1,155명의 철근 콘크리트 구조로 최첨단 건물을 완성했다. 쇼와 7년(1932) 여름에는 제국극장과 함께 남들보다 앞서 냉난방 설비를 갖추기도 하였다. 나아가 서비스 면에서도 '일류지향'을 추진했다. 당대 제일의 인기 변사인 토쿠가와 무세이를 영입하고, 관현악단 지휘자로 러시아인 미하일 그리고리예프Mikhail Grigoriev와 바이올린 연주자로 마에다 타마키前田環를 초빙했으며, 토키영화 〈하와이 민요와 춤ハワイの唄と踊り〉, 〈진군進軍〉을 도쿄에서 처음 상영했던 곳도 무사시노칸이었다.[48] 신주쿠 무사시노칸은 확실히 볼거리의 장인 아사쿠사와 단절하고, 서양적 공간인 제국극장을 세속화시켜 계승하는 선상에 위치하고 있었다. "무사시노칸에서 영화를 본다는 것은 그 곳이 개봉관이기 때문에 남들보다 먼저 보러 가겠다는 생각보다, 오히려 일종의 긍지를 느끼기 위해 보러가는 경우가 많다. 팔짱을 낀 외국인이나 양가집 규수, 유한마담, 모던 걸, 모던 보이 등 이런 사람들 사이에 섞여, 자못 영화전문가인양 의견을 토해내는 꼴사나운 청춘남녀들이 어찌나 많은지!"[49]

중요한 것은 그러한 '첨단적' 이미지를 연출하는 무사시노칸이 영화의 이미지를 변사나 진타의 〈소리〉에서 해방시키고, '스크린 속 사건'을 재현하는 시각장치로 파악하는 순영화극운동의 이념을 형상화하고 물질화했다는 것이다. 실제로 초기 무사시노칸 건립에 관여했었던 카토 미아키加藤秋는 자신의 책에 다음과 같이 쓰고 있다.

새로운 무사시노칸이나 메구로目黑 키네마, 토요東洋 키네마 같은 영화관들이 종래의 영화관들과 눈에 띄게 다른 점을 개괄하자면, 영화관이라는 건축물이 가져야 할 기능적인 면을 충분히 고려했다는 것이다. 종래의 영화관에서는 관객이 영화를 편히 관람하도록 배려한다든가, 관객을 우대하기 위한 설비 같은 것은 전혀 고려하지 않고 관객석도 일방적으로 배치했다. 게다가 관객의 위안과 휴식을 위한 단 하나의 널찍한 장소마저도 아까워했다. ……[50]

따라서 무사시노칸이 선구적으로 행했던 '첨단적' 이미지라는 외양
은, 단순히 '서양적인 것'의 기호적 연출 같은 것이 아니었다. 그것은 소
리―눈―신체가 기묘하게 교차하는 활변적 유동성을 최대한 배제하여,
관객이 영화를 시각 미디어로 인식하고, '보는' 것에 신체를 길들이도록
하는 훈련 장치라는 기능에 주목했던 것이다. 기존 활동사진관에는 "앞
에서부터 차례대로 칸마다 직경 30cm가 채 안 되는 원기둥이 12개 세워
져 있었는데, 4등석에서 스크린을 보면 꼭 기둥 2개 정도가 화면을 가
려"51 '기능적인 면에 대한 고려가 결여'되어 있다고 비판하고, 그래서
무사시노칸의 관객석은 관객의 시선이 모이는 지점에 스크린이 위치하
도록 주도면밀하게 설계되었다. 그제서야 영화관은 '스크린 속 사건'을
〈소리〉라는 매개물 없이도 '보면=이해하는' 관극공간으로 이념화, 물질
화 되어갔다. 당연히 변사의 소리나 악사의 소리도 스크린에 반영된 영
상 텍스트의 전개를 방해하는 것이어서는 안 된다. 시각 장치로서의 영
화의 고유성을 손상시키지 않는 《소리》, 관객에 대해서가 아니라 스크
린을 향해 내뿜어진 《소리》만이 그곳에서 자리를 얻을 수 있었던 것이
다. 시각적 관극장치임을 자처한 무사시노칸이라는 장치에 의해, 1925
년에 초빙된 토쿠가와 무세이의 소리와 1929년에 도입된 토키의 소리
―이것은 얼마 안 있어 무세이를 몰아내게 된다―는 '기능적으로 등
가'의 장치이자 선택지로서 모습을 드러내게 된다.

물론 이렇게 영화관이라는 공간이 탈구경거리見世物화를 지향한 것을
무사시노칸에서만 발견할 수 있었던 것은 아니다. 1920~30년대 초반에
걸쳐 소위 개봉관이라고 불린 많은 영화관들은 다소의 차이는 있지만
이런 추세에 동참했다. 예를 들어 다이쇼 4년(1915)부터 다이쇼 9년(1920)
까지 무세이가 재직했던 타메이케 아오이칸은 지진 후 '마보mavo'28)의
멤버인 무라야마 토모요시村山知義와 건축가 요시카와 세이사쿠吉用淸作,

---

28) 일본 다다이즘 운동의 선구적 역할을 한 그룹. 이 그룹은 회화보다 다른 분야를 중
시했는데, 조각·건축·광고·디자인·연극·춤 등 폭넓은 활동을 보였다.

조각가 오기시마 야스하루荻島安治에 의해 근대적으로 재건되었다. 천정이 평평한 히라야네平屋根로 된 콘크리트 건물로, 파사드[29]에 '12명의 여자를 부조浮彫로 장식한' 근대건축[52]으로 다시 태어난 것이다. 그리고 일찍이 영화 〈시빌라이제이션〉을 특별 상영했던 제국극장은 쇼와 5년(1930)에 사실상 쇼치쿠松竹[30]의 자본에 의해 매수되었다. 매수된 이듬해인 쇼와 6년(1931)에는 영사실을 설치하는데, 비아냥거리는 말로 쇼치쿠양화흥업부松竹洋畵興業部의 개봉관이라고 불리는 '굴욕'을 당한다.[53] 또 당시 백화점의 긴자 진출과 호응하면서 '오락의 중심지'로 발돋음하고 있었던 히비야日比谷와 유라쿠초有樂町 지역에서 히비야 영화극장이 건설되었던 것도 쇼와 8년(1933)의 일이었다.[54] 이렇게 무사시노칸의 존재는 도시공간에서 영화관의 위치를 '야시적인 것'의 공감 자장에서 '모던'의 기호/시각의 전당으로 바꾸는 흐름의 시초이자 상징이었다.

영화관이라는 '공간'의 의미 변화는, 제국극장적인 관극 방식을 영화에 도입하면서 '영화-를-보는' 관객의 탄생을 물리적으로 보장하게 되었다. 물론 토키가 정착되는 1930년대 중반까지는 이들 영화관에서 변사나 악사들이 일정한 거처를 확보하고 있었다. 그러나 주로 '영상 문법'을 갖춘 서양영화를 상영하고 철저하게 '서양적이고 모던한' 공간의 이미지를 구성하는 것을 지향했던 '일류관'들은, 이미 실질적으로 즉흥적인 분위기를 자아내는 '야시적인 것'을 존립요건으로 삼지 않았을 것이다. 사실 〈시빌라이제이션〉 상영 이후 우시고메칸牛込館이나 콘바루칸金春館, 아오이칸葵館과 같은 서양영화 전문관들은 차례로 전설前說을 폐지했고, 변사의 수도 영화계 전반에서 토키 도입 이전인 1925년경을 기점으로 점차 줄어들었다. 관객은 스크린을 하나의 계기로, 변사-악사-영사기사와 함께 유동성을 엮어내던 사람들에서, 스크린에 제시되

---

29) 건축물의 주된 출입구가 있는 정면부.
30) 영화/연극 제작 및 흥행, 배급을 하는 회사. 영화사로는 현재 일본 5대 영화사 중 한 곳으로 1920년 설립되었다.

는 영상텍스트를 대면하는 극히 사적인 "'관람자'=관객"으로 바뀌어 갔다. 여기서 바로 요시미 슌야吉見俊哉의 "'접촉한다=군집한다'라는 아사쿠사적인 신체에서 '응시한다=행한다'라는 긴자적인 신체로"라는 토포그래피topography적 표현과 같은 형태의 신체성의 위치변동를 발견할 수 있다.[55]

4. 토키-근대의 《소리》를 향해

　1920년대에 전개된 두 개의 '시빌라이제이션' 과정 ―① 영화를 시가 미디어로서 자율화시켜간 담론의 태동과 ② 그 언설의 욕망을 물질적인 차원에서 현상화하는 장치로서의 영화관 편성이 성숙해진 쇼와 4년(1929), 시각의 전당인 신주쿠 무사시노칸에서 영상에 의미론적으로 종속하는 《소리》의 기술적 표현이라고 할 수 있는 토키가 공개되었다. 개별적인 상연에 앞서 구축된 '의미'와 '이야기'를 비껴가는 '시각표상=영상'과 '청각표상=음성'과의 입맞춤. 즉 영상이라는 에끄리뛰르ecriture와 청각이라는 에끄리뛰르의 불가피한 차이(의 흔적)를 완전히 은폐하는 것을 목적으로 하는 토키는, 고작 몇 년의 동요기를 거쳐 일본영화 '관'객들에게 쉽게 받아들여진다. 의도치 않게 〈소리〉의 자살에 일조했던 토쿠가와 무세이가 진정한 의미에서 퇴장할 수밖에 없었던 것도 토키가 처음 공개되고 불과 4년 후인 쇼와 8년(1933)의 일이었다.

　여느 '새로운' 미디어가 수용될 때와 마찬가지로 토키 역시 〈소리〉에 익숙해 있는 관객들에게 아무런 저항 없이 받아들여졌던 것은 아니다. 예를 들어 자막이라는 문제를 생각해보자. 〈재즈싱어The Zazz Singer〉[31])나

〈하와이 민요와 춤〉과 같은 음악 중심의 토키라면 라디오에 익숙했던 사람들의 신체에 그다지 위화감을 주지 않았겠지만, 일정 정도 대사를 통해 이야기를 전달하는 서양영화의 경우는 그렇지 않다. 그때는 변사가 스피커의 소리와 경쟁하면서 '설명'을 첨가하거나, '무대의 대형 스크린 우측에 가늘고 긴 소형의 스크린을 세로로 두고 2층 관객석의 앞쪽에 설치된 환등기를 통해 번역한 대사를 영사'[56]하는 사이드 스크린 방식을 시도하는 등, 재현 미디어인 토키를 어떻게 해서든 현장의 〈소리〉나 환등을 통해 보완해보려고 했다. 그러나 이미 《소리》를 전제로 물질화된 토키에 다른 즉흥적인 조작을 가하는 것은 당시 관객들로서도 용인하기 어려웠다. "슈퍼임포즈 superimpose[32]도 없이 변사는 영화 속 인물과 경쟁하고, 소리를 크게 질러가며 마구 이야기해서 '토키는 매우 소란스러운 것'이라는 게 토키에 대한 첫 인상이었다"[57] 당시 많은 관객들이 이런 시각/ 청각의 엇갈림에 대한 위화감을 공유하고 있었다. 예를 들어 쇼와 6년(1931), 무사시노칸에서 일본어 자막을 화면에 영사한 슈퍼임포즈 방식, 즉 현재까지 사용하고 있는 《소리》와 영상의 결합 방식을 채용한 토키 영화 〈모로코〉[33]가 상영되었을 때, 시게노 타츠히코滋野辰彦는 "자막을 읽는 사이에 마를렌느 디트리히가 얼마나 예쁘게 웃는지 볼 수 없었고, 넋을 잃고 그녀의 표정과 몸짓을 보는 사이에 자막이 사라져버리곤 했다. 나는 적어도 이것보다는, 차라리 그녀의 미세한 호흡을 토쿠가와 무세이의 소리 때문에 듣지 못하게 되는 쪽이 영화관람 면에서나 생리적인 관점에서도 바람직하다"[58]며 '변사에 대한 애석함'[59]을 나타냈다. 의미 내용뿐만 아니라 정보 양식까지도 외국어로 된 《소리》를 일본어의 《소리》로 번역하는 방법이 모색되던 몇 년간, 영상/《소리》/〈소리〉가 교착·

---

31) 앨런 크로슬랜드 감독, 미국, 1927년. 세계 최초의 유성영화로 평가된다. 일본 최초의 본격적인 토키 영화는 1931년 고쇼 헤이노스케 감독의 〈마담과 아내〉이다.

32) 영화 화면에 겹쳐 나오는 자막을 말하며, 특히 외국영화에 붙이는 자국어의 자막을 가리킨다.

33) 〈모로코〉(Morocco, 1930). 조셉 폰 스턴버그 감독, 게리 쿠퍼/마를렌느 디트리히 주연, 미국.

상극하는 토키의 상영공간 안에서 관객들은 확실히 당황했고 토키라고 하는 신기술에 대한 위화감을 표명하고 있었던 것이다.

그러나 '발전 초기에 생기는 결함들을 지적하면서 싹튼 부정론, 언어의 차이로 인해 무성영화가 가졌던 국제성이 사라지는 것은 치명적이라고 하는 주장, 또 단순히 호불호에 의한 부정, 토키 촬영에 투자한 자본이 경제적으로 수지가 맞지 않는다고 하는 주장, …… 및 토키 도입에 따른 종업원 감축을 문제로 결사반대'[60]라는 등, 다양한 층위에서 제시되었던 토키 부정론은 슈퍼임포즈의 도입 이후 빠르게 자취를 감추어갔다(하타 모토오八田元夫는 훨씬 이른 1930년에 "토키에 관한 논의는 거의 완결되었다고 생각한다"[61]고 서술했다). 물론 슈퍼임포즈라는 기술이 기능적인 면에서 '우수하기 때문에' 그만큼 단기간에 부정론들을 수습할 수 있었던 것은 아니다. 오히려 앞 절에서 확인했듯이 순영화극운동의 〈소리〉배제 프로젝트, 혹은 무세이적인 〈소리〉에 철저해짐으로써 〈소리〉자면이 1920년대에 어느 정도 완료되기 때문에 1930년대 일본 영화관객들은 사소한 기술 개혁만으로도 토키 수용이 가능했던 것이다. 환언하자면, 1920년대 관객들은 무세이적인 말이나 무사시노칸적인 관극장치의 확장에 의해 《소리》화 되었던 변사·악사의 청각표상이나 영상표상으로서의 고유성을 추구하는 영상텍스트를 수용하는 가운데, 토키적인 《소리》를 받아들일 수 있는 신체성을 이미 획득했으며, 슈퍼임포즈라는 기술은 그 신체능력의 발현을 뒤에서 부추겼던 것에 지나지 않는다.

분명 1920년대에 〈소리〉를 내파內破해버린 토쿠가와 무세이는 자신의 말과 토키의 소리가 똑같은 재현=표상의 논리 위에 성립한다는 것을 어렴풋이나마 느끼고 있었다. 영화설명의 제1인자인 무세이의 토키 비판은 어딘가 어색하다. 그는 변사의 토키 설명을 "오해투성이 설명이 토키와 합쳐져 감상하는데 매우 혼란스럽다"고 비난했다. 또 모리 이와오森岩雄가 "(슈퍼임포즈로 상영된) 〈모로코〉를 보면 청각은 괜찮은데 시각이 혼란스럽다. 그러나 어느 쪽이 나은지를 말하자면 아직은 시각이 혼란스러운 편이 낫다고 생각한다”[62]고 한 말에 대해 무세이는 다음과 같이 응답한다.

> 영화는 어디까지나 시각 쪽을 제1의 수단으로 하는데, 시각이 혼란스러운 편이 낫다니 말도 안 된다. (웃음) 모리가 한 말은 전부 틀렸다. (웃음)[63]

물론, 모리 이와오는 영화가 시각적인 재현의 미디어라는 것을 부정하지 않았다. 그는 즉흥적인 상연공간에 의존하지 않고 ‘텍스트의 제시’라고 하는 영화의 재현성을 전제로 텍스트 내에 존재하는 자막(시각매체)을 긍정한다. 다만 텍스트 외부에 있는 변사의 소리를 부정한 것이지, 영화가 시각을 우선시하는 미디어라는 것까지 부정한 것은 아니다. 즉 모리 이와오는 음성／영상이라는 대립이 아니라, 표상 혹은 현전이라는 재현 방식에 관한, 보다 근본적인 대립을 문제 삼았던 것이다. 무세이는 그런 모리 이와오의 ‘현전’ 비판을 “시각미디어라는 영화의 고유성을 방기”한 것이라고 왜곡해 읽었기 때문에 그런 반론을 폈던 것이다. 그 옹색한 반론이 더 이상 아무런 반론도 될 수 없다는 것, 자신이 실천한 변사의 《소리》가 사실은 토키에서도 실현되어버렸다는 것을 충분히 알고 있었기 때문에, 토쿠가와 무세이는 자신의 발언을 자조할 수밖에 없었던 것이 아닐까. 실제로 무세이는 앞서 말한 발언에 대해 얼마 지나지 않아 다음과 같이 고백했다. “사실을 말하자면, 이번에서야 토키를 설명하는 것에 대해 진지하게 고민하게 되었습니다. 지금까지는 결코 비관적이지 않았어요. 그런데 〈모로코〉를 보고, 이제는 떠나야겠구나 하고 생각했습니다.”[64]

이렇게 무세이가 사실상 ‘패배선언’을 한 다음해, 토키 때문에 직장을 잃은 변사·악사들의 노동쟁의가 전국에서 휘몰아쳤고, 경영자가 바뀐 무사시노칸에서도 쇼와 7년(1932) 6월 5일 ‘20개 요구조건’을 내건 종업원들의 파업이 일어났다. 무세이도 일단은 파업자 측에 서서 사태수습을 위해 분주히 움직였는데, 결국 다음해인 쇼와 8년(1933)에 퇴직금 2,500엔을 받고, 7년에 걸친 무사시노칸 변사생활에 종지부를 찍었다. 〈소리〉에서 《소리》로의 이행을 자신의 신체 안에서 진행시켰던 1920년대 중반에는 자신의 《소리》에 쏟아지는 찬사에 등을 돌리듯 진타적인 〈소리〉의 에로티시즘에 대한 사랑을 이야기하고, 토키가 침투한 1930년대 초반에는 자신의 《소리》와 토키적인 《소리》와의 본질적인 공명 관계를 그 누구보다 깊이 자각하면서도 변사=〈소리〉의 대리인으로서의 발언과 행동에 철저했던 토쿠가와 무세이. 불가피하게 선택된 그의 '반시대적' 태도에서 무세이의 숨막힘까지 느껴진다. 분명 무세이는 〈소리〉의 논리와 《소리》의 논리가 교착·상극·갈등하는 1920~30년대 담론 네트워크의 '뒤틀림'과 '요동'을 혼자서 감당했다. 아니 1920~30년대 초에 영화를 둘러싼 언설의 중층성이 그 자체로 무세이라는 신체에 첨예하게 드러났다고도 말할 수 있다.

1930년대 일본은 결국 토키적 《소리》와 영상 사이를 가로지르는 에끄리뛰르의 단절을 잊어버릴 수 있을 정도의 기술과 습관을 체득하고 '그 공간만의 연극적 퍼포먼스의 성격을 일소시킨' 영화체험, '특정 영화관에 귀속되지 않는 익명의 존재'라는 관객성의 양태를 만들어 간다.[65] 각각의 상영에 앞서 필름에 박힌 텍스트가 특정 상연공간의 정황에 '얽매이는' 것에서 해방된 익명의 관객을 '보다=이해하다'라는 관객상으로 성립시켜 간 것이다. 이것은 영화를 제작자가 의도한 텍스트의 의미와 내용을 그대로 전달할 장치로 파악하는 '교화教化'의 논리를 불가피하게 끌어들이게 되었다. 그것은 소위 국책영화에만 한정되지 않는다. "민중을 기만하고, 무지하게 하고, 무치無恥하게 하는"[66] 미국의 토키영화나 "제국주의의 선전과 선동을 도운" "가장 반동적인 계급예술"[67]의 성격을 띠는 토키영화의 이데올로기성을 비난한 프로키노[34)]

---

34) 1928년에 결성된 일본 프롤레타리아 영화동맹.

동인들이 "소비에트의 올바른 토키이론"[68]을 모범삼아 "민중을 교화하기 위한 토키"[69]의 구축을 주장하던 때에도, 결국 〈소리〉와 《소리》의 틈새에서 갈등하는 무세이와 같은 불안은 청산되어 있었다. "토키는 새로운 문화, 새로운 예술의 승리다. 기계를 파괴해서는 안 된다. 부득이하게 자본 공세의 공격도구로 사용되는 토키가 피해를 주고 있다. 중을 미워할 수는 있다. 그렇지만 그가 입은 법의가 중은 아니다." 그렇기 때문에 "'반反토키 쟁의'라는 표현은 있을 수 없다[70]"는 말까지 나온다.

〈소리〉의 벽을 무너트린 《소리》마저 그 벽이 약해지고 '좌'·'우'에서 영화를 교화 장치의 도구로 인식하면서 영화는 1930~40년대라는 '정황'을 맞이한다. 바로 그때, 무사시노칸을 떠난 토쿠가와 무세이는 아사쿠사 토키와자淺草常磐座에서 〈웃음의 왕국笑の王國〉을 시작으로 연극이나 영화에 출연하면서, 소리의 퍼포먼스 공간이라는 새로운 무대를 개척해나가고 있었다.

오락 · 유머 · 근대

'모던만자이'의 웃음과 폭력

요네야마 리사 米山リサ

유키에雪江 : 당신하고 닮았네요

고로五郎 : 닮았나, 히데요시1)는 칸파쿠2)라구.

유키에 : 당신은 완파쿠3)잖아요

고로 : 말조심 해, 그분은 생각하는 거 하난 큰 사람이었어.

유키에 : 생각하는 건 크지만, 키는 작죠…… 정말 당신하고 똑같네요.

고로 : 모르는 소리! 조선은 물론이고 중국, 필리핀까지 점령할 생각이었다니까.

유키에 : 그건 안 되죠, 남의 것을 탐내는 건 안 돼요.1

---

* 이 글은 강현정이 번역하였다.

1) 일본의 무장·정치가. 키노시타 토키치로木下藤吉郎라는 이름을 가지고 있었으나, 29세 이후에 하시바 히데요시羽柴秀吉라고 하였다가, 칸파쿠關白가 되어 토요토미라는 성을 썼다.

2) 關白. 천황의 최고 보좌관. 헤이안平安시대에 생겨난 이 직책은 표면적으로는 천황을 대행하여 정무를 수행하였으나, 종종 정권의 실세로 행동하였음.

3) 腕白. 장난꾸러기. '칸파쿠'와 소리가 비슷한데서 언어유희를 발생시키고 있다.

1. 시작하며

웃음을 자아내는 코미디나 유머, 기지, 골계라고 하는 요소의 특징은 기존 구조에 대항하는 반구조성, 세계에 대항하는 반세계성 혹은 안정된 문화적 카테고리나 자명성에서 일탈하는 경계성liminality이라고 할 수 있다. 코믹함의 의미작용이나 웃음을 준다는 문화적 실천은 쉽게 언어화 되지 않는 이질적이고 불온한 요소를 순간적, 자연 발생적으로 침투시켜 상식을 뒤집고 현실의 이면을 엿볼 수 있게 한다. 이런 코미디나 유머, 기지, 골계는 제도화된 대항적 힘은 될 수 없을지라도 복종하지 않겠다는 자세나 비판적 시각을 표명한다. 그것이 시공간적으로 공유될 때는 '약자의 무기'로까지 효력을 발휘할 수 있다. 문화의 실천을 분석하는 연구자나 비평가 대부분은, 코미디가 지식인의 포퓰리즘에 영합하기도 하지만, 한편으로는 현실대항적인 문화실천, 권력에 대한 저항 가능성도 가진다는 양면성을 간파했다.[2]

1920년대 후반에 새로운 코미디의 형태로 등장하여 아시아 태평양전쟁기에 일제히 많은 주목을 받은 민중오락인 '샤베쿠리만자이'[4] 혹은 '모던만자이'에 대해 논할 때도 이러한 시각이 지배적이었다. 츠루미 슌스케鶴見俊輔는 그의 강의록 「요세寄席[5]의 예술」에서 만자이의 주변성에서 발생하는 사회비판의 힘을 예리하게 간파했다.[3] 츠루미 슌스케는 만자이의 성립을 라쿠고落語[6]의 발전 과정과 구별한다. 그는 라쿠고가 '이

---

4) 만자이漫才는 일본식 코미디로 두 명 내지 세 명이 코믹한 대화나 유행어를 써 가며 관객들을 웃긴다. 그중 샤베쿠리만자이しゃべくり漫才는 두 사람이 계속 말을 주고받으면서 관객을 웃기는 스탠드업 코미디로, 오늘날 만자이 방식의 원조가 되었다.
5) 만자이나 라쿠고落語, 분라쿠文樂, 닌교조루리人形淨瑠璃 등 일본의 전통 예능을 상연하는 소극장.
6) 라쿠고는 1인극으로 진행되며, 연기자는 자부톤(방석)이나, 평상, 또는 다다미에 앉아 유머러스한 이야기를 한다. 키모노를 입고 정좌로 앉아 뛰어난 화술과 유머러스한

야기의 예술'로 제도화되고 정전화正典化되어 왔다는 것, 그리고 라쿠고 출신 정치가가 기성 권력에 기생하려는 경향이 있었던 것을 지적한다. 한편 이것과 대조적으로 만자이라는 장르는, 사회 주변부와 깊은 관련을 맺어온 예능에 기원을 두고 있어 만자이 출신 정치가가 '의회에서도 독립적으로 비평할 수 있는 입장을 선택'해왔다고 지적한다.[4] 츠루미 슌스케는 또 만자이가 번성하게 된 1930년대라는 시기와, 좌익활동이 비합법화 되면서 '전향'의 시대가 된 때가 부합하고 있는 것에 주목했다. 특히 도쿄제국대학에서 좌파계 잡지에 기고하던 아키타 미노루秋田實와 신인회新人會에 있던 나가오키 마코토長沖一가 당시 만자이를 적극 추진 중이었던 요시모토吉本흥업 문예부에 입사했던 것을 중요한 계기로 보고, 마르크스주의나 노동운동사상에서의 '전향자'가 만자이에 미친 영향을 중시했다. 만자이가 이런 사회적·역사적 배경 속에서 발생했기 때문에 "언론 통제를 통해 정부 권력이 은폐하려는 것들을 들춰내고 비판하는 것은 당연"하다.[5] 츠루미 슌스케의 문화비평은 '대중예술'인 만자이의 야당적이고 재야적인 성격을 뒷받침해 주었다.

츠루미 슌스케는 만자이와 15년전쟁[7] 혹은 아시아 태평양전쟁과의 관계에 대해 "전쟁이 진행되면서 만화가 전시 언론 속에 설 장소를 잃어 버렸듯이, 처음에는 장려되던 만자이도 설 장소가 없어지고 말았습니다"라고 이야기했다. 한편, 이와는 대조적으로 1935년 요시모토 문예부에 입사한 후 다수의 만자이 시나리오를 제작해온 '만자이 작가' 아키타 미노루는 전시 하의 만자이 상황에 대해 츠루미 슌스케와는 다르게 인식한다. 아키타 미노루는 그의 회상록 『오사카 소화사大阪笑話史』에 "대동아전쟁이 심화되면서 후방의 생활은 더욱 빈궁해지고 있었지만,

---

얼굴표정에 몸짓을 섞어 청중을 웃긴다. 소품은 부채나 손수건이 고작.
7) 만주사변·중일전쟁·태평양전쟁을 연속선으로 파악하는 관점에서 제시된 명칭이다. 즉 만주사변 발발시기인 1931년부터 태평양전쟁 종결시기인 1945년까지 15년간을 하나의 전쟁기로 보고 태평양전쟁을 그 세 번째 단계로 자리매김하는 것이다.

만자이는 '건전오락'으로 각 방면에서 점점 더 귀한 대접을 받게 되었다"고 썼다.[6]

이 글에서 다루는 것은 츠루미 슌스케의 역사성찰과 아키타 미노루의 자전적 회상록에서 차이를 보이는, 이 '건전오락'으로서의 만자이라는 역사 문화적 카테고리이다.[7] 이 글에서 상술하듯 '모던만자이'의 형식과 감성은 확실히 1910~20년대에 걸친 일본 모더니즘의 이종혼교성 hybridity, 균열과 차이, 충돌을 초래하는 전복적인 파괴성이나 의외성에 기인하며, 신흥 부르주아 지식계급의 심미적 욕구를 충족시켰다.[8] 동시에 1930년대 상업자본주의의 발전과, 라디오와 신문이라는 국가장치 미디어의 신장과 함께 발전한 민중오락으로서의 만자이는 중일전쟁이 전면화된 이후 총력전 체제하에서 국가에 의한 통제와 손을 잡기도 했다. 요컨대, 웃음을 둘러싼 문화실천은 비상사태 하에서의 삶과 지식을 관리하는 것으로 촉구되었던 것이다. 그러므로 만자이와 전시체제의 관계는 오히려 민중오락이라는 형태가 만들어진 1920~30년대 즉 그것이 잉태되던 '근대'라는 시점에서 근대와 파시즘의 연속성이라는 시각으로 고찰해야만 한다. 만자이는 1930년대 당시 수많은 민중오락 중 하나의 희극笑藝 형태에 불과했다. 그러나 중일전쟁기부터 미일전쟁기에 걸쳐 발전한 여러 만자이 장르에 대한 고찰은 웃음, 유쾌함, 유머를 추구하는 '위안과 오락'의 공간과 문화 실천이, 전쟁과 파시즘 그리고 군사주의의 폭력과 합쳐져 어떤 친근성을 띤 채 전개된 면만 본 것이 아닐까.[9]

만자이는 모더니즘의 이질성, 균열과 차이, 충돌을 초래하는 전복적인 파괴성, 코미디나 대중문화의 다의성과 다성성多聲性이 야기하는 문화비판이나 비복종의 가능성을 부정하지 않았다. 어떻게 만자이는 그것들을 부정하지 않으면서 무엇을 어떤 식으로 봉쇄하고 배척했는지, 그리고 그 봉쇄나 배척은 무엇을 긍정하고 무엇을 적극적으로 추구하면서 진행됐는지, 모던만자이의 어떠한 요소가 아시아 태평양전쟁기에 국가 총동원체제와 민중오락의 친화성을 가능하게 했는지를 추적하면서 이러한 물음에 대해 생각해보고자 한다.

2. 모던만자이의 '새로움' – 탈계급과 탈에로 그로 erotic grotesque

오늘날 '샤베쿠리만자이'라고 알려진 코미디의 형태는, 요코야마 엔타츠横山エンタツ와 하나비시 아차코花菱アチャコ가 1930년부터 요세 무대에서 시도한 공연이 그 원형이라고 한다. 그들은 ① 키모노가 아닌 양복을 입고 등장했고, ② 가무나 음곡을 하지 않았으며, ③ 두 사람 간에 주고받는 일상회화를 중심으로 연기했다. 이것은 그때까지의 요세 연예에서는 전례 없는 일이었다고 한다.[10] 오사카 언어 연구로 유명한 마에다 이사무前田勇는 엔타츠와 아차코 콤비의 등장에 대해 다음과 같이 서술하고 있다.

> 쇼와 5년(1930) 5월, 오사카 타마즈쿠리玉造에 있는 산코칸三光館이라는 요세에, '요코야마 엔타츠·하나비시 아차코'라는 새로운 콤비가 등장했다. 엔타츠는 로이드 안경을 쓰고 채플린 콧수염을 유행시켰다. 보통체격으로 무슨 중학교 선생 혹은 은행원인 듯한 모습이다. 반면 아차코는 덩치가 큰 남자로, 토산품 가게의 주인 혹은 깡패 두목 같은 분위기인데, 두 사람 모두 양복차림. (…중략…) 새로운 콤비에 새로운 옷차림이어서, 모두 눈이 휘둥그레졌다.[11]

1930년대 중반에는 대학야구 시합의 실황중계를 오리지널 텍스트로 하여 이를 코믹하게 패러디 한 '소케이센早慶戰'8)이라는 두 사람의 콤비

---

8) 와세다 대학과 케이오 대학의 스포츠 교류행사.

공연이 '인텔리만자이'로 큰 인기를 모았다. 또 1934년에는 신바시 연무장新橋演舞場에서 '특선 만자이대회'가 연일 만원의 성공을 거두었다. 한편 '만자이'라는 철자는 후에 요시모토흥업(당시 요시모토흥업합명회사)의 대표이사가 된 하시모토 테츠히코橋本鐵彦가 회사의 홍보지인 『요시모토 연예통신吉本演藝通信』에, 엄숙한 의식을 연상시키는 '만자이万歲'에서, 보다 대중적인 울림이 있는 '만자이漫才'로 바꾼 것이라고 한다.[12]

만자이가 대두된 것은 그 개척자였던 요시모토흥업의 발전과 밀접한 관계가 있다. 타케무라 타미로竹村民郎는 근대 레크리에이션 공간의 성립과 발전을 비교정치경제의 관점에서 "신흥 '중산계급'이 지지한 만자이"를 중심으로 논의했다. 민중오락의 정점에 이른 요시모토흥업이 에도시대 이래 카미가타라쿠고9)를 시작으로 발전해온 칸사이關西 민중오락의 붕괴를 초래한 한편, 1920~30년대에 '국민대중의 동의를 조직한다'라는 사회적 역할을 수행했다는 것을 지적한다.[13] 타케무라 타미로는 "당시 일본에서는 대량소비와 대중문화의 출현, 전국적인 매스미디어의 성립, 민중의 생활수준과 교육수준의 상승, 구미 소비문화의 유입 등으로 어느 정도의 시민문화와 조직력이 확대되었다. 따라서 국민대중의 동의를 조직하는 지배체계를 형성하기 위해서는 군부에 의한 초국가주의 이데올로기를 강요하면서, 한편으로는 소비나 레저 같은 사적쾌락을 매개로 민중을 통합해야 했다. 이 점을 간파한 요시모토는 만자이, 영화, 홍행을 융합한 새로운 대중오락을 제시하여 사적쾌락주의에 근거한 사회 '혁신'을 지향했다"고 기술하고 있다.[14] 총력전 하에서 국책과 민중을 매개한 것을 '사적쾌락'이라고 하는 것이 적합한지에 대해서는 나중에 고찰하겠지만, 타케무라 타미로의 분석은 요시모토흥업이 만자이를 팔기 시작했다는 사실에서 1920~30년대에 민중 오락을 크게 변혁시켰다는 것을 단적으로 포착하고 있다.

---

9) 上方落語. 오사카, 쿄토를 중심으로 하는 칸사이關西 권역에서 주로 행해지는 라쿠고

한편 경영자가 된 요시모토흥업이 만자이万歲에서 만자이漫才로 철자를 바꾼 이후의 시기는 요세를 독점하겠다는 야심이 드러난 때로, 이를테면 예능인藝人의 생산수단을 독점하는 것에서 예능인을 샐러리맨화하여 개개인을 관리하는 것으로 그 주시점을 이행시켜 간 것이다. 이것은 1939년에 등장한 쇼치쿠松竹계열의 신흥연예장과 요시모토 사이에 인기 예능인 쟁탈전이 일어나게 된 배경이 되기도 했다.[15]

만자이가 새로운 형태의 코미디로 요세에 등장하고, 흥행하는 공연 목록들 중에서도 유달리 주목받게 된 1930년대에는 '만자이 현상'을 둘러싼 표상이 증식한다. 1935년 요시모토흥업에 나가오키 마코토와 아키타 미노루가 입사한 후 창간된 회사의 홍보지 『요시모토』에는 만자이가 당시 요세 예술로서는 특이하게 '인텔리'층에게 지지받은 대중 예능이었다는 것과, 만자이와 사회계급과의 관계성을 언급하는 경향이 여기저기 나타나있다.[16] 그것은 당시의 문화 상황, 특히 민중 오락과 계급 불안을 둘러싼 모순이나 기대를 반영한 것이기도 했다.

만자이라는 민중오락의 '새로움'은, 한편으로는 아주 단순하게 '지금까지는 없었던 것' 혹은 '백화점의 유행 같은 새로움 또는 신기함'으로 이해되었다.[17] 동시에 이 '새로움'은 이종혼교성, 즉 전통성을 부여받은 '만자이万歲'라고 표기되어진 예능과 시공간적으로 토착적인 것이 아니어도 받아들일 수 있는 것과의 혼교에 의해 인식되었다. 예를 들면, 엔타츠나 에노켄エノケン[10]의 "'의미 없는 웃음' 속에 저쪽(서양) 개그의 냄새가 난다. 거기엔 만자이꾼들이 이 나라 무대에 새로운 웃음을 창조했던 하나의 요인이 있다"[18]라고 쓰인 기사에서 추측해 볼 수 있는데, 엔타츠나 에노켄이 체현하고 있는 하이브리드한 코미디는 '저쪽'의 것이든 '서양의 것이든 '비일본적'인 것이든 상관없이 모두 소화할 수 있는 것이었다. 엔타츠가 '로이드 안경을 쓰고 채플린 콧수염을 한' 모습으로

---

10) 에노켄은 애칭이고, 본명은 에노모토 켄이치榎本健一.

표상되어진 것은 헐리우드 영화가 시뮬레이션으로서 이미 만자이보다 선행하여 존재하고 있었으며, 엔타츠의 공연을 수용하는 관객은 로이드나 채플린이라는 희극배우를 엔타츠와 동일시하고 있었다는 것을 보여준다.

동시에 이렇게 '저쪽'의 것과 전통적 민중오락과의 이종교배는 계급문화의 그것과도 밀접한 연관이 있다. 마에다 이사무가 '로이드 안경을 쓰고 채플린 콧수염을 한' 엔타츠를 '중학교 선생 혹은 은행원'으로, 아차코를 '토산품 가게의 주인 아니면 깡패 두목'에 비교하여 당시를 회상하고 있는 것은 헐리우드 희극을 동일화의 시나리오로 하는 한편 관객은 동시에, 당시 오사카의 다양한 부르주아계급의 표상을 무대 위의 엔타츠·아차코의 모습에서 찾아내고 있었음을 시사한다. 또 엔타츠가 구사하는 '칸사이 풍의 도쿄 사투리'를 "학교 선생도 쓰고, 관공서 사람들도 쓰고, 모든 문화인들이 일반적으로 쓰고 있다"고 한 어느 관찰자의 지적은 만자이와 화이트칼라의 밀접한 관계를 말해준다.[19]

1930년대 만자이의 '새로움'은 그것이 모던하다는 감각에 의해 지지되었다. 지역화된 그 모던이라는 '근대'의 감각은 서양적인 것과 그렇지 않은 것과의 이종혼교성에서 유래하는 쾌락에 머무르지 않고, 계급문화 간의 교배와 평준화의 확인 혹은 기대와도 밀접하게 연결되어 있었다. 그러므로 만자이에 대한 관심이 높아진 것은 당시 가속화되고 있던 세계자본주의의 불균등한 발전과, 계급 간 격차가 현저하게 확대되는 것에 대한 불안이 고조되면서 생겨난 결과라고도 말할 수 있다.

만자이가 '인텔리'를 동원함으로써 오락과 사회계급의 일대일 대응이 붕괴되고 세대와 계급의 혼교와 평준화가 진행되었다는 인식은 관객층이 '새롭게' 변화한 것에서도 발견할 수 있다. 많은 예능인들은 요세에 오는 관객층의 변화를 더욱더 예민하게 관찰하고 있었다. 하나비시 아차코는 쿄쿠마리[11) 예능인이었던 하루모토 스케지로春本助治郎와의 대담에서 "멋 부리고 놀 줄 아는 사람들, 단골손님들로 북적거리던 미나미치와 키타신치12)의 카게츠13)에 모던한 아가씨들이 요즘 눈에 띄게 늘었습니다”라고 이야기했다. 이에 대해 도쿄를 중심으로 활약하고 있던 하루모토 스케지로도 “나도 놀랐습니다. 오사카에 올 때마다 객석이 변하고 있더군요. 젊은 학생들과 양장을 입은 아가씨들이 많아, 전체적으로 젊은 손님들으로 바뀌었죠. 이것은 프로그램 편성이 좋기도 하거니와 당신들의 만자이가 대단히 인기있고, 의심할 나위 없이 유쾌하기 때문이겠죠”라고 응답했다.[20]

요시모토 요세에 오는 관객을 묘사한 토미다 에이조富田英三의 「요세의 고현학」에 있는 두 페이지짜리 삽화에도, 관객의 '모던'함과 새로운 관객층의 증가에 대한 인식이 드러나 있다.[21] 이 삽화는 “센니치마에14)는 호젠지15)의 '카게츠'”의 관객층을 각각 '표준형', '샐러리맨형', '신혼형', '단체형', '모던형', '단골형', '대학생형·여학생형'으로 나누어 묘사하고 있다. '표준형'과 '단골형'은 일본풍 차림의 남녀로 대표된다. 그 중 '표준형'은 '하루단지春団治16)와 쇼카쿠松鶴 팬'으로, '간주에 이상한 재즈 같은 것이 섞여 나올 땐 얼굴을 찡그리지만 크게 신경 쓰지 않는 요세에 걸맞는 단골'이라고 되어 있으며, '단골형'은 '요세에 있어서는

---

11) 曲鞠. 신도의 신사에서 신에게 봉납하기 위해 바치는 가무를 '가구라神樂'라고 하는데, 쿄쿠마리는 이 가구라의 연기 목록 중 하나.

12) 南地, 北新地. 오사카에는 에도시대 때 4개의 큰 유곽이 있었으나, 전후戰後에 오사카 경제가 나빠지면서 모두 문을 닫고, 현재 '유곽'으로서의 기능을 어렵게 이어가고 있는 곳은 키타신치와 미나미치밖에 없다.

13) 花月. 주로 요시모토흥업이 경영하는 요세나 극장에 붙는 명칭.

14) 千日前. 오사카 중앙구에 있는 지명 중 하나. 연예장과 영화관 등이 몰려있어 오락가로 유명하다.

15) 法善寺. 센니치마에에 있는 정토종의 사원. 이 절은 천일회향(천일 동안 죽은자의 명복을 의해 염불을 함, 천일은 일본어로 센니치千日라고 발음한다)을 행하는 절이여서 그 문전을 센니치마에라고 부르게 되었다. 여기서 말하는 센니치마에는 센니치마에에 있는 호젠지의 문전을 가리킨다.

16) 초대 카츠라 하루단지(桂春団治, 1878.8.4~1934.10.6)는, 천재적인 화술로 전전戰前 카미가타라쿠고上方落語계의 슈퍼스타 같은 존재였다. 고전 라쿠고에 난센스한 개그를 도입, 대담하게 개작改作을 하여 폭소왕으로 인기를 모았다. 당시 첨단기술이었던 레코드에 라쿠고를 녹음했는데, 이 레코드는 많은 사람들을 매료시켰다.

대단히 유익한 손님'으로 기록되어 있다. 한편 '샐러리맨형'은 바지 다림선이 잘 잡혀있고, 말끔하게 정장을 차려입은 두 남성의 삽화로 대표되는데, '최근 압도적으로 증가한 팬'이라고 쓰여 있다. '그들이 선호하는 것은 오로지 에로가 들어간 만자이로 이 무리가 까페 같은 곳에 가면 "자기, 카게츠에 가볼래? 요세 좋아해?"라고 하는 등, 요세를 여급을 꼬시는 장소로 삼는다'고 기록되어 있다. 한편 '모던형'은, 양장을 한 남녀 커플의 삽화로 대표되는데, '최근에 급격하게 증가한 부류'로 관찰되고 있다. '샐러리맨형'이나 '모던형'과 같이 새로운 관객층으로 등장한 것이 '대학생형·여학생형'인데, 이들은 사각모에 제복 차림을 한 남학생과, 교복을 입은 두 여학생의 삽화로 대표된다. 특히 여학생 형은 "쿠리마루17) 같은 만담꾼이 나오면 갑자기 꺄악~하고 웃는다"라는 해설이 덧붙여져 있다. 또 '신혼형', '단체형', '단골형'에 묘사된 여성들은 모두 키모노 차림으로 그려져 있는 반면, '모던형'과 '여학생형'의 삽화는 일본 옷이 아닌 서양 옷을 입은 여성으로 그려져 있다. 이것은 요세가 여성의 신체와 옷을 차려입는다는 실천으로 문화적인 경계를 침범하고 이종혼교가 행해질 수 있는 장이며 동시에, 전통이라는 이데올로기에 의한 규율화를 부르는 장이기도 했다는 것을 보여준다.

그러나 무엇보다도 만자이는 고등교육을 받은 신흥 부르주아의 지지를 얻어 민중오락의 지위를 향상시켰다. 전쟁 후 문예춘추사文藝春秋社 사장이 된 사사키 모사쿠佐々木茂素도 제국 호텔에서 개최된 만자이 대회를 본 후, "관객을 훑어보니 대머리부터 시작해서 평소에 별로 만자이와 상관없는 듯한 사람들이 많은 걸 보니, 만자이도 점점 새로운 관객층을 개척하고 있는 것 같다"22고 진술하여 만자이가 지금까지 요세로 모이는 사람들과는 다른 계급을 동원한 민중오락임을 강조했다. 이는 타케무라 타이도가 지적했듯이 '만자이가 대중오락의 질적 향상에 기

---

17) 九里丸. 오사카 최초의 만담가漫談家. 요시모토홍업에 소속되면서 카게츠테이 쿠리마루花月亭九里丸로 이름을 바꾸었다.

여'한다고 하는 혁신적인 결과 중 하나가 '지식인 관객층의 증가'라는 것을 보여준다.[23] 1930년대 만자이의 '새로움'은, 지금껏 대중성을 중시하는 요세 형식의 민중오락과는 관계가 없다고 여겨졌던 계급이 만자이에 의해 요세로 오게 되었다는 사실과 따로 논할 수 없다. 화이트칼라나 지식인층을 동원했다는 것은 만자이가 사회계급의 괴리를 극복하는 매개체로서 이해 될 수 있는 가능성을 포함하기 때문이다.

콘다 야스노스케權田保之助는 1940년대 총력전체제 하의 국민오락의 필요성을 호소하면서 "(신체제 하에서는) 개인이 편협하고 저급하게 사적인 취미나 기호의 장 안에서 독선적이고 폐쇄적으로 오락을 즐기는 태도는 성립할 수 없게 되었다", "고위직은 골프를 치고, 노동자는 만자이를 즐기며, 사무원은 영화를 감상한다는 식이 아니라, 사업가도, 사무원도, 노동자도 모두 같이 한 마음으로 화합하여 즐길 수 있는 위안오락이자 스포츠가 필요하고 그것을 통해 생활을 윤택하고 풍부하게 힐 수 있어야 한다"[24]고 피력했다. 모던만자이는 비록 상업적인 영리주의에서 추진되긴 하였으나, 확대되는 계급간의 불균형을 지양하면서 새로운 오락을 향유하는 주체를 창출했다는 점에서 콘다 야스노스케가 희구한 '국민오락'을 체현한 것이라 할 수 있다.

다양한 관객이 '한 마음으로 화합하여 즐길 수 있는 국민오락'으로서의 만자이가 마침내 '건전오락'으로 환영받게 된 또 하나의 배경으로 만자이가 1910~20년대 근대오락문화를 특징지었던 '에로 그로'의 요소를 배척했던 과정을 들 수 있다. 1930년대 이후 민중오락의 탈에로 그로화는 레코드나 라디오 같은 매스미디어가 가정에 보편화된 것과 관계가 있다.

아키타 미노루는 '바깥'에서 이루어지는 남자들의 외설적인 이야기를 중심으로 한 세간의 이야기가 아니라 '지금까지는 만자이에서 다루지 않았던 가정생활에 대한 여러 가지 이야기가 만자이로 나왔다'는 변화를 기록하고 있다. 만자이의 원형이 된 태부와 재장[18] 두 사람의 콤비 형식이 부부만자이를 가능하게 하여, 부부만자이가 요세의 무대에 등장하게 되었다.[25] 부부만자이가 공연되기 시작하자, 요세에도 부부동반 관객이 늘기 시작했다. 일상생활을 제재로 한 '생활의 시시콜콜한 수다'가 만자이의 내용으로 무대에 올려졌다. 한편 아키타 미노루는 엔타츠·아차코의 업적으로 '새롭고 광범위한 관객층을 개척한 것'을 들고 있다. "그들의 만자이는 그때까지의 난잡하고 때로는 야비하며 외설스러운 코미디 대신 누가 들어도 안심하고 웃을 수 있는 '천진난만'한 것이 특징"이라고 진술하였다.[26]

이와 같은 만자이의 가정화와 순치順治는 후에 많은 만자이 대본을 작성한 아키타 미노루 본인의 지향에 의해 한층 가속화되었다. 아키타 미노루는 자서전의 서두에서 종래의 '난잡하고, 야비하고, 외설스럽고, 저급하고, 저속한' 만자이의 재미를 '누구에게나 통용되는 재미'로 바꾸고 싶다는 야심을 가지고 있었다고 밝혔다. 아키타 미노루가 목표로 한 만자이는 '엄마와 함께', '여성이나 가족동반 관객이 안심하고 들으러 올 수 있는', '누구라도 공감할 수 있는 천진난만한 이야기'였다.[27] 즉 만자이는 근대 가족 이데올로기와 일부일처 핵가족 규범성heteronormativity에 어울리는 민중오락으로서 생겨난 것이다.

한편 1934년 초에 요세 중계를 시작으로 만자이는 라디오에서 빈번하게 방송되었다. 요시모토흥업은 당초 요세를 방문하는 관객수가 줄어드는 것을 염려하여 카츠라 하루단지를 비롯한 예능인의 라디오 출연을 금지했다. 그러나 실제로는 라디오 방송이 예능인의 인기를 높이면서 예능인을 보기 위해 요세로 오는 사람들이 늘어나는 결과를 낳는다. 라디오라는 매체나 레코드와 같은 복제기술에 의한 시뮬라크라simulacra의

---

18) 태부太夫는 대체로 사무라이 모자에 사무라이의 대표적인 복장인 삼베 의복을 입었다. 재장才藏의 복장은 일본식 바지에 검은 두건을 쓰고, 큰 띠를 두른다. '학은 천년을 살고, 거북은 만년을 산다'라고 태부가 어깨를 움직이며 말을 떼면 재장이 북을 두드린다.

선행이, 역으로 진정성이나 유기적인 것으로의 노스탤지어를 자극한 것이다. 그러나 여기서 강조하고 싶은 것은 라디오에 의한 만자이 방송이 만자이를 중산층 가족의 공유 공간인 다실茶室에 침투시켰다는 점이다. 만자이는 가정에서 '안심하고 즐길 수 있는 민중오락'으로 인정되어 공급되었다. 1935년 초부터 발매되기 시작한 만자이 레코드가 판매될 때에도 '가정에서 들을 수 있는 만자이 대회'라는 선전문구가 사용되었다.[28] 만자이는 탈에로 그로화되고, 가족화되고, 순치화된 민중오락으로 발전한 것이다.

3. 만자이의 세간성과 뉴스성 – 황군(皇軍)위문과 와라와시부대[19]

"불경기시대, 암흑의 시대에는 코미디가 인기를 누린다."[29] 극작가이자 카미가타上方 예능에 대해 많은 논고를 남긴 미타 준이치三田純市는 '모던만자이'·'샤베쿠리만자이'라는 새로운 형태의 희극이 매우 융성했던 시대에 관해 위와 같이 말했다. 아키타 미노루는 "오사카에서 오락으로서 만자이의 지위가 인정받게 된 것은 쇼와 12년(1937)에 벌어진 중일전쟁 덕분"이고, 이후 만자이는 "군부나 관청의 국책에 의해 건강한 서민의 오락"으로 높은 평가를 받게 되었다고 회고했다.[30]

만자이가 군사주의와 함께 발전했다는 것은 군사 위문과 본토에서의 보고 집회가 점차 만자이를 중심으로 한 코미디 연예의 상연 형식으로

---

19) 중일전쟁 발발 후 중국 대륙으로 파견된 병사를 위문하기 위해 요시모토흥업이 아사히신문朝日新聞과 함께 결성한 연예파견단 / 위문단. 당시 육해군의 전투기를 부르는 말인 아라와시荒鷲에서 말을 따 와라와시わらわし부대라고 이름을 지었다.

행해졌다는 사실에서 알 수 있다. 요시모토흥업사의 역사를 기록한『요시모토 80년의 발자취吉本八十年の歩み』에 의하면, 일본의 식민지 및 점령지에서 군사를 확장함에 따라 많은 요시모토 소속 예능인들이 전선위문 공연을 했고, 나아가서는 후에 거국일치체제하에서 산업전사 위문의 모든 활동에도 동원되었다고 한다. 그 일련의 과정은 1931년에 만자이의 엔타츠·아차코, 만단[20]의 카게츠테이 쿠리마루 등에 이르기까지 '만주' 혹은 중국 동북부에 군위문단을 보내면서 시작되었다.[31] 요시모토흥업은 1933년에 만주주유관동군에도 위문단을 파견하고, 다음해에는 와라와시 부대의 일원으로서 위문공연을 마치고 귀국한 야나기야 킨고로柳家金語樓를 맞아 엔타츠·아차코가 위문보고공연을 했다. 예능인의 위문보고공연은 무대에서의 만자이 공연에만 그치지 않았다. 당시 아키타 미노루에 의해 젊은 만자이의 필두라고 평가되었던 아키야마 우락·사락[21]은 '재만황군위문사在滿皇軍慰問使'라는 직함으로 중국 북동부를 위문했던 기록을『요시모토』에 보고했다.[32]

중일전쟁이 전면전으로 돌입한 1938년에 요시모토흥업은 아사히신문사와 제휴하여 황국위문단 '와라와시 부대'를 2회에 걸쳐 전선에 파견했고, 귀국 후에는 '와라와시 부대 개선공연'을 각 연예장에서 진행하였다. 회사 기록에 의하면 첫 번째 귀환보고는 "라디오로도 중계되고 레코드로도 발매되었으며, 잡지에도 지면 좌담회의 형식으로 게재되는 등 전국에서 화제가 되었다"고 한다.[33] 1941년에 결성된 일본이동연극연맹日本移動演劇連盟에는 요시모토 소속의 예능인들도 많이 참가했다. 위문공연의 흥행은 코미디 예능인으로서 인기를 공고히 하는 중요한 기회였기 때문이다. 후에 엔타츠·아차코에 필적하는 인기를 모은 미스 와

---

20) 漫談. 보통 만자이漫才는 둘이서 콤비형식으로 이루어지며, 만단漫談은 혼자서 여러 사람의 역할을 소화하는 형식으로 이루어진다.

21) 秋山右樂·左樂. 쇼와 초기에 활약했던 만자이꾼으로. 쇼와 원년(1929)에 아키야마 도락秋山道樂의 문하로 들어가 형제콤비로 데뷔했다가, 쇼와 20년(1945), 아키야마 우락秋山右樂이 나츠카와 사락夏川左樂과 새로운 콤비를 결성, 군대만자이로 재개했다.

카나ミスワカナ와 타마마츠 이치로玉松一浪가 "결정적으로 인기 만자이꾼이 될 수 있었던 것도 이 위문보고공연을 하는 요세에 출연하면서부터"였다고 아키타 미노루는 쓰고 있다.[34] 1939년 이후 요시모토의 라이벌이 된 쇼치쿠 신흥연예는 와카나·이치로 콤비나 럭키ー세븐[22] 등을 요시모토에서 스카우트하여 대극장에서 관객을 동원했다.

불황과 전쟁 중이라는 비상사태와 웃음과 재미를 자아내는 민중오락과의 관계는 후자를 통해 사람들의 긴장과 불안을 완화시켜 사회를 순적으로 기능시키는 안전판이 된다는 관점으로 많이 이야기된다. 이러한 사회심리기능주의적 관점에 반해, 츠루미 슌스케의 『요세의 예술』은 코미디의 형태와 이데올로기를 연결시키고 있다는 점에서 시사하는 바가 크다. 츠루미 슌스케는 라쿠고가 '이야기를 이야기로서 보여주는 예술'이기 때문에 보수성을 띠는 경향이 있지만, 이에 반해 만자이는 '화자에게 일어난 어떤 사건'을 관객에게 이야기해주는 예술이고 그래서 사건성을 내세우는 예술이라고 했다. 바로 이 지점에서 만자이의 비판성이 유래한다는 것을 시사하고 있다.[35] 전선이 확대되면서 만자이가 더 확실하게 자리매김을 할 수 있었던 이유는 만자이가 전쟁이라는 사건성을 전달하기에 매우 적합한 매체였다는 것이다.

수많은 만자이 대본을 쓴 아키타 미노루는 만자이와 시사보도의 유사성을 특히 중시했다. 그는 간토대지진을 계기로 칸사이로 피난한 예능인들이 지진 상황을 '세간의 이야기'로 관객에게 전달하면서 만자이가 '뉴스 전달의 역할'을 수행했던 것을 관찰하고 있다.[36] '만자이 천막극장은 재미있는 세상이야기를 들을 수 있는 장소'라는 정평도 생겨난다.[37] 또 아키타 미노루는 올림픽 라디오 실황방송을 속기하여 다음 날 그것을 무대에 올리는 '실황방송 만자이'를 우락·사락이 라디오에서 시도해 화제를 일으켰다고 회상한다.[38] 이런 만자이의 성격에서 발생한

---

22) コント·ラッキー7. 포루마키ポール牧와 세키 타케시關武志가 결성한 만자이 콤비.

것이 '뉴스만자이'라는 장르였다.

　만자이의 시사성은 '사건'의 의외성이 허구세계의 그것을 초월한다
는 근대의 감각에 의해 지지되기도 했지만, 만자이가 '세간이야기'라는
형식을 갖추고 있었다는 것에도 크게 의지하고 있다. '뉴스만자이'의 소
재가 되는 세간의 화제는 수억 개의 사건 중에서 자의적으로 특정한 사
건을 선별하여, 그것을 '가장 긴급하고 중요한 어떤 것'으로 제시한다.
그럼으로써 공연자와 관객, 그리고 관객들 사이에 '세간'이라는 공동으
로 관여하는 세계를 만들어낸 것이었다. 타케무라 타미로는 "당시 민중
은 요시모토가 제공하는 낙천적인 사적 쾌락주의에 빠져있던 대중오락
때문에 수동적인 여가활동의 향유자라는 지위에 고정되었다. 그런 의미
에서 요시모토의 사회적 역할은 사적 쾌락주의를 사회전체에 침투시켜
대중이 여가를 즐기는 습관을 바꾸고, 사회의 동질성을 형성하도록 재
촉한 헤게모니 장치였다"고 관찰했다.[39] 분명 만자이는 시국에 대한 관
객의 동의를 형성하여 오히려 자의식과 목적을 가지고 적극적이고 능
동적으로 전쟁협력에 참가하는 균질적인 국민주체를 만들어냈다는 점
에서 헤게모니를 쥐고 있었다. 그러나 만자이라는 문화실천의 구체적
측면에서 보자면 국가장치와 민중을 매개로 한 것은 '사적쾌락'이라기
보다, 쾌락을 사적인 것으로부터 사회적인 것으로 공공화 한 결과 생겨
난 공적쾌락의 생산과 분배라고 보는 것이 적절하다. 만자이는 한편으
로는 '세간이야기'를 통해 하나의 공공성을 만들어 내고, 또 라디오를
통해 사적공간인 다실을 공공화하는 역할도 했다. 바로 만자이가 그런
성격을 갖춘 매체였기 때문에 당시 국책에 걸맞는 형태로 작동할 가능
성이 아주 다분했던 것이다.[40] 그러나 여기서 동시에 강조하고 싶은 것
은 '시국만자이'나 '뉴스만자이'는 시국에 대한 저항으로 나타난 장르였
다는 점이다.

　만자이가 가진 시사성을 활용하려한 움직임은 매스미디어 쪽에서도
제창되었다. JOBK 오사카 라디오 전 문예부장이었던 오쿠야 쿠마로奧屋

熊郎는 "어느 모던 요세의 계획—시사 공연 전문으로는 성립할 수 없는 가"라는 제목으로 쓴 『요시모토』 기고문 중, 뉴스만자이에 대해 언급한 바 있다.[41] 오쿠야 쿠마로도 만자이의 '세간성'에 주목했다. 그에 따르면 만자이는 '세간이야기를 그대로 옮기기 때문에 신문과 같은 역할을 수행'할 수 있다. 그것은 '개개인의 고독감을 충족시키고, 개인으로 구성된 사회와 밀접한 연결고리의 역할을 수행하는 유력한 사회문화 기관'으로서의 역할이다. '대부분의 개인은 꿈 같은 세상이야기를 들으면서 살아갈 희망을 가지게 되고' 그러한 희망은 신문뿐만 아니라 라디오, 연극, 영화에서도 마찬가지로 요구되었다. "만자이처럼 '오늘의 세간이야기'를 중요시하는 공연물"은 '시사공연'으로 발달할 수 있다. 오쿠야 쿠마로는 바람직한 요세상寄席象의 하나로 "오직 시사뉴스의 공연만을 사명으로 하는 전문 모던 요세"의 창설을 제창했다. 즉 "오늘의 세태를 반영하는 생생한 소재를 다루는 공연", "명랑하고 예리하며 재치있는 사회관찰과 사회비판으로 신선하고 새로운 공연"을 하는 가공의 공간을 구상하여 뉴스만자이 같은 '시사공연전문 요세寄席'의 필요성을 주장했다.

한편 만자이의 세간성·시사성에 주목한 '뉴스만자이'가 국책에 호응할 것으로는 기대하지 않았다. 오히려 아키타 미노루는 뉴스만자이를 '국가가 언론을 통제하는 것에 대항하기 위한 눈속임'으로 고찰하고 있다. 그는 다음과 같이 회고했다. "국가의 통제가 점점 심해지는 가운데 자연히 내용도 생경해지고 훈계적인 말이 많아지면서 무대에서도 점점 웃음이 시들해졌다. 지금까지 웃음을 만들어내던 방식이 더 이상 통하지 않고, 일시적인 방편으로는 피할 도리가 없었다. 그래서 당시의 시국에 정면으로 도전한 것이 무대에서 공연한 '뉴스만자이'라는 시도였다."[42]

이탈리아가 이디오피아를 침공한 후에 발간된 『요시모토—특호: 뉴스만자이』에 실린 6개의 만자이 작품은 뉴스만자이 시도 중 하나였다.[43] "별난 뉴스"[44]로서 이탈리아가 이디오피아를 침공한 것을 소재로 한 만자이에서는 이디오피아를 인도처럼 '뜨거운 사막의 나라', '온갖

맹수'가 있는 나라,[45] '모두 맨발로 생활하는 나라'[46]라고 소개했다. 거리에서 주고받을 수 있는 세간의 이야기와 마찬가지로, 만자이 '뉴스'도 인종적 스테레오타입이나 사회통념을 그대로 베낀 것에 불과한, 관습화된 지식을 교환하는 것에 지나지 않았다는 점에서 이 만자이들은 세간 이야기영역에 머물러 있었다. 그래도 '뉴스'로서 제공되었던 것은 당시 우호국이었던 이디오피아와 후에 반공 동맹국이 된 이탈리아와의 중대사라는 국가적 관심사 내에서 선별된 화제였다. 그러므로 여기서 비판성을 찾아내는 것은 어려운 일일지도 모른다. 동시에 우키요테 타에코浮世亭妙子·우타歌樂가 공연한 만자이에서는 침략이라는 심각한 사태를 진부하게 만들면서도 다음과 같은 불협화음이 섞여있는 것을 볼 수 있다.

타에코: 당신 그렇게 요란한 차림으로 어디 가시오?

우타: 나는 지금 이태리와 이디오피아전쟁을 중재하러 갈꺼요.

타에코: 당신 혼자서요?

우타: 아니. 일단 도쿄에 가서 혼인보本因坊 선생을 모시고 둘이서 갈꺼요.

타에코: 혼인보 선생이라면 바둑의 명인 아니에요?

우타: 흑백의 싸움은 바둑 선생에게 부탁하는 수밖에 없지 않은가.

타에코: 그런 바보 같은 소리 잘도 하는구만요.

우타: 이디오피아가 당췌 불쌍해서 말이지.

타에코: 왜요?

우타: 최신식 무기도 없고, 게다가 이태리 백인놈들은 좀 난폭하거든.

타에코: 말 같잖은 소리 고만해요.

우타: 아냐. 선전포고도 하지 않고 아드와[23]를 점령했으니, 그 놈들 정말 도리를 모르는 놈들이라고.

타에코: 당신이 그렇게 성낼 것까지 있나요.

우타: 백이 선수를 치다니 말이 안 되잖아.

타에코: 아니, 당신 아직도 바둑 얘기예요?[47]

---

23) 1896년 3월 1일, 이디오피아의 티그라이주 아드와 근교에서 일어난 대규모 전투. 이 전투가 제1차 이디오피아전쟁에서 이탈리아의 패배를 결정지었다.

이디오피아전쟁 '뉴스'와 함께 실린 특호의 여섯 작품에는 방공 훈련을 소재로 한 만자이도 있다. 하나비시 아차코는 엔타츠와 콤비를 해체한 후 치토세야 이마오千歳家今男와 콤비를 이루었는데, 『요시모토』에는 아키타 미노루의 회고를 뒷받침하듯 이마오·아차코의 대본이 게재되어 있다.

> 아차코: 그런데 모두 열심히 하대요.
> 이마오: 위로는 히가시쿠니東久邇 통감 전하를 필두로 임원 분들, 청년단, 방호단防護團, 국방부인회까지 굉장히 열심인가 보던데.
> 아차코: 나는 그 분들이 하는 것을 봤어요.
> 이마오: 흠.
> 아차코: 그렇게 미덥지는 않더라구요.
> 이마오: 에~ 설마.
> 아차코: 보기가 민망해서 이러지도 저러지도 못 하겠더라구요.
> 이마오: 피차간에 그랬단 말이지.
> 아차코: 저러지도 이러지도 못해서 결국 그냥 집에 돌아와서 잤어요.[48]

이 대본에서는 아키타 미노루가 말한 "정면으로 당시 시국에 부딪히는" '뉴스만자이'가 '일국일체一國一体'의 공식적 이데올로기에 대해 복종하지 않는 몸짓이나 일률화된 국가의 언설에 불협화음 내지는 잡음을 침투시키는 것이 가능했다는 것을 엿볼 수 있다. 그와 동시에 전시하에서 여가와 오락을 즐기는 방식을 당국이 주시하기 시작한 때, 만자이가 시사성에 대해 보다 민감하게 열려있던 형식의 민중오락이었기 때문에, 만자이는 국가통제에 의해 억압 받지 않았다. 오히려 그러한 점 때문에 국가에 의해 적극적으로 활용되고 촉진되었다. 첫머리에서 소개한 고로·유키에의 만자이에 등장하는 대사 중 "다른 사람 물건에 손대는 건 안 돼"라는 식민지 강탈을 비판하는 통속도덕이나 민중적인 논리규범도 국가적 위기라는 상황 속에서는, 무대에서 "으음", "그거 대단하다"라는 식의 맞장구로 변했을지도 모른다. '시사뉴스'에 대한 관심, '현재의 세정과 시국에 대한 예민함'은 시국에 대한 비판을 생겨나게 함과 동시에 그것을 쉽게 수용하게도 했던 것이다.

만자이는 일본제국이라는 공동체를 상상하는 것에도 힘을 보탰다. 전선위문을 통해서 폭발적인 인기를 얻은 와카나·이치로의 인기 만자이 '애국부인회'는 애국부인회 대회를 위해 많은 여성들이 일본 각지에서 모여든다는 설정으로 시작한다. '각 지역의 사투리를 흉내내어 애국부인회의 규모를 보도한다'는 재기 넘치는 와카나의 퍼포먼스가 웃음을 유발하며 인기를 얻었다. 지방 대표 중 한명은 조선 출신이라는 설정이 있었는데 와카나는 조선어를 마치 일본에 있는 어느 지방의 사투리처럼 흉내냈다. 이 공연 목록은 조선을 일본의 한 지방으로 여기던 당시의 식민지주의의식을 여실히 반영하고 있다. 그러나 '조선어를 흉내'내는 연기는 그 정도의 의미작용에만 그치지 않는다.

이 만자이는 '지방의 사투리를 흉내낸다'라고 하는, 연기와 언어의 일탈에서 발생하는 우스꽝스러운 맛을 조선어에도, 오사카 사투리에도 균등하게 배분하여 조선이 일본제국의 일부가 되었다는 받아들이기 어려운 역사를 쉽게 수용하도록 하는 효과를 갖추고 있다. 동시에 이 만자이는 '누가 누구를 모방하는가'라는 점에서, 마이클 로건_{Michael Rogin}이 블랙페이스(얼굴을 검게 칠하여 흑인 분장을 한다) 연기에 관해 지적한 것과 같이 비대칭성과 힘의 관계를 발생시킨다.[49] 관객은 당연히 와카나가 일본 여성이라는 것을 알고 있다. 일본인이 조선어를 흉내내는 것에서 쾌락과 우스꽝스러움이 발생한다. 그러나 일본어를 '국어'로써 습득하는 것이 제국의 규범으로 강요받는 조선인에게 일본어를 '따라한다'(즉 진짜와 차이를 발생시킴으로써 진짜가 아닌 것을 드러나게 한다)는 의미 효과는 일본인이 조선어를 흉내내는 것과는 비대칭이다. 조선어의 소리를 흉내낸 와카나·이치로의 만자이는 조선어를 일본 국어 중 하나의 일탈한 형태(방언)로 영유함과 동시에 '누가 누구의 말을 흉내낼 수 있는 특권을 가지고 있는가' 하는 위계를 구축하는 것이었다. 이를 통해 일본어와 조선어 간의 불균형한 차이 즉 '어느 쪽이 보다 규범적이고, 중심에 가깝고, 어느 쪽이 특수화된 일탈이며, 규율의 대상이 되어야 하는가'에 강한 인상을 남김으로써 '소리의 제국'을 확인시켰던 것이다.

1932년 만주파견 후 위문보고 공연은 "'세간의 이야기'의 형태로 한 신작 코미디"로서 만자이의 형태로 연기되었다.[50] "무대에 나온 순간부터 '세간의 이야기'가 시작된다"[51]라는 '샤베쿠리만자이'는 전장이나 병사의 주둔지라는 비일상의 시공간에 '세간'이라는 동시성을 발생시켜 일상과 전선을 대비시켰다. '세간'이라는 동시성과 공동성을 갖춘 이 오락의 공공 공간은 전선의 상황을 전함으로서 관객의 일상을 후방으로 배치시켰던 것이다. 이것은 전쟁이라는, 사실 세간의 이야기로는 받아들이기 어려운 현실을 일상의 것으로 받아들이게 했다. "오사카 만자이는 전쟁이 깊어질수록 오사카 전체가 전쟁에 친근감을 갖게 했다"라는 아키타 미노루의 회고는 15년전쟁 당시 만자이를 통해 이런 시공간의 횡단과 교차가 생긴다는 언급을 한 것이다.[52]

만자이라는 오락이 전시하에서 번성하게된 것은 그것이 사회적 불안이나 긴장의 배출구로 기능하고 있었다기보다, 오히려 그 희극의 형태에서 유래하는 사건성·시간성·세간성이 시국에 대하여 순발력을 갖춘 비판적 힘을 가졌기 때문이다. 동시에 공공성에 대해서도 열려 있었기 때문에 공적 이데올로기의 매개로서도 유용성을 가진다는 양의적인 형태로 작용하고 있었다. 만자이는 전쟁과 민중오락을 연결하는데 매우 유효했다. '명랑하고 예민하고 재치있는 사회관찰과 사회비판'을 장려한 오쿠야 쿠마로의 '시사공연전문 요세'는 관객의 '뉴스'를 향한 기대와 관심, '세간'과의 연계에 대한 희구를 당시 시국의 관심사로 끌어 올린 장소였던 것이다.

4. 파시즘과 모더니즘의 접점으로서의 만자이

아카자와 시로赤澤史朗와 키타가와 켄조北河賢三는, 전쟁은 '암흑의 골짜기'라고 하면서 문화의 불모성을 당연한 것으로 여겨 온 종래의 논의를 비판했다. 그들은 이 시기가 "'암흑의 골짜기'임에도 불구하고 여러 영역에서 다양한 문화 창조의 움직임이 있었고, 어느 정도 성숙해졌다"는 것을 고찰해야한다고 지적하며 15년전쟁기의 문화상황에 대해 획기적인 독해를 행했다.[53] 예를 들면 키타가와 켄조는 국민정신을 총동원하는 운동은 파시즘을 진척시키는 반면, "그것은 사회적 의례나 규범의 차원에서 사회적 현실에 의해 끊임없이 전복될 수 있는 한계가 내재되어 있다"는 가능성을 상정한다. 이로부터 전체주의적 문화감시가 지방문화나 농촌문화를 활발하게 한 것을 실증적으로 도출해냈다.[54] 한편 아카자와 시로는 중일전쟁 개시부터 신체제 성립 기간에 걸쳐 오락이 ① 국책의 선전 ② 노동자의 복지를 통한 생산력 증강을 꾀하는 후생운동 ③ 국민화라는, 기존의 관점을 다른 시각으로 정리했다. 즉 이 세 가지 관점은, 대중은 위로부터 교화하려는 오락을 부정했고, 국가는 오락을 매개로 개인의 사생활을 침입했다고도 볼 수 있다는 것이다. 따라서 "'자숙'하라는 경찰의 통제 압력으로부터 오락을 지키는 방패와 새로운 오락·문화 활동의 전개를 촉진하는 기반"을 탄생시키는 양의적인 효과를 초래했다고 그는 말한다.[55]

그러나 만자이는 시국에 대항하는 성격의 문화 활동임에도 불구하고 통제 하에서도 전개되었다. 이는 아카자와 시로나 키타가와 켄조가 말한 문화의 장르와는 감수성과 이데올로기를 달리 하는 것이다.[56] 아키타 미노루의 증언(회상록)에서도 알 수 있듯이, 만자이는 오히려 총동원 체제하의 문화정책으로 환영 받는 민중오락이었고 더 정확하게는 콘다 야스노스케가 희구한 '국민오락'으로서 장려되었다. 그렇다면 만자이는 국책선전의 매체이자 파시즘 국가장치의 통제 메커니즘으로 기능했다고 봐야하지 않을까.

1910~20년대에 대중문화를 화려하게 물들인 '다이쇼기 모더니즘'이 점차적으로 모습을 감춘 과정은 대부분 총동원체제하에서 파시즘적 통제 강화라는 외적 계기에 의한 억압, 혹은 시국의 압력에 대해 어쩔 수 없이 영합된 것으로 표상되는 경우가 많다. 모던만자이라는 새로운 형태의 오락이 총력전체제하에서 번성했다는 것은 만자이가 모더니즘과 파시즘의 접점이었다는 것을 시사한다.

근대 오락론을 둘러싼 후세의 평가는 일반적으로 민중오락의 대중성이나 자발성을 중시하는 시각과, 위로부터의 지도와 통제를 주장하는 시각이라는 이분법에 의해 지배되어 왔다. 특히 민중오락 연구의 방법론적 선구자였던 콘다 야스노스케의 '전향' 즉 '민중오락론'에서 '국민오락론'으로의 이행에 관한 평가에는 오락의 '내적자발성'과 '통제'를 서로 대립하는 것으로 논하는 시각이 지배적이다. 콘다 야스노스케는 1918년의 게츠시마조사,[24] 『민중오락의 기조』(1922), 『민중오락론』(1931) 등 초기 연구에서 오락을 노동의 '재창조(레크리에이션)'로 보는 시각 즉 오락을 자본주의적 재생산이라고 여기는 기능주의적 견해를 부정했다. 그는 민중오락을 프롤레타리아화하여 민중의 생활로 직결시킨 자발적이고 대중적인 문화 활동으로 파악했다. 한편 총동원체제가 강화된 1930년대 후반에는 오락문제를 후생문제의 긴급과제로 내걸고, 오락의 자발성과 대중성에 대해 '증산增産'과 '건민健民'을 목표로 하는 지도성이 가장 중요하다는 논의를 전개했다.

이렇게 변천·전향한 콘다 야스노스케의 오락론에 대한 평가는 공통

---

24) 月島調査. 노동조합 조직화의 가능성을 검토한다는 매우 뚜렷한 목적을 가지고 행해진 조사 기록. 다이쇼 중기의 일본 노동자 생활 상태에 관한 상세한 통계를 포함하고 있다.

적으로, 오락의 대중성을 중시한 콘다 야스노스케의 자세와 '오락 통제론자'로서의 언론은 양립 불가능한 것으로 파악하는 경향이 있다. 예를 들면 테라데 코지寺出浩司는 다음과 같이 전자와 후자를 분리된 것으로 논하고 있다.[57] "콘다의 민중오락론은 '문화창조기에 지식계급의 외재적 개입을 부정하고, 민중문화(노동자문화)는 민중생활(노동자생활)의 내부에서부터 자발적으로 발생해야만 한다는 생각이 뒷받침된 것'이었는데, 그 후 어떤 공백 기간을 거쳐 그는 '쇼와시대에 접어들면서 (…중략…) 공공적 오락시설의 설치와 오락산업의 영리주의에 대한 통제를 근간으로 하는 오락정책론을 적극적으로 전개'했다. 즉 국민화된 대중의 오락생활을 지도하고 통제하는 것에 관심을 기울인 것이다."

콘다 야스노스케의 '전향'에 관한 논의에서 명확한 것은 민중오락을 '민중의 내적 자발성의 계기의 장'으로 보거나 '통제의 대상'으로 본다는 것이다. 내적 자발성과 통제라는 이항대립으로, 1920~30년대의 민중오락이 논의되었다. 내적 자발성과 통제를 이율배반적으로 보는 시각은 1910~20년대 민중오락의 대중성과 자발성을 파시즘적 감성과는 비연속적이고 상반되는 것으로 파악하는 입장과 연동하고 있다. 그것은 모더니즘으로 인식되는 대중문화나 민중오락을 정치경제적인 과정의 독립변수로 두어, 정치적인 압력에 의한 편성에 영향을 받는 수동적인 대상물로 상정한다. 권력을 외재적이고 억압적인 것으로 파악하는 이런 관점으로는 민중오락의 대중적이고 자발적인 성격이 총동원체제의 파시즘과 능동적·긍정적으로 관련되었을 가능성을 밝히기 어렵다.

이에 대해 지식사회학의 관점에서 '유희'에 관해 남다른 고찰을 해온 이노우에 슌井上俊은 다른 견해를 피력한다. 그는 콘다 야스노스케가 말한 '생활창조'라는 개념에서 민중오락론과 국민오락론과의 위험한 접점을 간파했다. 좌담회 '오락을 보는 눈—오락 연구의 관점과 콘다 야스노스케의 위치'에서 이노우에 슌은 다음과 같이 말했다. "전부터 화제가 된 것이기는 하지만, 민중오락에서 국민오락으로 그가 전향한 것을

—물론 시대의 움직임이나 유럽을 방문한 경험 등 여러 가지 변수가 있었겠지만—콘다의 이론을 가지고 그가 사고한 방식의 틀 안에서만 이야기해 보자. 그는 오락이라는 것을 자기목적적이고 완전히 자율적인 활동이라고 생각 했다. (…중략…) 그렇게 보면 그의 전향은 어딘가 이상하다"라고 서술하면서, "(콘다는) 오락이 생활창조의 중요한 요소라고 말했는데, 이 생활창조라는 개념이 좀 미심쩍다"고 지적했다.[58] 이노우에 슌은, 콘다가 오락에서 발견한 '생활창조'라는 사회적 효용성이 민중오락을 통제나 교화의 대상으로 보게끔 귀결시켰다고 생각했다. 환언하면 콘다 야스노스케의 민중오락론 안에 국민오락의 논리가 내재되어 있었다는 것이다. 즉 오락이 민중의 생활을 근저에서부터 변혁시킬 수 있다는 콘다 야스노스케의 근대적 인식 그 자체에서 국가통제와 파시즘의 연속성을 간파했다.

오락을 사회의 노동 생산성 향상을 위한 재생산으로 보는 관점을 배제하고, 일상생활에 불가결한 유기적 존재로 본 콘다 야스노스케의 민중오락론은, 1937년에 토사카 준戶坂潤이 주장한 오락과 노동의 이상적인 관계와 매우 흡사하다.[59] 토사카 준은 "오늘날 오락이라는 것은, 민중에게 예의범절을 가르치려는 인간이나, 민중의 환심을 사려는 인간에게나 유용한 것이지, 쓸모없는 관념이다. 종래의 오락은 '민중을 이용'하여 '효용을 이끌어내려'는 입장이었다"며 현재의 오락론을 비판했다.[60] 콘다 야스노스케와 마찬가지로 토사카 준 역시 오락을 '위안'이나 '휴식'이라는 '민중의 불행에 대한 변명과 보상'으로 파악하는 견해를 거부한다.[61] 마르크스주의자였던 토사카 준은 인간의 행복은 본래 노동에서 발견되는 것이라고 생각했다. 따라서 오락의 의의는 '노동생활의 계기로서 오락을 즐기는 행위 일반'에 있다고 규정했다.[62] 츠가네사와 토시히루津金澤聰廣는 "토사카의 실천적이고 이론적인 관심은 민중에게 꼭 있어야 할 오락의 여가와 능력을 어떻게 탈환할 것인가에 있었고, 진정한 오락은 '민중생활의 민주적 신장옹호'를 위한 과제라는 것을 명

확히 했다"고 말했다.[63]

그러나 '민중의 주체적인 노동쾌락을 체현하는 장으로서의 오락'이라는 토사카 준의 관점은 동시에 오락을 '누구나 할 수 있고, 가장 손쉽고, 가장 달콤하며, 가장 매력있고, 모방하기 쉬운……노동'으로 간주하게 만드는 본말전도를 낳는다. "오락은 일상생활에 뿌리를 둔 '대중조직의 근거지' 중 하나이며, 오락 그 자체가 노동생활의 유기적인 일환으로서 사회적으로 공인되고 지지되어야 한다"고 토사카 준은 주장한다.[64] 그는 "위로부터의 문화통제 (…중략…) 와는 대조적으로, 민중은 스스로 오락의 권능에 대해 생각해 보아야 한다. (…중략…) 민중은 오락의 사회적 권리를 가지며 나아가 그 의무까지 가진다"[65]는 주장을 하기에 이른다. 민중이 오락을 그들의 사회적 권리이자 의무로 인식한다는 것, 말하자면 오락의 사회민주화를 제창하는 것과, 국가통제 하에서 후생운동이나 문화운동에 주체적으로 참가하는 것과의 거리는 매우 가깝다고 할 수 있다. 오락을 민중의 일상생활에 불가결한, 유기적인 것임을 강조하면 할수록 노동과 생활은 이미 전체성에 의해 총괄되고 있던 근대라는 맥락에서 오락에 대한 공적 개입을 용이하게 하는 가능성을 충분히 내포하고 있었던 것이다. 이처럼 보다 근본적인 토사카 준의 오락관과 콘다 야스노스케의 오락론을 대비시켜 보면, (근대가 오락을 확실히 응시하고 포획했을 때) 콘다 야스노스케가 '민중오락'에서 '국민오락'으로 이행한 것, 나아가 오락의 내적자발성에 대한 주창이 통제로 흐른 것은 이미 결정된 필연적인 과정이었음이 분명해진다.

5. 마무리

근대 오락, 위안, 여가의 시공간 및 거기서 행해지는 문화적 실천은 군사주의의 폭력과 불가분의 관계에 있다. 타카오카 히로유키高岡裕之는 오락과 군사주의의 밀접한 관계에 대해 다음과 같이 고찰했다. 그는 공장 위문에는 검열이나 감독이 없었다는 아키타 미노루의 회상을 근거로, 전시하의 문화정책과 민중문화에 대해 "오히려 전쟁 말기에, 일반인은 즐길 수 없었던 상업문화를 노동자는 접할 수 있게 된다는 역설적인 현상이 발생한 것"이라고 했다.66 그는 건전성이나 자주성을 높이는 오락을 장려하던 당시, "문화정책을 둘러싼 이념과 실태의 괴리가 가장 뚜렷하게 나타난 곳은 군대"이고, "위문 공연으로 매우 인기가 있었던 것도 후방에서는 '불건전'하다고 낙인찍힌 아야와 노리코25)와 와타나베 하마코26)였다"고 했다. 이런 면에서 "군대는 '비국책적' 대중문화 존속의 가장 큰 기반이었으며, 또 동원된 다수의 청년이 그러한 문화를 확대하는 역할을 했다"고 지적했다.67

중일전쟁 전면화 이후, 일본군의 휴양과 오락의 또 다른 측면은 종군위안소라 불리는 군사적 성노예제도에 의해 병사의 섹슈얼리티를 관리한 것이다. 이것은 군대라는 가장 규율화되고 잘 관리되어진 근대의 조직이 위안과 여가와 오락의 공간과 표리일체의 관계에 있음을 보여준

---

25) 淡谷のり子. 일본 상송계의 선구자. '블루스의 여왕ブルースの女王'이라고 불렸다. 데뷔 초기에는 빼어난 하이톤에 준수한 가창력을 선보였으나, 이윽고 요염한 소프라노로 쇼와 모던의 애수를 노래했다.

26) 渡辺はま子. 요코하마 출생. 미모로 알려진 여가수였다. 쇼와 11년(1936) 〈잊어버리면 싫어요忘れちゃいやよ〉를 불러 대히트를 기록했지만 내무성으로부터 "마치 창녀의 교태를 눈 앞에서 보는 듯"하다는 경고를 받아 발매가 금지된다. 전시 하에서는 적극적으로 상하이 등 위문 공연을 하였는데, 중국대륙을 소재로 한 곡이 많아 '중국멜로디의 여왕', '차이나 송china song의 하마씨ハマさん'로 인기를 모았다.

다.[68] 무산화된 민중과 마찬가지로 군대에서도 병사들이 어떻게 여가시간을 보낼 것인지의 문제에 초점을 맞추었다. 여가는 단순히 물리적·심리적으로 피폐해진 것을 치유해야 할 시간, 가능한 한 효과적으로 병역노동의 효율성을 높이는 시간이 아니었다. 말하자면 오락은 재생산(레크리에이션)의 의미만은 아니었던 것이다.[69] 군의 위안에 주목 한 것은 병사의 체험적 지식을 규율화하기 위해서였다. 전선에 선 병사들은 한편으로는 폭력을 가하는 쪽에 있지만, 또 다른 한편으로는 전쟁의 비참함과 추악함을 가장 가깝게 경험한다. 전선 병사들의 체험적 지식은 군대라는 존재를 흔들 수도 있다. 그러므로 병사를 외부로부터 고립시켜 접촉을 끊고, 무지를 강화하는 한편, 차별과 편견에 대해 의문을 제기할 여지가 있는 잉여의 시간을 관리할 필요가 있었다. 군은 그런 이유로 공식적으로든 비공식적으로든, 주둔지의 유력자나 성산업과 밀접한 공생관계를 맺어 병사들의 일상을 '훈련과 오락'이라는 이분법으로 봉해버린 것이다. 군과 성애화된 위안시설의 밀접한 관계는, 병사와 여성의 섹슈얼리티에 관한 지식을 만들어냄으로써 병사를 관리하고, 군이라는 조직을 구성하는 군사의 지식과 행동을 재규율화하기 위한 메커니즘으로 작동했다.

　　군대는 일반사회와 단절된 특수한 기구가 아니다. 그것은 자본주의 사회의 일부이며, 시민사회의 연장선 상에 있다. 전장에서 병사들의 여가와 오락이 성적인 위안소의 설립에 의해 관리되었던 것에 반해, 후방에서의 여가와 오락은 탈성애화된 일부일처제 핵가족 규범성과 노동쾌락의 원칙에 의해 관리되고 총괄되었다. '만자이'가 '다실화(茶室化)'되고 부르주아화, 탈에로 그로화되어 결국 국민오락의 차원에서 후생으로까지 이어진 과정은 위안과 오락이 군사화된 섹슈얼리티의 관리를 통해 통제되어 온 과정의 이면으로 파악해야 한다. 전선위문, 다시 말해 후방과 전장의 경계적인 공간에서 '비국책적 대중문화'가 생겨난 것은, 거의 같은 시기 강간센터로 변한 일본군 종군위안소에서 고도로 합리화되고

의료화된 관리 하에 감금이나 강간, 고문이 병사들의 '위락慰樂'을 목적
으로 행해진 것과 표리일체관계에 있다. 그리고 그때, 반일본제국주의
의 세계정세에 어두운 후방의 일상에서는 위문보고공연을 통한 '천진난
만한'웃음이 양산되고 있었던 것이다.

　민중문화 혹은 대중문화는 그 자체가 태생적으로 대항적이거나 반체
제적인 것이 아니다. 대중문화가 가진 사회 비판적이고 대항적인 성격
은 텍스트가 소비될 때 텍스트의 외부성(텍스트 바깥에 있는 역사적 지식, 체
험, 기억이나 정보)이 만드는 '차이', 잡음, 수수께끼, 어색함 등에서 발생
하는 것이다. 분명 전시 하에서 오락·위안·여가의 통제는 대중의 오
락문화 자체를 배척한 것이 아니었다. 타카오카 히로유키가 지적한 것
처럼 전선에서는 '비국책적인 오락'을, 후방에서는 만자이처럼 '건전한
오락'을 각각 적극적으로 활용하여 '양적인 풍부함'을 생산했다. 그러면
서 동시에 오락문화의 외부성을 배척함으로써 그 다의성과 다성성多聲性
이라는 '지적 풍부함'은 박탈했던 것이다. 그러나 그것은 당시 일반민중
이 '수동적인 여가활동의 향유자'가 된 것을 의미하는 것은 아니다. 오
히려 사람들은 만자이의 청중이 됨으로서 단편적이기는 하지만 만자이
가 제공하는 지식의 구축에 참여했고, 후방이라는 세간에서 스스로 적
극적인 역할과 의미를 찾았다. 그것을 통해 민중은 주체적으로 스스로
를 동원했다고 말할 수 있다.

제2부 **콜로니얼리즘/글로벌리즘**

제4장

식민주의와 이주

토요하라豊原의 풍경으로부터

테사 모리스-스즈키 Tessa Morris-Suzuki

1. 새로운 일본을 찾아서

1971년 일본 외무성이 발행한 「일본인 이민 백년의 발자취」라는 조사 보고서에 의하면, 1921년~30년대 초까지의 기간은 "우리나라에서 관과 민이 함께 이주에 가장 전력을 쏟아 부었던"[1] 시대라고 규정한다. 다이 쇼시대와 쇼와시대 초기에 관료와 지식인들은 실업이나 지방의 빈곤 문 제에 대처하는 과정에서 인구과잉문제 해결책의 하나는 이민에 있다고 보고, 그 득실에 대해 격렬히 논쟁했다. 한편 일본 정부도 라틴 아메리 카라든가, 1931년 이후 실질적으로 일본의 식민지였던 만주국 등을 비

---

* 이 글은 원래 영어로 쓰였고, 코바야시 에리小林英里가 일역하였다. 번역 시 2개의 원고(영문과 일어번역문)를 텍스트로 하여, 한윤아가 번역하였다. 영제는 *Colonialism and Migration : From the Landscapes of Toyohara*.

롯한 여러 식민지로 이민을 장려하는 일련의 정책을 내놓았다. 이러한 정책에 대한 국민의 반응이 정부의 기대만큼은 아니었지만, 1920~30년대 동안 꾸준히 일본으로부터 이민의 물결이 흘러나갔던 것은 확실하다. 1932년까지 태평양지역의 위임통치령과 만주국으로 82만 5천 명이, 조선·타이완·카라후토樺太[1] 등의 식민지로는 백만 명 이상의 일본식민자가 이주를 했다는 통계가 있다.[2]

동시에 1931년 태평양문제연구소의 지적처럼, 일본은 "유입되는 이민이 급속하게 늘어난 나라로 주목 받기 시작"[3]했다. 일본에서 살고 있는 외국인 숫자는 비교적 적었던 것에 비해(1930년에 대략 5만 4천 명), 식민지로부터 '신민臣民'의 유입은 급속하게 증가했다. 한 통계에 따르면, 1917년~29년까지의 기간에 조선에서 118만 6천 명의 사람들이 종주국 일본/본토로 들어갔고, 그 가운데 33만 명은 장기거류민이 되었다.[4]

1920~30년대의 일본인의 이주는 당시 연구와 논쟁의 주제였고, 그 관심은 지금까지 이어지고 있다. 그러나 이러한 주제에 대한 높은 관심에도 불구하고, 사람들이 국경을 넘음으로써 발생하는 사회적 문화적 영향에 대한 이해는 아직 충분하지 않다. 확실하게 지금까지 조사·연구가 진행된 영역은 식민지 정책 하의 만주국에서 일본인 식민자들이 만든 공동체사회와 그 문화뿐이다. 이와는 대조적으로 조선, 타이완, 카라후토의 일본인 식민자의 생활에 관한 역사분석은 최근까지도 불충분한 편이다.[5] 식민지 제국으로 이동한 일본인 이민공동체에 관한 연구는 '이민 연구'라는 동떨어진 영역으로 취급되는 경향이 있다. 이것이 변화무

---

1) 카라후토樺太는 일본열도 최북단 홋카이도 북쪽과 러시아가 만나는 지점에 위치한 카라후토섬(남 사할린)을 가리키는 지명이다. 원래는 아이누족을 비롯한 소수 민족이 거주한 것으로 알려져 있으나 러시아와 일본이 자원이 풍부한 이 섬을 두고 영토 분쟁을 벌였다. 러시아는 이 섬에 죄수들을 강제 이주시키며 이곳을 유형식민지로 삼았는데 러일전쟁 이후 일본령이 되어 태평양전쟁이 끝날 때까지 일본의 행정구역에 편입된다. 일본은 1907년 카라후토청을 두어 본격적인 식민지 개발을 하였다. 현재는 러시아 연방이 북 사할린과 더불어 이 지역을 실질 지배하고 있다.

쌍하고 느슨한 경계를 가진 존재로서의 '일본' 역사의 일부로 그다지 다루어지지 않았다.

다른 한편 식민지에서 본토로 간 이주에 관한 연구는 전전戰前이나 전후戰後 양 시기 모두 충분히 진행되었다. 그러나 이주의 함의가 일본의 1920~30년대를 다룬 문화사의 맥락에서는 충분히 다루어지지는 않았다. 오늘날에조차 일본 내 이민자와 외국인 거류민을 별개의 연구 분야의 대상으로 분리하는 경향이 있는데, 예를 든다면 '자이니치在日' 문학을 별개 문화로 정의하는 것이다. 이러한 연구 경향은 '순정純正authentic' 한 일본문화라는, 상상 속의 범주를 나누는 정신적 경계선을 더욱 강화시키며, 일본이라는 경계 내 문화사가 결국 경계선 위를 교차하는 흐름의 산물임을 보지 못하게 만든다. 이러한 예로, 우선 일본공산당의 역사는 당 결성에서 중심적 역할을 했던 조선인 당원을 언급하지 않고 이야기되어 온 점, 1920~30년대의 역사학은 백남운이나 이청원 등 일본 내에서 일본어로 역사 논의에 적극적으로 가담해왔던 역사가의 존재를 거의 무시한 채 논의되었다는 사실 등을 들 수 있다.

이러한 역사 논의에서 드러나는 침묵은 실로 더 큰 침묵의 일부일 뿐이다. 이것은 식민주의가 사람들의 이동을 얼마나 초래하였는가에 대한 침묵이다. 그것도 '본토' 내 이동뿐 아니라 식민지 제국 내에서나 제국의 경계를 넘어 수많은 방향으로, 즉 조선에서 만주나 시베리아로, 중국에서 타이완, 카라후토로 퍼져나가던 사람들의 이동에 대한 침묵이다. 확실히 이주자들은 신천지에서 영주永住 공동체를 형성하려는 경향이 있었지만, 그들 모두가 그 땅에서 평생 정착할 의도를 갖고 고국을 떠난 것은 아니고, 개중에는 경계선을 넘나드는 자도 있었다. 그러나 전간기戰間期나 전시戰時, 전쟁 직후 일본의 역사는 이러한 이주자들의 쌍방향 이동이나 귀향의 움직임이 초래한 사회·문화적 결과에 전혀 주의를 기울이지 않았다. 그렇기 때문에 특히 일본의 식민지 제국을 경계를 넘는 복합적인 흐름의 일부로 파악해야 할 필요성이 있다. 그 흐름의 흔적은 20세기를 통해, 나아가 지금도 동아시아 문화사에 영향을 미치고 있다.

이러한 1920~30년대 사람들의 이동에 관한 서술의 공백은 20세기 초반 이주에 관한 담론이 형성되면서 생겨났다. 당시 이민 정책을 지지하는 많은 사람들은 본토의 인구 과열을 완화해야 한다는 현실적인 필요성을 내세웠다. 흥미로운 점은, 자신들의 주장을 종종 보다 큰 맥락의 사회진화론의 레토릭과 연결했다는 것이다. 다시 말하면 동적인 민족 집단은 팽창하려는 경향이 있고, 따라서 그들이 '정적인', 즉 '뒤쳐진' 민족 집단, 즉 끊임없는 민족 간의 경쟁 과정에서 패자로 운명 지어진 자들의 토지를 헤집고 들어가는 것은 당연하다. 예를 들어 정계의 중진이고, 일본이민협회장이기도 했던 오쿠마 시게노부大隈重信는 1918년에 공공 집회에서 다음과 같이 연설했다. "본디 이민이라는 단어는 몹시 막연한 말이지만 아시는 바와 같이 인류 발전의 근본은 곧 인류의 이동이고, 민족의 팽창이다. (…중략…) 이것은 오늘날 새롭게 일어난 문제가 아니라 유사 이래 계속되어온 문제다. 간단히 말하면 소위 우등 민족이 팽창하고, 열등 민족은 점점 팽창 세력에게 억압받는다는 것으로, 이는 역사가 증명하고 있다." 또한 오쿠마 시게노부는 일본의 이민 정책이 서양의 식민지정책에서 볼 수 있는 뚜렷한 인종적 오만함을 피해야한다고 주장했음에도 불구하고, 자신의 저작에서 당시 널리 유포된 인식을 무심코 드러내기도 했다. "이민을 노골적으로 해석하자면 우등 민족이 열등 민족을 지배하는 것이다."[6]

물론 이주를 논한 이론가들 모두가 이렇게 극단론을 펼친 것은 아니다. 오히려 그들 대부분은 보다 단순하게 인구 감소의 필요성이라는 관점에서 사람들의 이동을 바라보며, 본토 내 지방의 인구과잉문제에 대처하려했다. 이는 특히 1920년대, 즉 지방이 경제적 위기에 처했을 때 대세를 차지했던 견해였다. 한편 인구와 이주, 경제 발전과의 관계를 복합적으로 분석하려 했던 사람들도 있었다.

예를 들어 경제학자이자 식민지 정책 이론가 야나이하라 타다오矢內原
忠雄는 1927년에 다음과 같이 논했다. 그는 식민지나 다른 지역으로 간
이민을 단순히 일본 국내의 인구과잉문제를 해결하는 만능의 처방전으
로밖에 파악하지 못한 사람들을 비판했다. 야나이하라 타다오는 실업이
인구 과잉때문이라는 견해를 비판했는데, 왜냐하면 일본 지방이 빈곤과
실업 상황에도 불구하고 실제로는 조선으로부터 노동력을 유입하고 있
었다는 사실을 설명할 수 없기 때문이다. 그는 인구문제는 단순하게 머
릿수가 아닌 삶의 질이라는 점 즉 문화·부·복지라는 점으로부터 이
해되어야 한다고 주장했다. 따라서 이 문제의 해결책은 산아제한이나
이민이 좋다는 식이 아니라, 무엇보다도 산업화나 고도의 생산이 가능
한 기술의 발달과 보급에 있다. 그렇다 하더라도 최종적으로 이주가 매
우 중요한 문제인 것은 분명하다. 그것은 이민이 국내의 토지문제나 자
원문제를 경감시키기 때문이라기보다는 오히려 그들이 경제적 활력이
나 기술적 생산성을 세계 도처로 퍼뜨리는 수단이 되기 때문이다.

　야나이하라 타다오는 만주국으로 농업 이민을 촉진했던 일본 정부의
정책을 거리낌없이 비판한 사람으로 알려져 있다. 그는 만주국 내 일본
인 농민이 자신들보다 더욱 검소하고 경험도 풍부한 중국인 농민과 잘
경쟁해서 살아갈 수 있는 가능성은 거의 없다고 주장했다.[7] 그러나 야나
이하라 타다오의 1927년 보고서를 다시 읽어보면, 일본인 이민자의 잠
재 능력에 대해 전면부정을 하고 있는 것은 아니라고 느껴진다. 그는 오
쿠마 시게노부와 마찬가지로 사람들의 이동이 옛부터 있었던 인류 진보
의 한 과정이라고 주장하며, 이주자들이 인류발전을 촉진한 사례로 페
니키아인들이 고대 카르타고에 식민 도시를 건설한 것을 들고 있다. 또
한 야나이하라 타다오는 최근 모델로 영국이 미국, 캐나다, 호주를 식민
지화했던 예를 들었다. 자국의 진보적 문화를 세계의 여러 나라로 보급
시키는 것은 "앵글로색슨 민족의 문명이 영국 본토에서 사라진다 해도
다른 나라에서는 번창하리라"[8]는 것을 의미한다. 이처럼 "일본의 문명,

일본의 민족 문명이 이 섬나라에서 발달해왔지만, 또 이것은 무한하게 발달하기를 희망한다"고 주장했다. 따라서 일본의 역할은 인구증가를 억제하는 것이 아니라, 오히려 문명을 한층 더 발전시키는 데 공헌하는 것이다. 그리고 세계 각국에 "새로운 일본, 새로운 일본인의 사회를 가능한 많이 건설해두는 것"[9]으로 사회적 안녕을 촉진하는 것이다. 이렇게 야나이하라 타다오는 인구와 이주의 역동성을 복합적으로 분석했지만 결국 이 문제에 대한 접근은 오쿠마 시게노부가 가졌던 생각, 즉 진보적인 '민족'은 팽창하는 것이라는 견해와 놀라울 정도로 비슷하다.

이주에 대한 이러한 관점에 대해 몇 가지 강조한다면, 첫째로 여기에서 이주는 주로 일본을 위시한 중심에서 바깥으로 확산되는 과정이라고 이해될 뿐, 여러 방면으로 교차하는 일련의 복합적 흐름이라고 생각되지 않았다는 점이다. 둘째로 이주자는 곧 영주를 위해 새로운 지역으로 이동하는 자들이 상정하고 있다는 점이다. 나아가 일본에서 나가는 이주자는 일본문화의 중요한 요소를 가지고 나간다는 것도 암시하며 '일본문명, 일본민족문명'의 무한한 발달을 밑에서 뒷받침하는 것과 이어진다. 그러나 동시에 그들은 진보를 가져오는 역동적 주체이기 때문에 새로운 땅에 변화를 초래하면서 적응할 것이라고 기대했다. 사실, 야나이하라 타다오는 캘리포니아로 향한 일본인 이민자들 일부가 일본인이라는 뿌리를 지나치게 고집하고, 비일본인 이웃보다 비루하고 뒤떨어져 보이게 하는 관습을 고수하고 있다고 비난했다. 또한 20세기 초반, 이민에 관한 글들은, 이주는 그것을 받아들여주는 사회의 발전뿐 아니라 이주민들 자신의 도덕적 향상을 위한 수단으로서 가치 있음을 누차 강조했다. 카라후토로 이주하려는 사람들을 위한 안내서에 쓰여 있는 것처럼, 이주자는 "이주지를 영주의 땅으로 정해 고국의 풍습이라 할지라도 좋은 것은 지키고 나쁜 것은 고치지"[10]않으면 안 된다.

따라서 나는 이러한 이주에 관한 담론에 내재된 문제점과 역설을 고찰하고자 한다. 이를 위해 이주 이론으로부터 이주민 공동체의 현실적인 풍경으로 초점을 옮겨보고자 한다. 특히 '새로운 일본' 카라후토의 식민 도시 토요하라豊原2)의 풍경을 숙고하려 한다. 그렇게 함으로써 1920~30년대를 다룬 일본문화사의 한 구석, 비교적 경시되어왔던 부분을 메워 이민 역사의 이해를 돕고, 이주 경험의 보다 넓은 함의를 조명하고자 한다.

2. 자손의 낙원지

일본은 러일전쟁에서 승리한 후 2년이 지난 1907년, 새로 획득한 식민지 카라후토에 문민 행정부를 설치했다. 1년 후, 식민지 행정부 부설로 카라후토를 전담하는 상설 본부가 동남부의 광대한 스즈야 평원鈴谷平原 내 토요하라에 설치되었다. 토요하라는 일본지배 하 식민지의 거대한 중심지로, 이러한 역할은 태평양전쟁의 종결로 일본이 연합국 측에 항복하여 카라후토가 러시아군의 지배에 들어갈 때까지 지속되었다.

과거 러시아의 유배지로 블라디미르브카로 불렸던 토요하라는 인구 250명 정도로, 삼림을 개척한 땅에 통나무집들이 흩어져 있는 취락촌에 불과했다. 그러나 제국의 주요 지역이 된 토요하라는 10년이 지나자, 인구는 2만 8천으로 늘어나고, 시내에는 우체국·병원·신사神社와 극장이 들어섰다. 시로 지정된 1936년 초반에 이르면 등록 주민수가 3만 5

---

2) 토요하라시豊原市는 카라후토樺太의 유일한 시市로 카라후토청과 토요하라지청이 있어 정치와 경제의 중심지였다. 시가지는 역을 중심으로 한 바둑판 모양으로 설계되고 시내에는 운동경기장을 갖춘 공원과 경마장이 있었다. 인구의 증가와 더불어 공항의 건설을 포함한 대규모의 도시 정비가 계획되었지만 태평양전쟁으로 실현되지 못했다.

천 849명을 헤아리며, 학교·도서관·지방박물관·비행장·거대한 제지공장을 비롯하여, 당시 선전업자들이 즐겨 강조하던 동아시아 최고의 스키장까지 생겨났다. 격자무늬로 교차하는 넓은 도로가 이어지는 토요하라는 최고의 근대 도시계획을 체현한 도시인 동시에 식민지권력의 중요한 상징들이 자리하고 있었다. 카라후토청樺太廳은 물론, 관공서·우체국 등 정부의 주요 건물이 진자도오리神社通り라고 하는 큰 대로를 따라 늘어서고, 그 대로의 동쪽에 카라후토 신사樺太神社가 자리했다. 신사는 높은 언덕의 경사면에 당당하게 서 있었다. 식민지 행정관들은 평원을 한 눈에 바라볼 수 있는 이 언덕을 '아사히가오카旭ヶ丘'3)라고 이름 붙였다.

토요하라의 설계는 타이페이·경성 등 일본의 다른 식민 도시에 적용한 도시 계획과 공통점이 많았다. 근대성, 질서정연함, 그리고 지리적 대칭성이 강조되면서 제국주의 권력을 과시하려는 도로 계획과 표리일체를 이루었다. 도로는 직선으로 내고, 하수도를 개량하였으며, 도서관·박물관·백화점·신사가 건설되었다. 조선이나 타이완에서 일본인 도시계획자들은 원래 각각의 도시가 갖고 있는 풍경을 기반으로 자신들의 계획을 중첩시킨 바 있다. 고도古都에 식민주의적 질서를 부과하면서 압제적 수단을 행사한 것이었다. 그 예로 타이페이와 경성의 성벽을 무너뜨리고 1924년 네오르네상스 양식으로 조선총독부를 건설했던 것 등을 들 수 있다. 경성의 경우, 총독부 건물은 조선 왕조의 경복궁을 보는 사람의 시야에서 가려지도록, 또 "경복궁을 지을 때 심사숙고하여 정한, 예로부터 내려온 정신적인 축선을 파괴하기"11 위해 설계되었다. 그러나 이런 계획에도 불구하고 식민지화된 각 도시의 옛 분위기는 완전히 불식되지 못하여 도시계획자들이 식민지적 질서를 강제적으로 실현하는데 족쇄가 되었다.

---

3) 아침 해가 뜨는 언덕이라는 뜻.

타이페이, 경성과는 대조적으로 토요하라는 인구도 별로 없었기 때문에, 도시설계자들은 아무런 장애도 없이 비교적 자유로운 구상을 할 수 있었다. 그러므로 토요하라에서는 일본의 식민지 이민정책의 가설과 포부를 비교적 명확하게 구체화할 수 있었다. 거리, 건축물, 공원, 그리고 공공 공간은 지역의 기후와 환경에 적합한 설계와, 근대화에 대한 유토피아적인 염원을 담아 만들어졌고, 또한 이것은 '일본민족문명'에 대한 향수와 융합되었다. 시 공무원이 자랑스럽게 썼던 것처럼, 토요하라에서 "모국의 미풍을 계승하고, 그리하여 새롭게 그려낸 카라후토에 우리들의 고향, 자손의 낙원지를 건설"[12]하고자 했던 것이다.

3. 철도역과 신사

'새로운 일본'의 풍경에는 이주자를, 민족 문화와 전통을 퍼뜨리는 역할이면서 다른 한편 역동성과 근대화를 운반하는 역할로도 보는 식민주의 내의 양가적 상호관계가 드러난다. 이주 공동체는 민족의 문명, 전통뿐만 아니라 민족의 진보적인 힘, 즉 민족이 가진 적응 능력과 발전하는 능력을 보여주는 모범으로 기대되었다. 토요하라에서 최초로 세워진 건물은 동쪽의 카라후토 신사와 서쪽의 철도역으로, 큰 도로인 진자도오리는 두 개를 잇는 실처럼 곧게 뻗어 있었다.

카라후토 신사는 1910년 중앙 정부가 건설했고, 이듬해 1911년 8월에는 칸페이샤官幣大社[4)]의 하나로 지정되는 봉납의식이 열렸다. 이는 타이

---

4) 官幣大社 혹은 官幣社로 쓰며 천황, 황족을 기리는 신사를 가리킨다.

완 신사, 조선 신사를 포함한 다른 7개의 신사와 함께 카라후토 신사가 특별한 신사의 지위를 누렸다는 것을 의미한다. 카라후토 신사의 중앙에는 시라사야(白鞘)[5])에 든 도검이 모셔져 있는데, 이것은 봉납의식 때 메이지천황에 의해 신성한 보물로 봉헌된 것이다. 이 도검은 일본 신도(神道) 신단에서 모시는 세 신, 오쿠니타마노미코토·오나무치노미코토·스쿠나비코나노미코토에게 헌납되었다. 이 삼신(三神)은 일본의 건국 신화에서 매우 복잡한 역할을 했던 신들로, 신사를 방문한 사람들에게 이해시키려면 상당한 설명이 필요했다.[13]

진자도오리의 반대편에 위치한 철도역에는 다른 신화들이 숨겨져 있었다. 카라후토 최초의 철도는 일본군이 러일전쟁 종결 직후 군사목적을 위해 건설한 것이다. 남방의 항구도시인 코르사코프(곧 오도마리(大泊)로 개명)에서 블라디미르브카(토요하라)까지 40킬로미터 정도의 경편철도(輕便鐵道)는 불과 60일 만에 완성되었다. 다음해 철도는 일반인들의 이용이 허락되었고, 레스토랑 거리, 줄지어 늘어선 기둥과 포티코[6])를 갖춘 멋진 석조 역이 토요하라에 들어섰다. 오도마리─카라후토선의 건설은 카라후토에서 탁월한 철도건설기술을 실현한다는 명분과 더불어 식민주의적인 정체성 형성의 주요 상징이 되었다. 이중에서 가장 두드러진 위업은 토요하라와 마오카(眞岡)의 연결을 위해 카라후토 땅의 험한 산악지대를 통과하는 노선의 건설이었다. 이 프로젝트는 35개의 다리를 가설하고 산을 폭파하여 15개의 터널을 건설하는 일이 포함되어 있어 많은 건설노동자들이 희생되었다.[14] 토요하라─마오카선은 1928년에 완성되어, 멀리 떨어진 지역까지 근대 기술을 전달하여 험한 자연환경을 '개척한다'는 식민자의 책무를 나타나는 상징이 되었다. 이러한 건설담은 카라후토의 정체성 서사가 성립되어감에 따라 노래와 이야기에 도입되었다. 1941년에 상영된 〈북극광(北極光)〉이라는 멜로드라마 풍의 영화는

---

5) 나무로 깎아 만든 뒤 아무런 칠을 하지 않은 칼집.
6) portico 주랑현관. 지붕이 있는 현관.

토요하라-마오카선 건설 당시의 에피소드를 주제로 한 작품으로, 신코키네마新光キネマ영화사와 식민지 정부가 공동제작했다. 이는 카라후토의 주민들에게 지역적 정체성과 국가를 향한 애국심을 심어주기 위한 것이었다.[15]

철도와 신사는 2개의 대조적인 신화―국가의 신화와 식민주의의 신화―를 체현하는 것이었다. 동쪽으로는 나라의 기원과 불변하는 전통의 신화가, 서쪽으로는 진보와 이동성, 기술력의 신화가 배치되었다. 역과 신사는 물리적으로는 큰 길의 정반대에 위치하고, 상징적으로는 각각이 표상하는 정체성을 서사화하는 것으로 서로 대립했다. 그러나 두 건물을 잇는connect 도로에 의해 명확해지는 연결 / 관계connection가 어떻게 만들어지는가를 살펴보는 것이 중요하다.

철도역부터 카라후토 신사까지 직선으로 뻗은 길은 토요하라를 방문하는 사람들에게 지극히 실용적인 이용가치가 있었다. 신사야말로 여행안내서가 카라후토를 방문하는 여행자들에게 권유하는 코스의 첫 번째 볼거리였기 때문이다. 지금 연구자들이 지적하는 것처럼, 신사를 방문하는 사람 중 상당한 비율이 현지인이 아니라 정부관료, 사업가, 휴가로 방문한 사람들이었다. 신사관계자들은 "본토에서 이 섬으로 온 여행자는 거의 모두가 카라후토 신사를 반드시 참배한다"[16]고 자랑스러워 할 정도였다.

이러한 의미에서 카라후토 신사는 단순히 애국심의 장으로만 기능한 것이 아니라 여행자를 끌어들이는 장이기도 했다. 시간이 지나갈수록 카라후토 신사에는 일본 신도神道의 신화에 등장하는 신들의 위패 옆에, 새롭게 만들어지는 식민지 신화 영웅들의 기념비가 더해지기 시작했다. 1930년대까지 신사의 정원에 인접한 숲에는 이제 막 전개되는 식민지화 이야기를 담은 기념비가 정연하게 늘어섰다. 예를 들어 러일전쟁에서 전리품으로 가지고 온 무기류, "주인집 재산을 지키기 위해 러시아인 7명을 총으로 죽인 아이누인 마츠노스케의 비", "호신 공사豊眞工事;

토요하라-마오카선 공사)에서 희생된 사람들의 비"[17]가 진좌鎭座하기에 이르렀다.

4. 〈카라후토 좋을시고〉 — 대중문화의 식민지화

근대화와 대중의 이동이라는 기대를 안겨준 철도와 일본 신도神道의 신화를 환기시킨 카라후토 신사가 연결되는 모습을 보면, 토요하라 풍경 위에서 1920~30년대 일본문화의 중요한 측면이 드러난다. 1920~30년대의 역사에 대한 기존의 정설은, 대중문화의 만개, 끊임없는 근대화의 추구를 특징으로 하는 다이쇼시대와 억압적인 민족주의가 대두하는 쇼와시대 간에 명확한 경계선을 전제로 한 것이었다. 그러나 토요하라의 도시 건축이나 도시 공간의 이용 방식을 보면 대중문화와 민족주의가 서로 섞이는 것을 알 수 있다. 예를 들어 1912년 일본여행문화협회(현 일본교통공사)가 설립되고, 1924년 협회 기관지인 『타비旅』가 발행되는 등, 이 시기에 중산계급 오락의 상징인 관광 여행이 발달한 점이 그러하다. 이는 카라후토 신사로 대표되는 내셔널리즘의 기호가 종교적·정치적 의미에 무관심한 대중이 관광이라는 신문화에 매혹되어 여행을 소비하기 시작한 것을 의미한다.

대중문화를 다루는 미디어는 내셔널리즘의 목적을 위해 이용되었다. 예를 들어 일본 정부는 영화가 국민들, 특히 새롭게 식민지화된 영토의 주민들의 사상 형성에 잠재적인 힘을 가진 도구임을 간파했다. 카라후토의 경우, 1941년에 화제가 된 호화판 장편영화 〈북극광北極光〉의 제작이 가장 상징적이지만, 다른 지역에서도 영화는 국민과 제국의 이미지를 전달하는 수단으로서 이전부터 이용되어왔다. 타무라 시즈에田村志津枝가 지적하듯이 타이완의 식민지 정부는 이미 1914년, 즉 본토의 문부성이 같은 사업을 개시했던 해보다도 9년이나 앞서 교육영화를 제작 상영하는 사업을 시작했다. 타이완에서 이 사업의 토대는 애국부인회 타이완 지부였다. 애국부인회는 1901년부터 식민지 정부가 행한 폭력적인 캠페인 '화평공작和平工作'(당시 타이완에 살던 토착민과의 싸움)을 지원하기 위해 영화를 개봉하여 자금을 모집했다.[18]

타이완, 조선에서처럼 카라후토 식민지 정부도 정체성 형성의 도구로 가요곡을 도입했다. 재미있는 예는 〈카라후토 좋을시고〉라는 가요곡과 그것을 반주삼은 춤으로 1936년 여름 토요하라 중심지의 대운동장에서 열린 축제에서 공연되었다. 카라후토 자연의 경이로움을 예찬하는 이 곡은 〈조선 좋을시고〉, 〈타이완 좋을시고〉와 같은 초기의 일본 식민지를 축하하는 가요곡을 모델로 하였고, 나이기 〈쿠사츠草津 좋을시고〉 등 일본의 지방을 노래한 유명한 민요의 계보와도 연결된다. 〈조선 좋을시고〉, 〈타이완 좋을시고〉라는 표현이 시사하는 것처럼, 이 노래들은 식민지 문화의 이국적이고 풍요로운 이미지를 자아내려고 했다. 현지의 한 관리가 말했듯이 이 노래는 "그 토지의 지방색, 변해가는 시대의 모습을 가장 단적으로, 가장 깊이있게, 가장 대중적으로 소개하는 선전력을 갖고 있다."[19] 나아가 〈카라후토 좋을시고〉의 리듬과 춤은 봉오도리[7]의 전통과 연결되는 것으로 본토 전통의 기억을 불러 일으켜 대중의 상상력에 호소하고 무의식적으로 카라후토를 일본의 일부로 편입시키는 역할을 했다. 그러나 〈카라후토 좋을시고〉가 대중에게 열광적으로 수용된 것처럼 보임에도 불구하고 이것은 대중문화로부터 자연스럽게 생겨난 것이라고 보기는 힘들다. 오히려 이 곡은 카라후토청 창립 30주년을 기념하여 행정가들이 만들어 낸 수많은 '지역 민요' 중 하나였다. 카라

---

7) 盆踊り. 불교행사인 우란분(음력 7월 15일) 밤에 남녀가 모여서 함께 추는 윤무.

후토 전역에 유통시키기 위해 카라후토청으로부터 지원을 받았다는 내용이 콜롬비아판 레코드 라벨에 기재되어 있다.

〈카라후토 좋을시고〉라는 곡은 식민지 문화의 애매모호함을 더욱 강조하기도 한다. 반면 중앙 정부와 식민지 정부 쌍방이 식민지나 만주국으로 향했던 일본인 이주자들에게 일본문화의 유산에 자부심을 갖도록 유도하여 강한 애국심이 스며들도록 하였다. 다른 한편 정착민들에게 '새로운 일본'의 매력을 알려주고, 낯선 자연환경에 적응하도록 각각의 식민지에 대해 고유한 애착과 긍지를 품게 하는 것도 중요했다. 나리타 류이치成田龍一가 지적한 것처럼, 19세기 말부터 20세기 초반에 걸친 본토의 급속한 산업화와 도시화에 대한 반응의 하나로 '고향'의 지역문화에 대한 관심과 노스탤지아가 높아졌던 것을 들 수 있다.[20] 식민지에서 태어난 세대가 성년이 된 1930년대에 이르면 식민지 안에서 흥미로운 역전 현상이 보인다. 즉 식민지를 정착민들의 '고향'으로서 재정의하고, 식민지 정체성의 뿌리가 될 수 있을 만한 독특한 전통을 모색하려는 요구가 생겨난 것이다.

그러나 식민 상황 가운데서 식민지를 '고향'으로서 재발견하는 시도는, 늘 복합적인 요소에 의해 분열된다. 이러한 점을 탐구하기 위해 토요하라의 또 하나의 역사적 건축물인 카라후토청 박물관에 눈을 돌릴 필요가 있다.

5. 카라후토청 박물관과 제지공장

카라후토청 박물관은 일본의 외부에 '새로운 일본들'을 건설하려는 이상을 완전히 순수한 모습으로 체현하고 있다. 일본 전통의 여러 양상을 토요하라라고 하는 새로운 환경으로 옮기는 한편, 동시에 그 환경을 개발하는 경제적 발전과 연결한다는 사명에 들어맞도록 과학의 힘이나 기술을 이용해야 했다. 그러나 박물관이 만들어낸 서사는 식민자 문화의 유토피아적 비전의 한계를 보여주는 것이었다.

박물관의 시작은 1917년 헌병대 토요하라 지부에 위치한 사령부의 방 하나에 광물 자원·식물·박제·지방의 공예품 등을 전시한 것이었다. 이는 1920~30년대 경찰이 다양한 역할을 했었다는 것을 가리키기도 한다. 1934년 전시품은 토요하라 북부 교외의 군대 막사로 옮겨지고 1937년에는 진자도오리의 동쪽에 훌륭한 박물관 건물이 새롭게 건설되었다.[21] 신박물관 건물은 1920~30년대의 민족주의와 식민주의의 특유의 전통과 근대성이라고 하는 2대 요소가 완벽하게 융합된 것이었다. 건물 자체는 주로 자연서을 모방한 합성물질로 건설되었고 스틸 샷시의 창과 자동환기팬이 구비된 화장실도 있었다.[22] 건물 내부에 충분한 채광을 확보한 각각의 방들은 동식물, 광물 자원 등을 전시했고, 기상학과 고고학에 관한 데이터나 카라후토의 환경조사 결과물, 식민지에 관한 자료도 수집되어 있었다. 그러나 박물관의 전체 디자인, 즉 장식이 있는 대들보에 달린 자릿쇠가 높이차를 만들며 경사를 이루고 있는 모습이라든가, 전면으로 석등롱을 배치한 포티코 등은 전통적인 일본의 성城을 이미지화하려는 듯했다.

박물관의 건축 디자인은 직원 관리 및 박물관의 운용에 관한 경영철학을 표명한 것이었다. 그것은 최신의 과학적 방법을 사용하여 과거를 보존하고, 국가와 지역에 관한 개념을 널리 퍼뜨리려는 사명이었다. 이러한 점에서 카라후토청 박물관은 일본이 공식／비공식적으로 제국의 박물관들에서 행했던 광범위한 개혁의 일부분이었다. 1920~30년대에 여러 명의 관장에 의해 제창된 개혁의 정신은 만주국 국립중앙박물관의 부관장을 지낸 후지야마 카즈오藤山一雄가 1940년에 출판한 『신박물관태세新博物館態勢』라는 책에서 가장 적확하게 설명된다. 후지야마 카즈오가 '신태세新態勢'라고 한 것은 박물관을 단순한 공예품의 전시실로 간주하지 않고 '살아있는 몸'으로서의 역할을 강조한 것이다. 즉 교육과 연구활동을 통하여 대중문화에 공헌하고, 일반인들에게 봉사한다는 역할을 말한다.[23]

카라후토청 박물관 관장인 스가와라 에이조菅原榮藏가 표명한 박물관의 역할은 "우선 끊임없는 연구와 탐구에 의해 새롭게 산출한 결과를 구체적으로 일반인에게 보여주는 것, 둘째로는 교육 시설을 만드는 것, 세 번째는 자연계의 자원을 소개하고 그 이용 재생에 관한 연구를 진행하는 것"[24]이었다. 이런 관점으로 보면 박물관이란, 자연계의 표본이나 문화를 단순하게 보존하는 장이 아니라, 식민지를 개발하여 지역사회와 식민지 국가의 이익이 되는 자원을 이용하기 위한 중요한 활동 주체였다. "카라후토가 일본령이 된 지 30여 년, 식산흥업殖産興業의 건전한 발전을 쫓아 국리민복國利民福을 우선 도모하고, 학술의 진흥과 그 보급을 재촉하는 것이 급선무이다. 특히 우리 섬과 같이 천연 자원이 풍부한 환경에서 자연을 연구하고 그것을 응용하여 산업 발전을 꾀하고, 국부의 증진을 기대해야한다."[25]

그러나 카라후토청 박물관은 지역의 천연자원 개발을 통해 국가의 번영에 공헌하는 것에 머물지 않고, 지역문화의 등대가 되어야 하는 특별사명도 띠고 있다. 관장과 직원들은 1938년 카라후토 향토연구회를 설립했다. 자발적으로 만들어진 이 협회의 목적은 카라후토의 자연사나 문화를 깊이 연구하고, 나아가 공개강좌를 여는 등의 활동을 통해 "북방문화의 탄생"을 촉진하는 것이다. 물론 어떤 의미에서 이런 교육 활동은 카라후토청 박물관이 가장 무게를 둔 목적, 즉 식민지의 문화적 수준을 높임으로서 "국리를 꾀한다"라는 것에 들어맞는 것이었다. 스가와라 에이조가 말한 박물관의 역할은 야나이하라 타다오가 이주에 대해 품은 이상, 즉 신천지에서 진보의 씨를 뿌림으로써 중앙 정부와 식민지 정부 양쪽의 이익을 성취하는 것과 완전히 일치하였다. 그러나 동시에 카라후토 향토연구회와 같은 단체의 출현은 식민지 정부와 중앙 정부 사이의 말없는 긴장 상태를 나타내는 것이다.

예를 들어, 주요 창립 회원 중 한 사람은 카라후토 향토연구회 발족을 환영하는 소책자에서 카라후토에 잠시 방문한 중앙 학자의 품행에 대해 가차 없이 비판하고 있다. 왜냐하면 그 사람이 박물관과 연구 프로젝트에 중요한 표본과 조사발굴품을 가지고 가버렸기 때문이다.[26] 이것은 1930년대 카라후토에 관한 글들에서 자주 보이는 비난들 중 하나에 불과하다. 제국 중앙의 엘리트들이 식민지 카라후토를 이류로 간주하여 무시하고 심지어 오해했던 것에 대한 비판이다. 관장인 스가와라 에이조 또한 불편한 심기를 공유하고 있었다. 그는 스스로 일본문화를 제국의 주변부로 가져왔다고 자처하는 동시에, 본토 주류문화에 의해 스스로 주변화되었다고 느끼고 있었다. 소설가인 그의 아들 사무카와 코타로寒川光太郎는 자전적인 저작에서 아버지를 적나라하게 그렸다. 스가와라 에이조는, 본토에서 자신의 발견을 인증하는 문서를 전달하러 온 거만한 학자에 대해, 또 자신의 연구를 흠집 내려는 편협한 식민지 관료에 대해, 나아가 카라후토의 자원을 개인적 욕망의 대상으로밖에 여기지 않는 이해타산적인 식민자들에 대한 방어를 견고히 했다.[27]

그렇지만 스가와라 에이조가 품고 있던 카라후토의 풍부한 자원을 '개척'한다는 유토피아적 이미지와 카라후토에서 일어나는 식민주의적 개발 현실은 전혀 일치하지 않았다. 자원 이용의 다른 면은 당당한 성곽풍의 카라후토청 박물관이 아니라 토요하라 북부에 펼쳐져 있는 오지제지王子製紙 공장의 복합시설과 관계있다. 카라후토의 목재 펄프 산업은 스가와라 에이조의 전임자들이 1908년부터 행했던 지역의 목재종에 관한 식물학적 조사가 바탕이 되어 제1차 세계대전의 호경기에 급성장을 이루었다. 1920년대에는 제지공정을 포함한 목재가공은 카라후토 경제를 지탱했고 1934년까지 카라후토의 목재 및 제지산업의 합계

생산액은 2천2백만 엔 정도였다. 가장 큰 경쟁상대인 어업이 제지산업보다도 많은 사람을 고용하고 있었음에도 불구하고[28] 제지 산업의 생산액이 거의 2배 많았다. 카라후토 식민지 당국도 즐겨 지적했던 것처럼 카라후토는 문자 그대로 일본의 문예계와 지식인 세계 전체를 지탱하는 역할을 했다. 왜냐하면 1930년대까지 일본 종이의 거의 절반이 카라후토 삼림에서 생산되고 있었기 때문이다.[29]

1917년에 설립된 오지제지 토요하라 공장은 100헥타르 이상의 토지 위에 미로 같은 철근 콘트리트 건물을 지었고, 공장의 굴뚝은 토요하라 북부의 지평선을 압도했다. 공장 가까이에는 노동자들의 바라크가 나란히 세워져 있었고, 얼마 되지 않아 공장은 광대한 산업지역의 중심이 되어 화학공장과 그 밖의 다른 공장의 건물에 둘러싸였다. 오지제지가 카라후토에 투자를 시작할 때는 두 개의 경쟁사, 후지제지富士製紙나 카라후토 산업회사가 패권을 다투고 있었다. 그러나 1933년에 이 세 회사가 합병되면서 오지가 우세하게 되어 그때부터 카라후토는 '오지제지의 식민지'였다고도 말할 수 있다. 바로 일본의 일부 도시가 '기업 조카마치企業城下町'[8)]라고 불려졌던 것처럼.

식민지와 기업의 공생관계는 카라후토의 풍경과 생활에 깊은 영향을 주었다. 카라후토청 박물관장인 스가와라 에이조는 독특한 생태계를 가진 이곳 삼림에 대해 열심히 연구하고 보전하려고 노력했다. 그러나 이 삼림은 과잉벌채나 산불, 해충의 발생에 의해 파괴되어 1920년대부터 삼림재생계획이 도입되었으나 그 손상을 만회할 수는 없었다. 1930년대 말에 카라후토를 방문했던 경제사가인 혼조 에이지로本庄榮治郎는 오도마리-토요하라선 기차의 창밖 풍경을 이렇게 쓰고 있다. "도로면의 풍경은 상당히 황량하다. 높은 산도 없고, 나무숲도 없고, 게다가 벌채된 산림, 불타버린 나무, 수 척尺의 잘려진 그루터기가 난립하고 있는 모양

---

8) 봉건시대 영주의 성을 중심으로 주변에 발달한 시가지를 가리키는 말로, 현대의 기업을 중심으로 한 도시.

새는 카라후토의 삼림 정책이 식목 없는 벌목은 아니었을까라는 의심이 들게 했다.”[30]

펄프 산업이나 그 후의 채탄업(특히 1920년대 중엽부터 급속하게 산탄량이 증가)이라는 채취 산업의 전개는 카라후토의 자연생태계뿐 아니라 사회구조에도 영향을 미쳤다. 전형적인 식민자 이미지로 떠올려지는 것은 삼림을 개간하여 농지로 만든 개념 없는 개척 농민, 산을 뚫어 철도나 다리를 건설하는 대담한 토목작업원, 그리고 중앙의 문화가 산출한 결실을 제국의 프런티어에게 전달하려는 이상에 사로잡힌 교사나 연구자 등이다. 그러나 이러한 제한된 이미지에서 식민지사회의 진정한 다양성을 파악하는 것은 불가능하다. 적어도 1930년대 중반까지는 개척 농민이 카라후토 이주민의 가장 큰 부분을 차지하고 있었지만(1934년 카라후토의 전인구 31만 3천 명 중 약 4만 8천 명이 농민), 카라후토의 상당수 인구는 제조업과 탄광업(합쳐서 2만 천 명을 헤아린다), 어업(약 1만 6천 명), 지역업 등에 종사하고 있었다.[31]

“이주지를 영구히 주거지로 삼는다”는 이민자의 전형적 이미지와 대조적으로 카라후토 식민지 이주자들은 다양성뿐만 아니라 이동성도 보여주고 있다. 초기의 거주민들 가운데 상당수가 여름에는 카라후토에 품삯 농사꾼으로 와서, 겨울에는 일본의 다른 지역으로 귀향했다. 1920년대 말이 되면 식민지의 인구는 젊은이와 남성에 치우쳐, 통계에 의하면 여성 100명 당 남성이 134명 정도였다. 이것은 어떤 논자가 평한 것처럼 “그 사회가 그다지 안정된 사회가 아니라는 의미이다.”[32] 계절이동 노동자의 수는 시간이 지나감에 따라 감소했지만, 식민지 자료 가운데 ‘월년자越年者(해를 넘겨 머무는 사람)’라는 어휘는 남아 있는 것으로 보아, 영구이주가 반드시 당연한 것은 아니라는 인식이 지속되어 있었음을 알 수 있다.

일본인 이주자들 중에는 개척에 성공하면 토지소유권을 획득할 수 있다는 자유농지에 매료되어, 농지를 개척하여 자손에게 남겨주려는 의

도를 가지고 온 사람도 분명 있었을 것이다. 그러나 대부분은 운을 바라고 온 사람이거나, 계절노동자로서 일하러 온 사람, 혹은 몇 년 동안 자금을 모아 본토로 돌아가려는 목적으로 온 사람들이었다. 소설가 혼조 무츠오本庄睦男는 1920년에 홋카이도를 경유하여 카라후토로 들어와, 도쿄에서 공부할 학비를 벌기 위해 오지제지 토요하라 공장에서 10개월간 일을 했다. 그는 돈을 벌기 위해 식민지로 향했던 집단의 대표적인 사례로, 다른 이민자와 다른 점은 공장 경험을 출판했다는 것이다.[33] 카라후토에서 1~2년을 보낸 후 만주국 같은 더욱 먼 목적지로 이동하는 사람도 있었다.

스가와라 에이조의 아들인 사무카와 코타로는, 1940년 왓카나이稚內에서 오도마리로 가던 페리에서, 식민지 거주 35년을 특징짓는 이주민들의 다양성과 유동성에 대해 말하고 있다. 페리의 승객에는 "어부, 노동자, 본토를 다녀오는 농부의 가족, 출장에서 돌아가는 관리, 도쿄로 오사카로 왔다갔다하는 분주한 상인들"이나, 오치아이落合의 제지회사에 근무하는 장남을 방문하는 가족, 영혼을 구하려 북방 지역을 순회하는 폐병 걸린 선교사 등이 있었다. 사무카와 코타로는 이렇게 인식했다. "카라후토는 여전히 종교에 있어서도 코스모폴리탄이다. 전통의 힘도 약해서 새로운 것을 거부하지 않는다."[34]

많은 이주자들에게 카라후토를 비롯한 식민지(반식민지 만주국도 포함해서)의 매력은 '전통의 힘'으로부터 해방된다는 측면에 있다. 즉 그들의 마을에서 내려오는 관습이나 규제로부터 해방되는 것이다. 일본의 가난한 지역(특히 홋카이도, 토호쿠東北지방)에서 온 이주자들 중에는 좌익사상이나 정통적이라고 할 수 없는 사상을 가진 사람의 비율이 현저하게 높았다. 전전戰前 『카라후토 문학』에 투고했던 저명인 가운데는 좌익사상에 대한 공감을 솔직하게 표명한 사람이 있다. 그 가운데 혼조 무츠오, 후나바시 키요노(필명은 유즈리하라 마사코讓原昌子)를 들 수 있다. 후나바시 키요노는 자신이 선생으로 일했던 토요하라 동부 오치아이의 광산, 산업

단지의 사회상을 작품에 짙게 반영했다.[35]

사무카와 코타로가 지적했던 것처럼 1920~30년대 식민지의 소수 종교는, 개종을 많이 성공시키지는 못했어도 놀라울 만큼 다양하게 꽃피웠다. 기독교 주류 교단의 지부나 비교적 잘 알려진 "신흥 종교", '천리교天理教', '세이초노이에生長の家', 타이완과 중국에도 신봉자를 가지고 있던 '히토노미치人の道 교단'[9) 외에도, '기요메 교회'[10)같은 그다지 지명도가 높지 않은 종교 집단도 존재했다. 지역 경찰들은 이런 "신흥종교"들을 주시했는데, 이는 카라후토가 "코스모폴리탄"적인 사상으로 평가받는 것에 불만을 갖고 있었기 때문이다.[36]

이것은 "북방문화의 탄생"이라는 문화적 구축물이, 식민지의 정책 결정자나 박물관장이 예상했던 것보다 훨씬 복잡한 현상이었다는 것을 시사한다. 많은 식민자들은 활기찬 선율로 〈카라후토 좋을시고〉 같은 노래를 즐기는 것처럼 보인다. 틀림없이 많은 이들이 카라후도 신사의 경내에 가득찬 개척자의 기념비에 많든 적든 공감했을 것이다. 그중에는 일부러 시간을 내어 카라후토 향토연구회가 주최한 카라후토의 자연이나 문화에 관한 강연에 출석했던 사람도 있을 것이다. 그러나 카라후토라는 식민지의 비교적 가난했고 떠돌아다니던 사람들은 대부분은 전형적인 식민지 개척자라는 상상 속의 정체성과 융합되지 못하고 일상의 절실한 걱정거리나 이해를 안고 살아가고 있었다.

박물관장인 스가와라 에이조는 문화적 사명의 성공을 바라던 자신의 기대에 대한 환멸을 드러냈다. 이것이야말로 틀림없이 새로운 일본들을 건설하는 것의 유토피아적인 전망이 변환되었음을 보여준다. 그는 탄식했다. "아아, 슬프게도 카라후토의 사람들은 아직 박물관도 제대로 활용하지 못한다. 정말로 우리들의 일을 이해하고, 섬을 사랑하는 마음으로

___

9) 현 PLPerfect Liberty 교단으로 알려져 있음.
10) 일본 홀리네스 교회의 분파로 구약 성서를 따르고, 일본인과 유태인의 밀접한 인종적 정신적 연결을 믿고 있음.

우리들에게 동조하는 사람이 적어 유감이다. 카라후토의 문화, 건전한 산업의 발달을 가져다준 새로운 기운이 섬사람들 사이에 충만하지 않으면 우리들의 일도 충분한 발전을 바라지도 못하고 또 인정받을 수도 없다."[37]

6. 새로운 일본들, 새로운 아시아들 – '식민주의와 이주' 재고

이상적인 이주를 국제적인 발전과 복리를 꾀하는 원동력으로 보거나, 1927년 야나이하라 타다오가 주장했듯이 그것을 역동적인 '새로운 일본들'의 생성원이라고 파악하는 것은 문제가 많다. 왜냐하면 단순히 식민지 거주민들이 겪은 문화적·경제적 현실을 파악하지 못하게 할 뿐 아니라, 식민지화로 인한 이주의 복잡한 흐름을 시야에서 지워버리기 때문이다. 일본을 비롯하여 식민주의를 내건 모든 제국에는 식민지화의 과정에서 사람들이 다방면으로 횡단·교차하는 움직임이 생긴다. 자발적으로 움직이는 사람이 있고, 그렇지 않은 사람도 있었다. 희망을 갖고 이동한 사람도 있고, 낙담하여 이동하는 사람도 있다. 조선, 타이완, 만주국, 카라후토, 그 어느 곳에서도 "새로운 일본"이 매끈하게 만들어지지 않았다. 오히려 각각의 식민지는 여러 방향의 흐름이 모이는 합류 지점이었고, 그 흐름의 하나하나가 20세기 동아시아 문화사에 영속적인 영향을 끼쳤다.

인구의 대부분이 본토에서 온 이주민들인 카라후토, 그중에서도 본토에서 온 이주자들의 비중이 특히 높았던 토요하라에서조차 식민지화로 비롯된 각 민족들의 횡단의 흔적을 완전하게 지우지 못했다. 그러한 혼적을 보여주는 여러 가지 사례가 있다. 카라후토청 박물관이 행한 지역문화조사에서 러시아 유형식민지 블라디미르브카가 만들어지기 전 스즈야 평원에 산재한 아이누 촌락들의 고고학적 유적이 발굴되었다. 또한 카라후토 관광객은 토요하라 북부 주변부의 러시아풍 통나무집이 자아내는 '이국적인' 거리 풍경을 즐기기도 했다. 한 지방의 경찰은 1936년까지 토요하라 어느 지역에서 출현한 '조선인 게토ghetto'를 염려하는 보고서를 제출하기도 했다.[38]

야나이하라 타다오도 그의 저작에서 식민지화 과정, 일본에서 온 이주자들의 흐름이 피식민자들의 움직임과 밀접한 연관이 있다는 것을 인정한다. 어떤 경우 피식민자들의 이동은 식민지의 경계선을 넘는 것이 아니라 경계 안에서 움직이는 것이다. 카라후토는 '주인 없는 땅'으로 기록되어 있을 만큼, 이곳에는 확장주의를 취한 러시아 외에는 일본의 식민주의의 방해가 되는 대항세력이 없었다. 그러나 사실은 카라후토에 거주했던 토착민들을 쫓아내면서, 식민주의화 과정의 산물인 '누구에게나 개방된 토지'라고 하는 개념이 생겨난 것이다. 야나이하라 타다오가 서술한 것처럼 "카라후토청의 아이누에 대한 정책은 홋카이도의 예를 따라, 부락을 적당히 합병하여 상당 규모의 부락으로 키우고 우월한 지도자를 두어 동화의 열매를 맺으려고 하는 것이다."[39] 즉 1920년대까지 약 9만 명, 1930년대까지 28만 명의 일본인 이주민들이 카라후토에 유입되었는데, 동시에 카라후토의 아이누 민족을 그때까지 살던 작은 마을들에서 열 군데의 정해진 이주지로 강제 집주시키는 정책이 뒤따랐다. 이 후 소수민족인 니브히족[11]·위르타족[12]을 그들의 거주지구 삼림이나 해안선 지방으로부터 쫓아내어 카라후토 북부의 시스카敷香 근처, 인위적으로 만든 식민지 오타스에 강제 이동시켰다.

---

11) Nivkhi. 러시아 연방 극동지방 아무르강江의 하류 유역과 사할린에 거주하는 원주민으로 이전에는 길랴크Gilyak라고 불렸다.
12) 오로크족Orokes이라고도 함.

이러한 강제이동은 제국의 다른 지역에서도 반복되었다. 1932년 야나이하라 타다오는 다음과 같이 말한다. "타이완에서 산악지대 원주민을 하산시키는 정책으로 그 지역의 임야를 이용하는 것도 역시 정부의 힘에 의한 자본의 본원적 축적이다."[40] 야나이하라 타다오는 이 과정을 산악지역 원주민공동체의 복리까지 배려한 "문명적인 행동"이라고 인식한다. 그러나 그의 견해는 그의 바램만을 반영한 것으로 실제로는 그렇지 않다. 타이완 원주민들의 강제이동은 대부분 군대에 의해 이루어진 것으로 타이완에 애용선隘勇線[13]이 그어진 것이 잘 알려진 사례다. 애용선은 원주민집단이 살던 지역을 포위한 경계선으로 일본 이주민들이 "안전하게 농업이나 목재업, 장뇌정제업에 종사할 수 있는" '평화' 지구를 넓히는 데 중요한 정책이었다.[41]

식민지화는, 제국 경계선 내에서 사람들을 이동시킨 것처럼 경계선을 넘어서는 이동도 촉진시켰다. 야나이하라 타다오는 1926년에 출판된 식민주의와 식민지 정책에 관한 대부분의 연구서에서, 조선인들이 일본의 농업정책, 조선에서 일본인이 농지를 획득하는 과정, 1919년 3월 1일의 만세사건으로 인한 정치탄압 때문에 만주국, 동시베리아로 이주의 흐름이 가속화되었던 점을 날카롭게 비판하고 있다.[42] 1910년에 조선이 일본의 식민지가 되었을 때 이미 8만 3천 명의 조선인이 동만주에 거주하고 있었고, 1910~20년까지 그 수가 급증하였다. 1920년대 초기에는 (어떤 통계에 의하면) 약 50만 명의 조선인이 만주국, 두만강지역, 동부 내몽고 지역에 이주했다고 한다.[43] 다른 한편 1907년부터 1923년까지 러시아 극동지역의 조선인 인구는 소비에트의 통계에 의하면 4만 6430명에서 10만 6817명으로 증가하여, 1920~30년대에는 시베리아의 조선인 존재가 연해 지역의 풍경에 큰 변화를 초래했다. 그들은 쌀이나 명주(비

---

13) 일제 강점 시기 타이완 총독부가 타이완의 원주민과 세력 다툼을 막기 위해 애용선이라는 경계선을 만들어 무단 출입을 금지시켰다. 애용선에는 전류가 흐르는 선이 길게 늘어져 있어 그 안쪽을 관리의 대상으로 삼았다.

단)를 생산했지만, 1937년 스탈린 정권은 그들을 일본의 스파이로 의심하여 중앙아시아에 집단적으로 강제 이동시켰다.[44]

이러한 경계선을 넘어서는 흐름도 또한, 카라후토 사회사에 큰 영향을 끼쳤다. 1930년대에 번성했던 식민지의 자원개발(특히 석탄의 개발)은 점차 조선인 이주의 흐름에 의존하게 되었다. 1936년까지 카라후토에서는 경찰의 통계에 의하면 7,399명, 인구통계에 의하면 8,859명의 조선인 이주민들이 생활하고 있었다.(이러한 통계의 차이는 토요하라 경찰서의 골치거리였다. 그들은 절대적인 감시권력의 누수가 있는 것은 아닐까 염려했다.)[45] 1944년까지 그 수는 약 5만 명으로 팽창해 카라후토 인구의 10% 이상을 차지했다. 전후 일본 정부가 제국 내 이주의 문제에 정면으로 대처하지 않아, 그 결과로 오늘날에도 그들 가운데 생존자의 자손이 사할린에 존재하고 있다. 그들이 유즈노 사할린스크(예전의 카라후토)의 경제와 문화를 형성하는데 큰 역할을 했고, 지금도 여전히 상당수의 사람들이 반세기도 전에 보았던 고향으로 돌아가고 싶어 한다.

이 밖에도 식민지 카라후토를 건설했던 이주자들 중 오랫동안 잊혀졌던 사람도 있다. 그들은 토요하라―마오카 철도건설 현장에서 일하던 (목숨을 잃었던) 많은 사람들이다. 철도를 건설했던 사람들은 본토에서 온 자발적인 개척자들이 아니라 중국인 계약노동자들이었다. 힘들고 위험한 호신선豊眞線[14) 건설의 노동력을 조달하기 위해서 식민지 정부는 1923년에 다수의 일본인 공사청부업자들에게 인가를 준 결과, 여름 동안 카라후토에 1447명의 중국인 노동자가 들어왔다. 1924년에는 1,977명이 투입되고 1925년과 1926년에도 중국인 노동자가 보충되었다. 이런 식의 인원보충은 결국 중지되었는데 임금 하락을 염려한 일본인 노동자들이 항의했기 때문이다.[46] 또한 타이완에서도 식민지발전계획은 중국으로부터의 이주를 촉진시켰다. 타이완에 본거지를 둔 청부업자가 총

---

14) 토요하라―마오카를 잇는 철도 노선.

독으로부터 인가를 받아, 중국인 노동자를 징발하여 플랜테이션이나 다른 식민지 프로젝트에 보냈다. 중국인 노동자들은 청부업자가 발행한 인가증을 가지고 있으면, 식민지 입국이 허락되었다. 예를 들어 1924년에는 6천 8백 명의 중국인 노동자들과 3천 명의 노동자가 아닌 중국인들의 타이완 입국이 허락되었다.[47]

이민 연구자들이 이주자를 '정착민settler', 즉 신천지에 '영주'하려고 이동하는 사람들로 파악하는 경향이 있지만 식민지제국의 공간을 이동하는 사람들의 대다수는(본토와 카라후토를 왕래했던 사람들과 마찬가지로) 일시적이고 '비정주적인' 측면이 있다. 예를 들어, 카라후토로 이주한 중국인들은 철도건설원뿐만 아니라(그들은 계약이 끝나면 또다시 이동했다) 적은 수이기는 하나, 어떤 일정한 흐름을 형성한 행상인도 있었다. 그들은 여름 몇 개월간만 카라후토를 방문해 토요하라나 먼 마을까지도 상품을 운반했다. 중국과 만주로부터 직접 건너온 사람들도 있었고, 요코하마나 코베에 점포를 차려놓고 그곳을 거점으로 카라후토로 향했던 사람도 있었다. 식민지경찰이 무인가 중국인상인을 체포했다는 무수한 기록이 시사하는 바는, 식민지 정부가 제국을 넘어서 이동하는 자들에 대하여 견고한 통제력을 유지할 수 없었다는 것이다.

7. 잃어버린 기념비

1939년 잡지 『카라후토 시보樺太時報』에 투고했던 카라후토의 어떤 주민은 식민지의 대로나 공원, 신사에 기념비나 동상이 차례로 건설되고 있는 점을 주목했다. 그가 관찰한 기념비는, '도민성島民性'이라는 새롭게 출현한 식민지의 정체성을 가시화시킨 것이다. 기념비는 집단적 감정을 분출시키고 식민지에 대한 귀속감을 성숙시키는 역할을 했다. 식민지 아이덴티티는 각 식민지에 고유한 것이면서 제국의 중심부에 깊은 뿌리를 두고 있는 것이기도 했다. 카라후토 신사에, 토요하라─마오카선의 건설에 '목숨을 바친' 사람들의 진혼비, 바로 그 옆의 러일전쟁에서 전사한 병사들의 기념비가 모셔진 것을 언급하면서, 이 기념비는 카라후토의 자기 희생의 상징물이고, 나아가 "이 희생의 정신이야말로 야마토혼大和魂의 다른 이름이다"[48]라는 점을 독자에게 상기시키고 있다.

그 글을 읽으면서 나는 이름도 알 수 없는 무수한 중국인 계약노동자들의 죽음이 식민지개척의 자기희생 서사로 포함되어가는 것에 놀라움을 감출 수 없었다. 그것은 새롭게 출현한 '도민성'과 '야마토혼'이라는 민족적 찬사에 편입되어가는 과정이었다. 또한 이 기념비들이 사라지면서 다른 민족적 식민주의적 서사로 전환되어 간 것도 알 수 있다. 즉 옛 카라후토 신사의 자리는 현재 소비에트／러시아의 전몰자를 기리는 유즈노─사할리스크 진혼비의 장소가 되었다는 점이다. 다양한 기억과 망각이 내포한 복잡함과 역설의 분석이 인간의 상호작용, 유토피아의 꿈이나 폭력, 영원의 모순 같은 일본제국의 식민지문화를 형성했던 수많은 요소의 흐름을 파악하는 첫걸음이 될 것이다. 이것들은 또한 20세기의 다른 식민지제국 문화를 만들어낸 것이기도 했다. 식민지 도시의 잃어버린 풍경과 기념비를 재발견하는 것에서, 또한 이러한 기념비에 의해 은폐된(혹은 드러난) 이야기를 탐구하는 과정을 통해, 우리는 오늘날까지 동아시아 문화의 역사에 영향을 미치고 있는, 제국을 가로지르던 상호관계와 운동들을 추적할 수 있을 것이다.

제5장

'낙토樂土'를 달리는 관광버스

1930년대 '만주' 도시와 제국의 드라마투르기

까오유엔高媛

1. 시작하면서

최근 '식민지 도시'에 관한 연구는 주로 네 가지 측면에서 전개되어 왔다. 우선 문학 연구영역에서는 식민지 도시상을 작가의 신체에 겹쳐 중층적으로 읽어내려는 시도가 행해졌다.[1] 두 번째는 종주국이 주도하는 도시계획이나 민족별 거주지 분화의 실태에 초점을 맞춘 지리학적인 접근이다.[2] 세 번째는 식민지 도시의 건축양식이나 종주국에서 건너온 건축가의 활동을 더듬는 건축사적 고찰이다.[3] 마지막으로 댄스·야구·호텔문화 등을 제재로 식민지 도시를 '이문화異文化 접촉'의 장으로 파악하는 도시사회학적 연구가 있다.[4]

---

* 이 글은 남효진이 번역하였다.

이 네 가지 흐름의 공통점은 식민지 도시의 '일상적 도시 공간'[5]에 있어서 식민자와 피식민자 사이의 '접촉영역contact zone'[6]에 대한 관심이다. 이런 선행 연구들의 성과를 바탕으로 하여, 이 글에서는 관광을 중심으로 '일상적 공간'을 대신하는 '연출된 공간'으로서의 식민지 도시를 파악하고자 한다. 요시미 순야吉見俊哉는 도쿄 번화가 분석을 통해 도시와 그 곳에 사는 사람들의 관계를 「텍스트」와 「독자/등장인물」의 관계라기보다는 「상연」과 「관객/공연자=배우」관계로 파악하여, 관객과 배우의 '상호매개적 신체성'과 '극장'의 위상적인 구조에 착안한 '상연론 관점'를 제시했다.[7] 이 글은 상연론 관점을 식민지 도시의 연구에 응용하고 관광 연구와 결부시켜, 식민지 도시를 무대로 하는 제국의 스펙터클을 읽어내고자 한다.

식민지(또는 식민지적 상황에 처했던 지역)는 제국 본토에선 시도할 수 없었던 도시계획의 '실험장' 역할을 했다.[8] 또한 본토에서는 불리일으키지 못하는 관광객의 정열을 유발하고 그들에게 "대감동"을 주는 제국의 '야외극장'으로 간주되기도 했다.[9] 이 극장은 식민지 정부나 괴뢰정권을 총지배인으로 하여 제국의 파견기관인 철도나 여행을 알선하는 기관이 연출을 담당했다. 어빙 고프만Erving Goffman의 상연 모델[10]에 비유하면, 본토 관광객은 청중이고 식민자는 공연자였다. 이 경우 공연자는 관객의 분위기에 맞추어 '자기연출self-presentation'뿐만 아니라 네이티브의 '대리연출' 등 다채로운 레퍼토리를 끼워 넣기도 했다. 다시 말해 식민지 관광은 관광과 식민이라는 제국의 두 가지 실천이 만나는 장이며, 식민지 경영이라는 제국의 가장 '자극적인' 사업을 '연극화'한 것이었다.

문화인류학에서는 관광 현상을 일반적으로 '호스트'(관광객을 받아들이는 사회)와 '게스트'(관광객)의 관계로 파악한다.[11] 지금까지 이 두 가지 기본 요소를 매개하는, 관광을 둘러 싼 다양한 조직 집단과 개인에 대한 고찰이 있었다. 그 결과, '문화 브로커'(데니슨 내쉬Dennison Nash), '경계인'(테론 누네즈Theron Nunez, 제임스 레트James Lett), '문화 중개자'(요시노 코사쿠吉野耕作)

등 일련의 개념이 도입되었다.[12] 그러나 이런 개념들은 모두 제국과 식민지 사이의 불균형한 권력 관계를 염두에 두지 않았기 때문에, 식민지 관광이 처한 복잡한 위상을 간과하였다. 이 글에서는 제국의 권력 공간과 식민지적인 역사 배경을 시야에 넣어, '호스트 부재'에 가까운 비대칭적인 권력 구조 아래서 본래의 '호스트'(네이티브)에게 군림하며, 그들을 표상／대표하는 '대리 호스트'라는 개념을 제시하고자한다. 여기서 말하는 '대리 호스트'는 본래의 '호스트'를 대신해 일본 본토의 관광객 유입을 독점하고, 제국의 시선으로 호스트 사회의 '관광 자원'을 발견하고 해석하여 가치를 부여하는 '권위의 잠재적 대행자'[13]를 의미한다. 하지만 '대리 호스트'(식민자)와 '게스트'(본토 관광객)의 관계는 결코 대칭적이지 않다. 재외 일본인은 식민지에서는 제국의 시선을 직접 체현하는 자이면서도, 본토 일본인으로부터는 종종 제국의 주변자 또는 식민지의 네이티브와 일체화된 자로 비쳐지는 양의적 존재였다.[14] 식민지 관광은 제국의 중심인 '제국 수도'에서 국가가 직접 연출한 공식제전公式祭典과는 그 성격이 달랐다. 그것은 제국의 원격지에서 재외 일본인이 연출하고 본토 일본인을 관객으로 하는 제국의 세속적 구경거리로 간주되었다.

이 글에서는 '일상적 도시'의 식민자／피식민자 사이의 접촉영역뿐아니라, 제국과 식민지 사이 비대칭적인 권력 관계를 배경으로 '보는／보여주는／보이는 식민지 도시'의 게스트(관광객)／대리인(식민자)／호스트(네이티브) 3자의 시선이 만들어내는 중층적인 대항을 밝히고자 한다. 여기에서 '일상적 도시'와 '연출된 도시'는 어느 한쪽이 '진실'이고 다른 한쪽은 '허위'라는 식으로 구분될 수 없다. 애초에 연출되지 않은 도시의 '진짜 모습' 같은 건 어디에도 존재하지 않기 때문이다. 딘 맥카넬 Dean MacCannel이 고프만의 연극론을 바탕으로 '무대화된 진짜' 모습을 제시한 바와 같이,[15] 중요한 것은 식민지 도시의 '일상'이 어떤 정치적 사회적 관계성 아래에서 어떻게 '극장적 권력'을 발휘했는가를 확인하는 것이다.

이 글에서는 이와 같은 시각으로 1930년대부터 '만주'의 6대 도시에서 성행한 일본어 관광버스를 주제로 본토 관광객 / 재만 일본인 / 네이티브의 3자가 교차하는 '접촉영역'에 주목하여, 정치적 · 사회적 헤게모니의 중층적인 관계 속에서 '낙토'적 도시공간이 어떻게 짜여지고, 그곳에서 제국의 판타지가 어떻게 펼쳐졌는가를 고찰하고자 한다.

2. '관광 낙토'인 만주로

모두가 아는 바와 같이 1905년 러일전쟁의 승리로 일본은 러시아로부터 중국 요동반도의 남단 '관동주關東州'의 조차권, 동청東淸철도 가운데 창춘長春－뤼순旅順사이의 권익 등을 양도받았다. 이후 일본은 주요 역 주위의 시가지 및 철도 선로의 양측 폭 62미터 띠 모양의 '부속지'에 대한 행정권과 경찰권을 획득하여, 사실상 식민지 경영에 착수했다. 이를 계기로 이 지역들에 대한 일본인의 자유도항이 시작되었다. 전쟁에서 승리한 다음해 여름에 도쿄아사히신문과 오사카아사히신문이 함께 주최한 '로세타마루Rosetta 丸 만한순유선滿韓巡遊船'(379명)과, 문부성과 육군성의 장려로 실시된 전국 중학교 합동 만주여행(3,694명)이 만주 단체여행의 선구이다.[16] 국책회사인 남만주철도주식회사滿鐵[1]는 아직 설립되기 전이었다.

---

1) 1906년 12월부터 1945년 일본이 패전하기까지 만주에 군림한 일본 최대의 주식회사. 만철은 일개 회사라기보다는, 만주의 주요 산업을 지배하고 철도 부속지를 소유한 하나의 식민지 국가였다. 자세한 것은 코바야시 히데오, 임성모 역, 『만철－일본제국의 싱크탱크』, 산처럼, 2004 참조.

간토대지진 이후 활발하게 일어난 국내여행과 궤를 같이하여 만주여행에도 본격적인 붐이 일어났다. 1924년 일본여행문화협회의 기관지인 『타비旅』는 같은 해 12월(제9호)에 이미 '만선滿鮮호' 특집을 내면서, 그해 만주를 방문한 시찰단이 만 명을 넘었다고 보도했다.[17] 만철에서 근무했던 타카하시 타케오高橋武雄는 1927년에 출판된 저서에서 만주여행 붐을 다음과 같이 묘사했다. "1923년 이후 만주 관광이나 시찰이 봄부터 가을까지 이어져 손님을 접대하느라 쉴 틈이 거의 없다. 고관·실업가·학생 등 부류도 다양하다. 만주에 사는 사람들이 손님맞이로 파산하기에 이르렀다는 건 결코 과장이 아니다."[18]

만주사변 다음해(1932) '왕도낙토王道樂土'와 '오족협화五族協和'[2]를 내건 괴뢰국, '만주국'이 만들어졌다. 이를 계기로 만주 관광을 둘러싼 환경이 크게 바뀌면서, 일본인들에게 '관광 낙토'로서의 만주가 보다 실감나게 되었다.[19] 만주사변 전까지 일본인이 여권 없이 여행할 수 있었던 범위는 제국의 세력권인 관동주와 만주연선滿鐵沿線을 중심으로 하는 남만주에 집중되어 있었다. 그리고 동청(중동中東)철도에서는 하얼빈이 가장 먼 곳이었는데, 만주국시대로 접어들면서 관광 루트의 반경이 광대한 만주 전역으로 점차 넓혀졌다. 그때까지 일본에서 만주로 갈 때는 관부연락선關釜連絡船[3]으로 조선을 경유하거나, 오사카 상선으로 오사카나 코베에서 다롄으로 가는 항로를 이용하였다. 이에 덧붙여, 1933년과 1935년에 호쿠리쿠北陸의 츠루가敦賀, 니가타에서 동해를 횡단하는 '일만연락최첩로日滿連絡最捷路'가 개통되었다. 또 1934년경 68.5시간 걸렸던 도쿄-신징은 4년 사이에 육해로 최단 55시간, 항공로 약 10시간으로 단축되었다.[20]

---

2) 만주국의 국가이념 중 하나로, 일본·조선·만주·몽골·중국의 다섯 민족이 서로 협력하며 화합한다는 뜻.
3) 1945년 태평양전쟁이 종전되기까지 부산釜山과 일본의 시모노세키下關 사이를 운항하던 연락선.

교통기관의 경이적 발전과 함께 관광을 알선하는 기관도 크게 약진했다. 일본 본토인의 만주여행 유치에서 중심 역할을 한 기관은 만철滿鐵이었다. 1918년 만철은 조선총독부 철도국과 제휴하여 만주여행을 전문적으로 다루는 무료 상담기관인 만철 '조선·만주안내소鮮滿案內所'를 본토에 설립하였다. 이 여행상담 기관은 만주사변 전까지는 도쿄, 오사카, 시모노세키 3곳밖에 없었으나 1939년에 이르면 9개 도시 10개소로 늘어난다.[21] 다이쇼 원년(1912) 3월 철도원에 창설된 반관반민의 알선기관 '저팬 투어리스트 뷰로(이하 뷰로bureau)'[22]는 다이쇼 14년(1925)부터 미츠코시 백화점에 진출하기 시작했다. 뷰로는 쇼와昭和시대에 들어 백화점 내 출점이 계속 늘면서, "백화점이 있는 곳에 뷰로 안내소가 있다"는 말까지 나오게 되었다.[23] 뷰로 안내소에서는 국내여행 안내는 물론 '조선·만주·타이완 연락선표' 판매 업무도 했다. 이로써 백화점은 여행, 나아가서는 만주여행까지 백화百貨 중 하나로 진열하게 되었다.

관광 환경이 정비되어가는 한편, 만주에 대한 대중적 욕망도 사회 곳곳에 배치되어 있는 다양한 시각장치에 촉발되어 맹렬한 기세로 팽창해갔다. 만주사변 후 전쟁미담의 인기에 힘입은 라디오 가입자 수의 급격한 증가, '만몽 국운 진전 기념滿蒙國運進展記念'을 협찬하는 광고, 만주 관계 박람회, 전람회 붐 등 일종의 '만주특수' 현상이 일어났다.[24] 일본 내 관심과 시선이 '만주'로 집중되는 가운데, 계속 증가하는 수학여행단 외에도 신문사, 철도성 각 지방도시의 운수사무소, 뷰로, 일본 여행협회 같은 단체들까지 모두 '신만주국 시찰단'의 일반모집에 가세했다.[25] 만주국의 건국 선언이 발표된 1932년 3월 『유칸오사카신문夕刊大阪新聞』은 '만몽대박람회滿蒙大博覽會'를 주최하였다. 그와 동시에 만철과 조선총독부 철도국, 일본 철도성 오사카 운수사무소의 후원을 받아 특별임시열차를 편성하여, "경기景氣는 만몽으로부터, 대만주국시찰제"라는 포스터를 내걸고 대규모 '만몽시찰단'을 모집했다.[26] 이렇게 신문사, 박람회, 철도성 등 다양한 문화장치가 협력하여 만주로 여행을 떠나도록 몰아가며, 만주라는 '야외극장'에 대한 꿈을 부풀렸다.

만주여행이 현상모집 광고의 상품으로 등장한 것은 당시 만주여행이 대중에게 얼마나 매력적인 관광상품이었는지를 단적으로 보여준다. 1933년 11월 1일 유명한 청주브랜드인 '킨시정종'이 '정종세트(2병)'를 추첨하여 일등 당선자를 '만선여행으로' 초대한다는 광고를 『도쿄아사히신문』에 냈다. 이 광고는 다음해 1월 말까지 연14회 게재되었다. 1928년경 술 한 되에 보통 1엔 50전이었던 것에 비해, '킨시정종'은 5엔이나 하는 고가의 양조주였다.[27] 이런 고급 청주가 '10만 세트(20만병)'나 팔릴 만큼 '만선여행'은 매력적인 상품으로 소비사회의 현실과 깊이 엮여져 있었음을 엿볼 수 있다.

1934년에 만주를 방문한 일본인 단체관광객은 모두 374단체, 17,253명으로 외국인 단체관광객 총수의 96%를 차지하였다. 이는 전년보다 2,044명이 증가한 것이다.[28] 1934년 11월에는 만주 관광의 새로운 중심인 초특급열차 '아시아'호(다롄—신징)가 운행되기 시작하였다. 다음해 3월 소련이 경영하던 북만北滿철도(만초우리滿洲里—쉬펀허綏芬河, 하얼빈—신징)의 양도가 이루어졌다. 이를 계기로 '아시아'호는 하얼빈까지 운행이 연장되어 만주여행에 한층 박차를 가하게 된다. 1935년과 1936년에는 단체관광객이 연간 약 2만 명으로, 만주사변이 일어났던 1931년이나 1932년에 비해 배가 증가하였다. 단체여행은 1937년 7월에 발발한 루거우차오蘆溝橋사건[4)]에도 불구하고 계속 호조를 보여, 1938년부터 1940년까지 연간 약 16,000명의 단체관광객이 만주를 방문하였다(표 1).

개인관광객도 만철의 조선·만주안내소, 역, 백화점 등에 설치된 뷰로 창구에서 여행 계획을 상담하고, 만주왕복권, 일본·조선·만주주유권, 동아유람권 등 다양한 연락선의 할인티켓을 살 수 있었다. 그중에

---

4) 루거우차오는 중국 베이징의 남서쪽에 있는 다리. 1937년 7월 7일 펑타이豊台에 주둔한 일본군이 중국군 측에서 총격이 있었다는 구실로, 중국군을 공격하여 다음 날 8일에 루거우차오를 점령하였는데, 이를 중일전쟁의 시작으로 본다.

<표 1> 연도별로 본 일본인 내만 단체관광객수　　　　　　　　　　　단위 : 명(단체수)

연도	총단체관광객수	학생단체관광객	일반단체관광객
1924(1~12월)	10,000	-	-
1925	-	-	-
1926	10,000(247)	-	-
1927	-	-	-
1928	12,656(283)	8,985(173)	3,671(110)
1929	19,117(362)	12,911(274)	6,206(88)
1930(4~10월)	14,609(279)	12,189(212)	2,420(67)
1931	9,097	-	-
1932	10,372	-	-
1933(1~12월)	15,209	-	-
1934(1~12월)	17,253(373)	-	-
1935(1~12월)	20,055(400)	-	-
1936	19,021	15,052	3,969
1937(10~3월)	1,560(36)	1,206(22)	354(14)
1938	16,388(311)	14,024(213)	2,364(98)
1939	16,336(387)	-	-
1940	16,311(371)	-	-

* 4월1일부터 다음해 3월31일까지를 연도로 한다.

* 1924년 숫자는 高砂政太朗, 「鮮滿案內雜感조선・만주 안내잡기」, 『旅타비』 제1권 제9호, 日本旅行文化協會, 1924.12, 26면에서 인용.

* 1926년 통계는 『東亞旅行社滿洲支部十五年誌동아여행사 만주지부 15년지』, 東亞交通公社 滿洲支社, 1943, 28면에서 인용.

* 1928년부터 1930년까지 자료는 뤼순을 방문한 본토(조선포함)의 단체관광객수다. 뤼순은 내만 관광객이 반드시 방문하는 장소였으므로, 이 자료가 내만 총 단체관광객수에 가장 근접할 것으로 추정된다. 米內山震作, 「戰跡の旅順としての振興策전쟁유적지인 뤼순의 진흥책」, 『旅順振興策뤼순진흥책』, 1931.1.

* 1931년과 1932년 통계는 구미 관광객이나 중국 본토로부터의 단체도 포함.
　1935년 총수는 조선, 대만 및 중국 본토(6개 단체)의 단체 포함.
　加藤郁哉, 「旅行雜談여행잡담(2)」, 『旅行滿洲여행만주』 제3권 제4호, ジャパン・ツーリスト・ビューロー저팬 투어리스트 뷰로大連支部, 1936.5, 25면.

* 1933년과 1934년 통계는 1935년 1월 23일자 『오사카아사히신문』(만주판)에 기초하여 산출.

* 1936년부터 1940년까지 통계는 뷰로나 조선・만주(중국) 안내소가 주최하거나 알선한 단체 관광객수이며, 조선, 대만으로부터의 단체를 포함한 경우도 있음.
　『滿支旅行年鑑만주・중국여행연감』(昭和 14~17년), ジャパン・ツーリスト・ビューロー滿洲支部(奉天)에 기초하여 산출.

서도 동아유람권은 본토-만주와 중국 대륙에 걸친 관광 루트를 자유롭게 정할 수 있어서 가장 편리했다. 이 동아유람권의 1940년도 매상액은 154만 5천 엔에 달해 발매 개시 첫 해인 1931년(반년간)의 매상액을

127배나 상회했다.[29] 하지만 1940년을 고비로 만주 단체관광객의 주력 군인 수학여행이 제한되고, 1943년경에는 "전력 증강에 직접 관계가 있는 여객의 원활한 수송"을 위해 그 외 일반 여객의 도항은 억제되기에 이른다.[30]

3. '낙토'에서의 해후

1935년 3월에 있었던 「일본·만주 중계방송日滿中繼放送」에서, 만철 여객과의 카토 이쿠야加藤郁哉는 본토 일본인에게 만주여행을 강력히 권하며, "만주에 대한 일반개념"을 얻을 수 있는 여정을 다음과 같이 소개했다.

시모노세키下關를 출발 지점으로 하여 조선의 부산, 경성, 평양을 보고, 만주로 들어갑니다. 만주에서는 우선 청조의 오랜 역사를 지닌 현재 만주 상공업의 중심지이며 만주사변의 발생지이기도 한 펑텐奉天, 노천굴 탄광으로 세계적으로 유명한 석탄 도시 푸순撫順,[5] 만주국 수도로 만주국의 약동하는 심장 신징新京를 차례로 보시고 하얼빈哈爾濱에 도착합니다. 하얼빈에서는 북철北鐵을 접수한 이후에 일어난 동포 제 일선의 활동 상황을 고루 시찰하시고, 밤에는 다들 아시는 이국적인 정서도 접하시고 남으로 내려갑니다. 다음은 성지 뤼순旅順에 참배하여 피 끓는 러일전쟁 전장戰場에서 선령에게 조문하고, 이 비상시기를 사는 일본 국민으로서의 각오를 한층 공고히 합니다. …… 이리하여 만주국의 현관인 다롄大連에서 만주 경제의 바로미터로서 최근 크게 확장한 부두를 시찰하신 후, 만주와 유유히 이별을 고하고, 오사카 정기 상선

---

5) 중국 요령성 중부에 있는 세계적 탄광도시. 유혈암 석유 산지로, 중국 최대의 노천굴 탄광이 있다.

으로 시모노세키에 도착합니다.[31](강조는 인용자)

이 코스에 들어있는 6개 도시는 만주국 건국 후 일본어 관광버스가 잇달아 등장한 도시이다[32](표 2).

<표 2> 만주 6대도시 관광버스의 경영주체와 차량보유수

관광버스 (운행기간)	경영주체	차량보유수
뤼순 (1932~44)	남만주전기주식회사(1926년 설립, 만철 출자) → 다롄도시교통주식회사(1936년에 개명)	25인승과 30인승 합계 25대(1939) *1
다롄 (1937~41)	다롄도시교통주식회사	25인승 10대(1939) *2
펑톈 (1932~43)	펑톈자동차운수주식회사(황색버스) → 펑톈교통주식회사(1937년 설립, 펑톈시공서와 다롄도시교통의 공동출자)	21인승 2대 외에 5, 6대 준비 중 (1932) → 8대(1938년 3월) → 25인승 7대(1943년 12월) *3
푸순 (1935~43)	펑톈자동차운수주식회사(황색버스) → 펑톈교통주식회사(1938년부터)	21인승 1대이상(1935) *4
신징 (1936~43)	신징교통주식회사(1935년 7월 설립, 신징특별시와 다롄도시교통의 공동출자)	25인승 2대 → 6대(1940년 4월) → 10대(1941년 4월) *5
하얼빈 (1936~43)	교통국(1934년 설립, 시영) → 하얼빈교통주식회사(1938년 7월 설립, 반관반민)	25인승 2대 → 42인승 대형버스도입(1939년 8월) → 25인승 2대와 42인승 3대(1949년 3월) → 36인승과 25인승 합계 2대 (1943년 12월) *6

*1. 『滿支旅行年鑑만주·중국여행연감』(昭和 14~18년), ジャパン·ツーリスト·ビューロー滿洲支部(奉天).
*2. 『滿洲の觀光バス案內만주의 관광버스 안내』, 大連都市交通株式會社·奉天交通株式會社·新京交通株式會社·哈爾濱交通株式會社共同發行, 1939.
*3. 大津敏也, 『滿洲國旅行案內만주국 여행안내』, 新光社, 1932, 146면.
  『旅行滿洲여행만주』 제5권 제3호, ジャパン·ツーリスト·ビューロー滿洲支部, 1938.3, 121면.
  『旅行雜誌여행잡지』 제10권 12호, 東亞旅行社奉天支社, 1943.12, 81면.
*4. 『旅行滿洲여행만주』 제2권 제3호, ジャパン·ツーリスト·ビューロー大連支部, 1935.5, 78면.
*5. 『觀光東亞관광동아』 제7권 제4호, ジャパン·ツーリスト·ビューロー滿洲支部(奉天), 1940.4, 114면. 『滿洲觀光聯盟報만주관광연맹보』, 滿洲觀光聯盟, 1941.2, 32면.
*6. 剛崎虎雄, 「哈爾濱の交通機關に就て하얼빈의 교통기관에 부쳐」, 『北滿情緖·附哈爾濱觀光案內북만주 정서-부록하얼빈관광안내』(廣岡光治 편), 哈爾濱興信所發行, 1940, 140면.
  『旅行雜誌여행잡지』 제10권 제12호, 東亞旅行社奉天支社, 1943.12, 81면.

1925년 12월 15일 도쿄승합자동차가 황거皇居 앞—긴자—우에노의 코스로 유람버스 운행을 시작한 것이 일본 관광버스의 효시다. 그 후 벳부(1927년, 가메노이자동차), 오사카(1928년, 오사카승합자동차), 쿄토(1928년, 쿄토 명소 유람 승합자동차), 나라(1940년, 야마토관광자동차) 등에서도 관광버스가 출현했는데, 1940년 9월 가솔린 소비 규제와 함께 일제히 자취를 감췄다.[33] 본토와 달리, 만주에서 관광버스는 1930년대에 집중적으로 등장했다. 이것은 관광버스의 출현과 증식 자체가 만주에서의 군사력을 배경으로 하는 일본 세력의 침투에 따른 것으로, 만주도시의 표상권이 무자비한 제국의 파견기관의 손아귀에 있었음을 여실히 보여준다.

관광버스의 탄생은 도시에 대한 시선의 합리화를 상징하는 사건이다. 갈아 탈 필요도 없이 불과 몇 시간 만에 도시의 관광 명소를 모두 돌아볼 수 있다는 것은 '무엇보다 편리한' 근대적인 관광 스타일이다. 당시 만주를 방문한 단체관광객 대부분은 관광 전반을 만철이나 만철이 후원하는 뷰로 다롄지부(1912년 11월 창립, 1936년 10월에 '만주지부'로 개명)에 의뢰하였다. 저렴하고 편리한 관광버스가 나타나자, 이런 기관에서는 단체관광객에게 우선 관광버스로 도시의 전체 윤곽을 파악하고, 더 상세한 정보는 곳곳에 위치한 만주사정안내소나 상공회 같은 소개 기관을 제각기 방문하여 구하도록 권고하였다.[34] 단체관광객뿐만 아니라 개인, 가족동반, 소규모 단체 등 다양한 스타일의 관광객도 손쉽게 이용할 수 있었기 때문에, 관광버스 수요는 해마다 늘어났다. 1940년 전성기에는 그 이용객이 6대 도시에서 연 25만 8천 명에 달했다(그림 1).

1940년에 실시된 펑텐교통주식회사의 조사에 따르면, 펑텐의 관광버스 이용자 중 약 3분의 2가 본토 관광객이었다.[35] 관광버스의 코스는 다양한 관광 스타일과 관광 수요에 맞춘 '평균적'인 도시 프로필이라고 할 수 있다.

또 관광버스의 코스는 기획자가 의도한 도시의 비전과 의지를 구현한 것으로, 도시의 정치적·사회적 역학관계를 확연하게 보여준다. '○

<그림 1> 만주 6대도시 관광버스의 승객 수

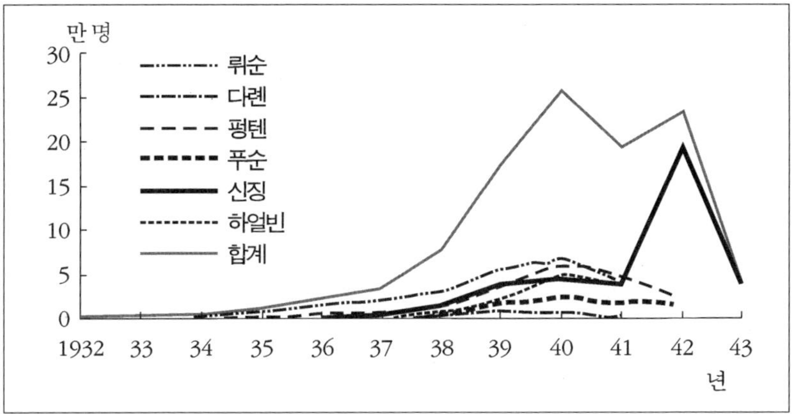

단위 : 명

	1932	1933	1934	1935	1936	1937	1938	1939	1940	1941	1942	1943
뤼순	2,440	4,230	3,563	8,524	16,504	20,047	32,121	54,788	68,808	41,776		
다롄						2,222	4,501	8,401	6,941	2,767		
펑톈			1,425	2,083	3,779	4,685	14,146	35,130	62,535	49,270	24,712	
푸순						5,086	15,452	25,347	18,019	15,050		
신징					905	3,439	15,187	38,741	44,688	37,873	192,761	40,149
하얼빈					2,557	2,906	5,879	21,674	49,974	43,235		
합계	2,440	4,230	4,988	10,607	23,745	33,299	76,920	174,186	258,293	192,940	232,523	40,149

* 『만주・중국여행연감滿支旅行年鑑』(昭化 14~19년), ジャパン・ツーリスト・ビューロー滿洲支部(奉天)에 기초하여 산출.

* 1940년과 1941년 신징의 숫자는 각각 '중국어코스' 1,070명, 1,692명을 포함하고 있다.

* 1942년 신징 통계는 관광버스와 '기타'를 포함.

○유람버스 유람 경유도'나 '○○유람버스 안내도' 같은 관광버스 전용 지도까지 등장하였는데, 이런 지도들에는 '차에서 내려 볼만한 곳', '차 안에서 봐도 되는 곳', '볼 필요 없는 곳' 등을 분류하여 표시하였다. 그럼으로써 이미 여러 힘들이 서로 충돌하고 있는 지도 위에, 도시 지배자에게 있어서 '바람직하고' '의미 있는' 순례 경로가 부각되도록 했다.

만철은 만주의 관광버스 경영에 깊이 관여하였다. 1926년 만철은 부

<표 3> 만주의 관광버스 안내

도시 \ 관광버스 운행조건	코스내용		제국의
		신사	전쟁유적기념지
뤼순	1일 3회, 4H 1.50엔		① 백옥산白玉山(납골묘와 표충탑表忠塔, 1909) ② 전리품진열관(1906) ③ 동계관산東鷄冠山북쪽보루 ④ 수사영회견소水師營會見所[6] ⑤ 이령산爾靈山
다롄	1일 1회, 6H, 3-11월, 1.80엔	③ 다롄신사(1909)	② 충령탑(1908) ⑦ 대불大佛(러일전쟁의 전몰자 유골을 섞어서 만든 것)
펑톈	전코스 : 1일 1회, 6H, 3~11월, 2.50엔		② 충령탑(1910) ⑤ 류탸오후柳條湖[7] ⑥ 베이따궁
	단코스 : 1일 2회, 3.5H, 3~11월, 1.20엔	⑧ 펑톈신사(1915)	② 충령탑(1910) ④ 류탸오후柳條湖 ⑤ 베이따궁
푸순	1일 2회, 2H, 3~11월, 1.20엔	⑤ 푸순신사(1909)	⑥ 순난비殉難碑
신징	1일 1회, 3H, 1.50엔	② 신징신사(1915)	③ 충령탑(1934) ④ 관청즈전쟁유적지 ⑪ 난링전쟁유적지 ⑫ 건국묘(1936년 착공, 1940년 준공예정)
하얼빈	1일 1회, 3.5H, 5~10월, 1.50엔		② 충령탑(1936) ③ 요코가와·오키 외 4열사의 비

1. 『만주의 관광버스 안내滿洲の觀光バス案內』, 大連都市交通株式會社·奉天交通株式會社·新京交通株式會社·哈爾濱交通株式會社共同發行, 1939에 기초해서 작성.
2. '운행조건'은 운행횟수, 소요시간, 운행기간, 이용요금에 관한 항목.
3. '코스내용'의 카테고리, 괄호 안의 건립 시기, 주석은 필자에 의한 것임.
4. 밑줄 친 곳은 팸플릿에 기록된 '차에서 내려 볼만한 곳'.
5. 지명 앞에 있는 번호는 코스의 순서를 나타냄.

---

6) 뤼순 북서쪽의 지명으로, 일찍이 청조의 해군이 있었던 곳이다. 1905년 러일전쟁 시 러시아가 항복한 직후 일본의 노기장군과 러시아의 스텟셀장군이 회견한 곳으로 유명하다.
7) 펑톈 북쪽에 있는 지역. 1931년에 관동군이 이곳의 남만주철도를 폭파하면서 만주사변이 발발했다.

<table>
<tr><td>장관</td><td colspan="2">만주정서</td><td rowspan="2">러시아정서</td></tr>
<tr><td>근대건축물</td><td>명승고적</td><td>사회상</td></tr>
<tr><td>⑥ 박물관(1917)</td><td></td><td></td><td></td></tr>
<tr><td>① 산장찻집(전망대) ④ 대광장 ⑤ 만주자원관(1926) ⑥ 다롄역 ⑧ 호시가우라星ヶ浦유원지 ⑩ 유방油房[8] ⑪ 벽산장 ⑫ 부두</td><td></td><td>⑨ 노천시장 ⑩ 유방油房 ⑪ 벽산장 ⑫ 부두</td><td></td></tr>
<tr><td>① 펑톈역앞 ③ 국립박물관(1935) ⑧ 티에시鐵西(공업지) ⑨ 남부주택가</td><td>④ 북릉 ⑦ 천제묘 天齊廟</td><td></td><td></td></tr>
<tr><td>① 펑톈역 앞</td><td>③ 북릉</td><td>⑥ 청네이(만주인거리) ⑦ 동선당同善堂 (사회복지시설)</td><td></td></tr>
<tr><td>① 푸순역 ② 탄광사무소 ③ 따샨컹大山坑 ④ 꾸청즈古城子노천굴</td><td></td><td>③ 따샨컹 ④ 꾸청즈노천굴</td><td></td></tr>
<tr><td>① 신징역 ⑤ 니혼바시도리 ⑥ 구국무원 ⑦ 궁정부 ⑨ 다퉁大同광장 ⑩ 협화協和회관 ⑬ 안민安民광장 ⑭ 국무원 ⑮ 남南신징 ⑯ 씽안따루興安大路 ⑰ 다퉁따쟈大同大街</td><td>⑧ 청진사 淸眞寺</td><td>⑱ 바오샨宝山(백화점)</td><td></td></tr>
<tr><td></td><td>④ 공자묘</td><td></td><td>① 중앙사원 ⑤ 러시아인묘지 ⑥ 쑹허강</td></tr>
</table>

<hr>

8) 당시 만주 수출품 1위였던 콩기름을 짜는 공장.

〈그림 2〉 팸플릿 『만주의 관광버스 안내』의 표지

대사업으로 남만주전기주식회사를 창설했다. 이 회사는 만주국 건국 후 소유하고 있던 전기 공급사업을 만주전기주식회사에게 양도하였다. 1936년에 교통사업만 남아있던 남만주전기주식회사는 다롄도시교통주식회사로 개명한다. 이 회사는 관동주 내의 뤼순과 다롄의 관광버스를 직접 경영했을 뿐만 아니라 신징과 펑톈의 교통회사에도 투자하였다. 또한 하얼빈의 버스, 전기사업도 산하에 두고, 여러 방계 회사들을 지도·통제하였다.[36]

그런데 관광버스가 단순히 주어진 코스를 기계적으로 돌아다니기만 한 것은 아니었다. 관광버스는 독자적인 상연 효과를 위해 '전망용 관광차'는 전망 좋은 관람석으로, '명랑한 가이드 걸'은 대사를 읽는 여배우로, 도시는 무대의상을 칭칭 감은 극장으로 바꾸었다. 다시 말하면 관광버스는 도시에 등장한 것이 아니라, 도시를 등장시키는 상연 장치였다.

이제 만주의 각 관광버스 회사가 1939년에 공동 발행한 팸플릿(그림 2와 표 3), 가이드북, 관광객의 술회, 관련 잡지 기사 등을 중심으로 만주의 '극장도시'에서 상연된 제국의 드라마투르기를 살펴보고자 한다.

제1막__제국의 성지

"우리 형은 만주에서 죽었다. 아버지도 만주에서 죽었다. 충성스럽고 의로운 병사의 묘지인 만주, 지키자, 지키자, 우리의 권리." 이것은 만주사변 직후에 사이조 야소西條八十가 쓴 「지키자 만주」라는 시의 한 구절

224

이다. 만주국 건국 후 가장 빨리 '관광버스화'된 곳이 러일전쟁과 만주
사변의 '전쟁유적 도시'인 뤼순과 펑톈인 것은 결코 우연이 아니었다. 2
대에 걸친 일본인의 피로 획득한 '전쟁유적지로서의 만주'는 만주 상상
의 출발점이었을 뿐만 아니라 제국 본토가 가질 수 없는 생생한 '성지聖
地'적 공간을 제공해주었다.

　전쟁유적지 중 가장 유명한 도시인 뤼순은 일본이 제국들 틈에 끼어
들게 된 계기가 된 청일전쟁과 러일전쟁의 격전지였다. 만주사변 전까
지 뤼순에는 관동주 내에 세워진 전쟁유적 기념비 32개소 중 27개소가
집중되어 있었다. 이곳을 방문한 참배객이 1929년 11월부터 1년 사이에
만 5만 명을 넘었다.[37] 1931년 1월 뤼순의 민정서장民政署長인 요네우치야
마 신사쿠米內山震作는 뤼순 진흥책으로 이세신궁이 있는 우지야마타시宇
治山田市를 거론하면서 "본국에 성지 우지야마타시가 있다면, 만주에는
영지靈地 뤼순이 있음을 인정해야 한다. 성지聖地를 일컬어 영지靈地라고
한다. 영지 뤼순은 우리 야마토 민족의 일대 도장으로, 존엄하기 그지없
는 정신수양을 위한 성스러운 장소이며, 충혼무비忠魂無比한 영적 장소"[38]
라는 것을 널리 알리도록 했다. 만주사변 이후 펑톈, 창춘(후에 신징으로
개명) 등에 많은 전쟁유적지가 새롭게 생겨났다. 그렇다고 '영지 뤼순'이
뒤로 밀려나지는 않았다. 오히려 만주 획득의 기원이 된 러일전쟁의 기
억을 작위적으로 되살려 뤼순의 성지화에 한층 더 박차가 가해졌다. 건
국한 다음해 뤼순시 관공서에서 발행한 리플릿『성지 뤼순聖地旅順』에도
"말하자면, 성지인 뤼순은 만몽滿蒙에서 실로 우리 생명선의 발아이고,
신흥 만주국의 맹아이며, 일만 양국을 융합포화融合抱和시키는 계기"라고
하였듯이, 뤼순을 이세신궁과 같은 '성지'로 떠받들었던 것이다.[39]

　다른 5개 도시와 달리 뤼순의 관광버스는 시종 '전쟁유적 참배버스'
또는 '전쟁유적버스'로 불리며, 버스 안내원도 남성이 맡았다. 이것은
귀기 떠도는 전쟁터의 양상을 실감나게 하고, 유람 같은 향락적인 분위
기가 아닌 '경건한 구도求道 순례의 마음'으로 '성스러운 뤼순을 조문'하

225

도록 하는 연출에 따른 것이다. 만주사변 후 충령탑의 건립이나 새로운 전쟁유적지 관광 정비와 함께 '성지○○'라는 이름이 복제되고, '뤼순적인 공간'이 하나의 모델처럼 다른 도시에도 확산되어갔다. 특히 중일전쟁이 발발하자, 각 버스회사는 전쟁유적지를 안내하면서 본토 관광객에게 "일본군의 노고를 알고 고마워서 눈물이 나거나 감격했다는 인상을 남길 수 있도록" 전보다 한층 더 힘을 쏟았다.[40] 1939년 팸플릿에서도 볼 수 있듯이, 각 도시를 도는 코스는 대부분 충령탑 같은 전쟁유적 기념지에 들려 '영령'에게 감사의 뜻을 표하고 '낙토의 발상'을 음미하면서 시작되었다.

전쟁유적지를 안내하는 '대본'은 관동군이 제공하는 자료를 참고로 하여, 유서·미담·일화를 교묘하게 짜맞추어 만들었다. 1938년 2월부터 신징교통주식회사에서 '대본 제작'을 담당했던 세키구치 에이타로關口英太朗는 만주사변의 전쟁유적지 '난링南嶺'의 휴게실에서 본, 모 중위가 전우를 그리워하는 강연 기록을 변형해서 다음과 같은 대본을 썼다고 한다.

> 모두들 봐주십시오. 여기저기 보이는 묘비는 이 전투로 타향의 흙이 되어버린 43명의 용사가 이 땅에 계시던 마지막 장소입니다. 바다에 가면 물에 잠긴 시신, 산에 가면 풀이 무성한 시신. 천황을 위해 조국을 위해 바치신 고귀한 육체는 보시는 바와 같이 하얀 묘비로 변했지만, 그 충성스러움은 호국의 신으로 변해 영혼英魂은 영구히 이 땅에서 우리의 생명선을 지켜주고 계십니다.[41]

물론 전쟁유적지 안내에는 이처럼 눈물을 자아내는 내용뿐만 아니라 때때로 관광객의 미소를 자아내는 이야기도 들어있었다. 가령 펑텐 '베이따궁北大宮'의 만주사변 기념비 앞에서는 버스 안내원이 으레 다음과 같은 에피소드를 이야기했다. "그때 어딘가로부터 국가 '기미가요'가

들려왔습니다. 우리 군인 일동은 자세를 바로하고 귀를 기울였습니다. 분명 '기미가요'임에 틀림없었습니다. 게다가 음악 소리는 점점 더 커져갔습니다. 그러더니 곧 적의 군악대 약 50명 정도가 대오를 갖추고 국가 '기미가요'를 연주하면서 항복하러 오고 있었습니다"[42]라며, 무력하고 우스꽝스러운 '적군'의 모습과 대비해서 '우리 군대'의 충성심과 용맹스러움이 두드러져 보이도록 했다.

'대본'을 기초로 18~19세쯤 되는 "아름다운 일본 여성"이 "갑자기 의기가 복받쳐 격렬하고 우렁차게 외치며,"[43] "곧 피를 토할 것 같은 열변으로 감격에 떨면서"[44] 이야기하거나, "눈물을 흘리며 그 용사의 충혼에 대한 이야기를 풀어내"면서 '극장 효과'를 마음껏 맛보도록 했다. 안내원의 설명에 "깊이 감명받아" 그것을 전부 받아 적은 본토 관광객까지 있었다고 한다.[45]

전쟁유적 기념지는 감정의 억양이 있는 대본, 현장감 넘치는 언출, 박진감 있는 연기로 본토 관광객을 '국위 신장'과 '망극한 황은'에 감격하도록 하고, '전사자의 동포'로서의 일체감을 공유시키고, 국내외 일본인의 국민적 결합과 일본인으로서의 각오를 한층 더 공고하게 하는 '성지'로 '무대화'되었던 것이다.

"오락 본위"에다 "국책적으로 일관된 것을 하등 볼 수 없었던" 본토의 유람버스와 달리, 만주의 관광버스는 "처음부터 분명한 사명을 가지고",[46] 일본 정신을 분발시키는 전쟁유적지를 중점적으로 다루었다. 그런 까닭에, 1940년 9월 가솔린 소비 통제로 본토 일본의 유람버스는 전부 운행이 중지되었으나, 만주의 관광버스는 다롄을 제외한 5개 도시에서 1943년이나 1944년까지 존속될 수 있었다. "본토와 달리 만주 관광은 어디를 가든 초목 한 그루에서 흙에 이르기까지 황군 용사의 피가 흐르는 곳 뿐"이었다.[47] 전쟁유적지 순례를 기조로 하는 만주 관광버스는 결코 특수한 사례가 아니라, 오히려 제국이 무력 침략으로 쟁취한 '영토'에서 전개된 관광의 일상적 모습으로 간주되어야 할 것이다.

제2막 _ 제국의 전망대

1937년 4월 만철여객과 과장인 우사미 타카아키라宇佐美喬爾는 「관광 버스」라는 제목의 글에서 본토 관광객에게 다음과 같이 호소했다.

> 만주여행은 국민에게 부여된 필수의무 과목이라고 강조하고 싶다. / 지금 만주는 약진 또 약진하는 진행 과정에 있다. / 그렇지만 조국에 있는 사람들의 인식은 아직까지도 만주에 대해 러일전쟁시대의 붉은 태양과 광야 천리로만 뇌리에 박혀있다. / 3월 1일로 만주는 벌써 건국 제5주년을 맞았다. 만주에는 평원의 일각을 검은 연기로 뒤덮은 중공업 지대도 있고, 네온 불빛에 밤이 잠들지 않는 근대 도시도 있다. 우리가 내지 여행 중에 때때로 받는 질문은 항상 야만스러운 만주, 몽매한 만주에 관한 것뿐이다. 시대는 시시각각 빠르게 전개되고 있다. 지금 만주는 1937년의 최첨단 속에서 호흡하고 있다.[48]

여기서 알 수 있는 것은 자신들이 뿌리 내리고 있는 만주를 본토 일본인에게 '야만'·'몽매'로 깔보이게 하고 싶지 않은 심정이다. 바꾸어 말하면 그것은 만주의 근대문명을 과시하고 본토 관광객에게 스스로의 존재 증명을 인정받고 싶어 하는 '구애의 소망'이다. 앞에서 언급한 만철 여객과 직원인 카토 이쿠야도 만주여행에서 가장 볼만한 곳으로 재만 일본인이 이룬 만주 개발의 장관을 들고 있다. "특히 만주사변 이후 만주의 모습이야말로 실로 경이로운 한 폭의 그림이며, 정치·경제·교통·문화에서 그야말로 눈부신 발전을 보이고 있습니다. 게다가 과거 30년에 걸쳐 일본이 투입한 이십 수억의 자본과 재만 30만 동포가 지도적 역할을 하고 있는 모습들을 아주 손쉽게, 그것도 한 번에 시찰하실 수 있습니다"[49]라고 설명했다.

이 같은 "경이로운 한 폭의 그림"을 볼 수 있는 '전망' 공간은 관광버스 코스에 확실하게 준비되어 있었다. 일찍이 창춘(신징)은 하얼빈으로 가는 환승역이었을 뿐, 관광객의 발길이 머무는 곳은 아니었다. 그러나 만주국의 수도로 정해진 후, 신징은 근대적인 도시 건설이 급속도로 진행되어 '나날이 새롭게 발전하는 삽상한 모습'이 '신흥 만주'의 상징으로 선전되었다. 1937년 무렵 '국도國都 관광버스' 투어는 '국도건설국'의 옥상에서 도시계획의 개요를 설명하며 끝났다. 이러한 마무리는 관광객의 시야를 열리게 함으로써, 만주의 심장인 신징의 미래상에 대해 강한 인상을 주었다.[50] 신징의 '국도건설국'처럼 뤼순의 '백옥산白玉山', 다롄의 '산장 찻집'(전망대), 푸순의 '노천굴'(노천굴탄광) 등 한 폭의 그림 같은 경치가 전개되는 곳은 재만 일본인의 공적을 과시하기에 최적의 무대였다. 물론 이런 곳들은 안내원들도 특히 중점을 두어 설명하였다. 예를 들면 다롄의 '산장 찻집'에서는 전 시가지를 한 눈에 내려다보며, 관광버스 안내원이 아편전쟁 당시 영국군 상륙부터 시작하여 청일전쟁, 삼국간섭, 러일전쟁 등 지금의 다롄을 형성한 역사를 대충 이야기한 후에, 바로 아래의 충령탑을 비롯하여 야마토 호텔과 미츠코시 백화점 등 눈 아래 보이는 근대 건축물을 하나하나 가리키며 설명했다. "관광객 모두가 이구동성으로 대단한 거리다, 멋진 도시라며 감탄했다"고 한다.[51]

한편 '객체'를 분류하여 서열화하는 시각 장치도 관광버스 코스에 포함되어 있었다. 관광버스 코스에는 뤼순공방전9) 당시의 상황을 일람할 수 있는 '전리품 진열관'(뤼순), 만주의 고고학적 자료를 전시하는 '박물관'(뤼순), 만주 자원의 개요를 보여주는 만철이 경영하는 '만주자원관'(다롄), 만주국의 국보 3,500점을 수장하고 있는 '국립박물관'(펑톈) 등 정복·발굴·개발·보존될 욕망의 대상인 만주의 '전모'가 파노라마처럼 펼쳐져 있었다.

근대 산업에 대한 전망적 시선과 '객체'를 분류하여 서열화하는 박물

---

9) 러일전쟁 시 일본과 제정 러시아 사이에 뤼순 요새를 두고 일어난 일련의 전투. 1904년 8월부터 총 3회에 걸친 일본군의 총공격으로 1905년 1월 1일 러시아가 항복하였다. 이 전투에는 일본군 연인원 13만 명이 참가하였으며, 15,390명의 전사자와 43,914명의 부상자가 발생하였다. 뤼순은 청나라 말 북양 함대의 근거지였으나, 청일전쟁 후 러시아가 조차하여 군항을 건설한 전략적 요충지였다.

관적 시선은 다롄 '부두'(만철이 경영하는 항만)와 '벽산장碧山莊'(쿨리10)수용소) 견학으로 이어졌다. 만주의 현관인 다롄 부두는 "기계화하지 않고 쿨리를 많이 쓰는 게 특색"인 볼만한 곳으로 관광버스 회사 팸플릿에 소개되어 있다.52 다롄 관광버스가 발족되기 2년 전(1935)에 이미 이 특이한 광경을 "한 눈에 내려다본" 관광객이 있었다.

도쿄시립공업학교 교장인 스기야마 사시치杉山佐七는 만주를 혼자 여행하면서, 다롄 부두 사업소를 방문하였다. 그는 '항구 전체를 전망할 수 있는 유일한 장소'인 7층 옥상에서 사무소 직원의 설명을 들었다. 스기야마 사시치는 부두의 장관에 감탄하면서도, "내려다보니(몇 만이나 되는 쿨리가) 굶주린 들개 무리처럼 보여서, 이 세상이지만 지옥처럼 느껴져 눈을 감지 않을 수 없었다"고 말했다. 이어서 그 직원과 쿨리에 대해 다음과 같은 대화를 나누었다.

스기야마 : 저 땅위에 콩을 흩어놓은 것처럼 보이는, 더러운 차림새로 일하고 있는 사람들이 속된 말로 쿨리입니까?
직원 : 그렇습니다. 저 사람들은 육지로 화물을 운반하고, 배에 석탄을 싣는 일을 하는 지나 노동자입니다.
스기야마 : 마치 벌레가 움직이는 것처럼 보이네요. 사람도 이렇게 보니 개미 같군요.
직원 : 네 그렇죠, 저들은 매일 평균 7, 8천 명이 여기서 일하는데, 이 항구 일만 하면서 살고 있습니다. 저들은 그야말로 마소처럼 일하는데, 그 대단한 노동력은 내지 일본인과는 도저히 비교가 되지 않습니다. 이 일들은 후창화꿍주식회사福昌華工株式會社가 청부받아서 하는 작업입니다. 하루에 겨우 20전이나 30전을 받으면서 저렇게 일하고 있습니다. 후창화꿍은 저기 어렴풋이 보이는 장방형의 건물 3, 40동에 실로 거대한 규모로 노동자들을 수용하고 있습니다. 반드시 한 번은 보셔야 합니다.53

---

10) 중국인 짐꾼·광부·인력거꾼 등을 외국인이 부르던 호칭. 인간 노동력으로 매매된 점에서는 노예와 같다. 청 왕조의 금지령에도 불구하고 해방된 흑인 노예의 노동력을 대체하기 위해 홍콩·마카오를 통해 호주·미국 등에 대량으로 보내졌다.

부두의 직원이 견학하도록 권유한 만철의 방계회사인 후창화공주식회사의 건물은 '벽산장'이라는 별칭으로 불리던 쿨리 수용소였다. 후에 벽산장은 부두와 함께 관광버스에서 '차에서 내려 볼만한 곳'에도 들어가게 된다. 이곳은 1911년 만철 다롄 부두 사무소장으로 후창공사 창립자이기도 한 아이오이 슈타로相生由太朗가 만든 시설로, 1926년 만철로 이관되었다. 당시 발생한 폐 페스트가 "무자각 불섭생無自覺不攝生"인 쿨리로부터 전염되는 것을 방지하고, 그들을 "조직적으로 질서 있게 한 곳에 수용하여",[54] 위생에 눈 뜨도록 계몽하기 위해 세운 것이다. 벽산장은 많을 땐 15,000명, 적을 때도 9,000명 이상 되는 다롄 부두의 하역노동자를 수용하였다. 또한 목욕탕, 극장 같은 오락시설까지 충실하게 완비한 '안락향安樂鄕', '오락향娛樂鄕'으로 선전되기도 했다. 이 곳은 만주사변 이전부터 이미 '다롄의 지방색이 넘치는 가장 이색적인 사회시설'로, '사회, 노동문제 연구의 호재료'로, 다롄 여행의 관광명소가 되었다. 요사노 아키코与謝野晶子[11) 부부도 1928년 만철의 초대로 이곳을 방문하여

> 상쾌한 스물의 마음으로 돌아가는 벽산장의 초여름 바람(남편 히로시寬)
> 장안의 버드나무로 이어지는 날도 있으리라 벽산장의 아카시아 길(부인 아키코)

자못 '벽산장'이라는 아름다운 이름에 걸맞은 장한한 시가를 남겼다. 이 시가는 만철이 발행한 팸플릿·가이드북·사진집·그림엽서 등 여행 미디어에 이용되었고, 본토 관광객의 여행기에도 거듭 인용되어, 벽산장에 일종의 권위를 부여하는 이미지를 창출했다. 당시 만철이 만주여행에 초대한 다른 많은 본토 문화인들의 작품 역시 이와 마찬가지로 이용되었다.

---

11) 1878~1942. 일본의 작가, 사상가, 평론가.

1937년부터 운행된 다롄의 관광버스도 이 '모범적인 노사협조, 노동 통제 기관'을 코스에 집어넣었다. 관광객은 이곳에서 "중국인 노동자들을 위해 세워진 천덕사天德寺에 참배하고, 옆에 있는 큰 화강암으로 된 만령탑万靈塔에 고개 숙이고, 위풍당당한 노천극장에 감탄하고, 나가야長屋[12] 안을 슬쩍 엿보고, 그곳에서 생활하는 중국인 노동자의 행복을 기뻐하며" 떠나게 되어 있었다.[55]

재만 일본인이 자랑하는 기계문명의 산물인 부두의 조망은 필연적으로 그 곳에서 일하는 중국인 쿨리의 생활 풍경과 만나게 되어있다. 제국과 식민지라는 불균형한 권력 구조 아래서 만들어진 이 특이한 풍경은 관광객의 눈앞에 그대로 드러날 수밖에 없다. 만철은 규율·훈련의 노동통제 기관인 벽산장을 '관광화'시켜서, 소독하여 악취를 제거한 쿨리, "얼핏 거칠어 보이지만 지극히 온순"[56]한 쿨리, '안락향'을 얻어 행복해 보이는 쿨리를 전시했다. 그럼으로써 '근대'와 '전근대'를 동시에 보면서, 본토 관광객이 느끼게 되는 불편한 마음을 보기 좋게 불식시켰다. 바꾸어 말하면, 쿨리는 재만 일본인이 갖는 감시의 시선과 본토 관광객이 갖는 관광의 시선이라는 중첩된 '권력의 응시' 속에서, 근대 산업을 지탱하는 노동 자원으로 동원되었을 뿐만 아니라 관상할 만한 관광 자원으로도 욕망되었던 것이다.

제3막 _ 제국의 번화가

만주사변 이후 일본 세력의 무력 침투를 배경으로 재만 일본인이 급속히 늘어났다. 건국 당시 일본인은 관동주를 중심으로 약 24만 명이 있었는데, 1938년 말에는 만주국과 관동주를 합해 70만 명 이상으로 늘

---

12) 일본 에도시대에 발달한 공동 임대주택의 한 형태.

어났다. 1940년 시점에서 일본인이 일만 명 이상 점한 도시는 13개로 늘어났다. 6대 관광도시에서 일본인 비율은 다롄의 30%를 비롯해 신징은 20%대, 푸순과 펑톈은 10%대, 뤼순과 하얼빈은 약 8%였다.[57] 그런데 재만 일본인 급증에 따르는 만주 도시의 '본토화'는 본토 관광객에게는 거꾸로 '본토색의 범람'으로 비춰져, 기대했던 '만주정서'를 충분히 맛볼 수 없었다는 불만을 남기는 아이러니한 현상을 초래했다.[58]

대체적으로 본토 관광객이 상상하는 '만주정서'도 '대리 호스트'가 제공하는 여행 선전물에 기인하는 경우가 많았다. '만주정서'가 풍부한 명소로 가장 많이 알려진 곳은 '만주인 사회상의 축도'라는 '만주인 거리' 시강즈西崗子에 있는 '노천시장'이었다. 노천시장은 카와시마 나니와(川島浪束; 카와시마 요시코川島芳子[13)의 양부)가 일찍이 뤼순에 망명한 청조 황실 숙친왕肅親王 일족의 재원을 염출하여 다롄에 개장한 것이다. 만철이나 관광버스 회사가 제공하는 여행관계 선전물은 대체로 두 가지 점에서 노천시장을 '대리 표상'하고 있다. 우선, 하나는 "만주인들에게 있어서는 다시 없는 민중적 오락장소"로, "'리유엔(梨園; 극장), 쉬꽌(書館; 기생 / 요리집)은 물론 요세[14), 미세모노고야[15), 마술사뿐만 아니라 요지경까지 있어서, 식욕도 충족시키면서 더없는 위안도 얻을 수 있는 곳"으로 소개한 것이다.[59] '산장 찻집' 전망대에서 보는 다롄 미츠코시가 '긴자'를 방불케 하는 건물이었듯이, 노천시장은 본토 관광객에게 '아사쿠사'를 연상시키는 장소였다. 타야마 카타이田山花袋[16)를 비롯한 많은 관광객들은 노천시장을 "메이지 20년(1887)경 아사쿠사의 오쿠야마"나 "아사쿠사풍의 만주인 오락향"에 비유했다.[60] 메이지 초기의 아사쿠사가 「이계異界」에

---

13) 1907~1948. 청조의 왕족 출신으로 부친과 친교가 있던 카와시마 나니와의 양녀가 되어 일본에서 자랐다. 남장미인으로 일본군에 협력하여 첩보 활동을 했으며, '동양의 잔 다르크', '동양의 마타하리'로도 불렸다. 중일전쟁이 끝난 후 국민당 정부에 의해 반역죄로 처형당했다.
14) 寄席. 일본의 대중적 연예장.
15) 見世物小屋. 진기한 물건이나 동물, 곡예들을 구경하는 곳.
16) 1872~1930. 일본의 소설가.

대한 창으로서의 성격을 가진 장소였다면,[61] 식민지 도시의 번화가 '노천시장'은 바로 본토 관광객에게 '이향異鄕에서의 이민족의 「이계」에 대한 창'으로 비춰졌던 것이다. 노천시장의 또 하나의 관광 가치는, 이 곳에서 "일본인과 만주인의 커다란 생활수준 차로 인한 교환 경제의 기현상"이나 "폭포의 낙차처럼 그 차가 심한 만지인滿支人 생활의 대비를 볼 수 있다"는 것이다.[62] 또한 "좀도둑시장"이라고도 불렸던 이 "만주인의 일상 생필품 시장"에는 도난품까지 나와 있었다. 여기서 이향異鄕·이민족異民族·이계異界라는 세 '이異'가 겹치는 토포스, 노천시장은 단순히 생활풍습의 차이로 인한 일본인과 만주인의 공간적인 거리를 보여줄 뿐만 아니라, 선형화된 시간적 차이 —일본인 사회의 「근대=미래」에 대치하는 「원시=과거」적인 '만주인 사회' —를 보여주기에도 적합한 공간이었다.

실제로도 관광버스 안내원은 노천시장에 들르기 전에 다음과 같은 소개말을 했다.

> 여러분, 오전 중에는 근대적인 문화도시로서의 다롄, 주로 일본인의 시설 경영과 그 발전 상황을 보셨는데, 지금부터 안내해 드릴 곳은 국제도시로서의 다롄, 특히 여기 거주하는 만주인의 생활 상태입니다. 지금까지와는 달리 전부 아주 더럽고 비참한 장소로, 일본인에 비해 생활수준이 낮고 무지한 계급이 얼마나 많은지 보시는 것도 흥미진진할 것으로 사료됩니다.

노천시장 안에서는 남성 운전기사의 안내에 따라 우선 '그들(만주인)의 생활 상태'를 관찰하기에 적합한 장소로 여겨지는 '목욕탕'으로 들어간다. "그들은 익숙해진 탓인지, 이 무례한 침입자들을 의외로 태연하게 맞았다. / 그로부터 온갖 더러움과 난잡함을 하나로 묶어놓은 듯한 노천시장 안을 여기저기 안내원을 따라 돌아다녔다. 무용지물이라는 말이 그들 사회에는 없는 게 아닐까하고 생각될 정도로 낡은 못 하나, 빈

깡통 하나까지 깨끗하게 정리하여 판매용으로 늘어놓은 것이 감탄스럽다. 골목의 이상한 냄새와 그로테스크한 음식물에 메슥거리면서, 커다랗게 번호가 매겨진 사창가에서 내다보는 작부들의 창백한 얼굴에 눈을 감지 않을 수 없었다"고 관광버스를 취재한 현지 기자는 썼다.[63]

식민지 도시에서 네이티브의 번화가는 밝은 전망에 해당하는 재만 일본인의 업적인 근대적인 경관과는 달리, 이국적인 어두움이 넘치는 만주 도시의 이면을 '보기'에 절호의 장소였다. 이같은 '관광觀光'과 '관영觀影'의 대비 속에 '대리 호스트'는 단순하게 본토 관광객의 호기심이나 '훔쳐보고 싶은 욕구'에 부응하는데 그치지 않고, 구태의연한 '그들'(만주인)과는 다른 세계에 사는 재만 일본인의 우월감과 존재감까지 본토 관광객에게 거리낌없이 과시했던 것이다.

그렇지만 같은 '연출팀'의 일원이면서도, 버스 회사의 기획이나 운전기사의 '만주인을 경멸하는 투의 설명'에 대해 비판적인 재만 일본인도 있었다. 앞에서 언급한 현지 기자는 "교통 회사는 만주에 관해 아직 아무런 지식도 없는 본토 일본인에게 이같은 하층계급 만주인의 생활 상태를 아무 생각 없이 보여주고 있다. 이것이 본토 일본인에게 잘못된 만주인상과 무익한 우월감을 주고, 그것이 오족협화에 얼마나 큰 장애가 될 지 생각해본 적이 있는가?" 물으면서, 관광버스가 담당해야 할 '국책 선전'의 사명에 입각해 이의를 제기했다. 한편 그는 "오히려 그들의 근면 노력, 뛰어난 상술, 끈질긴 생활력 등을 이야기하고 싶다./(벽산장처럼) 뛰어난 중국노동자 사회시설을 가지고 있는 다롄이 뭐가 답답해서 그런 비위생적이고 무질서한 노천시장 따위를 보여줄 필요가 있는가"[64]라며, 본토 관광객에게 보여주어야 할 '진화'된 이상적인 만주 인상을 제시하였다. '대리 호스트'가 게스트에게 네이티브의 무엇을 어떻게 '대리연출'할 것인지에 대해서, 결코 모두의 생각이 동일한 것은 아니었다. '대리 호스트'는 항상 재만 일본인이라는 제국의 주변인이 놓인 양의적 입장에서 본토 관광객의 시선을 의식하면서 네이티브를 선택적으로 대리 표상했던 것이다.

다롄 외에 펑톈의 청네이城內나 하얼빈의 푸쟈띠엔傳家甸에서도 '하루 행락의 하나'로 '만주정서가 넘치는 공간'을 둘러보게 되어있다. 하지만 만주국 수도인 신징만은 오랫동안 '만주인 거리'인 '따마루大馬路'를 관광버스 코스에 끼어 넣는 걸 주저했다.[65] 제국의 유토피아를 시각화하려 한 미래도시 신징에서 '만주인'의 「이계異界=과거」적인 공간은 '낙토'와 어긋나는 존재로 보였기 때문일 것이다.

제4막 _ 제국의 환락향

6대 도시의 관광버스 중 가장 이채로운 것은 하얼빈의 관광버스였다. 전 만주 유일의 42인승 호화버스에, 버스 안내원으로 일본인뿐만 아니라 백계 러시아 여성까지 동승하여 교대로 설명했다. 하얼빈은 19세기 말에 제정 러시아가 도시계획에 착수하여 동청철도東靑鐵道의 부속지로 번영한 국제도시였다. 1938년 말에는 백계 러시아인(러시아혁명으로 나라를 잃은 무국적 러시아인)이 4만 3천 명, 소련 국적 4천5백 명, 합계 약 5만 명의 러시아인이 살고 있었다.[66] 하얼빈교통주식회사는 1939년쯤부터 일본어가 능숙한 러시아 아가씨를 일본인 관광객을 위한 안내원으로 양성하여 '러시아인 묘지' 같은 관광지에서 자신들의 풍습을 설명하게 함으로써, 일본인 관광객에게 '하얼빈정서'를 충분히 맛볼 수 있도록 하였다.

"러시아인은 그리스정교를 믿습니다. 일본인이 있는 곳에 신사가 있 듯이 러시아인이 사는 곳에는 반드시 교회가 있습니다. 다이쇼 6년(1917) 러시아혁명이 일어나면서 우리에게 불행이 찾아왔습니다. 기쁠 때나 슬 플 때나 우리는 교회에 모여 기도를 올립니다."[67] — 이렇게 백계 러시 아 아가씨가 준비된 '대본'을 기초로 일본인 관광객에게 친숙한 신사를 예로 들며 스스로를 불행한 '망국의 백성'으로서 연기하면서, 겨우 손에 넣은 '낙토'에서의 안주를 어필하도록 연출되었다.

관광버스의 백계 러시아인 안내원으로 대표되는 하얼빈의 낮의 얼굴 반대편에는, '분방한 에로티시즘'을 풍기는 러시아인 댄서가 꾸미는 밤의 하얼빈이 있었다. 러시아 여성이 일종의 복합적 욕망의 대상으로서 부상한 것은 만주여행 붐이 시작되기 직전인 1923년경이었다. 만철의 자매기관인 만몽문화협회의 초청으로 만주를 방문한 작가 오쿠노 타이오奧野他見男는 하얼빈의 카바레에서 러시아 여성이 하는 스트립쇼를 구경했다. 그 모습을 자세히 묘사한 그의 저서 『하얼빈야화』는 1923년 1월에 발매된 지 겨우 4개월 만에 130판을 거듭하였으며, 1929년과 1939년에는 각기 다른 출판사에서 재출판되었다.[68] 스트립쇼의 바이블이라고도 불리는 이 책에는 러시아 여성의 섹슈얼리티에 대한 일본 남성의 욕망이 나타나 있다. 그리고 그 욕망에는 러시아 / 일본이 전도된 국력과 일본인 남성 / 백인 여성의 전도된 인종의 성적 소비구조가 얽혀 있다. 예를 들어, 오쿠노 타이오는 「망국의 딸」이라는 글에서 러시아 여성에게 보내는 이별 인사를 다음과 같이 적었다. "지나여, 너를 사랑한 일본인은 너를 위해 기도한다. 어떻게든 살아남기를. 몸 성히 살아주기를. / 언젠가는 네 나라에도 서광이 비칠 때가 있을 터이니 / 아 망국의 딸, 지나여!"[69]라며.

베스트셀러 『하얼빈야화』가 도화선이 된 데다 만주여행 붐까지 타서, 하얼빈은 본토 관광객에게 손에 잡히는 이그조티시즘과 에로티시즘을 제공해주는 국제적인 환락도시로 널리 알려지게 되었다. 반면, 재하얼빈 일본인은 본토 관광객이 "밤의 하얼빈에만 흥미를 갖고", 요코가와橫川·오키沖 외 4열사17)의 비나 이토 히로부미의 순국지 등 "동포 고투의 유적"을 진지하게 기리지 않는다고 불만의 소리를 높였다.[70] 1935년 3

---

17) 러일전쟁에서 동청철도를 폭파하는 임무 수행 중 러시아 측에 발각되어 숨진 일본인 결사대 6인.

월의 북만北滿철도 접수를 계기로 만주국 건국 이래 만주와 소련 양국의 공동관리 하에 놓여 있던 하얼빈의 실권이 만주국으로 넘겨졌다. 이로써 재하얼빈 일본인은 이 도시의 명실상부한 '대리 호스트'가 되었다. 종래의 러시아색과 급증하는 일본색이 대립하는 가운데 '대리 호스트'는 『하얼빈야화』 시대의 환락 자원을 일소하지 않고, 오히려 그것을 관리하면서 밤의 '러시아 정서'를 교묘하게 연출하는 전략을 취했다.

1937년 만철이 제작하여 개봉한 관광영화 〈일본·만주·조선을 주유하는 여행, 만주편〉은 교회·석루·무대의 댄스 장면 등에 맞추어서, 다음과 같이 하얼빈의 이국정서를 모호하게 소개하고 있다. "하얼빈은 과거에는 '동양의 모스크바'였습니다. 그러나 지금은 러시아가 쌓아올린 이 백악의 도시에 일본으로부터 신풍神風이 불어왔음을 잊어서는 안 됩니다. 이곳은 우리 북만주 재건의 근거지입니다. 로마노프왕조시대의 호화로운 그림자가 하얼빈에서 점차 사라지고는 있지만, 뭐라고 해도 북만주의 중심 도시는 하얼빈입니다. 이제 만주여행에서는 이국풍의 향락 도시로 더욱 이색적인 존재가 되었습니다."[71] 1939년 3월 하얼빈시의 관광 사업을 총괄하는 하얼빈관광협회(1937년 3월 설립)는 그때까지의 "러시아 교회뿐이었던 이국정서"에 "밤의 번화가"와 쑹허강 유람을 더한 새로운 관광유치 플랜을 발표했다. "화려한 키타이스카야[18) 거리의 밤 풍경을 비롯해 카바레와 지하실의 현란한 무도장 분위기를 소개하고 여행의 무료함을 달래기 위해, 이제까지는 호텔 종업원의 안내로 이루어졌던 비용이 많이 드는 하얼빈의 유흥을 협회가 알선하여 카바레, 기생집 등에서도 안심하고 놀 수 있도록 편의를 꾀할 예정이다."[72] 이같은 방침 아래 2개월 후에 발행된 당 협회의 『하얼빈 관광』이라는 팸플릿은 '향락 방면'을 적극적으로 소개하면서, "카바레" 항목을 두어

---

18) 중국인이라는 뜻의 러시아어. 하얼빈의 키타이스카야 거리는 러일전쟁 이후 구미 자본의 상점과 은행이 들어서 하얼빈 경제의 심장부가 되었으며, 북만주의 긴자로도 불렸다. 지금은 중앙따쟈中央大街로 불린다.

"러시아 미인이 따르는 달콤한 술에 취해 미인과 함께 춤추고, 사이사이 무대 행사도 감상하며, 국제도시의 현란하고 호화로운 밤을 보내는 것은 아주 흥미진진합니다. / 경비는 우선 2인당 7~8엔 정토부터 40~50엔, 100엔으로 여러 단계가 있습니다"라며 가격까지 명기하고 있다.[73]

1940년 하얼빈 관광협회의 주사인 미나베 하루오南部春雄는 술자리에서 다음과 같이 말했다.

> 단순하게 이국정서를 만끽시키는 것만이 하얼빈의 사명은 아니야. 하얼빈이야말로 우리 일본인에게 서양인 정복의 도장이지. (…중략…) 일본인은 푸른 눈의 인종이라면 어떤 멍청이도 우리보다 훨씬 문명인인 것처럼 생각하고 쓸모없는 것들을 숭배하는데, 그래서는 안 돼. 그들보다 우리 일본인 쪽이 훨씬 뛰어난 인종이고, 문화인인 걸 자각하지 못해서인데. 바로 그거야. 그들이 신처럼 위대하기는커녕, 하등동물들이라는 것을 몸으로 직접 체험할 필요가 있어. 그거에는 서양 여자를 정복하는 게 제일이야. 일단 여자들을 정복히면, 니 서양인 따위 식은 죽 먹기야. 자신감을 키우는 데는 그게 최고야. 어떤가, 알겠어? 하얼빈이 서양인 정복 정신을 진짜로 단련하는 유일한 도장이라는 의미를 와하하…….[74]

이 발언에는 '서양인 정복'의 은유로서 러시아 여성의 섹슈얼리티에 대한 굴절된 욕망이 숨겨져 있다. 낮의 관광버스에서 꽃을 꽂은 러시아 여성 안내원, 밤의 카바레를 수놓는 러시아인 '무희'. 하얼빈이라는 "서양인 정복 정신을 단련하는 유일한 도장"에서 러시아 여성의 신체는 재만 일본인과 본토 관광객이 공모하는 시선 아래, '망국의 여인', '낙토'의 안주자, 이국정서의 체현자, 환락향의 애완물 등 풍요로운 민족적 판타지가 투사되는 대상으로, 그리고 '서양인 정복'의 쾌락을 달성시켜주는 '육체의 훈장'으로 욕망되고 소비되었던 것이다.

4. 네이티브를 대상으로 하는 관광 선전

이제까지 보았듯이 관광 현장에서 '만주인'을 비롯한 만주의 네이티브는 어디까지나 본토 관광객의 '피사체', 재만 일본인에게 '대리연출'되는 무대장치로밖에 취급되지 않았다. 하지만 6대 도시 중에서 신징만은 1939년경부터 '만주인' 관광버스 안내원을 채용하여 '만주인' 관광객을 대상으로 하는 '만주어'(중국어)코스를 병행 운영하였다.

가이드북 『신징안내』(1939년)에 게재된 '일본어'와 '만주어' 코스를 보면, '차에서 내려 볼만한 곳'에 신징신사, 충령탑, 궁정부, 협화協和회관, 바오산(宝山; 백화점)은 공통으로 포함되어있다. 그러나 '만주어코스'에는 '콴청즈寬城子'나 '난링南嶺' 같은 만주사변의 격전지가, '일본어코스'에는 '위생기술창衛生技術廠'이나 '방송국'이 빠져 있다.[75] 요컨대 일본어코스는 전쟁유적지에, 중국어코스는 과학적, 문화적 시설에 제각기 중점을 두었음을 엿볼 수 있다. 중국어코스의 이용객은 1940년에는 1,070명, 1941년에는 1,692명을 헤아렸다. 정치적 순례 중심인 '국가 수도'와 문화적 근대성을 상징하는 '위생기술창', '방송국' ― 중국어 관광버스는 지금까지 단순히 보이는 객체로밖에 기대되지 않았던 '만주인'에게 관광의 시선을 옮겨 심어, 그들을 길들여진 '관광 욕망'을 가진 주체로 바꾸려했다.

본토 관광객이나 재만 일본인을 대상으로 한 관광 사업이 흥성했던 것과 비교하면, 중국어 관광버스 투어는 늦게 등장한 데다 이용객도 적었다. '만주중국인' 대상의 관광 선전 역시 뒤처져 있었다. 중국인에 대한 관광 선전의 필요성이 부상한 것은 중일전쟁 발발 후 만주와 인접한 중국을 대상으로 하는 선무공작의 중요성이 커졌기 때문이다.[76] 1939년 만철 철도총국 여객과의 요시다 켄지由田健二는 「관광 만주의 나아갈 길」

이라는 제목의 글에서, "지금까지 거의 등한시했던 만주인 대중을 향한 관광 선전에 힘을 쏟아야 한다"고 호소하였다. 그는 "현재 만주의 관광 선전 기관이 이들 만주인에 대한 선전을 등한시하고, 따라서 만주인에 대한 선전 기술도 연구하지 않고 있는 것에 대해 업자에게 불만을 토로하면, 아직 거기까지 손이 미치질 않는다고 변명하며 빠져나간다. 나로서는 만주인에 대한 선전은 거의 전례가 없어서 오히려 국외 선전보다도 더 힘들어 질질 끌다가 견본이 많이 있는 대외 선전이나 대일 선전 베끼기만 되풀이 하고 있는 상황이다. 결국은 관계자의 관광보국에 대한 열의가 부족하기 때문이다. / 중국에 4억, 만주에 3천만 명인 만지인 선전이야말로 만주의 관광 선전업자에게 부과된 중대한 과제이며, 특권"이라고 강력히 주장하고 있다.[77]

1940년 11월 9일 뷰로 만주지부의 정보지 『여행정보』(1928년 8월 창간)는 통권 제411호부터 '일본 국정 소개, 국위 선양, 교통관계 상횡 보도, 뷰로의 업무 선전' 등을 내용으로 하는 중국어판을 병행 발행하기 시작했다.[78] 또 만주영화협회(1937년 설립)는 1941년에 중국어 '계몽영화' 〈관광만주〉(2권, 츠지노 리키야辻野力弥 편집)를, 다음해에는 〈낙토만주〉(2권, 츠지노 리키야 감독, 타마키 노부나가玉置信行 촬영)를 차례차례 제작 공개하여, 네이티브를 관광 선전의 에너지로 소환하였다.

5. '야외극장'의 증식

만주 이외 다른 식민지권에서는 경성에서 조선인 여성이 일본어로 안내를 하는 관광버스가 운행되었다. 중일전쟁 발발 후 중국대륙 침략에 발맞춰 베이징·다퉁大同[19]·상하이·난징에서 잇달아 일본어 관광 버스 투어가 발족되었다. 1943년 2월 『관광동아』에 기존의 교통기관을 기초로 기획된 '대동아공영권 여행 일정'이 게재되었다. 신징—다롄— 텐진—베이징—장쟈커우張家口—다퉁—베이징—난징—상하이—광뚱— 홍콩—하노이—사이공—프놈펜—앙코르—방콕—쇼난(昭南; 현 싱가포르) —바타비아(현 자카르타)—반둥—스라바야[20]—마닐라—광뚱—도쿄—쿄토 —오사카—경성—신징에 이르는 2개월간의 긴 여행이다. 그중 베이 징·다퉁·난징·상하이·도쿄·오사카·쿄토·경성의 8대 도시는 관 광버스로 돌게 되어 있다.[79]

베네딕트 앤더슨이 말했듯이, "삼각측량, 전쟁, 조약, 지도와 권력의 결합이 계속 진행되었다."[80] '황군'이 진군하는 곳마다 거리의 지도가 폭력적으로 개찬改竄되고, 제국의 '야외극장'이 증축되고, 관광버스를 상 연장치로 하는, 정복자가 연출하는 무대가 펼쳐졌다. 관광하는 '대동아 공영권'은 '관광 낙토'인 만주를 모델로 하는 '극장 제국'으로 팽창했다.

이 글에서는 관광에서 게스트 / 호스트의 구도를 연극론의 관객 / 연출 자의 관계로 치환하고, 나아가 제국과 식민지라는 비대칭적인 권력관계 를 배경으로 '대리 호스트 / 대리연출'의 요소를 도입하여, 관광버스가 다니는 만주 도시들에서 상연된 '극장 제국'에 얽혀 있는 드라마투르기 를 '성지'·'전망대'·'번화가'·'환락향'이라는 4막의 무대로 해석해 보았다. 본토 관광객의 시선 개입으로 재만 일본인은 '대리 호스트'가 되어 만주를 표현하고, '번역'하고, 연출했다. 또 이같은 행위 속에서 본 토 관광객 / 재만 일본인 / 네이티브 사이의 불균형한 권력관계가 강화되 고, 게스트와 대리 호스트가 공모하는 시선 아래 네이티브가 대리 연출 되는 폭력적인 권력 구조가 재생산되기도 했다.

'관광 낙토'로서의 만주는 본토 관광객이 관객, 재만 일본인이 배우,

19) 중국 산시山西성 북쪽에 있는 도시. 윈강석굴로 유명하다.
20) 인도네시아 제2의 도시.

네이티브가 무대도구인 거대한 '야외극장'이었다. 이 극장에서 상연된 것은 단순히 '왕도낙토'의 선전도, 제국 대 만주라는 권력 도식의 반영도 아니다. 그것은 게스트/대리 호스트/네이티브가 얽혀있는 시나리오 속에서, '보는/보여주는/보이는' 중층적인 정치적·사회적 관계성을 연출하는 관광 스스로가 발동하는 '극장적 권력' 그 자체다.

이 글은 일본의 단순한 식민지 관광사가 아니라, 관광이 가진 모더니티의 폭력성을 파헤쳐 문화와 제국주의가 뒤얽혀 있음을 밝히고, 나아가 '무대 전환'되었다고는 하지만 지금도 계속되는 포스트콜로니얼한 시공간을 해체할 단서를 찾기 위한 시도이다.

식민지 '조선'과 제국 '일본'의 여성표상

이케다 시노부池田忍 **· 김혜신**

1. 들어가며

이 글은 1920~30년대에 식민지 '조선'과 제국 '일본'의 변화한 도시 공간에서 제작·소비되었던 여성 신체의 시각적 이미지를 젠더와 포스트콜로니얼의 관점으로 고찰하고자 한다.

이 시대 일본 자본주의의 발전과 식민지 경영의 전개는 불가분의 관계에 있었다. 제국과 식민지 양쪽 모두에 도래한 대중소비사회는 도시 경관을 급격하게 바꾸어 놓았다. 도시의 현실은 건축공간과 거기에 구비된 상품, 활동하는 사람들로 구성된다. 덧붙여서 시각 이미지나 언설, 즉 '표상'은 도시나 사람들의 모습을 반영하는 데 머무르지 않고, 당시

---

* 이 글은 김연숙이 번역하였다.

사람들의 '현실/리얼리티'를 생산했다. 도시와 그곳에서 살아가는, 있는 그대로의 인간 신체는 문학이나 그림, 영화, 사진 등의 표상에 다가가고 표상에 침식되어 표상 그 자체가 되었다. 표상이 반복적으로 제시하는 이미지와 그 뒤에 가려진 현실. 그 간극에 주목할 필요가 있다. 그리고 무엇보다 제국과 식민지에서 유포된 표상 사이에는 공통점이 있는 한편, 분명한 차이가 있다는 점도 간과해서는 안된다.

제국과 식민지 사회를 구성하는 사람들은 균질적인 하나의 집단이 아니다. 이 글에서는 주로 표상의 제작과 유통, 소비의 중심에 있었던 사람들, 즉 그에 상응하는 경제력을 갖추고 교육을 받은 도시에 거주하는 지식계급 남성에 주목하고, 이들의 시선의 대상으로 창조된 여성상에 대해서 고찰하고자 한다. 두말할 나위 없이 이 시대의 제국 '일본'은 정치적·경제적인 시스템을 통해서 식민지 조선을 절대적인 역학관계 아래에 두고 있었다. 그러나 다양한 문화적 영위를 주의깊게 검토해본다면, 양자의 관계를 제국에서 식민지라는 일방적인 문화의 강제/이식으로 볼 수는 없다.[1] 근대화/서구화는 조선과 일본 양 쪽 모두에게 긴급한 과제였고, 각각의 엘리트 남성은 근대화의 주체가 되기 위하여 젠더의 틀을 활용했다. 그러나 제국과 식민지에서는, 문화적 제도가 정비되는 과정과 사회에 유포되는 시각표상의 다양성이나 조합에 커다란 차이가 있었다.

이하, 이 글의 구성을 미리 간단하게 설명하고자 한다. 1장에서는 근대의 문화적 제도 가운데 미술에 관한 제도 정비와 그 전개 과정을 역사적 시간축에 따라 서술한다. 아울러 서양으로부터 근대 회화가 이식되는 과정에서 등장하는 여성상의 의미에 대해 논한다. 2장에서는 도시의 근대화와 새로운 미술동향이 이식되면서 시각표상의 중심으로 떠오른 여성신체의 의미를 '미술/순수미술', '상업미술', '대중문화'와 같은 종래의 틀에 얽매이지 않고 살펴본다. 2장 1절에서는 1910년대 이후 회화작품에 많이 등장했던 '근대적' 여성상에 대해 고찰하고, 2절에서는 대중소비사회에서 중요한 역할을 담당하는 시각 미디어, 그중에서도 여성이 주 구매자인 잡지를 중심으로 가시화, 언설화된 여성상('신여성', '모가'[1])의 이미지를 검토한다.

일본의 경우는 이케다 시노부가, 한국의 경우는 김혜신이[2] 논의들을 진행해나갈 것이다. 표상문화를 실마리로 '지배하는' 쪽과 '지배당하는' 쪽, 양 쪽을 함께 보면서 동시대적으로 드러난 현상과 한 쪽에서만 현저하게 나타난 현상을 명확하게 밝힐 것이다. 그리고 제국과 식민지에서 남성 정체성이 구축되는 과정의 차이점 및 젠더 편성과 여성표상의 관계에 대해서 총괄적으로 고찰하고자 한다.

무엇보다도 이 글은 제국과 식민지의 시각문화를 검토하고 양자의 차이점을 부각시키려는 첫 시도다. 그 목적은 지배와 피지배의 입장에서 전자가 후자를 철저하게 착취·억압함으로써 발생한 간극을 명확하게 밝히는 데 있다. 나아가 오늘날에 이르기까지 양자의 근대를 규정했던 제국주의 / 식민지의 경험이 무엇을 야기했는가를 고찰하고, 그 간극을 넘어서는 길을 탐색하고자 한다.

2. 제도로서의 '미술', 주제로서의 여성

1) 일본의 경우

메이지시대 일본은 구미 사절단의 파견이나 유학, 만국박람회 참가

---

1) 모던걸modern girl의 준말.

등을 계기로 서구 근대 문화의 여러 제도들을 배웠다. 또한 '미술'이라는 개념이 도입되면서,[3] 시각문화의 전시장, 평가의 틀, 장르의 편성이 생겨나고 표현 내용이 크게 변화했다. 미술단체의 결성이나 미술 교육, 전람회제도의 도입 등 '미술'과 관련된 제도가 마련됨에 따라 미술에 종사하는 사람들은 위계가 있는 집단으로 분화되었다.[4] 이 과정에서 국가와 관련된 '미술'의 여러 제도가 이후 일본 미술의 존재방식을 규정했다는 사실은 대단히 중요하다.

특히 1880년대는 국가적인 프로젝트로서 '미술'이 공적으로 인식되고 제도들이 정비되던 시대였다. 종래에는 화가의 유파, 소재나 화면 형태 등에 따라 적당히 분류했던 회화에 대해서 '서양화'·'일본화'라는 상대적인 개념이 형성되었다. '국가'의식이 고양되는 가운데 '일본화'의 의의가 주장되었고, 국가사상, 국민의식을 함양하는 매체로 '역사화'나 '신화화神話畵'가 많이 제작되었다. 또한 1889년(메이지 22년)에 개교한 도쿄미술학교는 '일본 전통 회화'의 전수를 목적으로 삼고, 서양화를 배제했다.[5]

이러한 상황에서 '무엇을 묘사해야 하는가'는 화가에게 중요한 문제였고, 특히 유럽에서 귀국한 화가들은, 국가의 공적 미술의 장에서 통용될 수 있는 회화 주제를 모색해야만 했다. 시각적 이미지가 국가가 보증하는 '미술'이라는 권위의 틀 안에서, 그 당시 국가가 지향하는 이념이나 국민도덕을 전파하고 보급하는 매체로서 기능하도록 요구되었기 때문이다.

또한 미술작품의 제작과 병행해서, 미술사에서도 '미술'의 유효성을 알리려는 노력이 시작되었다. 1889년에 창간된 미술잡지 『콧카國華』의 발간사를 썼던 오카쿠라 텐신岡倉天心은 일본회화의 역사성을 명확하게 할 필요성과 역사화의 현재적 유용성을 설명했다. 또한 1900년(메이지 33년)의 파리 만국박람회에 출품했던 『고본일본미술사약사稿本日本美術史略史』는 관제 일본미술사로 편집된 것인데, 이는 서구열강이 과시하는 미술과 마찬가지로 일본의 미술에도 독자적인 역사가 있다는 사실을 보여주려고 했던 것이다.

이 시기 '미술'은 국가의 문화적 정체성의 장으로 구축되었는데, 서구로부터 들어온 누드는 역사화의 융성과는 대조적으로 끊임없이 문제를 일으켰다. 특히 1884년에 프랑스로 건너가 1893년에 귀국한 쿠로다 세이키黑田淸輝가 프랑스에서 그린 작품 〈아침 화장朝粧〉을, 1895년(메이지 28년) 4월에 개최된 제4회 내국권업박람회에 출품했는데, 이 작품의 시비를 둘러싼 논란은 너무나도 유명하다.[6] 당시 누드화는 대중 앞에서 '알몸'을 진열한다는 이유로 단속대상이 되었다.[7] 하지만 그 후 누드를 '미술'이라는 틀 속에서 '미美'로서 유통시키려는 공통의 이해가 생겨났다. 누드를 포함한 19세기 후반 서양화의 여러 가지 여성상은 서양의 아카데믹한 회화가 일본에 정착하는 데에 중요한 역할을 했다.

1994년에 번역된 논문 「일본 근대 서양화와 성적 구도」에서 노만 브라이슨Norman Bryson은 처음으로 쿠로다 세이키로 대표되는 일본 근대 서양화가들이 그린 서양 여성상에 대해 젠더이론을 기초로 해석했다.[8] 브라이슨은 쿠로다 세이키의 〈만돌린을 든 여자〉(1891, 도쿄국립박물관 소장)와 야마시타 신타로山下新太郎의 〈독서〉(1911, 브리지스톤 미술관 소장)를 전형적인 예로 다루면서, 두 작품에서 볼 수 있는 서양에 대한 친근감은 "여성의 육체를 통해서 드러나고 있다"고 지적하고, "성적 충동은 이문화異文化로 접근하는 열쇠가 되었다"고 간파했다. 그리고 1890년대 초 일본은 남성중심 세계관을 기초로 한 서양의 세기말적인 시각제도를 도입하고, 근대성으로부터 소외된 여성의 육체를 매개로, '서양문화', '예술'이라는 '보편'적 가치를 받아들였다. 여성 모델은 최저 임금과 교환된 육체를 제공하고, 화가의 요구에 따라 포즈를 취하는 존재였다. 그럼에도 불구하고, 그녀들은 자발적으로 자기자신의 소망을 성취하기 위해서 스스로 포즈를 취하는 것처럼 보였다.[9]

브라이슨의 논문이 명확하게 밝히고 있는 것처럼 서양화에서 묘사된 여성들은 열등한 사회적 위치에 있었음에도 불구하고, 바로 그 때문에 근대적인 모습을 부여받고—근대화의 달성단계를 보여주는 매개체로 서—근대화의 추진자인 남성의 시선 앞에 세워지도록 요청되었다. 여성의 신체를 향한 남성의 '성적 충동(욕망)'은 이후에도 계속 근대 일본 남성주체를 구축해나간다. 나아가 여성 신체를 향한 욕망은 식민지를 포함한 아시아의 여러 지역에 대한 욕망과 겹치면서, '제국'의 담당자라는 자의식 구축과도 깊은 관련을 맺고 있다.[10]

그런데 '미술'에 관련된 제도는, 남성 주체의 '성적 충동'과 제국주의적 욕망을 심층으로 가라앉히고 나체 여성상을 '미'로서 유통시켰다. 일본 근대 서양화의 성립과정에서 누드화나 여성 도상이 했던 역할을 상세하게 밝힌 와카쿠와 미도리若桑みどり의 『감추어진 시선』[11]은 미셸 푸코를 인용하면서, 신체야말로 근대 국가 권력의 최대 감시 대상이었다고 설명한다. 메이지기 누드화의 검열은 신체통제와 문화통제가 겹쳐시는 시점에서 행해졌고, 이 검열을 반복하면서 메이지시대의 국가권력은 누드를 숭고한 누드(순수 예술)와 외설스러운 누드(포르노)로 양분하여, 민중의 성性에 대한 사고방식을 조정하는 일에 성공한다. 와카쿠와 미도리의 설명처럼 나체를 통제하는 측과 근대적 / 서양적 누드화를 일본으로 들여오려는 측은 양쪽 모두 권력을 장악한 남성이다. 그들은 표층에서는 대립하고 있는 것처럼 보이지만 결과적으로 둘 다 전근대적 여성 이미지를 근대적인 것으로 바꾸어 사회에 침투시켰다는 와카쿠와 미도리의 지적은 의미심장하다.

제1회 문부성 미술전람회(이하, 문전文展)가 개최된 1907년(메이지 40년) 경에는 서구 근대회화의 새로운 경향에 자극받은 회화가 점차 제작되기 시작했다. 신흥세력으로 등장한 쿠로다 세이키 등의 하쿠바카이白馬會[2]는

---

2) 1896년 야마모토 호스이山本芳翠, 쿠로다 세이키黑田淸輝, 쿠메게이 이치로久米桂一郎 등이 창립하여 신미술운동을 주장했던 모임. 특히 쿠로다 세이키는 당시 일본의 화풍이 딱딱하고 어두운 색채였던 것에 비해 그의 그림은 밝고 생동적이었는데, 이를 중

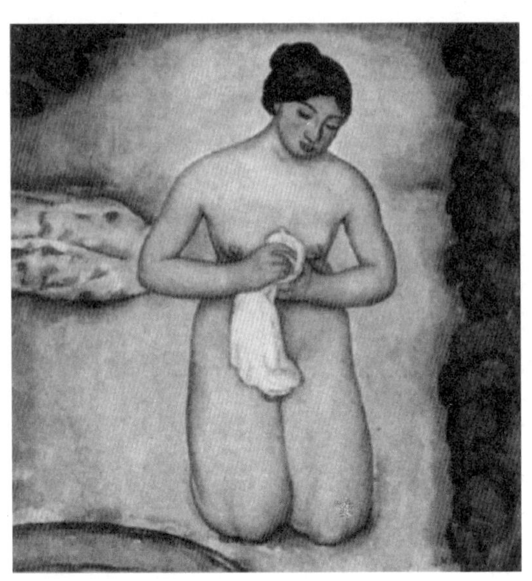

<그림 1> 미츠야 쿠니시로의 〈교즈이〉, 1915년, 도쿄국립근대미술관

문전文展에 실질적으로 흡수되었다. 문전은 '미'를 지상의 가치로 삼고, 포스트 인상주의를 새로운 경향으로 도입했다. 일례로 1911년부터 14년에 걸쳐 유럽 체류를 경험한 미츠야 쿠니시로滿谷國四郎의 〈교즈이行水〉3)(1915, 그림 1)를 거론하고 싶다. 서양화가로 출발했던 미츠야 쿠니시로는 고세다 호류五姓田芳柳, 코야마 쇼타로小山正太郎의 제자였다. 그는 권업박람회와 세계박람회에 계속 출품하면서, 제1회 문전文展부터 심사위원을 맡았다. 미츠야 쿠니시로의 그림은 1930년대 중반의 두 번째 유럽 체재 후 사실성을 중시하는 양식에서 장식성, 평면성을 강조하는 양식으로 크게 바뀐다. 그러나 주목해야할 것은 양식상의 변화가 아니라, 〈교즈이〉와 같은 그림이 보여주는 의미이다. 이 그림은 추상적인 수목을 배경으로 무릎을 꿇은 나부裸婦를 묘사하고 있다. 여성을 자연이나 대지와 결부시킨 이런 구성은 근대 시각문화의 기본적인 유형을 답습하고 있다. 또 이런 그림의 주제나 소재 선택은, 같은 시기에 활약한 일본화가 츠치다 바쿠센土田麥遷의 〈섬의 여자〉(1912)나 〈해녀〉(1913)에서도 나타나고 있었다. 츠

심으로 한 화풍을 '신파新派', '자파紫派'라 불렀으며 우리나라 동경미술학교 출신들인 고희동·김관호·이종우·이마동·심형구·김인승 등이 이들 밑에서 지도를 받았다. 이들 동경 유학생들에 의해서 한국 풍경화에서 아카데미즘이 시작되었다고 보는 견해가 일반적이다.

3) 대야에 물을 받아 간단히 몸을 씻는 일.

치다 바쿠센은 1910년에 창간된 잡지 『시라카바白樺』에 소개된 고갱의 작품에 자극받았다. 결국 여성을 대지나 자연과 결부시킨 주제는 남성중심의 시각제도가 낳은 도상이고, 그녀들은 근대화의 주체인 남성의 대척적인 위치에서, 남성들에게 '안식'을 제공하는 것이다.[12]

한편으로 급속한 도시 근대화가 야기한 도시 문화의 변용이나 계층화된 도시 주민, 노동자를 그리려했던 화가들은 새로운 그룹을 결성하고, 문전文展과는 다른 표현의 장과 내용을 모색했다. 그리고 현실사회에 민감하게 반응하면서 예리한 사회의식을 가진 지식인이나 예술가의 활동은 잡지나 전람회 등의 미디어를 통해서 세상에 널리 알려졌다. 종래의 연구에서는 새롭게 결성된 그룹이 기법이나 스타일뿐만 아니라 화가의 사회의식이라는 측면에서도 문전文展에 대항적이었다고 설명하는 경우가 대부분이다. 『시라카바白樺』나 1907년에 창간된 『호슨方寸』을 기관지로 삼은 무세이카이无聲會 등의 활동은 새로운 예술운동으로 대시 특필되었다. 그러나 관전官展계의 화가, 전위집단을 형성한 화가, 혹은 상업미술의 세계에서 활동한 디자이너는 그 소속 여부에 상관없이 이후에도 여성 이미지 창조와 확산을 통해서 사회의 젠더 편성에 계속적으로 깊이 관여한다. 지식인 청년을 대상으로 하는 잡지는, 철학·과학·문학 등의 분야와 함께 회화비평이나 서양 근대회화를 소개하는 그림을 차례차례 게재했다. 그리고 '개인', '생명'이라고 하는 키워드로 예술을 말했을 때, 여성신체는 그것을 체현하는 것으로서, 시각문화의 중심에서 항상 보여지게 된다. 그러나 금기나 인습에서 벗어나 대중의 시선에 노출된 여성신체야말로 남성주체나 남성들의 근대적 자아를 구축하는 익명의 존재였다. 그리고 잠재적으로는 이성애 남성의 성적 욕망에 대응해가면서, 그것을 보는 / 소유하는 자의 근대성을 보증하는 역할을 완수했다.

한편, 같은 시기에 잡지 『세이토青鞜』가 창간(1911)되는 등, 여성 자신의 자각을 바탕으로 하는 자기표현의 가능성이 비약적으로 확대되었던 것도 빼놓을 수 없다. 일본뿐만 아니라, 식민지 조선에서도 여성지가 창간되고, 문학·언론 활동과 함께 여성화가도 등장한다. 다음 2장 2절에서는 여성 자신에 의한 자기표현도 사회의 젠더 편성 내부로 편입되어서 그것을 보완하는 역할을 담당해야했던 측면을 중시했다.

2) 한국의 경우

한국에서 서구의 개념인 '미술'은 어떻게 이식되고, 어떠한 제도 아래에서 생산되고 어떤 언설로 말해졌는가. 그것을 탐구하는 작업은 '식민지배 하의 근대화'와 '조선 총독부 통치체제 하의 문화'라는 문제틀에서 시작한다. 근대화가 언제 시작되었느냐에 대한 논의는 근대의 정의나 근대화의 척도에 따라 견해의 차이가 있다. 그러나 이 글이 다루는 도시 공간의 등장과 도시 일상의 변화에 초점을 맞춘 근대화는 1910년에 체결된 한일합병 이후 급속하게 진행되었다. 미술 분야에서도 마찬가지로 작품의 기법이나 표현은 물론 그것을 가능하게 하는 교육이나 제도에도 변화가 일어났다. 이 시기의 미술을 떠받치는 대표적인 제도가 '조선미술전람회(이하 선전鮮展)'다. 선전鮮展은 식민지 조선의 최고 통치 기관이었던 조선총독부가 1922년에 창설·운영했던 한국 근대 최초의 관설 미술전람회이다. 식민지 시기 조선에 거주하던 내지(일본)와 외지(식민지) 사람들에게 출품자격이 있었고, 내지의 저명한 화가들이 심사위원을 맡았다. 식민지 조선이 제국 '일본'의 일부였던 것처럼, 한국 근대미술사의 대표적인 화가들이 활동했던 선전鮮展 또한 틀림없이 일본 근대미술의 일부였다.[13]

선전鮮展이 창설된 1920년대 초는 총독부 지배정책의 전환기였다. 구체적으로 1919년에 3·1독립운동 후에 부임한 사이토 마코토齋藤實총독에 의해 문화정치가 시작되었다. 합병 후 10년간 총독부는 정치·경제·사회·문화의 측면에서 견고한 지배체제를 구축하는 데 총력을 기울였다. 총독부의 어용신문인 『경성신문』을 제외하고는 모든 신문이 폐간되었고, 나아가 합병 전에 쓰인 역사교과서나 역사서, 애국계몽운동가 계열의 잡지도 발매금지되었다. 사회와 생활 전반에 이르는 엄격한 규제와 억압에 대한 불만이 3·1독립운동에서 한꺼번에 솟구쳤다.[14] 독립을 쟁취하지는 못했지만 지식인 주도 하에 학생·노동자·농민에 이르는 다양한 계층의 사람들이 항일을 부르짖었던 이 운동은, 한국인들의 의식을 독립 지향적으로 변화시킨 사건이었다. 한편으로 지배자 측에서 보자면, 3·1운동은 지도적 위치에 있는 지식인들을 회유할 필요성을 통감하는 계기가 되었다. 기존의 식민지 시기 역사 연구가 밝혔듯이 사이토 마코토 총독의 '조선민족운동대책'은 사실상 일본에 협력하는 인재와 직업적 친일파의 육성을 기본방침으로 삼고 있었다.[15]

독립운동의 주도자 대부분은 3·1운동 실패 이후 상해임시정부 및 만주를 중심으로 하는 중국대륙에 활동거점을 찾아 식민지를 떠났다. 그리고 국내 지식인 사이에서는 큰 희생이 따르는 무장독립운동보다 실력을 키우는 일이 먼저라는 이른바 '실력양성론'이 대두되었다.

개화파의 사상가이며 한국 기독교의 최고장로인 윤치호는 당시 일기에서 "조선인들은 성과 없는 선동을 그만두고, 대중의 정신적 경제적 상황에 좀 더 관심을 기울여야만 한다. 대단한 것처럼 '(독립)만세'를 외치는 것은 거지나 다름없는 가난한 자들이었고, 그런 사람들이 조선의 독립을 이루는 일은 아무리해도 불가능하다. 더욱이 비참한 것은 만에 하나 독립이 된다고 해도 무지와 빈곤에 젖어있는 대중에게는 독립을 유지해나갈 능력이 없다는 사실이다"(1920년 8월 14일에 부처)[16]라고 쓰고 있다.

윤치호는 한국 근대의 대표적인 지식인으로 1880~90년대에 일본·중국·미국에 유학한 바 있다. 그는 1945년에 죽을 때까지 식민지 조선의 여러 요직에서 일하고, 영향력을 발휘했던 인물이기도 하다. 이러한 그의 말은, 시기와 상황에 따라 강도의 차이는 있었지만, 당시 현실노선을 따르는 실력양성론자들의 의견을 집약한 견해라고 할 수 있다. 상해 임시정부의 외교활동이 좌절을 반복하는 가혹한 현실 속에서 이러한 생각은 설득력을 얻기 시작했다. 또 총독부가 내세운 여러 가지 규제 완화와 문화정책은 이런 실력양성론에 소위 신문화운동으로서의 힘을 실어주었다.

한국 근대문학의 대표적인 작가 중 한 사람인 이광수가 잡지『개벽』 1922년 2월호에 쓴「민족개조론」도 이런 일련의 움직임에 호응하는 것이었다. 그 내용은 개인 한 사람 한 사람의 내면을 개조해서 문화인으로서의 인격을 갖추는 것이 실력양성으로 이어진다는 생각과 아울러 '조선민족 열등론'이나 '구습 개혁론'에서 설명하는 민족성 개조에 희망을 거는 것이다. 나아가 그는 민족개조가 지식인들의 지도로 행해져야 한다고 주장했다.[17] 이러한 생각은 총독부의 입장에서도 3·1운동 후 식민지에 널리 퍼졌던 동요와 불안의 공기를 일소하는 데 유용하고 바람직한 것으로 받아들여졌다.

윤치호나 이광수 등은 독립운동이 좌절되면서 민족개조에 기초한 문화운동이라는, 현실과 타협하는 길로 접어들었다. 그들의 언설에는 전형적인 식민지 지식인상이 드러난다. 유교이념을 왕조의 근간으로 하는 전근대의 가치관을 공유하면서 중심지향적 사상을 가졌던 엘리트 남성은 식민지 근대화라는 왜곡된 상황 속에서 새로운 중심을 찾는 데 필사적이었다. 지배측의 최고통치기관이 실시한 문화행정은 그들에게 민족을 살릴 길이라는 명분을 제공하였다.

이 구조는 미술제도에서도 마찬가지였다. 1920년대로 접어들어서 식민지에서는 두 개의 전람회가 시작된다. 1921년에 창립전을 개최한 서화협회 미술전람회와 1922년에 창설된 선전鮮展이다. 이 두 개의 전람회는 식민지 시기의 대표적인 공모전으로서 자주 거론되지만 규모나 영향력 면에서는 큰 차이가 있다.

서화협회는 1918년에 전통화단의 대가와 서화애호가들이 모여서 시작한, 한국 근대 최초의 민간 미술단체이다. 한편 서화협회 창설 이후 1921년에 총독부는 관립미술전람회의 창설을 준비했다. 이 계획은 같은 해 공포된 조선교육령에 따라, 도쿄미술학교를 본뜬 관립미술교육기관 설립안도 포함하고 있었지만, 예산 사정 때문에 뒤로 미뤄졌다. 선전鮮展 창립 준비단계에서 총독부가 가장 중점을 두었던 것은 식민지 전통 미술가들의 협력, 특히 서화협회 회원들의 참가를 얻어내는 것이었다. 1921년 12월 총독부는 경성 거주 일본인 화가 및 한국의 저명한 서화가를 초청해서, 창설되는 미술전에 관해 설명하고 선전鮮展에 협력할 것을 요청했다.[18] 총독부는 선전鮮展이, 합병 후 이주한 일본인 중심의 행사가 되면 '예술에서 일선日鮮융화를 도모한다'는 문화정책의 의도를 실현하는데 지장을 줄까봐 염려했다.

한편으로 서화협회의 미술가들은 각기 입장의 차이는 있었지만, 내부분은 총독부에 협력적인 태도였다. 결성할 때부터 주도적으로 참여했던 이완용과 김윤식 등 대표적인 친일파의 영향으로 그들은 총독부 정책에 긍정적이었다. 그와 아울러 앞서 언급했던 '실력양성론'을 옹호하는 움직임이 서화협회 내부에서 고조된 것도 주된 원인이다. 3·1운동은 1919년 봄에 예정되어 있던 창립전을 중지시키는 등 서화협회에도 적지 않은 영향을 미쳤다. 그 후 회원 가운데에서 '신구新舊서화계의 발전, 동서미술의 연구, 향학 후진의 교육'이라는 창립취지를 지키기 위해서는, 서구의 근대적 문화를 수용하여 서화를 포함한 식민지 조선의 미술로 바꿀 필요가 있다는 의견이 강했다. 이를테면 미술계의 민족개조론라고 할 만한 이런 생각은, 활동의 장이 필요했던 미술가들을 조선미술전람회로 향하게 하는 역할을 했다.[19]

선전鮮展의 실무부서인 총독부 학무국장이며 제1회 심사위원장 대리였던 시바다 센사부로柴田善三郎는 창립전을 마친 직후에 잡지 『조선』에 기고했던 「조선미술전람회에 부쳐」에서 "본 전람회는 조선에서 첫 시도인 만큼 규정 발표 이후 사회의 주목을 받았다. 여러 가지 논의가 있었는데, 우리 귀에도 꽤 많은 이야기가 들어왔다. 그 요점은 요람기에 있는 조선 미술을 어떻게 제 몫을 하도록 만들 것인가였다. ……"[20]라고 썼다. 이는 결국 식민지 미술을 성장시키려는 종주국의 배려에 따라, 조선의 미술가들과 의논하면서 선전鮮展이 만들어졌다고 강조한 것이다.

코마고메 타케시駒込武는 식민지 조선 문화정치의 구조에 대하여 다음과 같이 지적한다. "3·1운동을 통해서 '민족'이 가시적인 존재로 드러난 조선에서 지주층을 체제 내부로 끌어들이는 것이 중요한 정책 과제가 되었다. 게다가 '협력 메카니즘'도 확실하게 작동하기 시작했다. 근대적인 토지소유제도와 상품 경제의 침투를 밑바탕으로 하는 자본주의로의 변화가 불가피했다. 그렇다면 그것은 일부 조선인이 '친일파로 타락'한다는 도덕적인 문제만이 아니라 근대화의 지향을 교묘하게 끼워 넣으려고 한 통치시스템의 문제로 이해해야할 것이다."[21] 1922년 6월 1일 경성 영락정永樂町의 상품진열관에서 막을 올렸던 제1회 선전鮮展은 지배측의 '뒤처진 조선(미술)의 근대화에 대한 사명'과 피지배측의 '근대화에 대한 전망'이 만났던 식민지 문화행정의 꽃이었다.

미술에서 또 다른 근대화의 길은 유학이었다. 관립미술학교 설립이 실현되지 못했던 식민지 조선에서 유학은 서구 미술을 배우는 유일한 방법이었다. 한국 근대 초기의 미술유학생들은 대부분이 대지주나 양반 계급 출신이었다.

한국 최초의 서양화가인 고희동은 1909년 도쿄 미술학교 서양화과에서 공부했다. 서울의 유복한 집에서 태어난 고희동은 명가의 관습에 따라서 유년시절부터 한문과 고전을 익혔다. 그 후 개화 사상가이기도 했던 부친의 권유에 따라 프랑스어 학교에서 프랑스어를 공부했고, 대한제국 궁내부주사의 직위에 올랐다.[22] 고희동은 훗날 자서전에서 유학을 결심했던 이유를 설명하면서 "망해버린 나라의 위신을 생각하면 아무것도 할 기분이 나지 않아, 전부 단념하고 그림의 길을 선택했다"고 심경

을 토로했다.[23] 고전
과 예술을 익히고, 나
라를 섬기는 길이야
말로 유교사회에서
상류계급 남성이 행
했던 가장 전형적이
고 건실한 입신방식
이었다. 나라가 망하
는 것을 눈앞에서 보
면서, 이름만 남은 지
배계급의 아들이 통
역관리 다음으로 선
택했던 것은 서양화

〈그림 2〉 김관호 〈석모夕暮〉, 1916년, 도쿄예술대학예술자료관

가의 길이었다. 고희동은 1920년대 중반에 이르러서는 서양화 제작을
그만두고 전통수묵화를 그린다.

1911년에는 평양 부호의 아들인 김관호가 도쿄 미술학교 서양화과에
입학한다. 그의 졸업작품 〈석모夕暮〉(그림 2)는 고향 평양 시내를 흐르는
대동강을 배경으로 물가에 우두커니 서 있는 여성 2명의 누드를 그린
작품이다. 왼쪽으로 머리카락을 한데 모으고 있는 여성은 신체의 전면
을 덮어 씌워 가리려는 듯이 오른손에 긴 하얀 천을 들고, 허리를 천 쪽
으로 기울인 듯한 자세로 강을 향하고 있다. 오른 쪽의 여성은 물에 젖
은 긴 머리를 왼쪽으로 모아 쥐고 물기를 가볍게 짜는 듯한 모습이다.
저녁 무렵의 햇빛이 두 사람의 나체를 부드럽게 비추고 있다. 그러나
김관호가 졸업할 때 받은 높은 평가를 명예로운 쾌거라고 칭찬했던 신
문도 그 그림이 누드라는 이유로 사진을 게재하지 않았다. 김관호가 제
2회 선전鮮展에 출품했던 〈호수〉(1923)도 천으로 하반신과 발의 일부를
가리고 호수가에 앉아있는 젊은 여성의 누드를 그린 그림인데, 역시 신

문에는 게재되지 않았다. 물가의 여성상은 서양미술에서 정통적인 주제였고, 그의 그림은 그것을 훌륭하게 습득한 자랑할 만한 성과였음에 분명하다. 그럼에도 불구하고, 당대 조선의 현실은 젊은 처녀를 문 밖에서 발가벗겨 뭇 사람들의 시선에 노출시켜 놓은 것을 순순히 받아들이기는 어려웠을 것이다. 김관호는 1920년대 중반에 붓을 놓았다.

한국 화가로서 최초로 유럽 유학을 한 사람은 이종우였다. 그는 봉산 지주의 아들로 평양고등보통학교 재학 중인 1915년, 총독부 시정施政 5주년 기념 조선물산공진회의 전람회에 입선하면서 화가를 목표로 삼았다. 그 후 도쿄 미술학교를 거쳐 1925년부터 파리에 유학하면서 백인계 러시아인 친구의 아내를 모델로 〈부인상〉(1926)을 그렸고, 〈인형이 있는 정물〉로 1927년 살롱 도톤느4)에 한국화가로는 최초로 입선의 성과를 거두었다.

이상에서 세 사람의 대표적 서양화가들을 소개했는데, 그들이 서양화의 길로 나아간 것은 구체제를 잃어버린 유교사회의 엘리트나 양반의 자식들이 선택할 수 있었던 길 중 하나였다. 근대적 제도로 제국 일본이 이식한 조선미술전람회가 미술의 영역에서는 권위와 명예의 상징으로 부동의 지위를 차지하고 있었다. 선전鮮展의 시공간에 민족5)을 초월한 예술의 동거는 불가능했다. 여기에서 끊임없는 실천은, 식민지와 종주국의 차이화와 통합을 위한 힘의 정치와 그 내면화에 다름아니다. 그리고 1920년대 식민지 조선에서 선전鮮展에 등장하는 미술작품은 경성을 중심으로 나날이 근대화 양상을 갖추어 나가는 도시의 풍경과 호응하면서 사람들의 강력한 관심을 모으게 된다.

---

4) Salon d'Automne. 매년 가을에 프랑스 파리에서 열리는 미술 전람회. 1903년에 봄 전시회의 보수성에 반발하여 진보적인 제작을 목표로 조직되었다. 이 살롱을 통해 마티스·블라맹크·피카소 등이 야수파·입체파 운동을 육성하여 근대 회화사에 큰 업적을 남겼다.

5) 원문에는 '국경'이라고 서술되어 있지만 당시 일본과 조선 사이에는 국경이 존재하지 않았기 때문에 민족이라고 번역하였다.

3. 도시공간의 모가 / 신여성

1) 1920~30년대 회화의 여성상

(1) 전위와 여성의 신체

1907년에 시작된 문부성미술전람회文展는 주최자인 국가의 위신을 배경으로 권위를 유지하면서 회를 거듭해나갔다. 한편으로 신구新舊 화가 사이의 마찰로 심사에 대한 불만이 표면화되어, 다이쇼기에 이르면 몇 개의 새로운 미술단체가 결성된다. 퓨전회(1912), 재흥再興일본미술원 (1914), 2과회二科會(1914), 국화國畵창작협회(1917), 재흥일본미술원의 서양화부가 독립한 춘양회春陽會(1922) 등이다. 나아가 1922년에는 액션, 3과三科 인디펜던트, 1923년에는 마보6)가 결성되는 등 전위예술이 현저하게 융성했다.

이 시대의 미술에 대한 상황을 세 가지 관점에서 파악하고자 한다. 첫 번째는 소비문화가 융성하고 도시공간의 근대화가 진행된 것이다. 도시공간의 변화는 지방도시까지 영향을 미쳐서, 수도 도쿄와 오사카, 덧붙여 근대적 제국 일본 지배의 연장선상에 놓여 있던 식민지의 수부首府, 경성의 경우는 특히 뚜렷했다. 또 1923년 간토대지진 때 도쿄의 파괴는 변화를 가속화시켰다. 두 번째로 유럽에서 미술의 동향, 요컨대 제1차 세계대전 전에 일어난 입체파나 미래파, 전쟁 중에 그리고 그 후에 걸쳐 전개되었던 다다나 구성주의 등이 이런저런 경로로 뒤섞여서 소개되고, 또 일본의 화가들은 그 도입을 위해 노력했다는 사실이다. 세 번째는 도시의 양상이나 풍속 그리고 미술이나 영상 등 표상문화의 변

---

6) Mavo. 동경을 거점으로 다다이즘적인 활동을 전개한 아방가르드 그룹.

화를 신속하게 보다 많은 사람들에게 알린 미디어의 발달이다. 이상의 세 상황은 서로 관련되어 있다. 요컨대 서구적 / 근대적 표상문화는 이미 특권적 엘리트의 것이 아니라 대중의 시선에 호응하는 것이다. 부르주아 / 엘리트 문화로서 국가의 지원 아래에 전개되었던 순수미술의 수용층이 확대되고, 한편으로는 대중적 상업미술이 발달한다. 그에 따라 순수미술과 상업미술의 주제나 표현은 한층 비슷해져 갔다.[24]

다이쇼기의 미술을 특징짓는 전위적 회화를 추구했던 사람들은 이러한 도시의 변화, 모더니즘을 긍정하고 추진하려고 했다. 그들은 과거의 문화적 잔재를 혐오하고, 권위적인 계급문화에 대항을 시도한다. 많은 미술가들이 사회문제나 예술과 현실사회의 관계에 눈을 돌리게 되었다. 한편으로 자본주의는 소비문화를 확대시켰고, '대중'을 받아들이면서 확대되었다. 경제적인 힘을 가진 신흥도시 시민을 주된 향유층으로 삼는 소비문화는 새로운 도시의 계급문화를 만들어냈다. 그리고 대중 미디어의 발달은 상품을 살 수 없는 사람들이나 소비문화의 중심에서 배제된 가난한 도시 주민, 자신의 경제적 기반을 가지지 못한 여성들 사이에도 시각적 이미지를 널리 퍼뜨렸다. 또한 시각적 이미지는 값싼 상품의 패키지나 가두광고를 통해서 반복, 재생산되면서 도시공간에 스며들었다. 달리 말하면, 모더니즘을 긍정하는 입장은 '대중', '여성'과 같은 주변인들을 흡수함으로써, 자본주의와 손을 잡고 제국주의적 욕망으로 일본을 몰아가는 과정에 깊이 관여했던 것이다.

여기에서는 우선 다이쇼부터 쇼와 초기의 모더니즘 회화를 통해 양식적인 관점에서가 아니라 여성신체를 묘사하는 방식에 주목하여 여성에 대한 시선의 정치적 의미를 고찰하고자 한다.

1916년의 2과전二科展에 출품해서 상을 받은 토고 세이지東鄕靑兒의 〈파라솔을 든 여자〉(1916, 그림 3)는 스스로 일본에서 '전위 제1호'라고 자부하는 작품이다. 그의 회상에 따르면[25] 주제는 '해변의 비치파라솔 그늘에 수영복 차림의 여자를 배치'한 것이다. 그러나 여성은 누드처럼 보이고, 파라솔의 형태도 확인하기 어렵다. 더욱이 미술사 연구는 지금까지 주제에 대해 관심을 두지 않았다. 전위회화나 추상화의 경우는 표현 기법에 관심을 두었기 때문에, 이 작품은 전적으로 미래파·입체파적인 경

〈그림 3〉 토고 세이지의 〈파라솔을 든 여자〉, 1916년, 오카와시 세이리키 미술관大川市淸力美術館

향이 뚜렷한 모더니즘 회화의 선구적 작품으로 자리매김되었다. 하지만 관점을 바꾸어 소재에 주목하면, 토고 세이지가 선택했던 수영복 차림의 젊은 단발 여자는 모던을 구성하는 전형적인 이미지로, 1920~30년대에 회화뿐만 아니라 사진, 상업디자인 등의 복제 미디어에 빈번하게 등장했다.

　전위회화의 대표작으로 알려져 있는 코가 하루에古賀春江의 〈바다〉(1929, 도쿄국립근대미술관 소장)에도 수영복 차림의 여성이 그려져 있다. 오른손 집게손가락으로 하늘을 가리키는 당당한 여성이 잠수함과 비행선, 공장이 늘어선 바다를 향해서 발돋움하듯이 서있다. 이 작품의 소재들은 비행선 체펠린7)의 일본 방문과 모던걸(모가)의 유행 등 당시 풍속이나 사건과 밀접한 관계가 있었다. 또한 미술사에서 서양미술의 조류 중 하나인 초현실주의의 수용, 몽타쥬 기법의 도입이 지적되었다. 나아가 그림의 소재로 과학잡지나 화보 잡지에 게재된 여러 사진을 인용했다.

---

7) Zeppelin. 독일의 페르디난도 폰 체펠린F. von Zeppelin백작이 발명한 경식 비행선. 체펠린의 일본 방문은, 1929년 8월 독일의 LZ127호인 그라프 체펠린이 최초로 세계일주를 시작해서 1929년 8월 19일 이바라키현의 츠치우라土浦에 기항한 것을 말한다.

〈그림 4〉 코가 하루에의 〈창밖의 화장〉, 1930년, 카나가와현립근대미술관

　수영복 차림의 모가만이 아니다. 서양회화의 새로운 경향을 과시했던 전위회화에는 여러 장소를 배경으로 주저 없이 육체를 드러낸 젊은 여성의 신체가 넘쳐났다. 나카하라 미노루中原實의 〈비너스의 탄생〉(1924)은 상이군인, 프록코트의 신사, 재산가, 아름답게 치장한 여자 등, 도시에 꿈틀거리는 다양한 남녀를 그리고 있다. 일반적으로 이 작품은 베를린에 유학했던 나카하라 미노루가 조지 그로스George Grosz의 영향을 받아

서 그린 것이라고 설명된다. 그러나 여기서 주목하고 싶은 것은 그림의 소재인, 화면의 중앙에서 하반신을 붉게 칠한 얼굴이 없는 여자의 풍만한 나신裸身이다.

코가 하루에古賀春江의 〈창밖의 화장化粧〉(1930, 그림 4)에서는, 하얀 하이힐을 신은 여성이 고층 빌딩의 옥상에 서서 양 손을 쫙 펴 머리 위로 치켜 올리는 약동적인 모습을 그리고 있다. 미니스커트가 바람에 들려 올라가, 하얀 속옷이 뚜렷하게 드러난다.

근대적 공간에 출현한 모가는 종래의 규범이나 관습의 껍질을 타파하는 '전위'에 걸맞는 이미지였다. 특히 나카하라 미노루나 코가 하루에의 작품에서처럼 금기를 범하는 여성의 성적인 신체를 노골적으로 드러낸 것, 혹은 노골적으로 드러난 여성의 신체를 보는 것은 사회변혁이나 근대화가 부여한 '남성다움'의 행위였다. 반복적으로 여성의 신체를 보는/소유하는 행위는 남성성의 구축에 기여했다.

회화나 사진에서 표현된 모가는 얼핏 도시나 휴양지에 출현한 여성의 있는 그대로의 모습을 반영한 것처럼 보인다. 또 현실과 표상의 관계에서 시각이미지가 풍속이나 유행을 직접적으로 반영한다는 견해가 뿌리깊게 존재한다. 하지만 현실에서, 남성에게 양장洋裝이 먼저 보급되었고, 모가와 나란히 모보(모던보이)의 존재도 알려져 있었다. '모보·모가'가 한 쌍으로 그려지고, 말해지는 경우도 있었다. 그러나 표상공간에서 모가는 모보보다 훨씬 자주 등장했고, 이미지나 언설의 다양성의 측면에서도 모가의 표상은 모보를 능가했다.26 상업미술이나 광고 혹은 소설이나 평론 등의 언설에서도 모가의 이미지가 압도적으로 강하다. 게다가 모가가 긍정적으로만 그려진 것도 아니었다. 부정적으로 혹은 야유의 대상으로 그려지고, 말해지는 경우가 많았고, 그것들은 보수적인 당시 사회의 젠더관을 뒷받침한다.

전위화가의 작품을 떠나서 광범위한 관전官展계나 새롭게 결성된 미술단체 소속 화가들의 작품을 보자면, 메이지기에 쿠로다 세이키黒田清輝 등

<그림 5> 하야미 교슈의 <꽃 옆에서>, 1932년, 카부키좌歌舞伎座

에 의해서 이식된 서양근대회화의 여성상의 아이코노그라피8)가 계속 그려졌다.27 독서하는 여자, 가족을 위해 재봉이나 수예를 하는 여자, 창가나 정원에서 느긋하게 있는 여자 등이 대표적이다.

이들 도상에서는, 여성을 수예, 꽃이나 작은 동물과 결부시키는 것이 자연스러운 것으로 반복적으로 묘사되어, 여성성의 본질화, 고정화에 기여했다.28 선구적인 젠더 미술사가의 한 사람인 그리젤다 폴록Griselda Pollock 이 논한 것처럼29 서양근대회화의 거장들이 그린 시민계급의 여성상은 숙녀들에게 걸맞는 규범적인 '여성성'의 영역을 제시하고, 또 동시에 그녀들을 보호하고, 소유하는 시민계급 남성의 특권성을 가시화하고 있다. 한편으로 그들은 시민계급의 아내나 딸의 이미지가 체현하는 규범적인 '여성성'의 영역으로부터 배제, 차별화된 여성상도 다수 제작했는데, 예를 들면 도시의 환락가를 드나드는 성적으로 문란한 여성(음탕한 여성)이나 노동하는 여성들이다. 폴록에 따르면, 서양 근대회화는 근대 공간을 지배하는 시민계급의 남성에게 부여된 특권, 즉 이분화된 여성

---

8) iconography. 유명한 문화적 상징이나 다중성의 상징들을 사용하는 예술적 재현.

세계를 자유롭게 드나들고, 양쪽 여성들과 교섭하는 특권을 보장받은 시각 주체로서의 남성성을 구축하는 기능을 담당했다.

일본의 근대 서양화도 역시, 여성성의 영역을 시각적으로 제시하고, 성적인 의미에 따른 여성의 이분화, 차별화에 계속적으로 깊이 관여했다. 다만 도시의 공적 공간, 환락가를 활보하는 모가의 이미지는 여성의 사회적 소속을 애매하게 하였다. 모가에 대해서는 다음 절에서 상세하게 다루겠지만, 그 이미지는 주로 새로운 교육을 받은 시민계급의 여성들(여학생·여대생, 작가·음악가·화가 같은 예술가, 운동선수, 기자 등 지적 직업을 가진 여성)과 나란히 카페의 여급이나 백화점 여점원 등 노동자계급의 여성들, 그리고 여배우의 모습으로 활발하게 표상되었다. 그녀들은 이전의 범주에 포함되지 않는 존재로서 부각되었다. 그러나 모가를 상찬하는 것과는 달리 그녀들의 애매한 사회적 소속과, 표상공간에 드러난 신체는 비판의 대상이 되고, 항상 성적으로 문란하다는 것과 결부되었다.

그런 점에서 일본 화가들이 그린 근대적 여성상은 규범적인 '여성성'의 영역을 지키는 것이 대부분이고, 미술과 여성들의 보호자를 자처한 남성 시민계급의 기호나 기대에 부응했다. 예를 들어 하야미 교슈速水御舟의 〈꽃 옆에서〉(1932, 그림 5)는 서양식 가구와 세간이 놓인 단순하고 깨끗한 실내에서 도회적 매력을 발산하는 세련된 여성이 뜨개질하는 모습을 그렸다. 옆으로 앉은 그녀의 머리는 당시 유행하던 서양스타일로 틀어올려져 있다. 또 키모노와 허리띠의 무늬, 천을 씌운 서양의자, 둥글고 작은 탁자를 덮은 테이블보 등, 모든 천은 대담한 줄무늬로 통일되어 있고, 탁자 위의 화병에는 서양꽃인 거베라가 자연스럽게 꽂혀있다. 공간감을 살리기 위해 격자무늬를 비스듬하게 배치한 카펫 위에는 새하얀 서양개가 발밑에 엎드려 누워서 정면을 바라보고 있다. 모던한 차림새를 한, 여성의 여유있는 생활을 그린 이 작품은 근대화의 주체를 자처하는 제국의 시민계급 남성의 시선에 맞춰, 그들을 만족시키는 것이다. 덧붙여 일본화의 기법과 소재는 그림 속 여성의 소속을 확실히 하고 있다. 메이지 중기에 성립한 서양화와 일본화의 구분은 정치적인 기능을 띠고 있었다. 일본화는, '전통'을 유지하고 담아내는 그릇일 뿐만 아니라, 제국의 엘리트 남성이 '서양'을 배제하고 근대화의 주체로서의 위치와 시선을 '서양'으로부터 위협받지 않고 지켜내는 데 유효한 영역이었다.[30]

그 외 이 시대에는 여성 누드화도 계속해서 많이 그려졌다. 또한 일본 국내의 농촌·산촌·어촌, 나아가 식민지 지배나 침략 대상이 되었던 아시아의 여러 나라, 지역의 풍경이나 풍속을 그 고장의 고유한 차림새를 한 여성과 함께 그린 작품도 많이 나타났다. 근대사회에서 여성은 항상 타자로서 열등한 위치에 있었는데, 그중에서도 자연과 결부된 토착 여성들은 근대화/중심으로부터 더욱더 소외된 존재였다. 여기에서는 묘사된 여성상이 현실을 그대로 그려냈다고 하더라도, 화가의 개성이나 내면으로부터 자연스럽게 생겨난 표현의 결과가 아니라 사회의 젠더 편성과 깊이 관련되어 있다는 것, 남성의 욕망을 반복적으로 구축하는 정치적 장치로서 기능하고 있다는 것을 확인해두고자 한다. 여성을 그릴 때 화가들은 주제의 의미보다, 표현 기법의 새로움을 추구했다. 미술비평이나 미술사 연구도 마찬가지였다. 양 쪽은 손을 맞잡고 남성 중심적인 세계관에 기초한 젠더 편성을 뒷받침했다.

(2) 모던한 치마저고리

1920년대 식민지 조선의 미술계에서는 근대적 미술제도로서 등장했던 선전鮮展이 권위와 명예의 상징으로 부동의 지위를 구축했다. 당시 신문기사는 개최 광고에서부터 일본에서 초청된 심사위원 전원이 조선에 도착한 일, 입상작을 포함한 작품에 대한 심사평, 심사기간 중 전시회장의 분위기 등을 상세하게 전하고 있다. 선전鮮展은 미술가를 위한 하나의 공모전일 뿐만 아니라, 창설 목적에서도 강조했던 것처럼 식민지에 일본의 문화와 예술의 향기를 전하는 총독부 문화정책의 주요 연례 이벤트 행사였다. 또한 이 시기에 주로 서양화가들을 중심으로 한 미술단체들이 생겼다. 녹향회綠鄕會(1928), 향토회鄕土會(1930), 오월회五月會(1931), 청구회靑丘會, 평양양화협회平壤洋畵協會(1934) 등이다. 그중에서도 도쿄미술학교 출신자들이 1930년에 결성한 동미회東美會를 비롯하여, 유학파들은 제국일본을 통해서 이식된 미술양식이나 개념의 전개에 중심적 역할을 했다. 또한 큐비즘, 러시아구성주의, 표현주의 등이 전파되면서, 주로 책의 표지나 삽화에서 그러한 양식상의 영향을 찾아볼 수 있다.

한편 식민지는 경성을 중심으로 도시화와 근대화의 양상이 나날이 증가했다. (물론 1880년대 개항 때부터 외국의 상인, 외교관, 선교사들이 본격적으로 거주하면서 활동하기 시작했다.) 또한 공장, 공관公館, 교회 등 서양풍 건물이 세워진 주요도시의 일각은 근대적 외관을 드러냈다. 그리고 1910년 합병 전후 경성에는 전차가 등장하고, 전기가 들어오고, 늘어난 자동차가 새로 만들어진 경성의 도로를 달렸다. 산업혁명 이후 서구 도시나 메이지 유신 이후 일본의 도시와 마찬가지로 휘황한 빛과 속도로 가득 찬 공간이 출현하게 된 것이다. 일본을 거쳐 들어온 모더니즘의 유행은 제국의 일부가 된 식민지 도시공간에 필연적인 일이었다.

경성의 거리에는 1926년에 완성된 조선총독부 청사와 같은 서양식 건축이 늘어나기 시작했다. 조선왕조의 왕궁인 경복궁 정전 앞에 건축된 르네상스 양식의 5층 석조건축의 위용을 자랑하는 총독부는 식민지 통치의 총본산으로 군림했다. 같은 시기에 건축된 경성부청, 경성역, 조선은행 등도 이런 상황을 상징하는 건물이다. 나아가 미츠코시三越, 초지야丁字屋, 히라타平田 등의 일본계 백화점과 조선계 화신백화점, 호텔, 카페, 바 등이 경성의 거리에 근대적인 소비문화를 불러일으키는 상권商圈으로 등장했다. 1920년대 이후 경성의 중심가는 이들 건물의 간판과 네온이 밤낮을 가리지 않고 번화한 도시 경관을 구성하며 사람들의 일상을 변화시켰다. 1930년대에 쓰여진 「모더니즘」이라는 글은 당시 경성

〈그림 6〉 김은호 〈응사〉, 1923년

을 다음과 같이 묘사하고 있다. "모던, 모던의 세상이다. 미국이 그러하고 구라파 각 국이 그러하고, 상해가 그러하고, 가까운 일본이 그러하고, 그 그늘에 있는 조선도 그러하다. 모던! 모든 것이 모던이다. 모던걸, 모던보이 ······"[31] 현란한 부富의 유혹을 드러내면서 변모해가는 도시에 등장했던 것이 모던보이와 모던걸들이었다. 김진송이 지적한 것처럼 이 시기의 '모던'이라는 말은 이광수 같은 지식인이 주장했던 '개조'나 '문화'의 계몽주의적 패러다임의 틀이 확대된 것으로, 도시문화 속에서 일상화된 근대화의 여러 현상 그 자체를 의미하고 있다.[32]

선전鮮展을 중심으로 한 당시의 미술작품에는 앞서 말한 모던한 분위기, 혹은 동시대 일본 회화에서 보이는 모던한 여성을 묘사한 그림은 그다지 많지 않다. 여기서는 우선 그림 속에서 여성의 근대성이 어떻게 묘사되어있는지를, 양식

적인 면에서가 아니라 식민
지 지배하의 시대상황과 관
련해서 고찰하고자 한다.

김은호의 〈응사疑思〉(1923, 그
림 6)는 모던한 치마저고리를
입은 여성을 그린 그림이다.
그 여성은 모시로 만든 깨끼
저고리와 숄을 두르고 무릎
길이의 치마 차림으로, 손에
꽃을 든 채, 비스듬히 뒤돌아
보고 있다. 특히 전근대에는
없는 짧은 치마 때문에 노출
된 종아리와 신발은 남성의

〈그림 7〉 김주경 〈K부인상〉, 1929년, 제8회 선전도록

시선을 자극했다. 최혜실의 언급에서처럼 남성의 욕망이 담긴 시선은
신체를 거의 감추는 전통의상 대신 여성이 선택한 구두, 양산, 짧은 치
마에 매혹당했다.[33] 김은호는 한국 근대를 대표하는 한국화가 중 한 사
람으로 선전鮮展 최고의 명예인 무감사無鑑査[9] 출품 및 심사보조의 자격
이 있는 작가였다. 그의 특기는 색채를 정교하게 사용한 여성화였다

선전鮮展 입선작들의 여성상은 간혹 일상적인 양장 차림의 여성들도 있
었지만, 치마 저고리 차림이 압도적으로 많았다. 중요한 것은, 그려진 여
성상이 '여성으로서 실재한다(했다)'는 것이 아니라 '사회에서 구축된 시
선을 반영하는 이미지'라는 젠더 미술사의 공통 관점이다. 요컨대 그녀들
은 옷차림·건축·세간살이가 동양풍이든 서양풍이든 관계없이 식민지
치하라는 사회상황에서 볼 수 있는 대상으로써 그려지고 있었다는 사실
이다.[34]

---

9) 미술전람회에 감사 없이 출품할 수 있는 자격.

〈그림 8〉 임응구 〈준자의 상〉, 1935, 제14회 선전도록

김주경의 〈K부인상〉(1929, 그림 7)에는 당시 유행하는 원피스 차림의 여성이 등장한다. 약간 넓은 느낌의 반소매, 스커트 옆에 층층이 달린 프릴, 테이블보의 레이스자락이 조화를 이루고 있다. 테이블 위의 화병에 꽂힌 하얀 백합꽃은 모델을 향하고 있다. 가볍게 팔꿈치를 구부려서 테이블에 걸친 왼손에 든 검은 깃털 부채는 앞으로 내민 오른발의 흰 하이힐에 연결된다. 미술비평가이기도 한 그의 제8회 선전鮮展 입선작인 이 그림은 "문화생활을 동경하는 사람이 품은 주제와 형태의 모던한 화풍이 보는 사람의 눈을 호기심으로 유혹한다…… 온돌에 익숙해진 사람이 서양인의 호사스러운 생활을 그저 망연히 바라보고 부러워하는 심경이 된다"는 평을 받았다.[35] 선전鮮展에서는 이후에도, 이종태의 〈스토브의 옆〉(1933)의 책 읽는 양장 차림의 여성처럼 서양풍 실내에서 여성성의 규범을 일탈하지 않는 정도로 근대화된 여성상이 많이 출품되었다. 다만 다음 절에서 보듯이 담론상에서는 교육을 받은 근대적 여성이 도시공간으로 출현한 것에 대해 논란이 무성했다.

한편 그림에서 모던한 치마저고리나 양장과 함께 신여성의 상징물로 등장했던 것은 단발이었다. 임응구의 〈준자의 상俊子の像〉(1935, 그림 8)은 제14회 선전鮮展의 서양화부 최우수작품상에 해당하는 조선총독상 수상작이다. 이 그림은 책과 여성이라는 근대회화의 전형적인 도상을 사용해서, 앞머리를 자른 단발에 코트 차림의 모델인 준자俊子가 팔걸이에

걸친 손 끝에 책을 쥐고, 의자에 비스듬하게 앉은 자세로, 시선은 약간 위로 하여 화면 밖을 향하고 있다. 그 준자는 확실히 1920~30년대에 등장했던, 학교교육을 받아서 알파벳을 약간 읽는 정도의 지식을 갖춘 신여성이다. 주목할 것은 그 전람회에서 동양화부의 최우수상이었던 창덕궁 하사상을 받은 정찬영의 〈소녀〉와의 대비이

〈그림 9〉 하라 타케오〈관기 조영〉1935년, 제14회 선전도록

다. 후지시마 타케지藤島武二, 코스기 호안小杉放庵 등이 심사위원을 맡았던 그 해의 선전鮮展에서 높은 평가를 받은 이 그림은, 치마저고리를 입은 소녀가 꽃이 핀 들판에서 바구니를 옆에 두고 앉아 있는 모습을 그렸다. 〈소녀〉 선전鮮展의 전 기간 동안 많이 등장했던 '들판에서 나물 캐는 봄처녀'라는 주제의 작품 중 하나이다. 기법의 뛰어남을 칭찬받았던 〈준자의 상俊子の像〉의 신여성과 "조선의 정조와 분위기와 봄을 느끼게 해주는 한 폭"(『조선일보』 1935.5.20.)이라고 절찬받은 〈소녀〉의 시골처녀는 서로 대비된다. '준자'가 식민지 통치하에서 허용된 근대화를 상징한다면, 시골처녀는 조심스럽고 얌전한 '전통'을 상징하는 것이다. 식민지 체제가 이용하는 근대성과 전통의 표상은 예술이라는 이름으로 하나로 묶이는 것이 가능했다. 그러므로 예술은 그 정치성을 교묘하게 은폐하는 것이 가능한 장치였다.

　식민지의 여성상으로서 즐겨 묘사되었던 또 하나의 이미지는 화장하는 여성, 악기를 연주하고 노래부르는 여성, 춤추는 여성 등의 모습으로

표상되었던 기생이다. 하라 타케오原竹男의 제14회 선전鮮展 입선작 〈관기 조영官妓 照永〉(1935, 그림 9)과 타나카 후미코田中文子의 제16회 조선총독부상 수상작 〈장고長鼓〉(1937)는 잘 차려입은 관청 소속의 기생과 전통악기 연주에 맞추어 노래를 배우는 기생의 모습을 그리고 있다. "일본 본토에서는 얻을 수 없는 성적 체험을 유발하는 장소"[36]로서의 식민지에서는 기생이나 유녀遊女의 신체가 문화정책을 추진하는 총독부 주최의 선전鮮展 전시회장을 장식했다.

기생의 이미지는 또한 선전鮮展 심사위원을 맡았던 일본의 유력한 화가들의 그림에서도 자주 등장했다. 제12회 선전(1933년)에 심사를 맡았던 하야미 교슈速水御丹의 〈갈보蝎踊〉(제20회원전 출품작), 같은 시기에 식민지를 방문했던 츠치다 바쿠센土田麥遷의 〈평상平牀〉(제14회 제전帝展출품작)이 그 대표작이다. 1938년 개관한 이왕가李王家 미술관은 개관 다음해에 일본 근대미술의 수집과 전시를 위해서 명작전을 개최했다. 츠치다 바쿠센土田麥遷은 이 명작전 출품을 위해서 〈기생의 집〉을 그렸다. 하야미 교슈速水御丹의 〈갈보蝎踊〉는 연작 〈청구부인초青丘夫人抄—동기童妓·갈보·직녀·다듬이질·절구찧기〉 중의 한 작품이었다. 〈직녀〉는 베를 짜는 치마저고리의 여성을 그린 작품으로, 베틀에 앉은 여성은 일사분란하게 손발을 움직이면서 베를 짜고 있다. 화장을 하고, 옷을 잘 차려입고 남자를 기다리는 기생과 가사노동에 힘쓰는 여성은, 여성성의 두 가지 영역을 드러낸다. 두 여성은 제국의 남성을 진정한 남성성의 위치에 두는 식민지 지배 체제 속에서 그들의 욕망·시선에 응하는 여성표상으로서 기능했던 것이다. 1장에서도 서술했던 것처럼 중심을 지향하는 식민지 엘리트 남성의 시선은 제국의 남성과 동일한 대상을 바라보고 있었다. 조선사회의 젠더 편성, 남성 중심의 세계관은 그 시선을 방해하는 것이 아니었다. 여성성의 양 측면은 신여성을 둘러싼 언설을 통해서 한층 더 확대되었다.

선전鮮展에서 그려진 여성상은 꽃이나 풀과 여성, 책과 여성, 물(강이나 바다)과 여성, 세탁·재봉·직조 등의 가사노동과 여성 등 그 모습은 실로 여러 가지였다. 그러나 도시화가 진행된 경성의 거리에 아무리 신여성이 왕래하고 있더라도, 선전鮮展의 여성상 중에는 거리를 활보하는 모던걸과 누드의 여성은 거의 없었다.[37] 그 자체가 식민지 근대화의 공간에서 두 개의 표상, 모가와 누드의 존재가 희박하다거나 의의가 적다는 것을 의미하는 것은 아니다. 오히려 모던걸은 언설공간에 넘치고, 그 모습은 언제나 호기심과 비판적인 시선으로 주목받았다. 또한 누드라는 여성상은 치마저고리를 몸에 두른 기생의 이미지로 대체되었고, 근대 표상공간에서 남성적 시선의 대상으로 그려지고 이야기되어 왔던 것이다.

4. 여성잡지에 나타난 모가 / 신여성

1) '모가'를 둘러싼 일본의 언설

도시의 근대화를 체현한 여성의 신체, 여성상은 시각적인 이미지와 함께 발달하는 신문·잡지 미디어의 언설을 통해서 널리 유포되었다. 주목할 만한 것은 1920년대에 한 세기를 풍미했던 모던걸이 묘사되고 이야기되는 방식이다. 그녀들은 경쾌하고 씩씩한 신시대의 도래를 상징하는 존재로서 가시화되었고, 찬양되었다. 다른 한편으로 사치, 나태, 성적으로 방종하다는 비판이 늘 따라다녀서, 부정적으로 묘사되고 말해졌다. 그 이유로 여성을 그리거나 여성풍속이나 문화에 대해서 언급하는 사람들이 대부분 남성이라는 것을 들 수 있다. 여성 작가나 평론가의 활약이 눈에 띄는 시대이기도 했지만, 실제 성별과는 별도로, 남성중심의 세계관, 근대화의 주체를 자처하는 자의식이나 가치관을 공유하는 '남성성'의 지점에서 여성은 시선의 대상이 되고, 묘사되고 말해지게 된다.

최초로 "'일본모더니즘'의 풍조를 강하게 반영한 이 시대를 대표하는 잡지"[38]로 여겨지는 『여성』에 게재된 키타자와 히데카즈北澤秀一의 평론 「모던걸」(1923년 8월호)을 소개하고자 한다.

키타자와 히데카즈는 새로운 시대의 젊은이가 요구하는 여성은 '남자와 마찬가지로 인간이라는 사실을 자각하고, 정신적으로 자립한 여성'이라고 쓰면서, 새롭게 등장한 모던걸은 이전의 '신여성'과는 다르다고 역설한다. 키타자와 히데카즈가 모던걸과 다르다고 부정하는 '신여성이나 자각한 여성'이란, 메이지에서 다이쇼로 바뀌는 시기에 히라츠카 라이초平塚らいてう로 대표되는 『세이토靑鞜』의 여성들이다. 키타자와 히데카즈는 그녀들을 "지식계급의 일부이자, 특권계급으로 '민중적'이지 않다. 특권계급의 과시에 지나지 않는다"고 일축한다. 그리고 여성의 진보를 촉구했던 구미의 여성해방운동이나 여권신장론자도 부정하고 "다수의 인텔리겐챠를 위해서, 여권신장이라든가 남녀평등 등을 운운하는 언표는 이미 어지간히 촌스러운 것이 되었다"고 쓰고 있다. 이에 대해서 1920년대 신여성의 특징은 "자각하지 않으면 의식도 없다. 그녀들은 단지 인간으로서, 욕망하는 대로 행동할 뿐"이라고 논하고, "모던걸의 출현은 20세기의 경이"라고까지 말한다.

키타자와 히데카즈의 평론의 핵심은 두 가지로 요약할 수 있다. 우선 모던걸의 언행을 '자연'의 욕구에 따른 것으로 보고, 그 새로움을 여성의 본성이나 본질과 결부시킨 점, 다음으로 여성의 지식이나 주의주장을 부정하고, '민중적'인 존재라고 한 점이다. 키타자와 히데카즈의 논리에 따르면, '민중'과 '모가'는 겹쳐지고 양 쪽은 모두 지식이나 주의주장, 운동으로부터 분리된 것이다. 그는 여성의 경제적 자립에는 적극적으로 찬성해서 "정신적 독립의 기초는 경제적 독립이다"라고 역설했지만, 그 한편으로 권리를 요구하는 여성운동은 부정했다.

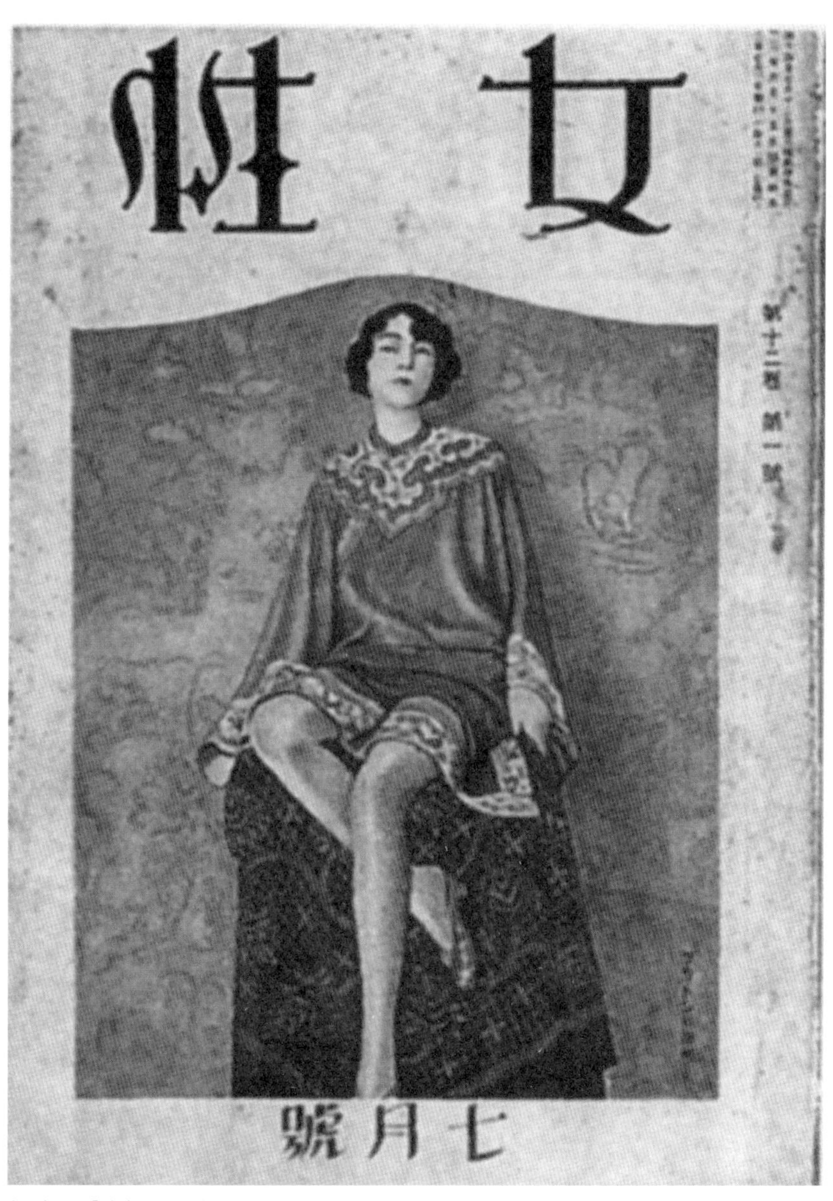

〈그림 10〉『여성』 1927년 7월호

제6장 식민지 '조선'과 제국 '일본'의 여성표상

이 기사를 게재했던 『여성』은 1922년 5월에 오사카의 플라톤사에서 창간한 월간지로 1928년 5월까지 발간되었다. 플라톤사는 구라부 백분, 치마분齒磨粉을 취급하는 구라부 화장품 본점(나카야마 다이요도中山太陽堂) 과 만년필이나 잉크 등을 제조하는 문구 메카인 플라톤문구와 경영 모체가 같았다. 이들 상품은 시민계급의 남녀가 근대화 / 서양화를 연출하는 소도구였다. 소비자는 여성의 구독자였던 중산계급의 도시거주민이 중심이었다.[39] 『여성』은 연애·결혼·성과 관련된 여성의 생활방식, 교육, 취업과 같은 사회문제에 대한 평론을 게재하는 여성지였다. 또한 타니자키 준이치로谷崎潤一郎, 나가이 카후永井荷風, 카타하라 하쿠슈北原白秋의 소설이나 시 외에 편집고문 오사나이 카오루小山內薰의 영향 하에서 연극·미술·음악 혹은 스포츠, 새로운 미디어로서 라디오까지 언급하고, 신문비평을 게재하는 등 문예지, 종합지로서의 성격을 강하게 가지고 있었다.[40]

물론 『여성』은 발간부수, 사회적 영향력이란 점에서는 동시대의 『부인공론』이나 『부녀세계婦女界』, 『주부의 벗主婦の友』에는 미치지 못했다. 그럼에도 불구하고, 여기에서 『여성』을 언급하는 이유는 첫 번째로 이 잡지가 보인 미술에 대한 깊은 관심때문이다. 초기에는 전속 일러스트레이터 겸 디자이너로 야마 로쿠로山六郎, 이후에는 야마나 아야오山名文夫를 전속으로 두고, 표지(그림 10)와 매 페이지에 여성 이미지의 일러스트(그림 11)를 주로 실었다. 타케히사 유메지竹久夢二나 미즈시마 니오우水島爾保布, 무라야마 토모요시村山知義와 같이, 당시 종래 미술의 틀을 넘어서 상업미술, 복제미술의 분야에서 활약했던 사람들의 작업들도 많이 실었다. 발행처인 화장품회사의 홍보지라는 성격도 있어서, 게재되는 복식, 카메라, 기호식품, 잡지 『아카이토리赤い鳥』 등 근대적인 도시생활과 어울리는 상품의 광고디자인도 세련되게 게재했다. 이와 같이 『여성』을 구독자를 소비생활로 유혹하는 자본주의적 성격이 강한 잡지라는 점에 주목하고자 한다. 그리고 무엇보다도 『여성』은 동시대의 신문이나 잡지

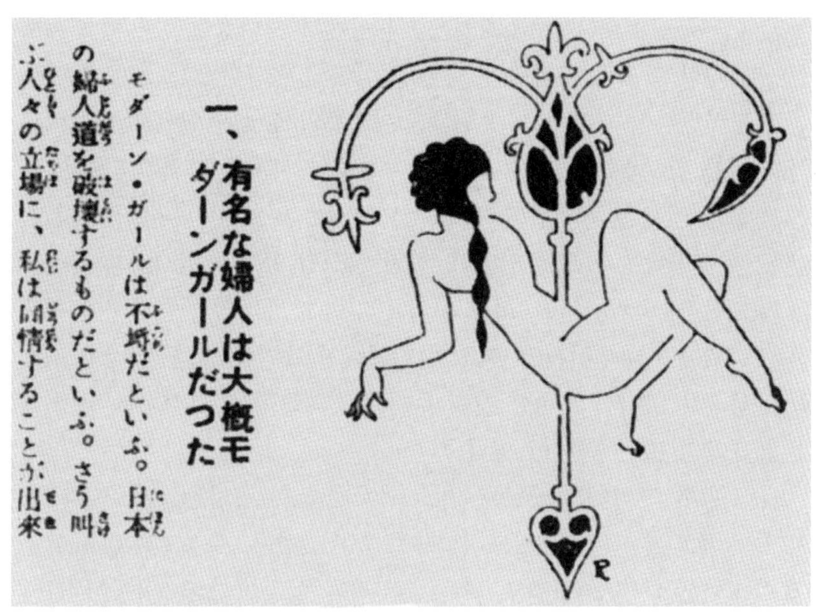

〈그림 11〉『여성』1927년 12월호, 〈모던·걸의 해부〉일러스트

의 언설, 시각표상을 통해서 가시화된 풍속 중에서도 가장 주목받은 '모던걸'에 대한 평론을 일러스트와 함께 가장 오랫동안 반복적으로 게재해서 여론을 환기시켰던 잡지였다. 모가의 한 전형인 나오미가 등장하는 타니자키 준이치로의 『치인痴人의 사랑』(1925)이 신문연재에서 옮겨와 게재된 것도 이 잡지였다. 특히 모가가 가장 여론을 떠들썩하게 했던 1927년(소화 2년)에는 「부인시평 : 무엇이 모던인가」(6월호) 「모던걸과 직업부인」(8월호), 「모던걸의 해부」(12월호) 등의 기사를 게재했다.

결국, 『여성』은 얼핏 보면 여성만을 구독자로 설정해놓은 듯하지만, 거기서의 언설이나 이미지는 오히려 여성을 향한 남성의 시선을 핵심으로 구성되었다. 그 때문에 『여성』에 등장하는 모가의 이미지는 분열되어 있다. 부유한 명가의 부인이나 따님의 호사스럽고 근대적인 생활이 화보로 소개되고, 매력적인 일러스트 광고를 통해서 독자의 소비행동을 촉진시켰다. 반면 평론이나 소설, 만화 등에서는 여성의 향락적 소비생활이 저속한 것으로 표상되어, 때때로 심하게 비난받았다. 근대화가 진행된 도시공간에 넘쳐나는 매혹적인 서양풍의 상품과 함께 소비주체로서 거리를 활보하는 여성은 확대된 자본주의 사회에서 불가피했다. 또한 상품과 여성은 근대화의 진전을 드러내는 바로미터로서 남성의 시선 앞에 내밀어질 필요가 있었다. 반면 여성의 욕망은 엄격하게 관리되지 않으면 안 되었다. 근대화에 박차를 가하고 제국의 자본주의를 확대하는 정도라면 다행이지만, 여성의 비대해진 욕망이 남성 / 제국의 경제력과 통제를 넘어서 폭주할 것이 두려웠기 때문이다. 그것은 서양에 대한 두려움과 깊은 관련이 있다.

예를 들어 「모던걸과 보통선거」(1928년 3월호)의 필자는 "'모던걸', '모가'라는 소리를 듣기만 해도 불쾌"하다고 말한다. 양장·단발과 같은 "구미의 하녀나 노파까지도 하는 옷차림을 일본의 젊은 여성이 하면, 곧 그것을 '모가'라고 하면서, 뭔가 새롭고 특수한 여성의 한 계급이 탄생하는 듯한 대소동을 일으키는 것이 바보스럽다. 외국의 유행을 흉내내는 것일 뿐"이라고 노여움을 분명하게 드러낸다. 그는 보통선거운동이 지지부진한 상황을 한탄하며, "일본에는 모던걸이 없다는 것을 통절하게 느꼈다"고 말한다. 「무엇이 모던인가」의 필자에 따르면, '여권확장안'은 영국에서도 지지부진한데, 남성 각료뿐만 아니라 모던걸조차 이에 반대했다고 소개한다. 모던걸의 정치적 무관심을 한탄하는 것처럼 보이지만, 실지로 모던걸은 "투표권이 혼수품은 아니잖아!"라고 말하는, 그것이 바로 "실상實像"이라고 설명한다. 그중에는 「모던걸의 해부」의 필자처럼 일본의 모던걸이 서양의 유행을 받아들였다면, 도덕이나 습관도 받아들여야 하고, 서양의 모던걸을 모방해 자각적으로 남성 전제의 사회에 저항해야 한다고 주장하는 사람도 있었다. 그러나 대부분의 기사는 신문보도를 인용하면서 모던걸의 '실태'를 소개하는 것이었다. 일본의 모가들은 "불량소년과 밀회하거나 남자에게 수작을 걸거나 서양인과 추한 관계를 맺는 여자, 카페의 품행 나쁜 웨이트리스, 서양물이 들어 짙은 화장을 한 바람둥이 처녀", "정조 불량한 분자"라고 썼다.

모던걸이라는 언표를 사용하지 않고도 새로운 여성의 행동, 여성풍속을 재미있고 신기하게 소개하는 기사에서도 그녀들에 대한 야유나 조소가 배어나오고 있다. 「여학교탐방기」(1927년 5월호, 6월호)는 와타 쿠니보和田クニ坊라는

〈그림 12〉『여성』1927년 5월호 「여학교 탐방기」 일러스트

필자가 쓴 고등여학교, 여자대학, 고등사범, 여자의전醫專 등의 탐방기사로 일러스트를 곁들였다. 이 가운데에서도 특히 흥미로운 것은 여자미술학교 방문기로, 여학생이 남성모델의 나체를 그린 사실에 대한 혐오를 드러내고 있다. 일러스트는 여학생들의 "이상한 응시"(「모델학대」)를 견디기 힘들어, 울기 시작한 남성모델을 그린 것이다(그림 12). 또한 필자는 안내 교사에게 "그림을 그린다는 게 게이샤 같은 일이군요"라고 말한다. 둘 다 "색과 리듬을 가지고 애쓴다"는 것이 그 이유라고 하는데, 필자는 남성의 "중요한 부분"까지 보는/볼 수도 있는 행위가 여학생에게 부여된 성적 규범을 크게 일탈하는 것이라고 느꼈기 때문이다. 우에노 미술학교에서 남학생이 여성모델을 보는/그리는 일과는 그 의미가 다르다.

한편 여성들은 모가의 존재, 혹은 모가로 보이는 것에 대해 스스로 어떻게 생각하고 있었을까. 이 문제는 복잡해서, 여성 스스로의 언설이나 여성화가가 그린 표상과 함께 해독해야 할 필요가 있다. 여기에서는

당시 모가의 기호로서 인지된 단발에 관한 여성의 글을 소개한다.

『여성』(1928년 2월호)에는 단발을 했던 유명 여성의 회상을 모은 「단발 이야기」가 게재되어 있다. 그녀들은 주변 사람들에게 단발이 준 충격과 그로 인한 마찰을 솔직하게 회상하고 있다. 모치츠키 유리코望月百合子는 "어머니는 내 얼굴만 보면 '네가 미쳤구나!'라고 했습니다."고 회상한다. 하라 아사오原阿佐緒의 어머니도 "누구 허락을 받고 머리를 잘랐느냐. 내게는 의논도 없이 이런 일을 하고……호박같잖아"라며 화내고, "그녀의 머리를 노려보며 떨리는 목소리로" 말했다고 회상한다. 그 어머니는 일찍이 남편의 병이 낫기를 바라는 마음으로 삭발까지 했던 사람이었다. 하라 아사오도 또한 검은 머리를 여성 정조의 상징으로 귀중하게 여기는 가치관을 가지고 있었다. 그럼에도 불구하고 단발한 것은 무엇때문이었을까. "머리를 틀어 올리는 시간이 아까우니, 그 시간에 그림을 그리고, 노래를 짓고, '가볍고 경쾌해지고 싶다'고 바라는 지금의 자신에게 단발은 딱이었다"고 쓰고 있다. 나아가 요시야 노부코吉屋信子의 「단발을 미워하며」는 남자들이 단발을 비판하는 것을 "제3자인 남자들은 자신들의 머리를 상투로 묶어 올리지 않는 이상 침묵해야 할 존재가 아닌가"라고 비꼰다. 또한 "단발은 일본여성의 자유에 맡겨라"고 외국의 권위있는 인물이 말하면, 일본 남성도 입을 다물어 "단발한 여성이 구원받는다"고 쓴다면서, 서양물이 든 여성에 대한 남성의 혐오와 서양콤플렉스를 날카롭게 지적하고 있다.

이 에세이들만 읽어봐도 여성에게 있어 신체나 차림을 바꾸는 것에는 복잡한 의미가 있다는 사실을 알 수 있다. 여성들은 그런 생각을 쓰고 그렸다. 이에 비해 남성은 항상 관찰자 혹은 해부자로서 여성을 바라보는 위치에 있었다. 남성화가나 디자이너는 그러한 남성의 시선을 대표해서 모가를 그렸다. 다이쇼기를 대표하는 서양화가 키시다 류세이岸田劉生는 『도쿄니치니치신문』에 게재된 에세이 「신코자이쿠新古細句 긴자거리」[41]의 「모단양毛斷孃」(모던과 단발의 중의적 표현) 중에서 "긴자로 한

걸음만 들어가면 실로 모던이다. 뭐든지 좋은 글감이라고 감탄하며 입을 떡 벌린 내 앞을, 제비같이 단발한 미녀가 스치듯 지나간다"라고 쓰고 있다. 키시다 류세이의 문장과 삽화가 단적으로 보여주듯이 모던한 미녀는, 거리를 산보하면서 거리낌없는 시선을 어디에나 던지는 남성의 자유·근대성·혁신성을 확인시켜주는 재료였다.

2) '신여성'을 둘러싼 한국의 언설

도시화가 진행된 경성의 거리에 나타난 신여성 혹은 모던걸은 누구를 가리키고, 어떻게 묘사되었을까. 이에 대답하기 위해 여기서는 1923~34년까지 간행된 월간지 『신여성』에 주목하려 한다. 『신여성』을 다루는 이유는, 우선 잡지의 간행시기가 신문화운동이 활발했던 1920년대부터 1930년대 전반에 걸쳐 있기 때문이다. 문화정책에 따라 언론활동·출판·집회 등이 어느 정도 가능해진 이 시기에 총독부의 기관지 『매일신보』 이외에 『조선일보』나 『동아일보』 같은 신문이 창간되고, 여러 종합잡지와 문예지도 간행되었다. 권위있는 관전官展의 성격을 띤 선전鮮展이 문화행사로 매회 대성황 속에서 열렸던 것도 이 시기이다. 또 한 가지 이유는 『신여성』에는 여성 필자보다 지도적 위치에 있는 지식인 남성과 문화인사, 남성 기자들이 주로 신여성에 대해서 논했다는 사실 때문이다. 결국 『신여성』의 담론은 잡지 전반에 나타나는 신여성에 대한 비판적인 논조와 당대의 신여성관과 밀접하게 관련되어 있다.[42] 그림과 활자미디어는 복잡한 시선으로, 변모하는 가치관 속에서 이미지와 언설을 생산하고 반복함으로써 여성규범의 내면화에 공헌했다.

『신여성』보다 먼저 나온 여성잡지는 1920년 3월에 창간된 『신여자』다. 여기에는 일본 유학 출신의 문필가 일엽 김원주, 서양화가 나혜석, 의사 허영숙과 미국 유학 출신의 교사 김활란 등, 가장 초창기에 근대

〈그림 13〉『신여성』 1924년 여름특집호, 「신여자 백태百態」 일러스트

적인 신교육을 받았던 신여성들이 참가했다. 자유연애와 결혼, 여성의 권리와 지위 등에 대한 그녀들의 주장은 유학경험을 통해서 배운 1910~20년대의 세계 여성운동 특히 근대 일본의 여성론의 영향에 힘입은 것이다. 『신여성』의 내용은 그때까지 여성지가 가지고 있었던 계몽적인 성격 위에 문화적 색채를 더한 것으로, 일본과 구미의 근대적 여권론 등도 소개하고 있다.[43]

1920년대 식민지 조선에서 '신여자'라고 불렸던 '신여성'은 먼저 새로운 학교교육을 받은 여학생을 가리킨다. 그 사실을 보여주는 기사의 일부를 『신여성』에서 찾아보면 다음과 같다. "고등보통학교와 동등한 또는 그 이상의 학교를 졸업한 자 여러 동무들아, 당신들의 공통된 이름은 무엇이냐? 신여자이다"(「요 때의 조선 신여자」, 1923년 11월호) "근래의 우리말에 '신여자'는 학교공부를 한 여자들을 가리킵니다." (「당신들은 신여자 중의 신여자—요 때의 조선 신여자」, 1924년 3월호) " …… 조선에서는 여학생이 신여성이고 신여성이면 여학생이라고 보아도 크게 잘못된 일은 아니다"(「여학생 여러분에게 고하노라—특히 생활운동에 착안하라」) 등이다.

그 후 여학교 졸업생이 점차 늘어나면서, 신여성=여학생이라는 인식

은, 사회에 진출한 직업여성까지 신여성의 범위에 포함시키는 것으로 확대되었다.[44] 그 시대의 직업여성은 교육 받은 여성이라는 의미에서 여학생의 연장선상에 위치해있다. 한편 1930년대까지는 여학교 방문기나 여학생 통신, 각 여학교 졸업생 특집, 선배 여선생 인물평 등 여학생과 여학교에 관한 기사가 잡지의 중심내용이었다. 근대 이전의 전통적 유교사회에서 학문은 지배층의 특권이고, 필수조건의 하나였다. 한문과 유학 중심이었던 학문이 근대적인 교과목으로 대체되고, 그러한 학문을 익힐 기회가 주어진 시대에, 새로운 교육을 받은 모던한 외양의 여학생이 신여성(모던걸)의 대표적 이미지로 떠오른 것이다.

그러나 우선 신여성들은 화려한 모습만 좋아하는 게으름뱅이라고 비난받았다. 1924년 『신여성』 여름 특집호에는 「신여자 백태百態」(그림 13)라는 제목의 풍자만화가 실려 있다. 만화의 세 장면 중 오른쪽에는 거울 앞에서 머리를 손질하는 모던한 치마저고리 차림의 신여성, 가운데에는 겨우 눈을 뜨고 하품하는 여성, 왼쪽에는 옷감을 사러 온 여학생들이 그려져 있다. 각각에는 "앞머리 싹둑 자르고 뒷머리 다섯 번 고쳐 틀고, 거울로 앞뒤를 비추어보기까지, 놀라지 말라. 그 시간이 두 시간 삼십분!", "앞머리 자르고 짧은 치마 입는 여자일수록 일어나는 시간이 정오에 가까워진다. 마치 요리집 사람이나 기생과 똑같이!", "치마감 적삼감을 고를 때에 속 잘 들여다보이는 것 찾느라고 비추어 보기에 야단. 포목전 주인의 걱정하는 말 '개화가 다 되어 벌거벗고 다니게 되면 우리는 무얼 해먹나'"라는 설명이 붙어 있다. 다음 페이지는 자주 게재되던 여학교 방문시리즈로 이번에는 서울의 명문 「진명여학교 방문기」가 실렸는데, 여학생에 대해 비판과 야유를 비롯해서 깊은 관심을 드러내고 있다. 1926년 4월호의 「가두잡화」에서는 여학생이 가장 먼저 배우는 것은 사치라면서, 입학시험장에서는 검소했던 시골 소녀가 입학하자마자 이내 화려하게 변해버리는 것을 한탄한다.

『신여성』의 표지도 아주 흥미롭다. 1925년 6·7월 통합호의 표지(그림

〈그림 14〉『신여성』 1925년 6 · 7월 통합호 표지

14)에서는 공작, 꽃, 덩굴이 얽힌 수목 등을 배경으로, 퍼머한 단발에 양장 차림의 여성이 먼 곳을 멍하게 바라보며 서 있다. 블라우스의 리본은 여학생의 모던한 저고리에서 쉽게 볼 수 있던 짧은 끈과 비슷하다. 또 그녀는 끈 달린 하이힐을 신고, 가벼운 발걸음으로 거리를 누비는 모던한 여학생으로서의 신여성의 이미지를 보여주고 있다. 같은 호의 「젊은 여성의 고독한 심리」라는 평론은 현대의 모던한 생활이 젊은 여성을 복잡하고 향락적인 방향으로 이끌며, 그것을 바라면 바랄수록 그에 따라주지 못하는 현실이 여성들을 허전하게 한다고 설명하고 있다. 같은 호의 「서울 학교 공부」라는 일러스트는 늦잠을 잔 여학생이 스타킹을 신은 발을 쭉 뻗고, 화장품이 늘어져 있는 경대 앞에 앉아서 가위로 앞머리를 자르는 모습을 그리고 있다. 그 밑에 "시골 여학생이 서울 오면 학과보다 먼저 배우는 것 1. 치마 잘라 입기, 2. 앞머리 자르기, 3. 굽 높은 구두신고 걸음 배우기, 4. 편지쓰기"라는 설명이 씌어 있다. 이처럼 식민지 조선에서도 앞머리를 자르는 단발이 신여성을 상징했다는 사실을 알 수 있다.

근대 여성교육의 명문이었던 이화여자대학 초대 조선인 학장으로, 비교적 초기에 단발을 했던 신여성 중 한 사람인 김활란(그림 15)은 단발을 결심할 때까지 상당한 시간이 걸렸다고 회상하고 있다. 이 사실에서 알 수 있듯이 여성의 단발은 찬반 양론이 서로 팽팽했다. 잡지 동광 1932년 8월호는 단발을 봉건시대에 이별을 고하는 신시대의 상징으로 권장하면서도 "아직 단발은 '진한 루즈', '에로', '추파' 등과 함께 '카페'의 '웨트리스'나 싸구려 가극의 '땐스 걸'의 세계에 속하는 여러 상스러운 습관의 하나로 생각되고 있는 조선에서 ……"라고 쓰고 있다. 신여성 1925년 8월호는 「여자의 단발!」이라는 특집

〈그림 15〉 김활란, 〈여성사 Ⅱ〉, 1999년, 이화여자대학박물관

기사를 편성해서, 「일천만 여성의 심기일전을 촉구함」, 「단발문제의 시비!?」를 시작으로 각 여학교 관계자와 사회 명사들의 의견, 「나의 단발 후 감상」 등을 게재하고 있다. 전체적으로 단발을 개인의 취미로 간주해 어울리면 괜찮다는 견해가 많은 것은, 독자층인 신여성을 의식했기 때문이다. 이 호의 표지(그림 16)는 단발미인의 옆모습이다. 짧은 머리는 긴 눈꼬리를 향해서 살짝 구부러지고, 가슴에 댄 태극선의 전통적인 곡선과 호응하며 전체적으로 전통을 유지하면서 세련된 디자인으로 완성되어 있다.

　『신여성』에 게재된 남성필자의 기사는 기자를 포함해 익명이나 가명인 것과 저명한 문화인의 것으로 나누어 볼 수 있다. 익명의 기사에서 특징적인 것은 남성의 목소리를 빌려서 신여성 앞으로 쓴 것이다. 1925년 2월호 「미혼未婚한 처녀에게 : 성, 연애, 결혼에 관하여 ─ 조카딸을 위해 숨김없이 쓰는 편지」는 글쓴이가 익명의 숙부이다. 올 봄 여자고등학교를 졸업하는 조카딸에게 세상의 나쁜 습관에 현혹되지 말고, 어머

〈그림 16〉『신여성』 1925년 8월호 표지

니와 동생을 확실히 지키도록 설득하는 것으로, 올바른 성생활부터 현모양처에 이르는 행복한 결혼을 권하는 내용 등이 장문의 편지형식으로 씌어있다. 1926년 4월호 「서울로 유학 간 딸에게－시골의 늙은 아버지를 대신하여」는 가난한 집안 살림에도 불구하고 서울의 여학교에 보낸 딸에게, 사치를 즐기는 신여성을 흉내내지 말고 면학에만 힘쓸 것을 호소하는 내용이다. 글쓴이는 필경 기자일 것이다.

지식인 남성의 기사는 여성독자를 계몽, 교육하려는 논조가 강하다. 이 기사들이 가장 강조하고 있는 것은 사치를 경계하는 것과 검약을 장려하는 것, 검소한 신여성의 필요성, 모성의 중요성 등이다. 배화여고보 교사로 국어학자였던 김윤경은 1924년 3월호에 졸업생에게 보내는 글에서 "현대 우리 '신여자' 중에는 여섯 장님이 코끼리를 만지는 격으로 입센의 「인형의 집」이나 엘렌케이의 자유이혼론만 보고 그의 모성보호론 같은 것은 망각하기 때문에 덮어놓고 조변석개하는 감정의 변화대로 자유이혼이 가한 줄 주장하는 이가 있으나 이는 자기 스스로 인격자멸을 기도하는 창기 음부가 되려하는 것일 뿐 아니라 사회로 하여금 원시 야만시대로 되돌리는 것에 불과하다"[10]라고 쓰고 있다. 이광수는 1925년 1월호의 「내가 여학교 당국자이면」 란에서 "여자 교육은 모성중심의 교육이라야 한다. …… 더구나 우리나라와 같이 특수한 경우에 있

---

10) 문맥상 필요한 듯하여 본문에서 생략된 내용을 김윤경의 원문 그대로 살렸다.

〈그림 17〉『신여성』 1932년 11월호, 「여인애가」 풍자만화

어서 민족적 개조가 긴급한 국민에게는 무엇보다도 좋은 어머니가 많이 필요하다"라고 쓰고 있다. 모성을 가진 주체로서 여성은 가사노동과 육아를 담당하는 사람이라는 것이다.

『신여성』에는 또한 일반여성의 목소리로 신여성을 이야기하는 기사도 게재되어 있다. 예를 들면 1925년 5월호의 「일찌기 첩이 되었던 몸으로」는 사치스러운 생활을 욕망한 결과 여학교 졸업 후에 부자의 첩이 된 여성을 수기 형식을 빌려서 비판하고 있다. 1926년 4월호에서 구식 가정부인, 고향의 여동생, 하숙이나 가게 여주인 등이 말하는 「여학생의 각인각관各人各觀」이나 1933년 2월호 「인테리 여성은 기생 여급을 어떻게 보나」, 1925년 11월호 「신여성의 5대 번민」에서처럼 실화나 수기 형식으로 여성이 자기 이야기를 하거나 서로에 대해서 이야기하고 있다. 그것은 사실감을 살리는 효과적인 방법이었다.

1932년 11월호의 「여인애가女人哀歌」는 지면을 둘로 나누어서, 상단에는 가정에 있는 신여성의 번민을 재미있고 우습게 표현한 만화를, 하단에는 「백화점 여인」, 「거리의 여인」, 「까페의 여인」, 「직장의 여인」에 관한 슬픈 이야기를 싣고 있다. 풍자만화에는 '집에 늦게 돌아온 모던보이인 남편을 첫째 날에는 완전하게 K.O. 둘째 날에는 그릇 수류탄으로 K.O, 셋째 날에는 남편이 죽을 각오로 스스로 관棺을 안고 귀가. 초저녁부터 시작된 아내의 울음소리는 끝나지 않고 계속되고 있었다'라는 설명이 덧붙여 있다(그림 17). 이 기사는 교육받은 여성이 가정에서는 번민하고, 사회에서는 성적으로 타락해가는 모습을 대조시켜 신여성의 부정적인 측면을 철저하게 강조하고 있다.

이상과 같은 언설이 넘쳐나는 가운데, 신여성은 자신을 어떻게 평가하고 사회에서 어떤 위치에 있다고 여겼을까. 이 문제에 대해서는 신여성이라고 불렸던 사람들이 처한 각각의 상황을 고찰하여 연구를 심화시킬 필요가 있다.[45] 여기에서는 『신여성』에 게재되었던, 두 신여성의 반론을 거론하고자 한다. 우선 1925년 11월호에서 허정숙이 쓴 「우리 여성의 번민을 논함―여성의 번민과 해결책」을 살펴 보자. 필자는 "가정에서는 구가정부인이나 신가정부인이나 모두 똑같이 남성이 우월권을 가지고 전횡하며 구속하며 압박하는 그 점, 즉 인격의 유린을 받는 점에서는 똑같은 고통을 받고 있습니다. …… 오직 근본문제 해결이라는 열쇠가 아니면 도무지 해결할 수 없습니다"라고 쓰고 있다. 또 시인 모윤숙은 1933년 1월호의 「현대 남성에 대한 항변」에서 "이론으로는 무산계급의 학설을 주장하고 행위로는 부르주아의 안락의자를 꿈꾸는" 비현실적 남성이 많고, "여류문사니 무어니하고 잡지에 소개해놓은 다음에 욕먹인다"고 말해 결국 자기 이익을 위해 여성을 이용하고 찬양하는 여성예찬론자가 많은 사실 등을 거론하면서 개화한 지식인 남성도 가사와 육아 이외의 여성의 재능은 진심으로 인정하지 않으려 한다고 비판했다.

　문화정책이 추진되었던 식민지 조선의 도시공간에서 신여성이라고 불리는 여성이 등장은 했지만, 그녀들에게 진정한 변화는 기대하지 않았다. 조한혜정이 지적했던 것처럼 가부장적 지배의 존속을 원했던 식민지 지배층의 사람들에게 여성이 집 밖으로 나간다는 것은 위협이었고, 자존심을 상하게 하는 행동이었다. 그것은 여성 화가 나혜석이 결혼 후에 감행했던 연애와 이혼에 대한 여론의 신랄한 비난을 봐도 알 수 있다.[46] 신여성과 동일시된 여학생들이 받았던 근대학교 교육의 목적은 그녀들이 다시 가정으로 되돌아가서 아내·며느리·어머니라는 역할을 잘 수행하는 것에 있었다. 결국 전통적 성역할은 근대적 교육의 장에서 여성교육의 중요성과 깊게 관련되어 있었던 것이다.[47]

　신여성＝모던걸은 근대의 도시공간을 수놓은 무늬[48]나, 거리에 아로새겨진 보석에 비유되었다. 그것은 그녀들이 남성의 눈을 즐겁게 하는, 남성의 시선에 대상으로서 즐거진디는 것을 뜻하는 깃이다. 도시 풍경의 특징처럼 보이는 신여성은 근대성과 동일한 의미를 가진 기호였다. 그녀들은 그것을 바라보고 기록하는 산책자인 남성의 시선에 포착되면서, 경멸적인 존재로 혹은 부정적인 태도로 묘사되었다.[49] 신여성은 파멸을 야기하는 서양물이 든 유혹자이기도 했다. 그 경우 시선의 주체인 남성은 곤혹스러워하며, 여성들에게 경성에서 남자를 홀리는 것을 그만두고 농촌으로 돌아갈 것을 권한다. "우리 조선여자는 서양여자, 일본여자, 지나여자의 현대식 허영을 따라가지 않고 실천적으로 내 손으로 내 발로 노동하여"[50] "조선적 신여성"[51]이 되라고 주장한다.

　신여성의 양가적 이미지 사이에서 떠도는 시선의 주체는, 신여성에게 다음과 같이 부탁한다. "이 세상 아내들이여. 그대는 카멜레온이 되라. 그렇다. 그 순간순간에 색이 변하는 카멜레온이 되라. 그대의 직업이 어렵다고 탄식하기 전에 먼저 그대는 그대의 비상한 예지로써 그대의 직업을 살려 가라. 그대는 우선 총명하고, 그리고 아름답고, 그리고 모양쟁이요, 그리고 살림 잘하고, 그리고 모던걸 이상의 모던걸이요, 그리고 카페의 백퍼센트 서비스를 무색하게 할 위트를 알고, 그리고 에로를 해석할 줄 알고. ……"[52] 많은 신여성이 받은 근대적 교육은, 남성의 타자로서[53] 그 시선에 쾌감을 주는 만큼만 모던을 익히고, 동시에 여성 자신이 돌아가야만 하는 전통을 알기 위한 것이었다.

5. 제국과 식민지의 정체성과 표상–결론을 대신해서

식민지의 엘리트 남성은 그들에게 부과된 식민지 근대화라는 과제를 자기 것으로 만들어야만 했다. 민족개조를 기초로 문화운동에 투신하는 일은 새로운 중심으로서 강한 구심력을 지닌 제국 일본에 의해 추진된 근대화를 수용하는 일이었다. 그러나 식민지 남성은 제국일본의 근대가 가짜(위조품)라는 생각을 떨쳐내지 못했다.

문학자 방인근은 『신여성』(1931년 5월호)에 「봄 밤을 붙잡고」라는 글을 기고한다. 이 글의 주제는 근대 도시공간에서 남성이 상투적으로 즐겼던 산보다. 그 일부를 인용해보자. "서울에 한강이 없었던들 오죽이나 적막하였을까. 한강이야말로 살아있다. 생기가 있다. 창경원 장충단은 좋지 못한 화장을 하여 싫지만 한강은 천진하게 자연 그대로의 순전한 우리의 것이다. 달빛에 물결은 하얗게 웃는다. 꽃보다 더 아름답다. 잠깐 피었다가 지는 꽃도 아니요 영원히 살아있는 꽃이다." 창경원, 장충단은 말할 것도 없이 총독부/지배자의 손에 의해서 경관이 크게 변한 곳이다. 그리고 벚꽃은 제국 일본을 상징하는 꽃으로서, 식민지 수부首府 경성에 심어졌다. 방인근은 지배자를 연상시키는 이미지를 짙은 화장을 한 여성에 비유한다. 이에 비해서 자신의 시선에 비친 한강은 시들지 않는 꽃에 비유한다.

총독부가 주최한 장대한 이벤트인 조선박람회(그림 18)에서도 식민지 엘리트가 쓴 개최관련 보고서를 보면, 유일하게 조선어로 쓰여진 박람회 노래에서 무궁화의 향기를 칭송하고 있다. 한편 일본어 노래 〈토도이츠都都逸〉11)에서는 "만발한 벚꽃은 제국의 꽃이요, 개최된 조선박람회의 꽃"이라고 일본의 상징인 벚꽃을 식민지에 강요하고 있

〈그림 18〉 1929년 조선박람회 포스터

다. 벚꽃은 식민지 지배하의 사람들에게 거부할 수 없는 꽃이었다.

자주 꽃으로 비유되는 여성 가운데 이 시기 특히 주목받은 것은 신여성과 기생이었다. 식민지 하의 신여성은 제국의 모던걸과 마찬가지로 그녀들을 바라보는 남성주체의 근대화를 보증하는 이미지였다. 한편으로 언설에서 종래의 규범을 일탈하는 행위를 엄격하게 비판했던 점도 똑같았다. 그러나 동시대에서 일본의 모가는 확대, 발전하는 자본주의 제국의 도시공간에서 기대되는 소비자였다. 또한 그 신체는 신세대 지식인 남성이 종래의 관습이나 규범을 깨트리고 실천하는 전위적 문화활동의 첨단상황을 가시화하는 기호였다. 프롤레타리아 미술이나 맑스주의와의 관계도 지나칠 수 없다. 그러나 식민지의 신여성에게서는 무엇보다도 전통과의 조화가 요구되었다. 그리고 식민지 엘리트 남성은

---

11) 가사가 7·7·7·5의 네 구로 된 속요. 에도시대 말에 유행한 남녀간의 애정을 노래한 것.

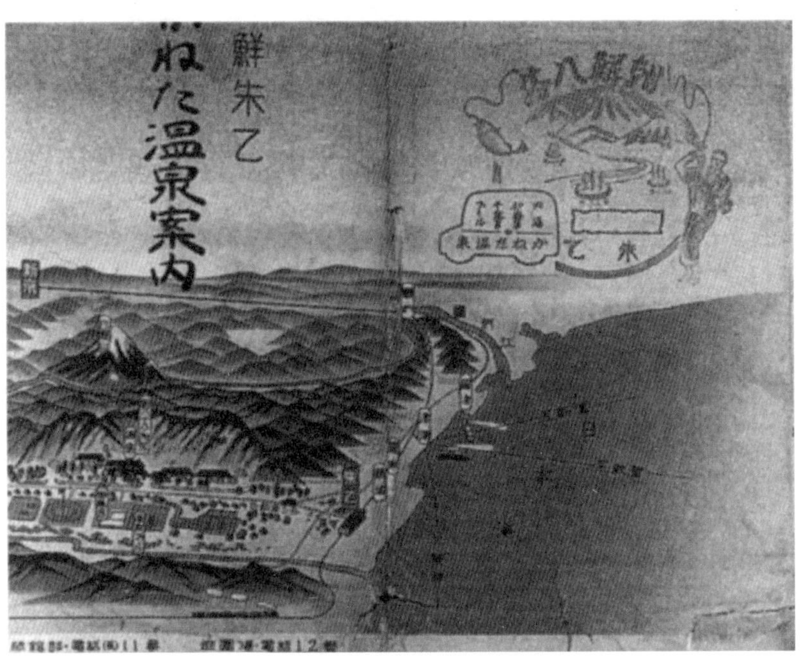

〈그림 19〉 관광지 그림엽서세트 표지. 1929년

신여성에게 근대 도시공간을 채색하는 역할을 기대하는 한편으로 여성에게 대지에 뿌리박은 모성을 강하게 원했다. 거기엔 민족의 힘을 기르기 위해서는 여성해방과 여성의 전통적 역할을 중시하는 교육이 가장 중요하다는 이론이 근간을 이루고 있었다.[54] 당시의 화단畵壇, 비평계에도 '향토색'·'조선색'을 내세웠던 회화에 대해 높은 기대로 호응하고 있다.[55]

얄궂게도 이러한 식민지 여성의 토착성은 제국 남성주체의 욕망에 응하는 것이기도 했다. 1920~30년대의 일본에서 식민지 조선은 때마침 제국주체의 욕망을 환기시키는데 충분한 타자였다. 조선박람회가 개최되었던 1929년의 식민지에서 발매되었던 관광지 그림엽서 꾸러미에 디자인되어 있는 그림 지도(그림 19)는, 반도가 이미 제국의 일부라는 사실을 시각적으로 보여주고 있다. 일본의 각 지역과 연결된 철도 노선은 붉은 선으로 표현되어 있고, 멀리 신징新京까지 곧장 뻗어나가 있다. 흥미로운 것은 여백에 찍힌 스탬프 디자인이다. 온천에 와서 유카타浴衣를 입은 남성이 드리운 낚시줄이 백두산을 넘어 조선팔경을 모두 움켜 잡고, 그 앞의 큰 고기에 닿아 있다. 이 그림은 식민지에서 제국남성의 욕망이 생각하는 그대로 충족된다는 사실을 시각적으로 말하고 있다.

이를 상세하게 논하지 못했지만, 아시아 각지로 향했던 욕망의 시선이 각각의 현지 여성을 묘사하는 그림에 반영되어 있다. 그리고 일본이 근대화/서양화의 주체, 즉 '제국'을 유지하기 위해서는 조선이나 중국을 비롯한 '동양'을 표상하고, 표상에 의한 '동양'을 조작하는 힘과 정통성을 주장할 필요가 있었다. 특히 지배하고픈 욕망을 품었지만, 만만치 않은 상대였던 중국은 반복해서 여러 화가에 의해 혹은 대중문화에서 치파오12) 차림의 여성상으로 표현되어왔다.56 다양한 여성표상은 역학관계가 다른 타자를 긴장관계의 상태에 따라서 주정/조절 가능한 청태(조형이나 언설)로 변화하는 한도 내에서만 유통되었다.

식민지 '조선'과 제국 '일본'의 역학관계는 시각표상, 그중에서도 여성상을 통해서 가시화되었다. 이 글에서는 각각의 사회가 소망했던 여성상의 차이로부터 식민지 지배기에 일본과 한국을 나누었던 차별과, 복잡하게 짜여진 역학관계의 구조를 풀어내고자 했다. 한편으로 남성중심의 세계관을 기초로 한 근대사회의 젠더 편성은 지배와 피지배의 측면에서 여성상을 필요로 했던 것이다. 여성은 남성주체의 정체성 구축을 촉구하는 '타자'였다.

* 이 소논문을, 필자 두 사람이 만나게 해주시고, 항상 연구에 도움을 주시고 공동집필을 권해주셨던 책 시리즈의 편집위원 고 치노 카오리千野香織 씨에게 바친다.

---

12) 청대淸代에 형성된 중국의 전통의상. 원래 남녀 의상 모두를 이르는 말이지만, 보통 원피스 형태의 여성 의복을 지칭한다.

저자 주

(총설) 제국 수도 도쿄와 모더니티의 문화정치

1 南博·社會心理硏究所,『大正文化다이쇼 문화』, 勁草書房, 1987, 1~4면(미나미 히로시, 정대성 역,『다이쇼 문화-1905~27』, 제이앤씨, 2007).

2 위의 책, 7면.

3 위의 책, 118~125면.

4 松尾尊兊,『大正デモクラシー다이쇼 데모크라시』, 岩波書店, 1974, 35~36면.

5 위의 책, 43~44면.

6 위의 책, 179~180면.

7 鹿野政直,「'改造の十字路'下の文化運動'개조의 십자로' 하의 문화운동」,『近代日本の民衆運動と思想근대 일본의 민중운동과 사상』(鹿野政直·金原左門·松永昌三), 有斐閣, 1977, 144~145면.

8 위의 글, 157면.

9 南博 편,『日本モダニズムの硏究일본 모더니즘 연구』, プレーン출판, 1982, 7~16면.

10 南博·社會心理硏究所,『昭和文化쇼와 문화』, 勁草書房, 1987, 198~231면.

11 위의 책, 3면.

12 今和次郎,『新版大東京案內신판 대동경 안내』, 批評社, 1987(초판 1929), 12~13면.

13 吉見俊哉,『都市のドラマトゥルギー도시의 드라마투르기』, 弘文堂, 1987, 194~261면.

14 權田保之助,『權田保之助著作集콘다 야스노스케 저작집』제1권, 文和書房, 1974, 269~271면.

15 谷崎潤一郎,「鮫人교인」,『谷崎潤一郎全集타니자키 준이치로 전집』제7권, 中央公論社, 1967, 82~83면.

16「斬馬劍」,『讀賣新聞요미우리신문』, 1921.9.8.

17 安藤更生,『銀座細見긴자세견』, 中央公論社, 1977, 23~24면.

18 위의 책, 29~41면.

19 松崎天民,『銀座긴자』, 新泉社, 1986, 130면.

20 權田保之助, 『權田保之助著作集콘다 야스노스케 저작집』 第2권, 文和書房, 1974, 240~247면.

21 新居格, 「アメリカニズムとルシアニズムの交流아메리카니즘과 러시아니즘의 교류」, 『中央公論중앙공론』, 1929.6, 59~66면.

22 大笹吉雄, 『日本現代演劇史 大正・昭和初期編일본현대연극사 다이쇼・쇼와 초기편』, 白水社, 1986, 98면.

23 磯田光一, 『思想としての東京사상으로서의 도쿄』, 國文社, 1978, 87~89면.

24 『朝日新聞아사히신문』, 1926.6.20.

25 川端康成, 『淺草紅団아사쿠사쿠레나이단』, 中公文庫版, 1981, 50면.

26 保田武宏, 『銀座はやり歌긴자 유행가』, 平凡社, 1994, 15~122면.

27 倉田喜弘, 『日本レコード文化史일본레코드문화사』, 東京書籍, 1979.

28 普久原恒勇, 「島うた七十年史섬노래 70년사」, 『音の力「沖繩」소리의 힘「오키나와」コザ沸騰編』(DeMusik Inter 편), インパクト出版會, 1998, 109~124면.

29 永嶺重敏, 『モダン都市の讀書空間모던 도시의 독서공간』, 日本エディタースクール出版部, 2001, 3~50면.

30 吉見俊哉, 『都市のドラマトゥルギー도시의 드라마투르기』, 弘文堂, 1987, 164~184.

31 若林幹夫, 「空間・近代・都市공간・근대・도시」, 『都市の空間 都市の身体도시의 공간 도시의 신체』(吉見俊哉 편), 勁草書房, 1996, 1・5면.

32 海野弘, 『モダン都市東京모던도시 도쿄』, 中央公論社, 1983, 220면.

33 南博・社會心理研究所, 『大正文化다이쇼 문화』, 勁草書房, 1987, 255~257면.

34 上野千鶴子, 『家父長制と資本制가부장제와 자본제』, 岩波書店, 1990, 188면(우에노 치즈코, 이승희 역, 『가부장제와 자본주의』, 녹두, 1994).

35 本田和子, 『女學生の系譜여학생의 계보』, 靑土社, 1990.

36 柳田國男, 『明治文化史메이지 문화사』 風俗編, 洋洋社, 1954, 368~370면.

37 村上信彦, 『大正期の職業婦人다이쇼기의 직업여성』, ドメス出版, 1983, 166~167면.

38 西田長壽, 「婦人と職業여성과 직업」, 『明治文化全集메이지 문화 전집』 第16권(明治文化研究會 편), 日本評論新社, 1959(초판 1895).

39 山田菊水, 「新らしく出來た婦人の職業새롭게 등장한 여성의 직업」, 『婦人之友여성의 벗』, 1913.11.

40 松崎天民, 『近代日本地誌叢書―東京の女근대 일본지지총서―도쿄의 여성』 도쿄편 第40권, 龍溪書舍, 1992(초판 1915).

41 東京市統計課, 『職業婦人の調査직업여성조사』(전4권), 東京市, 1931.

42 松田愼三, 『デパートメントストア데파트먼트 스토어』, 日本評論社, 1939.

43 北澤秀一, 「ショップ・ガール숍걸」, 『改造개조』, 1925.4, 172~178면.

44 新居格, 「近代女性の社會的考察근대여성의 사회적 고찰」, 『太陽태양』, 1925.9, 140~145면.

45 バーバラ ハミル, 「モダンガールの時代的意味모던걸의 시대적 의미」, 『日本モダニズム일본 모더니즘』(南博 편, 『現代のエスプリ현대의 에스프리』188호), 1983, 85면.

46 東京市社會局, 『職業婦人に關する調査직업여성에 관한 조사』, 東京市, 1924.

47 松田愼三, 『デパートメントストア데파트먼트 스토어』, 日本評論社, 1939, 297~298면.

48 ミリアム シルババーグ, 「日本の女給はブルースを歌った일본의 여급은 블루스를 노래했다」, 『ジェンダーの日本史젠더의 일본사』 하권(脇田晴子・S. B. ハンレー 편), 東京大學出版會, 1995, 585~607면.

49 ジェニファー ロバートソン, 『踊る帝國主義춤추는 제국주의』, 現代書館, 2000, 126면 (Jennifer Robertson, *Takarazuka : sexual politics and popular culture in modern Japan*, Berkeley : University of California Press, 1998).

50 松尾尊兌, 「關東大震災下の朝鮮人虐殺事件간토대지진하의 조선인 학살사건」 上, 『思想사상』, 1963.9, 45~46면.

51 姜德相, 「關東大震災における朝鮮人虐殺の實態간토대지진에서 조선인 학살의 실태」, 『歷史學研究역사학 연구』 278호.

52 松尾尊兌, 앞의 글, 1963.9, 47~49면.

53 大畑裕嗣・三上俊治, 「關東大震災下の'朝鮮人'報道と論調간토대지진하의 '조선인' 보도와 논조」, 『東京大學社會情報研究所紀要도쿄대학사회정보연구소 기요』 35호(상), 1986~87, 31~97면, 36호(하), 145~258면.

54 松尾尊兌, 「關東大震災下の朝鮮人虐殺事件간토대지진하의 조선인 학살사건」 上, 『思想사상』, 1963.9, 52면.

55 姜德相・琴秉洞 편, 『關東大震災と朝鮮人간토대지진과 조선인』 現代史資料 6, みすず書房, 1963, xvii.

56 위의 책, 39면.

57 中根榮, 「震害の体驗지진의 체험」, 『關東大震災と朝鮮人간토대지진과 조선인』 現代史資料 6(姜德相・琴秉洞 편), みすず書房, 1963, 177~179면.

58 倉田百三, 「震災に就いての感想지진에 관한 감상」, 『改造개조』, 1923.10, 181~182면.

59 成田龍一, 「關東大震災と'帝都'復興간토대지진과 '제국 수도'의 부흥」, 『震災日誌지진일지』(梁川藍泉 외), 日本評論社, 1981, 16~17면.

60 松村高夫, 「日本帝國主義下における植民地勞働者일본제국주의하의 식민지노동자」, 『経濟學年報경제학연보』 10호, 慶応義塾経濟學會, 1996, 107~191면.

61 西成田豊, 『在日朝鮮人の'世界'と'帝國'國家재일조선인의 '세계'와 '제국'국가』, 東京大學出版會, 1997, 41~58면.

62 警保局保安課, 「大正十四年中ニ於ケル在留朝鮮人ノ狀況다이쇼 14년간의 재일조선인 상황」, 『在日朝鮮人關係資料集成재일조선인관계자료집성』 제1권(朴慶植 편), 三一書房, 1975, 152면.

63 中央職業紹介事務局중앙직업소개사무국, 「東京府下在留朝鮮人勞働者ニ關スル調査도쿄부 재일조선인노동자에 관한 조사」, 『在日朝鮮人關係資料集成재일조선인관계자료집성』 第1

卷(朴慶植 편), 三一書房, 1975, 433면.

64 松村高夫, 「日本帝國主義下における植民地勞働者일본제국주의하의 식민지노동자」, 『経済學年報경제학연보』 10호, 慶応義塾経済學會, 1996, 142~143면.

65 中央職業紹介事務局중앙직업소개사무국, 「東京府下在留朝鮮人勞働者ニ關スル調査도쿄부 재일조선인노동자에 관한 조사」, 『在日朝鮮人關係資料集成재일조선인관계자료집성』 第1卷(朴慶植 편), 三一書房, 1975, 436면.

66 東京地方職業紹介事務局, 「土工紡績工鑛夫として鮮人勞働者토공, 방적공, 광부로서의 조선인 노동자」, 『朝鮮問題資料叢書 日本植民地下の在日朝鮮人の狀況조선문제자료총서 일본식민지하의 재일조선인 상황』 第12卷(朴慶植 편), アジア問題研究所, 1990, 22~23면.

67 松尾尊兊, 「關東大震災下の朝鮮人虐殺事件간토대지진하의 조선인 학살사건 上」, 『思想사상』, 1963.9, 49면.

68 西成田豊, 『在日朝鮮人の'世界'と'帝國'國家재일조선인의 ‘세계’와 ‘제국’국가』, 東京大學出版會, 1997, 94면.

69 荒川幾男, 「一九三〇年代と知識人の問題1930년대와 지식인의 문제」, 『思想사상』(특집 : 一九三〇年代の日本1930년대의 일본), 1976.6, 2~3면.

70 生松敬三, 「一九二〇年代と現代1920년대와 현대」, 『思想사상』(특집 : 一九二〇年代 現代思想の原流(Ⅰ)1920년대 현대사상의 원류), 1981.10, 4면.

71 위의 글, 5면.

72 좌담회 「一九二〇年代を考える1920년대를 생각한다」, 『思想사상』(특집 : 一九二〇年代 現代思想の原流(Ⅱ)1920년대 현대사상의 원류), 1981.11, 25면.

73 池田浩士, 『闇の文化史-モンタージュ一九二〇年代어둠의 문화사-몽타쥬 1920년대』, 駸々堂, 1980, 7면.

74 좌담회 「一九二〇年代を考える1920년대를 생각한다」, 『思想사상』(특집 : 一九二〇年代 現代思想の原流(Ⅱ)1920년대 현대사상의 원류), 1981.11, 4면.

75 池田浩士, 앞의 책, 330~336면.

76 宮內康, 「ファシズムと空間파시즘과 공간」, 『悲喜劇·一九三〇年代の建築と文化희비극, 1930년대의 건축과 문화』(同時代建築研究會 편), 現代企畵室, 1981, 29~32면.

77 山之內靖, 「方法的序論-總力戰とシステム統合방법적 서론-총력전과 시스템 통합」, 『總力戰と現代化총력전과 현대화』(山之內靖·ヴィクター コシュマン·成田龍一 편), 柏書房, 1995, 9~12면.

78 雨宮昭一, 「旣成勢力の自己革新とグライヒシャルトウング-總力戰体制と中間層기성세력의 자기 혁신과 강제적 획일화Gleichschaltung-총력전체제와 중간층」, 『總力戰と現代化총력전과 현대화』(山之內靖·ヴィクター コシュマン·成田龍一 편), 柏書房, 1995, 239~240면.

79 赤澤史朗·北河賢三 편, 『文化とファシズム문화와 파시즘』, 日本經濟評論社, 1993, 1~8면.

80 高岡裕之, 「觀光·厚生·旅行-ファシズム期のツーリズム관광·후생·여행-파시즘기의

투어리즘」, 『文化とファシズム문화와 파시즘』(赤澤史朗・北河賢三 편), 日本經濟評論
社, 1993, 9~51면.

81 小岸昭・池田活士・鵜飼哲・和田忠彦, 『ファシズムの想像力파시즘의 상상력』, 人文
書院, 1997.

82 富山一郎, 「動員される身体－暴力と快樂동원된 신체－폭력과 쾌락」, 『ファシズムの想像力
파시즘의 상상력』(小岸昭・池田活士・鵜飼哲・和田忠彦 외), 人文書院, 1997, 126~129면.

83 伊藤公雄, 「夫・父・兵士でない男は男ではない남편・아버지・병사가 아닌 남자는 남자가 아
니다」, 『ファシズムの想像力파시즘의 상상력』(小岸昭・池田活士・鵜飼哲・和田忠彦),
人文書院, 1997, 395~412면.

84 Harry Harootunian, *Overcome by Modernity*, Princeton University Press, 2000, pp.3~33.

제1장 '부인참정권' 재고 – 전전戰前 일본 정치문화의 젠더화

1 내가 알고 있는 한 부인참정권을 젠더의 시점에서 접근한 유일한 연구는 다음과 같다.
館かおふ, 「女性の參政權とジエダー여성의 참정권과 젠더」, 『ライブラリ相關社會科學
ジエダー라이브러리상관사회과학 젠더』 2(原ひろ子・大澤眞理・丸山眞人・山本泰 編),
東京：新世社, 1994, 122~140면.

2 外崎光廣, 『明治前期婦人解放論史메이지 전기 여성해방론사』, 高知：高知市市立圖書館,
1963, 84~90면. 센다이시의 경우는 「改進新聞개진신문」 1885.4.18. 참조.

3 부인참정권을 둘러싼 법적 규정은 市川方枝 편 / 해설, 『日本婦人問題資料集成일본여
성문제자료집성』(1976~80) 전10권의 제2호 「정치」편, 東京：ドメス出版, 1977에 정리되
어 있다.

4 市川方枝, 『日本婦人問題資料集成일본여성문제자료집성』 제2권, 102~103면; 東京市制
調査會, 『自治五十年史자치50년사』 制度編, 東京：良書普及會, 1940, 491면, 493면. 이
두 법률의 개정(1921년)은 실제로 1924년에 시행되었다. 그러나 흥미롭게도 여성조직
은 이 법률에 주의를 기울이지 않았다.

5 군회는 1923년에 폐지되었다.

6 1927년 이전에 여성이 상공회의소에서 투표할 수 있었던 경우는 대리代理에 의한 것
뿐이었다. 「婦選の門出부선의 시작」, 『東京日日新聞도쿄니치니치신문』, 일시불명(1929년 1
월 혹은 2월로 추정. 이치카와 후시에기념회보유市川方枝紀念會保有에서 발췌). 또 「商
議の選擧に婦人の進出여성이 상공회의소 선거에 진출」, 『讀賣新聞요미우리신문』, 1929.1.25
참조. 1928년 철도성은 여성이 현업現業위원을 선출하거나 또는 위원으로 선출되는 것
을 처음으로 허락하였다. 또 전전戰前의 여성은 세제조사, 농회農會, 수리조합과 관계
된 선거권을 가졌다. 경우에 따라 여성은 이들 회의의 선거에 출마했다. 예를 들면 야
마사키 우메山崎うめ는 도쿄부내 오치아이초落合町의 가옥세제조사위원 선거(1930년)에
출마하였다(「婦人の候補者立つ부인입후보자 등장」, 『東京朝日新聞도쿄아사히신문』, 1930.5

일자불명). 1927년에는 야마구치현山口縣 유즈노무라柚野村의 농회 대표 20인 중 19인이 여성이었다. 「婦人の村農會占領여성의 농촌회 점령」, 『婦女新聞부녀신문』 제1,400호, 1929.4.10, 1면. 「村農會を女で占領여성이 농촌회를 점령」, 앞 신문의 같은 호, 6면, 10면 참조.

7 松山治郎, 「婦人參政權案の推移－とくに第五九議會の審議を中心にして부인참정권안의 추이－특히 제59회의 심의를 중심으로」, 『駒澤大學法學論集코마자와대학법학논집』 제7호, 1970, 81~108면; Sharon H. Nolte, "Womens Rights and Society's Needs : Japan's 1931 Suffrage Bill," in *Comparative Studies in Society and History 28*, 1986, pp.690~714. 佐治惠美子, 「浜口內閣期の婦人公民權問題하마구치내각의 여성공민권 문제」, 『日本史研究일본사 연구』 292호, 1986.12, 1~25면.

8 沖繩戰後選擧史編纂委員會編, 『沖繩戰後選擧史오키나와전후선거사』 제1권(전3권), 邦覇, 沖繩縣町村會, 1983~85, 61~66면; 琉球新報社編, 『時代を彩った女たち, 近代沖繩女性史시대를 채색한 여성들, 근대오키나와여성사』, 邦覇 : ニライ社, 1998, 500면. 여성도 이 선거에 입후보할 수 있었지만 그런 경우는 거의 없었다.

9 혁신적 일본 관료의 발의권에 관한 설명은 草柳大藏, 『內務省對占領軍내무성 대 점령군』, 東京 : 朝日新聞社, 1987, 40~44면.

10 '참정권'이라는 말이 언제 처음 사용되었는지는 명확하지 않다. 『日本國語大辭典일본국어대사전』에 의하면, '참정권'의 용례는 1883~84년에 나타났고, 1877년에 이미 '참정의 권'이라는 용례기 있었다.

11 川鍋定男, 「發見された江戶時代の投票用紙발견된 에도시대의 투표용지」, 『都留市史編纂便り츠루시사 편찬 편지』 제3호, 1984.8, 6면.

12 이 맥락에서, 츠지무라 미요코辻村みよ子는 다음과 같은 유익한 구별을 하고 있다. 전전戰前의 "천황주권원리에서 선거권·참정권을 '천황을 위한 공무'로 포착할 수 있었던 시대의 '부인참정권' 개념"과 "현행 헌법인 국민주권원리에서 '주권자로서의 국민 고유의 권리'(15조 1항)로서의 선거권이 확립된 오늘날 '여성주권자'인 그들"의 구별이다. 「女性の政治參加歷史と理論여성의 정치 참여 역사와 이론」, 『女性史の視座여성사의 관점』 日本女性史論集일본여성사논집 1(總合女性史研究會 編), 東京 : 吉川弘文館, 1997, 314~315면 참조.

13 전전戰前 일본은 국민국가이자 군주제였을 뿐만 아니라, 식민지 제국이기도 했다. 영국의 경우와 마찬가지로 일본 역사가는 "여성참정권이 데모크라시의 확대라는 측면뿐만 아니라, 제국적 아이덴티티의 구축이라는 측면도 있다"(Laura E. Nym Mayhall, Philippa Levine, and Ian Christopher Fletcher, "Introduction," in *Women's Suffrage in the British Empire : Citizenship Nation, and Race*, London : Routledge, 2000, p.13)는 관점을 고려할 필요가 있다. 이러한 측면에서 전전 일본 식민지의 부인참정권 활동의 연구가 필요하다. 예를 들면, 제2회 전일본부선대회(1931년 2월) 주최 측이 일본기독부인참정권협회 다롄지부에서 축하전보를 받았다는 사실을 어떻게 보아야 하는가. 중국 대륙에 위치한 다롄은 일본 통치하에 있었다. (中島重子, 「第二回全日本婦選大會제2회 전일본부선대회」, 『日本女性運動資料集成일본여성운동자료집성』(鈴木裕子 編) 제2권(전11권), 東京 : ドメス出版, 1993~98년, 319면 참조) 마찬가지로 여자참정협회의 이사장인 야마네 키쿠코山根菊子

가 식민지 조선을 방문(1930년)한 사실이 있다. 서울에 머무르는 동안 야마네 기쿠코는 정치의식이 높은 "신일본건설"을 도모하기 위하여, "조선·만주의 부인들에게 찬동을 구하려"는 의도를 가지고 있었다. 「女子性參政運動に一身を捧げる積り여성참정운동에 일신을 바치려 한다」, 『朝鮮新聞조선신문』, 1930.9.3. 참조.

14 이 문제에 대한 초기의 논쟁은 다음에서 읽을 수 있다. 「嚶鳴社員討論筆記 女帝ヲ立ツルの可否아우메이사원 토론기-여제 옹립의 가부」, 『名家演說雜誌명가연설잡지』 16호, 1882.3, 35~43면. 17호, 1882.4, 36~50면. 18호, 1882.5, 20~46면.

15 이 글에서 '부인참정권' 또는 '부선'이라는 용어를 사용하는 것은 이 두 용어가 20세기 전반의 사회적 언설에서 널리 사용되었기 때문이다.

16 대표적인 예는 이하를 참조. Danny Atkinson, *The Suffragettes in Pictures*, London : Museum of London, 1996; Katharine Cockin, "Women's Suffrage Drama" in *The Woman's Suffrage Movement : New Feminist perspectives*, ed. Maroula Joannou and June Purvis, Manchester : Manchester University Press, 1998, pp.127~139; Danny O. Crew, *Suffragist Sheet Music : An Illustrated Catalogue of Published Music Associated with the Women's Rights and Suffrage Movement in America, 1795~1921*, Jefferson, NC : McFarland, 2002; Margaret Finnegan, *Selling Suffrage : Consumer Culture and Votes for Women*, New York : Columbia University Press, 1999; Maroula Joannou, "Suffragette Fiction and the Fictions of Suffrage" in Joannou and Purvis, *The Woman's Suffrage Movement : New Feminist Perspectives*, pp.101~116; Ian Mcdonald, *Vindication! : A Postcard History of the Women's Movement*, London : Bellew-Deirdre McDonald Books, 1989; Alice Sheppard, *Cartooning for Suffrage*, Albuquerque : University of New Mexico Press, 1994; Sheila Stowell, *A Stage of Their Own : Feminist Palywrights of the Suffrage Era*, Ann Arbor : University of Michigan Press, 1992; Lisa Tickner, *The Spectacle of Women : Imagery of the Suffrage Campaign*, Chicago : University of Chicago Press, 1988; Deborah Tyler-Bennett, "Suffrage and Poetry : Radical Women's Voice," in Joannou and Purvis, *The Woman's Suffrage Movement : New Feminist Perspectives*, pp.117~126.

17 이 장르의 상세한 설명은 내가 쓴 다음을 참조. 「'女權小說'の世界 女子參政權問題を中心に'여권소설'의 세계-여성참정권 문제를 중심으로」, 『自由は土佐の山間より자유는 도사의 산간에서』 自由民權百年第三回全國集會자유민권 백년 제3회 전국집회(土左自由民權研究會 編), 東京 : 三省堂, 1989, 314~344면.

18 若桑みどり, 『戰爭がつくる女性像-第二次世界大戰下の日本女性動員の視覺的デロパガンダ전쟁이 만든 여성상-제2차 세계대전하 일본여성운동의 시각적 프로파간다』, 東京 : 筑摩書房, 1995.

19 Lisa Tickner, *The Spectacle of Women : Imagery of the Suffrage Campaign*, Chicago : University of Chicago press, 1988, p.9.

20 행진과 같은 기본적인 정치적 행위조차도 엄격한 규제를 받았다. 예를 들면, 1930년 전일본부선대회 주최자는 대회의 마지막 순서로 국회로 향해가는 '시위'를 계획했지만, 당국의 허가를 받지 못했다. 이와 대조적으로, 행진은 구미 참정권 운동의 스펙터클한 중요한 부분이었다. 1917년 여배우이자 무용가인 키무라 코마코木村駒子는 뉴욕에 머무르면서 그곳에서 진행된 행진에 일본 전통 옷차림으로 일장기와 미국 국기를

휘두르면서 참가하였다. 그러나 키무라 코마코는 당시 일본내의 여성 운동과는 전혀 관계가 없었으며, 이런 종류의 정치적 퍼포먼스에 참가한 것은 주로 외국인을 위한 것이었다. Kimura Komako, "Shin Shin Fujin" in *Woman Citizen 2*, No. 24, 1918.5.11, p.473 참조.

21 「婦人界女敎界여성계여교계」, 『婦女新聞부녀신문』 1429호, 1927.10.30, 2면; 「一老女直訴를 企つ한 노부인이 직소를 꾀하다」, 『中外商業新報중외상업신보』, 1927.10.27; 「直訴事件직소사건」, 『婦女新聞부녀신문』 1430호, 1927.11.6, 3면; 「宮城前で狂女直訴궁성 앞에서 한 광녀의 직소」, 『東京朝日新聞도쿄아사히신문』, 1927.10.27; 「聖上の御召車へ婦人直訴を企つ성상의 어가로 부인직소를 꾀하다」, 『万朝報만조보』, 1927.10.27. 토야마 에츠는 애국부인회 회원이었다. 토야마 에츠를 정신이상자라고 진단내리지 않고, 1917년에 제정된 탄원절차에 침해된다는 이유로 징역형을 내렸다. 한 달 반 후 토야마 에츠는 이에 굴하지 않고 천황 동생이 거하는 치치부궁秩父宮에서 같은 탄원서를 전하려 했다. 「走馬灯주마등」, 『婦女新聞부녀신문』 1436호, 1927.12.18, 3면 참조.

22 대조적으로 영국 참정권 활동가는 왕실의 상징적 지위를 이용한 선전효과를 기꺼이 사용하였다. 예를 들면, 부인참정권 조직은 활동가 에밀리 데이비슨Emily Davison의 장례를 대규모로 정성들여 치렀다. 그녀는 1913년의 엡섬 경마대회Epsom Derby 때, 왕의 말 앞으로 뛰어 나갔다. 이것은 영국의 부인참정권사에서 가장 많이 이야기되는 사건이다.

23 이치카와 후사에의 자세한 전기는 市川房枝, 『市川房枝自傳 戰前編이치카와 후사에 자서전 전전편』, 東京 : 新宿書房, 1974년; 兒玉勝子, 『賞書・戰後の市川房枝상서・전후의 이치카와 후사에』, 東京 : 新宿書房, 1985 참조.

24 1956년에 발표된 부선운동 최초의 연구에서, 이데 후미코井手文子는 부인참정권은 "일본인 스스로 획득할 수 없었다"고 기술하였고, 여성에게 참정권을 부여하는 것은 "계급투쟁의 완화를 의도한 점령군의 정책"이었다고 한다. 井手文子, 「日本における婦人參政權運動일본 부인참정권 운동」, 『歷史學硏究』 제201호, 1956.11, 12면 참조

25 上野千鶴子, 『ナショナリズムとジェンダー내셔널리즘과 젠더』, 東京 : 筑摩書房, 1998, 30면(우네노 치즈코, 이선이 역, 『내셔널리즘과 젠더』, 박종철출판사, 1999).

26 스즈키 유코鈴木裕子는 이치카와 후사에와 다른 부선활동가의 전시 국가와의 관계를 『フェミニヌムと戰爭 婦人運動家の戰爭協力페미니즘과 전쟁 여성운동가의 전쟁협력』(東京 : マジュ社, 1986) 등의 저작에서 분석하고 있다. 또 西用祐子, 『近代國家と家族モデル근대국가와 가족모델』, 東京 : 吉川弘文館, 2000, 119~159면 참조.

27 이치카와 후사에와 그녀의 지인들은 자신들의 추방은 부분적으로 동료 활동가인 가토 시즈에加藤シヅエ의 배후에 의한 것이었다고 여겼다. 가토 시즈에는 점령당국과 밀접한 관계를 맺고 있었다. 코다마 카츠코兒玉勝子로부터 청취(1988.7.21).

28 카노 마사나오鹿野政直는 이것을 비난과 정당화라는 둘 사이의 미묘함으로 묘사하고 있다. 카노 마사나오는 1930년대 획득동맹의 '전술전환'을 이 젠더의 특수한 '전향'의 하나라고 말하며, "저항하면서 후퇴하고, 후퇴하면서 저항한다는, 이른바 후퇴하는 자세를 무너뜨리지 않은 전향"이라고 불렀다. 「フアシヌム下の婦人運動 : 婦選獲得同盟の場合파시즘하에서의 여성운동 : 부선획득동맹의 경우」, 『近代日本の國家と思想근대 일본의 국가와 사상』 家永三郎敎授東京敎育大學記念論集이에나가 사부로교수 도쿄교육대학기념논집

2(家永三郎教授東京教育大學退官記念論文刊行委員會 編), 東京 : 三省堂, 1979, 316~327면.

29 「婦選運動をめくる會부선운동을 둘러싼 모임」, 『婦人と年少者여성과 연소자』, 제3권 제11호, 1955.11, 11면.

30 Denise Riley. *"Am I That Name?" : Feminism and the Category of 'Women' in History*, Minneapolis : University of Minnesota Press, 1988.

31 Susan E. Marshall, *Splintered Sisterhood : Gender and Class in the Campaign against Woman Suffrage*, Madison : University of Wisconsin Press, 1997, p.4.

32 小池和子, 「市川房枝著『私の婦人運動』이치카와 후사에 저, 『나의 여성운동』」, 『歷史評論』 280호, 1973.9, 112면.

33 1930년에 이 조직은 명칭을 일본기독교부인참정권협회日本基督敎婦人參政權協會로 바꿨다.

34 兒玉勝子, 『婦人參政權運動小史부인참정권운동소사』, 東京 : ドメス出版, 1981. 부인연맹婦人連盟, 부인참정삼파연합婦人參政三派連合, 여자참정협회女子參政協會, 일본부선연맹日本婦選連盟 등 부인참정권을 목표로 한 비사회주의적 단체에 대해서도 제대로 연구되지 않고 있다.

35 잘 정리된 프롤레타리아 여성조직의 계보는 石月靜惠, 『戰間期の女性運動1·2차 대전 사이 여성운동』, 大阪 : 東方出版, 1996, 256면 참조.

36 배심제도는 1944년에 없어져 지금까지도 그대로이다. 1947년의 국가공무원법은 남녀가 동등하게 관료직을 가질 수 있음을 승인하였다.

37 Susan Kingsley Kent, *Sex and Suffrage in Britain 1860~1914*, Princeton : Princeton University Press, 1987.

38 大日本帝國議會史刊行會編, 『大日本帝國議會史대일본제국의회사』 제15권(전18권), 靜岡 大日本帝國會議史刊行會, 1926~30, 1379면.

39 「婦選運動をめくる會부선운동을 둘러싼 모임」, 『婦人と年少者여성과 연소자』 제3권 제11호, 1955.11, 12면.

40 Laura L. Behling, *The Masculine Woman in America 1890~1935*, Urbana : University of Illinois Press, 2001.

41 '신여성' 사이의 '동성애' 태도는 내가 쓴 다음 책을 참조. "'S' Is for Sister : Sexology and 'Same-Sex Love' in Early Twentieth-Century Japan" in *Gendering Modern Japanese History*, eds. Barbara Molony and Kathleen Uno, Cambridge : Harvard University Press, 2005.

42 村田天籟·齊藤政一, 『性慾と人生성욕과 인생』, 東京 : 文湖堂書店, 1912, 113면.

43 田中香涯, 「變性男女の話변성남녀이야기」, 『健康時代건강시대』 제2권 제11호, 1931.11, 57면.

44 「汎太平洋婦人會議へ出席する婦人代表者범태평양부인회의에 출석한 여성대표자」, 『中央新聞중앙신문』 제4부, 1928.3.21.

45 부선활동가 히라타 노부平田のぶ는 야마타카山高에 대한 "'이치카와 후사에를 등에 업

고 으스대고 있다'는 평은 두 사람의 가까운 사이를 부러워서 한 말"이라고 억측하기조차 하였다. 平田のぶ, 「私の見た婦人界の人々내가 본 여성계의 인물」, 『婦女新聞부녀신문』 제1385호, 1926.12.26, 8면 참조.

46 伊福部降輝, 「同姓愛の一考察동성애의 일고찰」, 『犯罪科學범죄과학』 제3권 제1호, 1932.1, 291면. '동성애자'는 20세기 초에 명명되었다는 것에 대해서는 나의 다음 책을 참조. *Cartographies of Desire : Male-Male Sexuality in Japanese Discourse 1600~1950*, Berkeley : University of California Press, 1999.

47 「婦人權擴張論者の器量紹介부인권확장론자의 기량소개」, 「東京朝日新聞도쿄아사히신문」, 1925.3.11. 이 만화는 오카모토 잇페이岡本一平가 그렸다. 그는 시인이자 소설가인 오카모토 카노코岡本かの子의 남편이며, 화가인 오카모토 타로岡本太郎의 아버지였다.

48 3장은 내가 쓴 다음의 책과 몇 가지 점에서 해석은 다르지만 기본적으로 크게 의거하고 있다. 『政治と台所－秋田縣女子參政權運動史정치와 부엌－아키타현여성참정권운동사』, 東京 : ドメス出版, 1986년 참조 이후에는 이 책에 없는 문헌만을 표기하였다. 아키타의 부선운동에 관한 1차 사료는 부분적으로 鈴木裕子 編, 『日本女性運動資料集成일본여성운동자료집성』 제2권(전11권), 東京 : ドメス出版, 1993~1998, 248~250면, 253~256면, 406~428면, 615면, 617~618면, 630면 참조.

49 Sheldon Garon, *Molding Japanese Minds : The State in Everyday Life*, Princeton : Princeton University Press, 1997, pp.115~145. 上野千鶴子 『ナショナリズムとジェンダー－내셔널리즘과 젠더』, 東京 : 筑摩書房, 1998, 29면 외 참조(우네노 치즈코, 이선이 역, 『내셔널리즘과 젠더』, 박종철출판사, 1999).

50 히로시마에서는 예외적으로 사회주의자와 부선활동가와의 연대가 밀접하였다. 今中保子, 「昭和初期婦人參政權運動の形成とその展開－婦選獲得同盟廣島支部結成を中心にして쇼와 초기 부인참정권 운동의 형성과 그 전개－부선획득동맹히로시마지부결성을 중심으로」, 『歷史評論』 323호, 1977.3, 41~48면.

51 三井礼子, 『現代婦人運動史年表현대여성운동사연표』, 東京 : 三一書房, 1963, 156~157면.

52 市川房枝, 『市川房枝自傳戰前編이치카와 후사에 자서전 전전편』, 東京 : 新宿書房, 1974, 435면

53 예를 들면 西用祐子, 『近代國家と家族モデル근대국가와 가족모델』, 東京 : 吉川弘文館, 2000, 177면을 참조. 타바타 소메 생애의 상세한 사항은 다음을 참조. 渡部誠一, 「田畑梁の軌跡」, 『秋田魁新報아키타사키가케신보』, 1986.1.4~18.

54 鹿野政直, 『戰爭・'家'の思想전쟁・'이에'의 사상』, 叢書 身體思想 9총서 신체사상 9, 東京 : 創文社, 1982, 178~210면.

55 반면 획득동맹 요코테지부는 1933년에 휴면상태였다.

56 鈴木裕子, 『フェミニヌムと戰爭 婦人運動家の戰爭協力페미니즘과 전쟁 여성운동가의 전쟁협력』, 東京 : マジュ社, 1986.

1 德川夢聲, 「ジンタ진타」, 『MUSASHINO』, 開館六周年記念号, 1926, 36면.

2 위의 책, 37면.

3 德川夢聲, 『くらがり二十年어두운 이십년』, 春陽堂書店, 1957, 229면. 토쿠가와 무세이 자신은 쟁의(스트라이크)가 "실은 지긋지긋"했던 것 같다.

4 石井迷花, 「武藏若館礼讚무사시노칸예찬」, 『MUSASHINO』, 開館六周年記念号, 1926, 32면.

5 丸山眞男·埴谷雄高, 「文學と學問문학과 학문」, 『丸山眞男座談 8마루야마 마사오 좌담8』, 岩波書店, 1998, 166면.

6 德川夢聲, 「說明術斷片설명술단편」, 『大正十五~昭和二年度 日本映畵年鑑1926~27년도 일본 영화연감』, 朝日新聞社, 1927. 인용은 三國一朗, 「活弁の話術활변의 화술」, 『講座日本映畵 강좌일본영화 1』, 岩波書店, 1985, 305면.

7 德川夢聲, 『私の履歷書나의 이력서』 第14集, 日本經濟新聞社, 1961, 285면.

8 加藤秀俊, 『見世物からテレビへ미세모노에서 텔레비전으로』, 岩波書店, 1965, 142면.

9 石井研堂, 『增訂 明治事物起源증정 메이지 사물기원』, 春陽堂, 1926, 631면.

10 위의 책, 629면.

11 위의 책, 629면.

12 御園京平, 『活劇時代활극시대』, 岩波書店, 1990, 15면.

13 田中純一朗, 『日本映畵發達史1일본영화발달사1』, 中央公論社, 1980, 36면.

14 平出鏗二朗, 『東京風俗志도쿄풍속지』 新裝版, 八坂書房, 1991, 33면.

15 石井研堂, 『增訂 明治事物起源증정 메이지 사물기원』, 春陽堂, 1926, 429면.

16 吉山旭光, 『日本映畵界事物起源일본영화사물기원』, シネマと演芸社, 1933, 86면.

17 權田保之助, 『民衆娛樂問題민중오락문제』, 同人社書店, 1921, 11면.

18 위의 책, 11면.

19 長谷正人, 「檢閱の誕生검열의 탄생」(『影像學영상학』 53호, 1994), 岩本憲兒, 「幻燈から 映畵へ환등에서 영화로」(『早稻田大學大學院文學研究科紀要』, 45호-3, 2000), 졸고 「「 キノ・グラース」政治學영화눈'Kino-graz의 정치학」, 『越境する知 4-裝置壞し築く국경을 넘는 지성4 장치-부수고 쌓는다』(栗原彬他 편), 東京大學出版會, 2000)등, 또 이 글의 내용 에 관련된 것으로는 今田健太朗, 「無聲映畵上映における和洋合奏の演奏實薦무성영 화 상영에서 화양합주의 연주실천」(大阪大學大學院文學研究科, 平成11年度修士論文)을 추천한다.

20 權田保之助, 『民衆娛樂問題민중오락문제』, 同人社書店, 1921, 84면.

21 물론 변사만이 **자유로운** 상황 설정권을 가졌던 것은 아니다. 이 글에서는 변사의 퍼 포먼스성을 전설적으로만 그렸는데, 실제로는 더 미묘한 역학이 복잡하게 작용하였 다. 이 점에 대해서는 다음 기회에 재검토하고자 한다.

22 坐藤忠男, 『日本映畫史Ⅰ 1896~1940일본영화사Ⅰ 1896~1940』, 岩波書店, 1995, 101면.

23 田中純一朗, 『日本映畵發達史1일본영화발달사1』, 中央公論社, 1980, 182면.

24 柳井義男, 『活動寫眞の保護と取締활동사진의 보호와 단속』, 有斐閣, 1929, 911면.

25 이 점에 대해서는 長谷正人, 「檢閱の誕生검열의 탄생」에서 깊이 다루고 있다.

26 長谷正人, 「檢閱の誕生검열의 탄생」, 『映像學영상학』 53호, 1994, 128면.

27 大森勝, 「草創期のカメラマン초창기 카메라맨」, 『講座日本映畵강좌일본영화』 1, 岩波書店, 1985, 219면.

28 三國一朗, 「活弁の話術활변의 화술」, 『講座日本映畵강좌일본영화』 1, 岩波書店, 1985, 299면.

29 御園京平, 『活劇時代활극시대』, 岩波書店, 1990, 34면.

30 初田亨, 『モダン都市の空間博物學―東京모던도시의 공간박물학―도쿄』, 彰國社, 1995, 216면.

31 嶺隆, 『帝國劇場開幕제국극장개막』, 中公新書, 1996, 181~188면.

32 都築政昭, 『シネマがやってきた!日本映畫事始め드디어 시네마가 왔다! 일본영화사 시작』, 小學館, 1995, 157면.

33 德川夢聲, 「くらがり二十年어둠의 20년」, 『私の履歷書나의 이력서』, 日本經濟新聞社, 1961, 52면.

34 吉山旭光, 『日本映畫界事物起源일본영화사물기원』, シネマと演芸社, 1933, 81~82면.

35 德川夢聲, 「說明術斷片설명술 단편」, 인용은 三國一朗, 「活弁の話術활변의 화술」, 『講座日本映畵강좌 일본영화』 1, 岩波書店, 1985, 307면.

36 이 글에서 사용하는 '현전現前', '재현(전)再現(前)'이라는 용어에 대해서는 Hansen, M., *Babel & Babylon : Spectatorship in American Silent Film*, Harvard UP를 참조.

37 丸山眞男・埴谷雄高, 「文學と學問문학과 학문」, 『丸山眞男座談8마루야마 마사오 좌담8』, 岩波書店, 1998, 165면.

38 졸고, 「「キノ・グラース」政治學영화눈'Kino-graz'의 정치학」, 『越境する知 4 裝置―壞し築く 국경을 넘는 지성4 장치―부수고 쌓는다』(栗原彬他 編), 東京大學出版會, 2000.

39 谷崎潤一郎, 「改造を要する日本の活動寫眞개조를 요하는 일본의 활동사진」, 『讀賣新聞요미우리신문』, 1920.5.9.

40 德川夢聲, 『私の履歷書나의 이력서』, 日本經濟新聞社, 1961, 284~285면.

41 初田亨, 『モダン都市の空間博物學―東京모던도시의 공간박물학―도쿄』, 彰國社, 1995, 216면.

42 加藤秋, 『映畵館の建築計畵영화관의 건축계획』, 洪洋社, 1932, 25면.

43 永井荷風, 『濹東奇譚보쿠토키탄』, 新潮文庫, 1951, 6면.

44 「昭和初期の新宿と映畵について쇼와 초기의 신주쿠와 영화에 대하여」, 『キネマの樂しみ키네마의 즐거움』(新宿歷史博物館 編), 新宿區敎育委員會, 1992, 8면.

45 礒谷道一, 『交通上より觀たる新宿の將來교통면에서 본 신주쿠의 장래』, 道路研究會,

1935, 2면.

46 武田至央, 「新宿展望신주쿠 전망」, 『新宿신주쿠』, 1930.9, 30면.

47 片野曉詩, 「理想興業を目標に—武藏野觀紹介이상흥업을 목표로—무사시노칸 소개」, 『活動俱樂部활동구락부』, 1920.11. 인용은 『キネマ樂しみ키네마의 즐거움』, 新宿區敎育委員會, 1992, 50면.

48 이상의 기술은 기본적으로 『キネマ樂しみ키네마의 즐거움』 제3장에 있는 橫溝良夫, 「新宿武藏野觀신주쿠 무사시노칸」에 의거했다.

49 酒井梁, 『日本歡樂鄕案內일본환락향 안내』, 竹醉書房, 1931, 83~83면.

50 加藤秋, 『映畵館の建築計畵영화관의 건축계획』, 洪洋社, 1932, 24~25면.

51 田中三郎, 「常設館雜話상설관 잡담」, 『MUSASINO』, 開館六周年記念號, 1926, 52면.

52 岩木憲兒 편, 『日本映畵とモダニズム일본영화와 모더니즘』, リブロポート, 1991, 201면.

53 嶺隆, 『帝國劇場開幕제국극장개막』, 中公新書, 1996, 306면.

54 初田亨, 『モダン都市の空間博物學—東京모던도시의 공간박물학—도쿄』, 彰國社, 1995, 235면.

55 吉見俊哉, 『都市のドラマトゥルギー도시의 트라마투루기』, 弘文堂, 1987, 249~253면.

56 田村幸彦, 『モロッコの想い出모로코의 생각』. 인용은 『キネマ樂しみ키네마의 즐거움』, 新宿區敎育委員會, 1992, 60면.

57 古谷綱正, 『私だけの映畵史나만의 영화사』, 暮しの手帖社, 1978, 53면.

58 吉田智惠男, 『もう一つの映畵史또 하나의 영화사』, 時事通信社, 1978, 238면. 『キネマ旬報키네마준보』 1931.3에 게재된 滋野辰彦의 「〈モロッコ〉모로코평」.

59 古谷綱正, 『私だけの映畵史나만의 영화사』, 暮しの手帖社, 1978, 54면.

60 八田元夫, 「國産トーキーの問題국산 토키의 문제」, 『新興映畵신흥영화』, 1930.1, 68면.

61 위의 책, 68면.

62 田中純一郎, 『日本映畵發達史Ⅱ일본영화발달사Ⅱ』, 中央公論社, 1980, 218면.

63 위의 책, 218면.

64 위의 책, 219면.

65 四方田犬彦, 『日本映畵史100年일본영화사 100년』, 集英社新書, 2000, 83면.

66 岩崎昶, 『映畵と資本主義영화와 자본주의』, 往來社, 1931, 220면.

67 佐々元十, 「トーキー論토키론」, 『プロレタリア映畵の知識프롤레타리아 영화의 지식』, 內外社, 1932, 167~168면.

68 위의 책, 170면.

69 岩崎昶, 『映畵と資本主義영화와 자본주의』, 往來社, 1931, 220면.

70 岩崎昶, 「反トーキー爭議반토키쟁의」, 『プロキノ프로키노』 1932.6·7, 16면.

제3장 '모던만자이'의 웃음과 폭력

1 『ヨシモト 요시모토』 제2권 9호, 1936.9, 58면.

2 그전까지는 축제적 문화실천을 사회의 안전판으로 파악하는 심리기능주의적인 연구가 많았으나 1970년대 후반부터 1980년대 초반에 걸쳐 새로운 분석들이 문화인류학이나 종교사회학 분야에서 활발히 논의되었다. 의례나 경계성liminality 연구로 유명한 빅터 터너Victor Turner, 거꾸로된 세계에 대해 논한 바바라 밥콕Babara A. Babock, 익살의 경계적 의미를 명확히 한 야마구치 마사오山口昌男, 미하일 바흐찐Mikhail Bakhtin의 민중문화나 카니발에 관한 논고, 축제라는 경계적인 시간에서 가치 / 계급 / 젠더의 전도를 체험하는 것이 사회혁명의식과 연결된다는 것을 논한 나탈리 데이비스Natalie Davis의 연구 등 다수.

3 鶴見俊輔, 「寄席の藝術 요세의 예술」, 『戰後日本大衆文化史─1945~80년 전후 일본의 대중문화사』, 岩波書店, 1984.

4 위의 책, 96면.

5 위의 책, 101면.

6 秋田實・工房ノア 편, 『大阪笑話史 오사카 소화사』, 1984.

7 근대 오락론에 관해 눈에 띄는 논고들은 다음과 같다. 津金澤聰黃, 「わが國における娛樂研究小史 일본 오락 연구 소사」, 『現代娛樂の構造 현대오락의 구조』(仲村祥一 편), 文和書房, 1973; 石川弘義, 「余暇埋論の源流─權田保之助からの出發 여가이론의 원류─콘다야스노스케부터의 시작」, 『現代マスコミュニケーション論 현대 매스커뮤니케이션론』(堀川直義 편), 川島書店, 1974; 吉見俊哉, 「盛り場研究の系譜 번화가 연구의 계보」, 『都市のドラマトゥルギー─東京・盛り場の社會史 도시의 드라마트루기─도쿄・번화가의 사회사』, 弘文堂, 1987.

8 南縛・社會心理研究所 편, 『大正文化 다이쇼 문화』, 勁草書房, 1965(南縛・社會心理研究所 편, 정대성 역, 『다이쇼 문화─1905~27』, 제이앤씨, 2007). 가장 이른 시기에 다이쇼 모던의 하이브리디티와 문화정치를 지적한 연구는 다음과 같다. Miriam Siverberg, "Remembering Pearl Harbor, Forgetting Charlie Chaplin, and the Case of the Disappearing Western Woman : A Picture Story", *Positions 1*, no.1, spring 1993.

9 근대의 웃음, 우스꽝스러움의 성질에 대한 고찰은 다른 기회에 다루겠지만, 문화사 연구자 다니엘 위크벅Daniel Wickberg의 다음 지적은 본고에서 다루는 만자이와 전쟁의 관계에 시사하는 바가 있다. 다니엘 위크벅은 '유머의 센스'라는 개념이 근대를 계기로 처음 부상한 것을 지적한다. '유머'라는 개념은, 18세기부터 19세기에 걸친 앵글로색슨계 부르주아 문화와 휴머니즘 사상에서 타인과 웃음을 공유하면서 공감이 발생하고 연민이나 동정, 배려라는 요소를 우선시하는 문화나 센티멘탈리즘을 기반으로 등장한 것이었다. 그러나 19세기 말부터 20세기에 이르러 상황은 바뀌었다. 유머는 근대 관료제 속에서 자기를 객체시하는 것이 가능한 능력, 어떤 것을 심각하게 파악하지 않는 능력 같은 규범적인 의미와 효력을 가진다. 결국 '유머의 센스' 유무는 그들과 우리를 구별하는 것에 있고, 유머를 깨트리는 것은 타자성(여성, 전쟁에서는 적, 사회운동이나 비판 일반 등)을 지시하는 것이 된다. Daniel Wickberg, *The sense of Humor : self*

and Laughter in Modern America, Ithaca : Cornell University Press, 1998. 웃음이 공동성의 경계를 구축하고 그 외부에 대하여 공격적이고 배타적인 것이 되는 것은 이러한 맥락에서 이해할 수 있다.

10 吉本興業株式會社 편,『吉本八十年の歩み요시모토 80년의 발자취』, 吉本興業株式會社, 1992, 42~44면.

11 前田勇,『上方まんざい八百年史카미가타만자이 팔백년사』, 杉本書店, 1975, 183면. 하나비시 아차코는 이미 '만자이万歲' 무대에서 유명했다. 요시모토 소속이던 하나비시 아차코를 요코하마 엔타츠와 결합시키게 된 내막에 대해서는 竹本浩三,『笑賣人林正之助伝－吉本興業を創った男웃음을 파는 사람 하야시 쇼노스케－요시모토흥업을 키운 남자』, 扶森社, 1997, 96~208면에 상세하게 나와 있다. 마에다 이사무前田勇는 샤베쿠리만자이의 새로움을 인정하는 동시에, 스나가와 스테마루砂川捨丸・나카무라 하루요中村春代 콤비의 가요만자이歌謠万歲나 오츠지 시로大辻司郎의 만단漫談과의 연속성을 강조한다.

12 吉本興業株式會社 편,『吉本八十年の歩み요시모토 80년의 발자취』, 吉本興業株式會社, 1992, 51면. 마에다 이사무는 '漫'이라는 문자를 다이쇼・쇼와기의 시대정신의 결정체로 논한다.『上方まんざい八百年史카미가타만자이 팔백년사』, 吉本興業株式會社, 1992, 194~198면.

13 竹村民郎,『笑樂の系譜－都市と余暇文化희극의 계보－도시와 여가문화』, 同文館出版, 1996, 45~47면.

14 위의 책, 47면.

15 요시모토흥행부의 독점은 오사카 텐만天滿의 '제2문예관' 매수를 시작으로, 1922년에는 약 30개의 요세를 소유했다고 기록되어 있다. 요시모토 전속화에 따라 개개의 예능인을 장악하는 한편, 그 후에는 아사쿠사 요세를 매수했다. 카츠라 하루단지桂春団治의 라디오 출연을 둘러싸고 요시모토흥업이 하루단지의 무대출연을 금지하는 조치를 취한 사건도, 예능인 관리의 하나였다.『吉本八十年の歩み요시모토 80년의 발자취』, 吉本興業株式會社, 1992, 10~55면.

16 미타 준이치三田純市는 엔타츠・아차코 현상에 대해 "지금까지는 실례라고 여겨지던 '양복에 로이드 안경에 약간의 콧수염'이라는 모습이, 오히려 관객의 눈에 신선하고 현대적인 모습으로 비춰졌다. 그들의 만자이는 인텔리층이 먼저 지지했다"라고 관찰하고 있다.『昭和上方笑藝史쇼와 카미가타 희극사』, 學藝書林, 1993, 71면. 마에다 이사무前田勇는 또, 엔타츠・아차코의 연기 목록 중 하나인「滿州異常あり만주, 이상있다」가 당시, 젊은 지식인들 사이에서 유행하던「西部戰線異狀なし서부전선 이상없다」를 패러디한 것을 예로 들었다. "엔타츠는 핵심을 찌르는 익살맞은 언어로, 인텔리에게도 어필하는 어구"를 채용하고 있다고 지적한다.『上方まんざい八百年史카미가타만자이 팔백년사』, 杉本書店, 1975, 190면.

17 立花登詩,「マンザイ新人論만자이 신인론」,『ヨシモト요시모토』제1권 제2호(1935.9), 76~77면.

18 宮田重雄,「寄席雜記요세잡기」,『ヨシモト요시모토』제1권 제2호(1935.9), 6면.

19『上方まんざい八百年史카미가타 만자이 팔백년사』, 杉本書店, 1975, 192면.

20 『ヨシモト 요시모토』 제1권 제1호(창간호), 1935.8, 30면.

21 『ヨシモト 요시모토』 제1권 제3호 표제화, 1935.10.

22 「漫才萬々歲 만자이 만만세」, 『ヨシモト 요시모토』 제1권 제2호, 1935.9, 20면.

23 竹村民郎, 『笑樂の系譜－都市と余暇文化 희극의 계보－도시와 여가문화』, 同文館出版, 1996, 48면.

24 權田保之助, 「國民娛樂の問題 국민오락의 문제」, 『權田保之助著作集 콘다 야스노스케 저작집』 제3권, 文和書房, 1975, 107면.

25 秋田實・工房ノア 편, 『大阪笑話史 오사카 소화사』, 1984, 54~55면.

26 위의 책, 75면.

27 秋田實, 『私は漫才作者 나는 만자이 작가』, 文藝春秋社, 1975, 22~23면.

28 秋田實・工房ノア 편, 『大阪笑話史 오사카 소화사』, 1984, 125면.

29 三田純市, 『昭和上方笑藝史 쇼와 카미가타 희극사』, 學藝書林, 1993, 101면.

30 秋田實・工房ノア 편, 『大阪笑話史 오사카 소화사』, 1984, 69・193면.

31 만자이를 시작으로 오락과 군사적, 식민지주의적 확장의 밀접한 관계는 『吉本八十年の歩み 요시모토 80년의 발자취』(58~69면)에 상세하게 기재되어 있다. 1937년 이후가 되자, 만자이회는 스스로를 국책에 동원시켜 간다. 칸사이關西 권역의 신문은 그것을 상세히 전하고 있다. 「娛樂界も總動員 오락계도 총동원」, 『大阪每日新聞 오사카 마이니치신문』, 1937. 9.8; 「わってらも日本の國民 貯金漫才やりまっさ 우리도 일본의 국민, 저금만자이를 하자」, 『大阪每日新聞 오사카 마이니치신문』, 1938.7.27. 당시 환영받던 만자이를 매우 불쾌한 것으로 비판한 다음과 같은 독자의 투고도 볼 수 있다. "지금의 만자이같이 저급하고 어리석은 웃음은 이렇게 긴급한 시국의 일본인에게는 결코 용인될 수 없다. 싸구려 웃음을 교묘하게 팔기 때문에 시종일관 저열한 웃음의 강매가 이루어진다. 이것이 우리 국민에게 무슨 이득이 있을지. (…중략…) 최근에는 국책의 환심을 사서 거기에 들러붙으려고 저축이라느니 봉사라느니 적당한 말로 얼버무리는데, 너무 역겨워서 듣기 힘들 정도다. 당장 모든 흥행을 금지시키는 것이 어렵다면, 가장 범위가 넓은 라디오 방송에서만은 백해무익한 만자이를 중지시켜야 한다." 『大阪每日新聞 오사카 마이니치신문』, 1941.7.2.

32 『ヨシモト 요시모토』, 제3권 제1호, 1937.1, 109~111면.

33 吉本興業株式會社 편, 『吉本八十年の歩み 요시모토 80년의 발자취』, 吉本興業株式會社, 1992, 76면. 미일전쟁 개시 후에도, '결전決戰'을 주제로 한 만자이 대본이 많이 출판되었다. 신흥 소속인 니시가와 사쿠라・히노데 西川サクラ・ヒノデ의 郡山一夫, 『決戰漫才サクラ・ヒノデ傑作集 결전 만자이 사쿠라・히노데 걸작집』, 淸敎社, 1943 등이 있다. 전쟁 사기를 높이기 위한 만자이 대본은 다수 제작되었지만, 그것들이 반드시 공연된 것은 아니라는 증언도 있다. 讀賣新聞大阪本社文化部 편, 『上方放送お笑い史 카미가타방송 웃음사』, 讀賣新聞社, 1999, 39면. 한편 요세 휴업이나 공연 중지라는 사태는 1944년이 되어 잇달아 일어난다.

34 秋田實, 『私は漫才作者 나는 만자이 작가』, 文藝春秋社, 1975, 244면. 럭키세븐의 '시국

만자이' 히트 목록인 「南支の思い出미나미의 추억」, 「國民精神總動員국민정신총동원」은 다음에 실려 있다. 『ラッキーセブン傑作集럭키세븐 걸작 만자이집』, 昭和書房, 1940.

35 鶴見俊輔, 「寄席の藝術요세의 예술」, 『戰後日本大衆文化史－1945~80년 전후 일본의 대중문화사』, 岩波書店, 1984, 95면.

36 秋田實·工房ノア 편, 『大阪笑話史오사카 소화사』, 1984, 39면.

37 위의 책, 45면.

38 위의 책, 224면.

39 竹村民郎, 『笑樂の系譜희극의 계보』, 同文館출판, 1996, 48면.

40 내가 여기서 논하는 것은 만자이의 '세간성'이 오락의 쾌락을 공공화 시킨 매체라는 사실이 만자이가 국책에 도움이 되는 것으로 환영받은 요인의 하나였다는 점이다. 바꿔말하면 공공성과는 구별되는 私性·개인성이 있는 것 같은 환상이 생기는 한편, 그런 개인의 욕구를 사정없이 공공화하여 공적으로 인식되는 것을 규범화하는 '근대'의 특성이 파시즘적 상황에 대항하는 힘을 가능하게 한다. 이것은 요시미 슌야가 콘다 야스노스케의 '전향'을 논할 때, 츠루미 슌스케가 민중을 '매스라는 집단'으로 파악한 실수라고 지적한 것을 받아들여, 콘다 야스노스케가 민중오락에서 '개인=고독'을 간과한 것이 '전향'의 하나의 중요한 계기였다고 간파하고 있는 것과 호응하는 것이다. 吉見俊哉, 『メディア時代の文化社會學미디어시대의 문화사회학』, 新曜社, 1994, 230~232면.

41 『ヨシモト요시모토』 제1권 제3호, 1935.10, 6~7면. 오쿠야奧屋에 대해서는 竹本浩三, 『笑賣人林正之助伝웃음을 파는 사람 하야시 쇼노스케』, 扶森社, 1997, 23면을 참조.

42 秋田實, 『私は漫才作者나는 만자이 작가』, 文藝春秋社, 1975, 151면.

43 『ヨシモト요시모토』 제1권 제4호, 1935.11, 5~20면.

44 위의 책, 8면.

45 위의 책, 9면.

46 위의 책, 12면.

47 위의 책, 14~15면.

48 위의 책, 7면.

49 Michael Rogin, *Blackface, White Noise : Jewish Immigrants in the Hollywood Melting Pot*, Berkeley : University of California, 1996.

50 秋田實, 『私は漫才作者나는 만자이 작가』, 文藝春秋社, 1975, 243면.

51 위의 책, 239면.

52 위의 책, 243면.

53 赤澤史郎·北河賢三 편, 「序」, 『文化ファシズム문화파시즘』, 日本經濟評論社, 1993.

54 藤原彰·今井淸一 편, 「戰時下の世相·風俗と文化전시하의 세태·풍속과 문화」, 『十五年戰爭史15년전쟁사』, 靑木書店, 1989, 226면.

55 赤澤史郎, 『近代日本の思想動員と宗敎統制근대 일본의 사상동원과 종교통제』, 校倉書房, 1985, 271~278면.

56 아카자와 시로와 키타가와 켄조가 주목하는 것은, 총동원체제 하에서의 통제에 인한 억압으로 인해 소멸되어 버린 '자유주의적인 사상과 문화의 흐름'이다. 전시 하에서 그 풍요함이 의외성을 띠고 말해지는 것은, 본래 자유주의에 뿌리를 두고 있는 것은 파시즘체제와는 서로 용인될 수 없는 것이라는 전제가 있기 때문이다.

57 「權田保之助の民衆娛樂論－日本の余暇・娛樂硏究の水源콘다 야스노스케의 민중오락론－일본의 여가・오락 연구의 수원」, 『余暇・娛樂硏究基礎文獻集 解說여가・오락 연구 기초문헌집 해설』(石川弘義 감수), 大空社, 1990, 44~45면. 이 외에, 石川弘義・田村紀雄・津金澤聰廣・松原洋三, 「シンポジウム・權田保之助の全体像とその現代的意義심포지움・콘다 야스노스케의 전체상과 그 현대적 의의」, 『權田保之助硏究콘다 야스노스케 연구』창간호, 1982; 寺出浩司, 「民衆生活の「自立」視点から「防術」への轉換－權田保之助の民衆娛樂論をめぐって민중생활의 '자립' 에서 '수단'으로의 전환－콘다 야스노스케의 민중오락론을 둘러싸고」, 『權田保之助硏究콘다 야스노스케 연구』1983.2; 津金澤聰廣, 「解說」, 『權田保之助著作集콘다 야스노스케 저작집』 제3권, 文和書房, 1975.

58 『權田保之助硏究콘다 야스노스케 연구』 제4호, 1986, 12~13면. 한편 여기서의 논의와는 달리, 콘다 야스노스케의 오락통제론을 파시즘과 같은 것으로 볼 수 없다고 보는 관점부터 콘다 야스노스케는 민중오락론 이후에도 관점이 변하지 않았다고 하는 논고도 있다. 田村穀牛, 「民衆娛樂の問題민중오락의 문제」, 『余暇・娛樂基礎文獻集 解說여가・오락 연구 기초문헌집 해설』(石川弘義 감수), 大空社, 1990, 213면.

59 戶坂潤, 「娛樂論－民衆と娛樂・その積極性と社會性오락론－민중과 오락・그 적극성과 사회성」, 『唯物論硏究유물론 연구』 제58호, 1937.

60 위의 책, 8면.

61 위의 책, 14~18면.

62 위의 책, 14~18면.

63 津金澤聰黃, 「わが國における娛樂硏究小史일본 오락 연구 소사」, 『現代娛樂の構造현대 오락의 구조』(仲村祥一 편), 文和書房, 1973, 279면.

64 戶坂潤, 「娛樂論－民衆と娛樂・その積極性と社會性오락론－민중과 오락・그 적극성과 사회성」, 『唯物論硏究유물론 연구』 제58호, 1937, 18면.

65 위의 글, 23면.

66 赤澤史郎 외편, 「敗戰直後の文化狀況と文化運動－演劇運動を中心として패전 직후의 문화상황과 문화운동－연극운동을 중심으로」, 『現代史と民主主義현대사와 민주주의』, 연보・일본현대사 제2호, 1996, 180면.

67 위의 글, 180~182면.

68 패전 후, 일본에 주둔한 점령군은 '국제친선위안협회國際親善慰安協會(R.A.A.Recreation and Amusement Association 오락과 위안 협회)'를 이용했다. 오늘날, 미군의 위안관련 시설은 'R&R(휴양과 오락Rest and Recreation)'이라고 불린다.

69 병사들의 여가와 오락에 대해 상세하게 명문화시킨 규율이 행해진 것 자체가, 남성병사의 매춘 욕구가 '자연적인' 생리적 욕구에 의한 것이 아님을 드러낸다.

제4장 식민주의와 이주

1 外務省領事移住部, 『わが國民の海外發展―移住百年の歩み우리 국민의 해외발전―이주백년의 발자취』, 外務省, 1971, 7면.

2 J. M. Allison, "Trend of Migratory Movements-Japan", *Records of the US Department of State Relating to the Internal Affairs of Japan 1930~1939*, Washington : Department of State, 1963.

3 Buruno Lasker ed., *Problems of the Pacific 1931: Proceedings of the Fourth Conference of the Institute of Pacific Relations*, Chicago : University of Chicago Press, 1932, p.424.

4 法務省入國管理室, 『出入國管理とその實体출입국관리의 실태』, 大藏省印刷局, 1946, 10면(Buruno Lasker ed., *Problems of the Pacific 1931 : Proceedings of the Fourth Conference of the Institute of Pacific Relations*에서 재인용).

5 이것을 다룬 적은 수의 연구에는 아래의 것이 포함된다. 竹中信子, 『植民地台湾の日本女性生活史―明治編식민지 타이완의 일본여성생활사―메이지편』, 田畑書店, 1995; 竹中信子, 『植民地台湾の日本女性生活史―大正編식민지 타이완의 일본여성생활사―다이쇼편』, 田畑書店, 1996; 竹中信子, 『植民地台湾の日本女性生活史―昭和編식민지 타이완의 일본여성생활사―쇼와편』 上・下, 田畑書店, 2001; 川村湊, 『ソウル都市物語서울도시이야기』, 平凡社新書, 2000, 117~164면

6 大隈重信, 「移民の眞髓이민의 진수」, 『最近移殖民研究최근 이식민 연구』 上(日本移民協會編), 東洋社, 1918, 1~3면.

7 예를 들어 아래의 저작을 참조. Louise Young, *Japan's Total Empire : Manchuria and the Culture of Wartime Imperialism*, Berkerly : University of California Press, 1998, p.319; Sandra Wilson, *The Mancurian Crisis and Japanese Society 1931~33*, London : Routledge, 2002, p.32.

8 矢內原忠雄, 「人口問題と移民인구문제와 이민」, 『移植民問題講習會講演集이식민문제 강습회 강연집』(社會局社會部 編), 1927, 75~112면.

9 위의 글, 220면.

10 室町康, 『樺太移住案內카라후토 이주안내』, 愛國主義社, 1913, 138면.

11 Hyungmin Pai, "Modernism, Development and the Transformation of Seoul : A Study of the Development of Sae'oon Sang'ga and Yoido", *Culture and the City in East Asia*, ed. Won Bae Kim, Oxford : Clarendon Press, 1997, pp.110~111, 혹은 Roger Mark Selya, Taipei, Chichester : J. Wiley, 1995, pp.23~24를 참조.

12 今村武志, 「市・豊原の姿도시, 토요하라의 모습」, 『樺太廳報카라후토 청보』 三, 1937, 202면.

13 齊藤富士雄, 「謹みて官幣大社樺太神社を語る삼가 칸페이샤 카라후토 신사를 이야기하다」, 『樺太廳報카라후토 청보』 四, 1937.

14　日本鐵道文化財団, 『樺太鐵道資料集카라후토 철도 자료집』, 日本鐵道文化財団, 1995, 32~34면.

15　이 영화를 상세하게 논하고 있는 자료로 테사 모리스－스즈키, "Northern Lights : The Making and Unmaking of Karafuto Identity", *Journal of Asian Studies*, vol.60 no.3, 2001, pp.645~671을 참조.

16　齊藤富士雄, 「謹みて官幣大社樺太神社を語る삼가 칸페이샤 카라후토 신사를 이야기하다」, 『樺太廳報카라후토 청보』 四, 1937, 87면.

17　畑山定治, 「樺太の記念碑と島民性－樺太名勝の碑話四十五集中より카라후토의 기념비와 도민성－카라후토 명승지의 비석이야기 45모음집 중에서」, 『樺太時報』 31, 1939, 83면.

18　田村志津枝, 『はじめに映畫があった－植民地台湾と日本태초에 영화가 있었다－식민지 타이완과 일본』, 中央公論新社, 2000.

19　土井武雄, 「鄕土民謠〈樺太よいこと〉〈拓けゆく樺太〉향토민요〈카라후토 좋을시고〉〈개척하는 카라후토〉」, 『樺太廳報카라후토 청보』 三, 1937, 295면.

20　成田龍一, 『〈故鄕〉という物語－都市空間の歷史學고향 이야기－도시공간의 역사학』, 吉川弘文館, 1998.

21　菅原榮藏, 「樺太廳博物館카라후토청 박물관」, 『樺太廳報카라후토 청보』 四, 1937, 116면.

22　樺太廳內務部營繕課, 「近く落成する樺太廳博物館곧 낙성하는 카라후토청 박물관」, 『樺太廳報카라후토 청보』 二, 1937, 102~103면.

23　大塚康博, 「展覽會の肉聲전람회의 육성」, 『新博物館態勢－滿州國の博物館が戰後日本に伝えていること신박물관태세－만주국 박물관이 전후 일본에게 전해준 것』, 名古屋市博物館, 1995. 혹은 「〈新態勢〉』の博物館とは, いったい何だったのか？－滿州國立博物館の記錄'신태세' 박물관은 대체 무엇이었나?－만주국립박물관의 기록」, 같은 책, 31면을 참조

24　「博物館を見る박물관을 본다」, 『樺太時報카라후토 시보』 28, 1939, 50면.

25　위의 글, 49~50면.

26　傳法谷英丸, 「鄕土における科學文化に就いて향토의 과학 문화에 관하여」, 『北方文化북방문화』 一・二, 1938.

27　寒川光太郎, 『草人짚인형』, 中央公論社, 1941에 실린 「嶺봉우리」, 「草人짚인형」, 「野鳥들새」의 단편을 참조

28　Human Friis, "Pioneer Economy of Sakhalin Island", *Economic Geography* 5, 1, 1939. pp.63~64.

29　樺太廳, 『樺太廳市政三十年史카라후토청 시정30년사』 上, 原書房, 1973(초판 1936), 472면.

30　本庄榮治郎, 「樺太を巡りて카라후토를 둘러싸고」, 『樺太廳報카라후토 청보』 一七, 1938, 23면.

31　樺太廳, 앞의 책, 98면.

32　樺太廳鐵道事務所, 『樺太の鐵道旅行案內카라후토의 철도여행안내』, 樺太廳鐵道事務所, 1928, 17면.

33　木原直彦, 『樺太文學の旅카라후토문학의 여행』 上, 共同文化社, 1994, 362~369면.

34 寒川光太郎, 「樺太紀行-のしたるじあ・さがれん카라후토 기행-노스탤지어·사할린」, 앞의 책, 152~153면.

35 川村湊, 『南洋・樺太の日本文學남양 카라후토의 일본문학』, 筑摩書房, 1994, 183~186면 참조.

36 예를 들어 豊原警察署東西條派, 「特高雜書綴 昭和 十二年度특고잡서철 쇼와 12년도」(li-1-65) 혹은 豊原警察署東西條派, 「特高雜書 十二年度특고잡서 12년도」(li-1-75). 문서들은 유즈노 사할린스크에 있는 Sakhalin Regional Archive에 있음.

37 「博物館を見る박물관을 보다」, 『樺太時報카라후토 시보』 28, 1939, 51~52면.

38 豊原警察署長, 「管下巡査殿-朝鮮人集団住居に關する調査方の件관하 순사들께-조선인집단거주에 관한 조사방법의 건」(li-1-59), 1936, 15면을 참조. 문서들은 유즈노 사할린스크에 있는 Sakhalin Regional Archive에 있음.

39 矢內原忠雄, 「殖民及殖民政策식민과 식민정책」, 『矢內原忠雄全集야나이하라 타다오 전집』 第一卷, 岩波書店, 1963, 308면.

40 小島麗逸, 「日本帝國主義の台湾山地支配-霧社蜂起事件まで일본 제국주의의 타이완 산지지배-우서 봉기 사건까지」, 『台湾霧社蜂起事件-研究と資料타이완 우서 봉기 사건-연구와 자료』(戴國輝 編), 社會思想社, 1981, 48면. 뽑아서 인용.

41 Government of Formosa, *Report on the Control of the Aborigines in Formosa*, Taihoku, Bureau of Aboriginal Affairs, 1911, p.20.

42 矢內原忠雄, 「殖民及殖民政策식민과 식민정책」, 『矢內原忠雄全集야나이하라 타다오』 第一卷, 306~308면.

43 Shuhsi Hsu, "Japanese Subjects in Manchuria : A Chinese View", Bruno Lasker ed., *Problems of the Pacific 1931 : Proceedings of the Fourth Conference of the Institute of Pacific Relations*, Chicago : University of Chicago Press, 1932, p.283.

44 Youn-Cha Shin Chey, "Soviet Koreans and the Politics of Ethnic Education", World Congress for Soviet and East European Studies ed. *The Politics of Nationality and the Erosion of the USSR*, Basingstoke : Macmillan, 1992, pp,126~140.

45 樺太廳警察部長, 「管下各警察署長殿-朝鮮人統計に關する件관하 각 경찰서장님께-조선인 통계에 관한 건」(li-1-59), 1936, 9~10면. 문서들은 유즈노 사할린스크에 있는 Sakhalin Regional Archive에 있음.

46 樺太廳警察部, 「樺太在留朝鮮人一般, 一九二九카라후토 재류 조선인 일반, 1929년」, 朴慶植編, 『日本植民地下の在日朝鮮人の狀況일본식민지하의 재일조선인의 상황』 第一二券, アジア問題研究所, 1990, 387~392면.

47 Charles L. de Vault, "Letter from Charles L. de Vault, American Consul Taihoku, to Secretary of State"(1925), *Records of the US Department of State Relating to the Internal Affairs of Japan 1930-1939*, Washington : Department of State, 1963

48 畑山定治, 「樺太の記念碑と島民性-樺太名勝の碑話四十五集中より카라후토의 기념비와 도민성-카라후토 명승지의 비석이야기 45모음집 중에서」, 『樺太時報』 31, 1939, 83면.

제5장 '낙토樂土'를 달리는 관광버스

1 川村湊, 『異郷の昭和文學이국의 쇼와문학』, 岩波新書, 1990; 川村湊, 『ソウル都市物語』, 平凡社新書, 2000(가와무라 미나토, 요시카와 나기 역, 『한양, 경성, 서울을 걷다』, 다인아트, 2004).

2 水內俊雄, 「植民地都市大連の都市形成식민지 도시 다롄의 도시형성」, 『人文地理인문지리』 제37권 제5호, 人文地理學會, 1985; 越澤明, 『植民地滿洲の都市計畵식민지 만주의 도시계획』, アジア経濟研究所, 1978; 越澤明, 『滿洲國の首都計畵만주국의 수도계획』, 日本経濟評論社, 1988; 越澤明, 『哈爾浜の都市計畵하얼빈의 도시계획』, 總和社, 1989; 飯塚キヨ, 『植民都市の空間形成식민도시의 공간형성』, 大明堂, 1985; ロバート・ホーム, 『植えつけられた都市-英國植民都市の形成이식된 도시-영국 식민도시의 형성』, 布野修司, 安藤正雄譯, 京都大學學術出版社, 2001(Robert K. Home, *Of planting and planning : the making of British colonial cities*, Spon, 1997).

3 이 분야에서는 니시자와 야스히코西澤泰彥의 저작들을 들 수 있다. 『図說「滿洲」都市物語도설 '만주'도시이야기』, 河出書房出版社, 1996; 『海を渡った日本人建築家해외로 간 일본인 건축가』, 彰國社, 1996; 『図說大連都市物語도설 다롄 도시이야기』, 河出書房出版社, 1998.

4 永井良和, 「植民地都市-近代日本が経驗したもうひとつの都市식민지 도시-근대 일본이 경험한 또 하나의 도시」, 『日本都市社會學會年報일본도시사회학회연보』 제16호, 日本都市社會學會, 1998; 永井良和, 「異文化接觸とネットワーク-植民地都市大連と文化の重層이문화 접촉과 네트워크-식민지 도시 다롄과 문화의 중층」, 『研究双書第112冊 組織とネットワークの研究』(組織とネットワーク研究班), 關西大學經濟政治研究所發行, 1999; 武庫川女子生活美學研究所ホテル小研究會, 『ホテル學研究-生活美學研究所ホテル小研究會報告書호텔학 연구-생활미학연구소 호텔소연구회 보고서』, 武庫川女子生活美學研究所ホテル小研究會發行, 1996.

5 成田龍一, 「近代日本都市史研究のセカンド・ステージ근대 일본 도시사 연구의 두 번째 무대」, 『歷史評論역사평론』 제500호, 1991.12, 198면.

6 Mary Louise Pratt, *Imperial Eyes : Travel Writing and Transculturation*, London and New York : Routledge, 1992, pp.6~7.

7 吉見俊哉, 『都市のドラマドゥルギ-東京・盛り場の社會史도시의 드라마투르기-도쿄 번화가의 사회사』, 弘文堂, 1987, 6~34면; 吉見俊哉, 『メデイア時代の文化社會學미디어시대의 문화사회학』, 新曜社, 1994, 258~293면.

8 越澤明, 『滿洲國の首都計畵만주국의 수도계획』, 日本経濟評論社, 1988. 2면.

9 예를 들어 1929년 일본여행협회 주최 제1회 '조선・만주 시찰단'은 다음과 같은 선전 문구를 냈다. "대륙을 보라! 조선을 보라! 대감격은 대륙이 아니면 얻기 힘들다!"(『旅타비』 제6권 제9호, 日本旅行協會, 1929.9, 86면). 그리고 1939년 발행된 팸플릿 『滿洲の觀光バス案內만주의 관광버스안내』도 다음과 같이 시작한다. "만주만큼 강하게 여행자

"

를 끄는 땅도 없을 것이다. 그것은 우리 일본의 앞날에 대해 위대한 해답을 주는 땅이기 때문이다. 풍요로운 광야, 평화로운 민심, 불처럼 타오르는 오족협화의 정신, 모든 게 일본인이 보아야 하고 알아야 할 것들 천지다. / 먼저 만주를 알자."(大連都市交通株式會社·奉天交通株式會社·新京交通株式會社·哈爾濱交通株式會社共同發行, 1939)

10 어빙 고프만, 김병서 역, 『자아표현과 인상관리—연극적 사회분석론』, 경문사, 1987.

11 バレン·L·スミス 편, 三村浩史 역, 『觀光リゾート開發の人類學—ホスト&ゲスト論でみる地域文化の對応관광리조트 개발의 인류학—호스트와 게스트론으로 본 지역문화의 대응』, 勁草書房, 1991(Valene L. Smith 편, *Hosts and guests : the anthropology of tourism*, University of Pennsylvania Press, 1989); 山下晋司, 「觀光人類學案內관광인류학안내」, 『觀光人類學』, 新曜社, 1996, 6면(야마시타 신지, 황달기 역, 『관광인류학의 이해』, 일신사, 1997).

12 '문화브로커'는 デニッソン·ナッシュ, 三村浩史 역, 「帝國主義の一形態としての觀光活動제국주의의 한 형태로서의 관광활동」, 『觀光リゾート開發の人類學—ホスト&ゲスト論でみる地域文化の對応관광리조트개발의 인류학—호스트와 게스트론으로 본 지역문화의 대응』(バレン L. スミス 편), 勁草書房, 1991, 63면. '경계인'은 ゼロン·ヌーネッツ, ジェームス·レット, 「人類學から展望する觀光活動の研究인류학이 전망하는 관광활동 연구」, 같은 책, 372면. '문화중개자'는 吉野耕作, 『文化ナショナリズムの社會學문화 내셔널리즘의 사회학』, 名古屋大學出版會, 1997, 241~250면, 253~256면을 각각 참조(요시노 코사쿠, 김태영 역, 『현대 일본의 문화 내셔널리즘—현대 일본 아이덴티티의 행방= *Nationalisms in Japan*』, 일본어뱅크, 2001). 덧붙여 이들 개념에 대한 정리는 中村純子, 「觀光産業での「文化仲介者」の役割관광산업에서의 '문화중개자'의 역할」, 『日本國際觀光學會論文集일본국제관광학회논문집』 제8호, 日本國際觀光學會, 2001.1 참조.

13 エドワード W. サイード, 今井記子 역, 『オリエンタリズモ』, 平凡社, 1986, 200면(에드워드 W. 사이드, 박홍규 역, 『오리엔탈리즘』(증보판), 교보문고, 2000).

14 본토 일본인이 재만 일본인을 연민에 가득 찬 소원한 시선으로 봤다는 기술은 平井三朗, 『大陸無錢旅行대륙무전여행』, 牧口五明書店發行, 1931, 184면; 今枝折夫, 「滿洲認識漫談만주인식만담」, 『旅타비』, 1932.6, 52~54면; 松尾千賀子, 「綠を行く旅—撫順高女四年生北滿修學記抄푸르름을 가는 여행—푸순고녀4학년 북만주 수학여행 기념집」, 『月刊滿洲월간만주』 제5권 제7호, 月刊滿洲社(新京), 1932.7, 55면 등에서 볼 수 있다.

15 Dean MacCannel, *The Tourist : A New Theory of the Leisure Class*, New York : Schocken Books, 1989, pp.105~107(Dean MacCannel, 오상훈 역, 『관광객—신유한계급론』, 일신사, 1994).

16 高媛, 「'新天地'への旅行熱'신천지' 여행열(上)·(下)」, 『觀光文化관광문화』 제150호, 제151호, 日本交通公社, 2001.11, 2002.1; 有山輝雄, 『海外觀光旅行の誕生해외 관광여행의 탄생』, 吉川弘文館, 2002를 참조.

17 高砂政太朗, 「鮮滿案內雜感조선·만주 안내잡기」, 『旅타비』, 日本文化旅行協會, 1924.12, 26면.

18 高橋武雄, 『赤裸々の滿蒙적나라한 만몽』, 敬文堂書店(東京), 1927, 2면.

19 "관광 낙토"는 1935년 2월에 개최된 '日滿觀光會議일만관광회의'를 맞아, "이 일만의 천

지를 뛰어난 관광 낙토로 만들기 위해 각 관계 기관이 모두 하나로 모여"라고 한 신문 기사에 나온 것이다. 『오사카아사히신문』(만주판), 1935.1.30. 또 '관광 낙토'로서의 만주가 구미나 중국 본토에게 '정의正義 일본'을 보여주는 광고탑으로 활용되어 온 경위에 대해서는, 吉見俊哉 편저, 『一九三〇年代のメディアと身体1930년대 미디어와 신체』, 靑弓社, 2002에 수록된 高媛, 「二つの'近代'の痕迹――一九三〇年代における'國際觀光'の展開を中心に·근대'의 두 가지 흔적—1930년대 '국제 관광'의 전개를 중심으로」 참조

20 『旅타비』, 1934.6, 163면; 『滿支旅行年鑑 昭和 一四年만주·중국여행연감 쇼와 14년』, ジャパン・ツーリスト・ビューロー滿洲支部, 1938, 89면.

21 1939년까지 '조선·만주 안내소'의 소재지는 도쿄(2개소), 오사카, 모지, 시모노세키, 니가타, 오타루, 나고야, 츠루가, 나가사키에 있었다(『鮮滿支旅の栞조선·만주·중국 여행의 길잡이』, 南滿洲鐵道株式東京支社, 1939). 또 1939년 4월에 '鮮滿支案內所조선·만주·중국 안내소'로 이름을 바꾸었으며, 1941년 6월 1일부터 만주여행의 단체관광객 알선 업무는 저팬 투어리스트 뷰로에서 맡게 되었다.

22 뷰로는 1941년 8월에 '사단법인동아여행사', 1942년 12월에 '재단법인동아여행사', 다음해 1943년 12월에 '재단법인동아교통공사'로 이름을 바꾸었다.

23 日本交通公社社史編纂室, 『日本交通公社七十年史일본교통공사70년사』, 1982, 34~35면.

24 『도쿄아사히신문』, 1931.11.29; 『昭和二万日の全記錄―非常時日本쇼와 2만 일의 전기록―비상시기의 일본』第三卷, 講談社, 1989, 45면; 津金澤廣·有山輝雄 편저, 『戰時期日本のメディア・イベント전시기 일본의 미디어·이벤트』卷末年表, 世界思想社, 1998 등을 참조.

25 신문사 주최로는, 『유칸오사카신문』 외에도 『요미우리신문』 '조선·만주시찰단'(1934), 오사카마이니치, 도쿄니치니치신문東京日日新聞주최 '만주·북중국시찰단'(1936), 철도성 관계 주최로는 도쿄철도국주최(1933), 나고야운수사무소주최 '조선·만주실정시찰단'(1934), 뷰로주최(1933, 1935~37, 1939), 일본여행회주최(1931~40, 매년) 등이 있었다.

26 포스터―실물.

27 http://www.sphere.ne.jp/kinshi/

28 『오사카아사히신문』(만주판), 1935.1.23.

29 『日本交通公社五十年史일본교통공사50년사』, 日本交通公社, 1962, 162면.

30 東亞交通公社滿洲支社 편, 『滿支旅行年鑑 昭和一九年版만주·중국여행연감 1944년판』, 東亞交通公社滿洲支社, 1944.1, 39면.

31 加藤郁哉, 「滿洲の旅行に就て만주여행에 부처」, 『旅行滿洲여행만주』제2권 제3호, ジャパン・ツーリスト・ビューロー大連支部, 1935.5, 28면.

32 이 글에서 다룬 6대 도시 이외에 1937년에 지린吉林시, 1938년에 청더承德시에서도 관광버스 운행이 시작되었다.

33 『奈良交通のあゆみ나라교통의 발자취』, 奈良交通株式會社, 1994, 26면.

34 『國都觀光バス案內국도관광버스안내』(소책자), 新京交通株式會社, 출판년도불명(1938년 이후로 추정).

35 「今日の奉天を語る평텐의 오늘을 말한다」(좌담회)에서 사카이 노보루酒井昇(평텐교통주식회사관광계장)의 발언. 『月刊滿洲월간만주』 제13권 제11호, 月刊滿洲社(新京), 1940.11, 99면.

36 東亞旅行社滿洲支部 편, 『滿支旅行年鑑 昭和一七年版만주·중국여행연감 쇼와 17년판』, 東亞旅行社滿洲支部, 1941, 374~375면.

37 1929년 3월31일 조사에 따름. 米內山震作, 「戰跡の旅順としての振興策전쟁유적지인 뤼순의 진흥책」, 『旅順振興策뤼순진흥책』, 1931.1.

38 米內山震作, 「戰跡の旅順としての振興策전쟁유적지인 뤼순의 진흥책」, 『旅順振興策뤼순진흥책』, 1931.1. 강조는 원문 그대로.

39 『聖地旅順성지뤼순』, 旅順市役所發行, 1933.8. 이 리플릿은 1939년 2월에 개정판이 발행되었다.

40 「펑텐의 오늘을 말한다」 좌담회에서 사카이 노보루의 발언. 『月刊滿洲월간만주』 제13권 제11호, 月刊滿洲社(新京), 1940.11, 98면.

41 關口英太朗, 「新京觀光バスと私신징 관광버스와 나」, 『月刊滿洲월간만주』 제12권 제9호, 月刊滿洲社(新京), 1939.9, 217면.

42 「滿洲事変の聖地化大本營に立ちて-奉天觀光バス案內孃から만주사변의 성지화 대본영에 서서-펑텐 관광버스 안내양으로부터」, 『新滿洲신만주』 제3권 제9호, 滿洲移住協會, 1939.9, 63면.

43 橘外男, 「新京·哈爾賓赤毛布신징, 하얼빈의 촌뜨기」, 『文藝春秋문예춘추』 제18권 제6호, 1940.4, 324면.

44 長谷川傳次朗, 『滿洲紀行만주기행』, 目黑滿書店, 1941, 90면.

45 輕部雅太朗편, 『橫浜市敎育視察団鮮滿支等視察報告요코하마시 교육시찰단 조선·만주·중국 시찰 보고』, 1940, 66~71면.

46 「펑텐의 오늘을 말한다」 좌담회에서 사카이 노보루의 발언. 『月刊滿洲월간만주』 제13권 제11호, 月刊滿洲社(新京), 1940.11, 99면.

47 「觀光と保健を語る座談會관광과 보건을 이야기하는 좌담회」에서 緖方彌吉(펑텐관광협회 주사)의 발언. 『觀光東亞관광동아』 제8권 제11호, 東亞旅行社滿洲支部(奉天), 1941.11, 16면.

48 宇佐美喬爾, 「觀光滿洲관광만주」, 『旅行滿洲여행만주』 제4권 제4호, ジャパン·ツーリスト·ビューロー大連支部, 1937.4, 14면.

49 加藤郁哉, 「滿洲の旅行に就て만주여행에 붙여」, 『旅行滿洲여행만주』 제2권 제3호, ジャパン·ツーリスト·ビューロー大連支部, 1935.5, 27면.

50 『新京』, 滿鐵·鐵道총국, 1937.6에 게재된 관광버스의 전 코스는 다음과 같다.(○는 하차장소). 신징역앞-중앙도리通-○신징신사-군사령부앞-○충령탑-○콴성즈-신징역앞-니혼바시도리-구국무원앞-○궁내부-따마루-난콴南關-○난링-재정부앞-○국무원-흥아가興亞街-○국도건설국-신징역.

51 木南人, 「全滿觀光バス行脚(3)-大連の部전만주 관광버스 순례(3)-대련」, 『月刊滿洲월간만

주』 제11권 제10호, 月刊滿洲社(新京), 1938.10, 140~141면.

52 『滿洲の觀光バス案內만주의 관광버스 안내』, 大連都市交通株式會社・奉天交通株式會社・新京交通株式會社・哈爾濱交通株式會社共同發行, 1939.

53 杉山佐七, 『觀て來た滿鮮보고 온 만주 조선』, 日本商業敎育會, 1935, 104~107면.

54 『南滿洲鐵道旅行案內남만주철도여행안내』, 南滿洲鐵道株式會社, 1924, 43~44면.

55 木南人, 「全滿觀光バス行脚(3)－大連の部전만주 관광버스 순례(3)－대련」, 『月刊滿洲월간만주』 제11권 제10호, 月刊滿洲社(新京), 1938.10, 145면.

56 『大連旅順旅行案內대련・뤼순 여행안내』, 國際觀光案內出版部, 1939, 6면.

57 太平洋戰爭硏究會, 『図說滿洲帝國도설 만주제국』, 河出書房新社, 1996, 88~89면.

58 예를 들면 좌담회 '滿洲を語る만주를 말한다'에서 다카스 슌이치高須俊一의 발언, 『旅타비』, 1936.6, 99~100면; 田章一, 「北滿に見る東京音頭風景－日本語氾濫時代북만주에서 본 도쿄 온도 풍경－일본어범람시대」, 『旅타비』, 日本文化旅行協會, 1936.7, 13면; 田中正南, 「マンシウ偶感만주감상」, 『大阪より滿鮮北支へ오사카에서 만주・조선・북중국으로』(杉道助 편), 滿支視察団編輯部, 1936, 181~182면 등이 있다.

59 『滿洲の觀光バス案內만주의 관광버스 안내』, 大連都市交通株式會社・奉天交通株式會社・新京交通株式會社・哈爾濱交通株式會社共同發行, 1939; 宇佐美喬爾發行, 加藤郁哉 편집, 『南滿洲鐵道旅行案內남만주 철도여행 안내』, 南滿洲鐵道部旅客課, 1935, 104면.

60 田山花袋, 『滿鮮の行樂만주・조선의 행락』, 大阪屋号書店, 1924. 53면. 그리고 吉田潤, 「滿洲のどこをねらうか만주의 어디를 노릴까」, 『旅行滿洲여행만주』 제4권 제4호, ジャパン・ツーリスト・ビューロー大連支部, 1937.4, 71면 등이 있다.

61 吉見俊哉, 『都市のドラマドゥルギー東京・盛り場の社會史도시의 드라마투르기－도쿄 번화가의 사회사』, 弘文堂, 1987, 195면.

62 『滿洲觀光バス案內만주 관광버스 안내』, 大連都市交通株式會社・奉天交通株式會社・新京交通株式會社・哈爾濱交通株式會社共同發行, 1939; 宇佐美喬爾發行, 加藤郁哉편집, 『南滿洲鐵道旅行案內남만주철도여행안내』, 南滿洲鐵道部旅客課, 1935, 104면.

63 木南人, 「全滿觀光バス行脚(3)－大連の部전만주 관광버스 순례(3)－대련」, 『月刊滿洲월간만주』 제11권 제10호, 月刊滿洲社(新京), 1938.10, 144면.

64 木南人, 「全滿觀光バス行脚(3)－大連の部전만주 관광버스 순례(3)－대련」, 『月刊滿洲월간만주』 제11권 제10호, 月刊滿洲社(新京), 1938.10, 144~145면.

65 「優秀ガイド養成 滿人街にも案內우수가이드 양성－만주인 거리까지 안내」, 『觀光東亞관광동아』 제7권 제4호, 東亞旅行社滿洲支部(奉天), 1940.4, 114면.

66 『哈爾濱どころどころ하얼빈의 곳곳』(觀光叢書第六 輯), 滿鐵鐵道總局營業局旅客課, 1939.8, 18면,

67 楯山盛夫, 『私のなかの滿洲－義勇隊訓練所と戰跡내 안의 만주－의용군 훈련소와 전적지』, 主婦の友出版サービスセンター, 1983, 132면.

68 奧野他見男, 『ハルビン夜話하얼빈야화』, 潮文閣, 1923년 1월 10일 발매, 5월 130판; 『ハ

ルビン夜話하얼빈야화』, 玉井淸文堂, 1929; 『ユーモア小說 ハルビン夜話유머소설 하얼빈 야화』, 金鈴社, 1939.

69 奧野他見男, 『ハルビン夜話하얼빈야화』, 玉井淸文堂, 1929, 128면.

70 嘉村滿雄, 「滿洲夜話만주야화」, 『月刊滿洲월간만주』 제14권 제10호, 月刊滿洲社(新京), 1941.11, 44면. 今枝折夫, 『滿洲異聞만주이문』, 月刊滿洲社發行, 1935, 88~91면 등이 있다.

71 〈內鮮滿周遊の旅・滿洲編일본・조선・만주를 주유하는 여행・만주편〉, 滿鐵映畫製作所, 1937(『滿鐵記錄映畫集』 第二卷, 일본영화신사, 1998).

72 「異國情緒豊な哈爾濱に觀光客を招く新プラン이국정서 풍부한 하얼빈으로 관광객을 초대하는 새로운 계획」, 『觀光東亞관광동아』 제6권 제3호, 東亞旅行社滿洲支部(奉天), 1939.3, 119~120면.

73 『哈爾濱ノ觀光 附サービス하얼빈의 관광 부가서비스』, 哈爾濱觀光協會, 1939.5, 17면.

74 「突擊隊돌격대」, 『滿洲觀光聯盟報만주관광연맹보』 제4권 제5호, 滿洲觀光聯盟, 1940.10, 32면.

75 永見文太朗, 『新京案內신징안내』, 新京案內社(新京), 1939, 97~98면. 또한, 일본어코스는 3시간에 1인당 2엔이 드는 데 비해, 중국어코스는 2시간 반에 1.5엔으로 설정되었다. 『觀光東亞관광동아』 제8권 제6호, 東亞旅行社滿洲支部(奉天), 1941.6, 광고.

76 중일전쟁 발발 후 국제관광국과 뷰로 만주지부의 활동을 중심으로 중국 대륙을 대상으로 하는 관광 선전과 선무공작의 연동이 어떻게 전개되었는지에 관해서는 내가 쓴 「'新天地'への旅行熱신천지' 여행열(上)・(下)」, 『觀光文化관광문화』 제151호, 日本交通公社, 2002.1 참조.

77 山田健二, 「觀光滿洲の進むべき道관광만주가 가야 할 길(中)」, 『月刊滿洲월간만주』 제12권 제5호, 月刊滿洲社(新京), 1939.5, 49~50면.

78 『東亞旅行社滿洲支部十五年誌동아여행사 만주지부 15년지』, 東亞交通公社滿洲支社, 1943, 70~71면.

79 長澤英雄, 「大東亞共營圈旅行日程대동아공영권 여행일정」, 『觀光東亞관광동아』 제10권 제2호, 東亞旅行社滿洲支部(奉天), 1943.2, 34~39면.

80 베네딕트 앤더슨, 윤형숙 역, 『상상의 공동체―민족주의의 기원과 전파에 대한 성찰』, 나남출판, 2002, 223면.

제6장 식민지 '조선'과 제국 '일본'의 여성표상

1 駒込武, 『植民地帝國日本の文化統合식민지제국일본의 문화통합』, 岩波書店, 1996.

2 '조선'과 '한국', '조선인'과 '한국인'처럼 각 지역에 따라 다른 한자어는, 특히 이 글에서처럼 식민지기를 고찰대상으로 삼을 때, 항상 어떤 사용의 선택을 강요당한다. 소위

‘한자문화권’이라고 불리는 지역에서, 이런 용어는 사용되는 시기나 그 지역을 둘러싼 상황을 표상하는 기호이기 때문이다. 이 글에서는 ‘조선미술전람회’나 ‘조선총독부’, ‘조선박람회’와 같은 고유명사, 당시 문헌의 인용, 그 식민지 ‘조선’과 같은 문맥상 필요한 경우를 제외하고서는 기본적으로 ‘한국’, ‘한국인’이라는 표기를 사용한다.

3 北澤憲昭, 『眼の神殿눈의 신전』, 美術出版社, 1989.

4 근대 일본미술사의 영역에서, 근대 ‘일본미술’의 내력을 밝히고, 그 정치성을 질문하는 시도는 1980년대 후반부터 확실한 진전을 보이고 있다. 佐藤道信, 『‘日本美術’の誕生－近代日本の‘ことば’と戰略‘일본미술’의 탄생－근대 일본의 ‘언어’와 전략』, 講談社選書メチエ, 1996, 92면; 北澤憲昭, 『眼の神殿눈의 신전』, 美術出版社, 1989 참조.

5 1893년(메이지 26년) 시카고·콜롬버스 세계 박람회의 출품작 선정을 맡았던 농상무성 박람회 사무국에서는, 일본고유의 미를 알린다는 목적에 서양화는 적절하지 않다는 의견이 주류였다.

6 1901년(메이지 34년) 쿠로다 세이키의 여성나체화가 제6회 하쿠바카이白馬會에 출품되었을 때에는 그림 속 여성의 하반신을 가렸기 때문에 전시될 수 있었다.

7 유럽체류 경험이 있었던 문부성관료 쿠기 류이치九鬼隆一의 배려로 철거는 면했다. 이 시기의 서양화 주제에 대해서는 「描からた歷史－近代日本美術にみる傳說と神話묘사된 역사－근대 일본미술로 보는 전설과 신화」展 카탈로그(兵庫縣立美術館·神奈川縣立美術館編集) 1993, 高階秀爾 감수, 『繪畵の明治－近代國家とイマジネーション회하의 메이지－근대국가와 이미지네이션』, 每日新聞社, 1996, 참조.

8 東京國立文化財研究所 編, 『人の‘かたち’人の‘からだ’－東アジア美術の視座사람의 ‘형태’ 사람의 ‘몸’－동아시아 미술의 시각』, 平凡社, 1994.

9 브라이슨에 따르면, 그림 속의 만돌린은 아틀리에의 분위기와 연극성을 연출하고, 여성에게 모델로서 정해진 역할을 부여하지만, 베개와 여성의 선정적인 포즈는 그녀를 성적 대상인 것처럼 보이게 한다. 東京國立文化財研究所編, 『人の‘かたち’, 人の‘からだ’－東アジア美術の視座사람의 형태 사람의 몸－동아시아 미술의 시각』, 平凡社, 1994 참조.

10 池田忍, 『日本繪畵の女性像 ジェンダー美術史の視點から일본회화의 여성상 젠더미술사의 시점에서』(第四章 近代日本畵の土地と女性제4장 근대 일본화의 토지와 여성) 筑摩書房, 1998 참조.

11 若桑みどり, 『隱された視線 浮世畵·洋畵の女性裸體像감추어진 시선 우키요에와 서양화의 여성나체상』(岩波 近代日本の美術 2), 岩波書店, 1997.

12 若桑みどり, 『隱された視線 浮世畵·洋畵の女性裸體像감추어진 시선 우키요에와 서양화의 여성나체상』(岩波 近代日本の美術 2), 岩波書店, 1997 및 池田忍, 『日本繪畵の女性像 ジェンダー美術史の視點から일본회화의 여성상 젠더미술사의 시점에서』, 筑摩書房, 1998 참조.

13 金惠信, 「韓國近代美術におけるジェンダー－植民地期官展の女性イメージおめぐって한국근대미술의 젠더－식민지기 관전의 여성이미지와 관련해서」, 『女? 日本? 美?－新たなジェンダー批評に向けて여성? 일본? 미?－새로운 젠더비평을 향해』(熊倉敬聰·千野香織 編), 慶應義塾大學出版會, 1999 참조.

321

14 한국사사전편찬위원회 편, 『한국근현대사사전 1860~1990』, 가람기획, 1990~91, 158~161면. 3·1운동에 관한 일본어문헌은 다음을 참조한다. 姜德相, 「日本の朝鮮支配と三·一獨立運動일본의 조선지배와 3·1독립운동」, 『岩波講座世界歷史이와나미 강좌 세계사』 25, 岩波書店, 1970.

15 姜東鎭, 『日本の朝鮮支配政策史研究일본의 조선지배정책사 연구』, 東京大學出版會, 1979.

16 김상태 편, 『윤치호일기 1916~43─한 지식인의 내면세계를 통해 본 식민지기』, 역사비평사, 2001, 188면,

17 물론 이광수의 민족개조론만이 3·1운동 이후 지식인의 생각이었다고 할 수는 없다. 예를들어, 독립운동가이자 사상가였던 신채호는 「조선혁명선언」에서 이광수의 실력양성론을 체제에 순응하는 사고라고 통렬히 비판했다. 최영, 『근대한국의 지식인과 그 사상』, 문학과 지성사, 54~73면.

18 『書畵協會回報서화협회회보』 제2호, 1922.7.

19 이구열은 이런 사실이 서화협회의 위기를 가져왔던 원인 중 하나라고 지적한다. 『韓國近代美術散考한국근대미술산고』, 을유문화사.

20 『조선』 제88호, 1933.7.

21 駒込武, 『植民地帝國日本の文化統合식민지제국일본의 문화통합』, 岩波書店, 1996, 196면 참조.

22 프랑스의 외교관이자 시인이기도 했던 조르쥬 듀크로Georges Ducrog는 1904년에 쓴 여행기에서 약소국으로 여러 외국의 영향력에 크게 좌우되었던 당시의 한국에서 외국어학교는 야심이 있는 우수한 젊은이가 모여들었던 곳이며, 통역은 양반 다음의 서열에 위치하는 정도였다고 쓰고 있다. 채미경 역, 『가련하고 정다운 나라, 조선』, 눈빛, 2001, 121~123면(Georges Ducrog, *Pauvre et Douce*, H. Champion Libraire, Paris, 1904) 및 이만규, 『조선교육사』 II, 거름, 1988, 57~58면.

23 고희동, 「나와 서화협회시대」, 『新天地신천지』, 1954.

24 최근에는 시대의 시각문화를 구성하는 순수미술과 상업미술을 도마위에 올려놓고, 양자의 상관성을 중시하는 전람회가 개최되었다. 예를 들어 『モボ·モガ 1910~35모보·모가』전(神奈川縣 縣立美術館, 1998)은 대단히 충실한 내용이었다.

25 「東鄕靑兒」, 『私の履歷書 第六卷 文化人나의 이력서 제6권 문화인』, 日本經濟新聞社, 1988.

26 '모보·모가'에 대해서 미나미 히로시南博는 "모보는 모가에 대응해서 말하자면 부수적이고, '모가' 쪽이 사회적, 문화적인 의미가 강하다"고 지적하고 있다. 또한 '모보'에는 사회적 문화적 의미가 아니라 "오로지 향락적인, 그것도 경박한 존재로 되어 있다"라고도 설명한다. 양 쪽의 비대칭성은 표현의 주체인 화가나 사진가, 사회풍속이나 문화에 대해서 언급하는 저술가의 대다수가 남자였다는 사실과 무관하지는 않다. 근대화의 주체인 그들 남성성의 구축에 새로운 여성존재가 필요했다. 南博 편, 『日本モダニズンの研究일본모더니즘의 연구』, ブレーン出版, 1982.

27 若桑みどり, 『隱された視線 浮世畵·洋畵の女性裸體像감추어진 시선 우키요에와 서양화

의 여성나체상』(岩波 近代日本の美術 2), 岩波書店, 1997 주목.

28 여자미술학교가 개교하면서, 시민계급의 자녀가 서양화나 일본화를 본격적으로 배울 기회가 생겼다. 일본 여성화가의 작품과 여성성의 문제에 관해서는 「奔る女たち날뛰는 여성들」展(토치기栃木 현립미술관, 2001년)의 카탈로그에 게재된 코카츠 레이코小勝禮子씨의 고찰을 참고하길 바란다.

29 Griselda Pollock, 荻原弘子 譯, 『視線と差異－フェミニズムで讀む美術史시선과 차이－페미니즘으로 읽는 미술사』(第三章 女性性の空間とモダニティ), 新水社, 1998.

30 池田忍, 『日本繪畫の女性像 ジェンダー美術史の視點から일본회화의 여성상－젠더미술사의 시점에서』, 筑摩書房, 1998, 198~200면 참조.

31 임인생, 「모던이씀」, 『별건곤』, 1930.1, 136면(필자는 김진송, 『현대성의 형성－서울에 딴스홀을 허하라』, 현실문화연구, 1999, 57면에서 재인용했고, 역자는 『별건곤』 원문을 인용했다).

32 김진송은 또한 신흥물리, 신흥사상, 신흥예술과 같이 당시 쇄도했던 개념의 대부분에 붙여졌던 '신흥'이라는 접두어는 사회주의로부터 아방가르드에 이르는 서구 첨단경향을 가리킨다고 지적한다. 김진송, 『현대성의 형성－서울에 딴스홀을 허하라』, 현실문화연구, 1999, 38~42면. 나아가 손정목, 『일제강점기 도시사회상 연구』, 일지사, 1996, 98~144면.

33 최혜실, 『신여성들은 무엇을 꿈꾸었는가』, 생각의 나무, 2000, 187~188면. 여기에서 최혜실은 한국근대시기의 소설가 염상섭의 작품을 인용하고 있다.

34 金惠信, 「韓國近代美術におけるジェンダー植民地期官展の女性イメジおめぐって한국근대미술의 젠더－식민지기 관전의 여성이미지를 중심으로」, 63~80면 참조. 이 논문에서 필자는 선전鮮展에 묘사된 전통의상의 여성상을 오리엔탈리즘의 전형적 식민지 표상으로 분석했다. 후반에서는 식민지 말기인 제2차 세계대전 하의 식민지에서 친일 경향이 있는 작가들이 묘사했던, 얼핏 식민지를 무력함과는 모순적인 것처럼 보이게 하는 생생한 여성이미지를 다루었다. 그것은 식민지와 전쟁이라는 폭력 논리가 지배하는, 동일한 문맥에서 일어난 동전의 양면에 새겨진 이미지였다.

35 『동아일보』, 1929.9.3~9.12.

36 姜尙中, 『オリエンタリズムの彼方へ오리엔탈리즘을 넘어서』, 岩波書店, 1996, 96면 참조.

37 이미 지적했던 것처럼 선전鮮展에서는 여성누드화도 적었다. 오광수 『한국근대미술사상노트』, 일지사, 1987, 30면. 여기서는 확실히 여성의 나체에 대한 강한 저항이라는 유교적 가치관을 그 원인의 하나로 들 수 있다. 그러나 단지 그것만을 강조하는 것은 '지켜야 할 여성의 나체'와 '지키지 못했던 남성의 수치'라는, 종군위안부들을 둘러싼 한국의 민족주의자 측의 초기 언설과 비슷한 성차별에 빠질 우려가 있다는 것을 지적하고 싶다.

38 津金澤聰廣, 「女性雜誌 『女性』と中山太陽堂およびプラトン社について여성잡지 『여성』과 中山太陽堂 및 플라톤사에 대해서」, 『女性』(復刻版解說), 日本圖書センター, 1991. 또 여기에서 말하는 "일본모더니즘"이란 미나미 히로시南博의 정의에 따라 1920년대 후반부터 15년 정도 사이에 구미 문화의 영향을 받아서 유행했던 독특한 사상과 풍속이

다. 분명 『여성』에 게재된 평론 등에서는 구미 풍속·문화를 소개하면서도 그것을 수용하는 주체인 일본 상황이나 전통에 대한 자각적인 언급이 눈에 띈다. 南博 편, 『日本モダニズンの硏究일본모더니즘의 연구』, ブレーン出版, 1982 참조.

39 津金澤聰廣은 『여성』에 게재된 광고주에 대한 분석을 근거로 창간부터 4년째인 1925년에는 후쿠오카, 나고야, 홋카이도 등 각 지역의 신문사의 광고 페이지에 등장하고 있는 것으로부터 지방에서 판매가 증가하고 있음을 추측했다.

40 당시의 여성지 구독 수나 계층에 관한 조사를 소개하면서, 이 잡지의 성격을 분석했던 小山靜子, 「女性史上における『女性』の意義－新しい女たちの姿お寫す鏡여성사에서 『여성』의 의의－신여성들의 모습을 비추는 거울」(津金澤聰廣, 『女性여성』(復刻版解說), 日本圖書センター, 1991에 수록) 참조

41 『岸田劉生全集키시타 류세이전집』 제4권, 岩波書店, 1979, 25면.

42 『신여성』은 1923년 9월부터 1926년 11월까지와 1931년 1월부터 1934년까지 간행되었고 현존하는 최종호는 1934년 8월호이다. 1926년 11월부터 1930년까지는 발행처인 개벽사의 월간종합지 『별건곤』에 통합된다. 개벽사는 19세기말 동학의 사회개혁사상을 계승했던 천도교가 대중계몽을 위해 설립했던 출판사이다. 1920~26년까지 발간된 월간문예종합지 『개벽』은 한국근대문학가들의 초기 활동의 중심이었다. 『신여성』이나 『개벽』의 통합이나 폐간은 다른 정기간행물에서도 흔히 보여지는, 총독부 검열에 따른 것이었다. 한국 근대 최초의 여성잡지는 1906년 창간된 『가정잡지』로, 내용은 그 후 1908년에 창간된 『여자지남女子指南』과 함께 현모의 역할을 강조하는 등 부인계몽의 성격이 강했다. 『신여성』의 전신은 1922년 6월부터 간행되었던 『부인』으로 가정과 사회에서 여성의 생활에 덧붙여, 여학교나 무산부인의 문제 등을 다루었다. 『부인』은 1923년 8월호로 종간되었고, 9월부터 편집방침과 내용을 바꾼 『신여성』이 창간되었다. 박용옥, 「1920년대 신여성 연구－『신여자』와 『신여성』을 중심으로」, 『여성교육논총』 제2집, 성신여자대학, 2001.2.

43 여성교육에 관한 관심이 고조되어가던 식민지화 직전의 시기에 서구 근대여성에 대한 인식이 어떠했는가에 대해서는, 박용옥 『한국 여성근대화의 역사적 맥락』의 제8장 「1905~10년, 서구 근대여성상에 대한 이해와 인식－장지연의 『여자독본』을 중심으로」, 지식산업사, 2001, 297~339면 참조.

44 『신여성』 1925년 1월호, 「전선全鮮여학생 총 수와 그 출생도별出生道別」은 경성 12개 학교, 대구 1개 학교, 개성 1개 학교, 해주 1개 학교, 평양 3개 학교의 재학생을 출생도별로 집계한 표를 게재하고 있다. 이에 따르면, 총 재학생 2,795명 중 경성이 있는 경기도가 985명으로 가장 많고, 다음으로 평안북도가 428명, 평안남도 306명이다. 이 시기에 경성에서 직업이 있는 신여성에 대해서는 이배용, 「일제강점기 서울문화와 신여성」, 『향토 서울』 제60호, 서울특별시사편찬위원회, 2000, 444~481면 참조.

45 여기에서는 일본어로 읽을 수 있는 연구를 중심으로 다음의 두 가지 논문을 거론하고 있다. 야마시타 영애山下英愛, 「近代朝鮮における'新女性'の主張と葛藤－洋畵家羅蕙石を中心に근대 조선에서 '신여성'의 주장과 갈등－서양화가 나혜석을 중심으로」, 「'日本'國家と女·일본·국가와 여성」(이게다 미도리井桁碧 편저), 靑弓社, 2000.2; 김경일, 「식민지조선의 '신여성'」, 『역사평론』, 2002.5, 29~41면.

46 조한혜정은 1938년 식민지 조선여성의 노동참여율은 30%로, 당시의 미국여성의 13%보다 훨씬 높다는 Grajdanzev, A. J. 의 연구(*Modern Korea*, New York : The John Day, 1944)가 보여주는 것은 식민지 하의 근대화에서 노동력의 '동원적' 측면이라고 분석하고 있다. 나아가 식민지의 자본가들은 열등한 노동력으로서 여성노동력을 선호했고, 그들이 동원했던 하층여성의 노동력화를 식민지의 지배층이 묵인하고, 일본 자본가들은 여성노동력을 이용함으로써, 가부장적 성별분리의 원칙을 적극적으로 활용했다고 지적한다. 조한혜정, 『성찰적 근대성과 페미니즘—한국 여성과 남성 2』, 또하나의 문화, 1998, 101면. 나아가 다음의 연구도 참조할 만하다. 김현미, 「근대의 기획, 젠더화된 노동개념」, 『근대—여성이 가지 않은 길』(김영옥 편), 또하나의 문화, 2001, 43~69면.

47 최혜실, 『신여성들은 무엇을 꿈꾸었는가』, 생각의 나무, 2000, 206~207면.

48 『신여성』, 1931.5. 채만식의 산문 「봄과 여자와」의 1절 "봄이 아름다운 데다가 고운 여인으로 무늬를 박어 비단을 짜놓았으니 젊은 마음이 아니 우쭐거려질 수가 없다."

49 조영복, 「근대성의 재현으로서의 '여성'과 산책자의 시선」, 『한국 모더니즘 문학의 근대성과 일상성』 제4장, 다운샘, 1997, 113~165면. 여기에서 저자는 봉적적 사고와 물질주의적 퇴폐풍조의 양 쪽을 부정하는 근대 남성지식인 작가들이 여성의 양가적인 특징을 어떻게 묘사했는가를 모던걸에 대한 부정적인 시선을 중심으로 분석하고 있다. 단지 조영복은 이러한 시선을 사회적 문맥에서 파악하면서도 작가 개인의 깊이를 드러내는 것이라는 견해를 유지하고 있다.

50 「조선어싱의 향할 실—특히 신여성들에게 말하야, 일꾼 여자가 되기를 바란다」, 『신여성』, 1926.9.

51 「여학교 졸업생들에 간절한 부탁 한 마디」, 『신여성』, 1924.2; 「10년 전 여학생과 지금 여학생」, 『신여성』, 1925.1.

52 「남편교정술」, 『신여성』, 1933.9.

53 최혜실, 『신여성들은 무엇을 꿈꾸었는가』, 생각의 나무, 2000, 204~209면 및 김수진, 「'신여성' 열려있는 과거, 멎어있는 현재로서의 역사쓰기」, 『여성과 사회』 제11호, 창작과비평사, 2000, 6~25면 참조.

54 일레인 김·최정무 편저, 『위험한 여성—젠더와 한국의 민족주의』, 삼인, 2001, 14~15면(원저는 *Dangerous Women*, Taylor & Francis, 1998).

55 金惠信, 「韓國近代洋畵の流れ한국근대 서양화의 흐름—近代を見る眼」展をめぐって」, 『近代畵說』 7호, 明治美術學會, 1999.

56 池田忍, 「'支那服の女'という誘惑—帝國主義とモダニズム·지나복의 여성'이라는 유혹—제국주의와 모더니즘」, 『歷史學研究역사학 연구』 766号, 2002.8.

325